Clemens Theodor Perthes

Politische Zustände und Personen in Deutschland

Zur Zeit der französischen Herrschaft

Clemens Theodor Perthes

Politische Zustände und Personen in Deutschland
Zur Zeit der französischen Herrschaft

ISBN/EAN: 9783337011208

Printed in Europe, USA, Canada, Australia, Japan

Cover: Foto ©Suzi / pixelio.de

More available books at **www.hansebooks.com**

Politische
Zustände und Personen

in den

deutschen Ländern des Hauses Oesterreich

von Carl VI. bis Metternich.

Von

Clemens Theodor Perthes,
ord. Professor der Rechte in Bonn.

Aus dem Nachlasse des Verfassers herausgegeben.

Gotha.
Friedrich Andreas Perthes.
1869.

Vorrede des Herausgebers.

Als Perthes im Jahre 1862 den ersten Band einer Entwickelungsgeschichte der politischen Parteien in Deutschland unter dem Titel: „Politische Zustände und Personen in Deutschland zur Zeit der französischen Herrschaft", herausgab, schrieb er in der Vorrede: „Durch meine Gesundheit werde ich daran erinnert, daß mir Kraft und Zeit zur Ausführung des ganzen Werkes schwerlich vergönnt sein werde." Seine Ahnung ging leider in Erfüllung. Perthes starb am 25. November 1867, ohne seine große Aufgabe vollenden zu können. Er hatte aber bis in die letzten Wochen seines Lebens trotz schwerer, für minder Muthige kaum erträglicher körperlicher Bedrängniß so emsig an der Fortsetzung des Werkes gearbeitet, so fleißig geforscht, er war stets so vollkommen bei der Sache gewesen, daß es für Jeden, der das Glück persönlichen Verkehres mit dem Verstorbenen genossen, unzweifelhaft war, er habe sein Werk, wenn auch nicht vollendet, doch namhaft gefördert. Bei der Prüfung des literarischen Nachlasses, welche ich auf den Wunsch der Familie gemeinsam mit dem bewährten, treuen Freunde des Verstorbenen, Professor G. B. Mendelssohn, vornahm, fand sich in der That ein beträchtlicher Theil des Buches ausgearbeitet vor.

Perthes hatte die Absicht, ähnlich wie er im ersten Bande die südlichen und westlichen Landschaften Deutschlands behandelt hatte, im zweiten Bande die beiden deutschen Hauptstaaten Oesterreich und Preußen nach ihren Zuständen und politischen Persönlichkeiten zu schildern. Die Erzählung, wie die nationale Partei in Deutschland unter Preußens Leitung und Mitwirkung sich entwickelt hat, konnte er nicht mehr zu Ende bringen; dagegen entwarf er das Bild österreichischer Zustände im vorigen Jahrhundert und zeichnete auf diesem Grunde die maßgebenden politischen Kreise und Personen bereits so deutlich und vollständig, daß das Fehlen der letzten Hand kaum bemerkbar ist. Ein einziges Capitel, welches das Wiener Volksleben am Schlusse des vorigen Jahrhunderts zum Gegenstand hatte, besaß die unfertige Gestalt einer bloßen Skizze. So lehrreich und anziehend auch diese Darstellung geworden wäre, sie behielt doch immerhin einen episodischen Charakter und berührte den Kern des der österreichischen Geschichte gewidmeten Abschnittes, zu welchem Perthes selbst noch Titel und Vorrede geschrieben hatte, in keiner Weise. Ich konnte daher nur auf das Dringendste die Herausgabe der nachgelassenen Schrift anrathen, wenngleich Perthes sich in der letzten Zeit vor seinem Tode zuweilen sorglich über den Werth derselben geäußert hatte, und unterzog mich gerne aus Pietät für den Verfasser und im Interesse der Wissenschaft dem vertrauensvollen Auftrage, das

Manuscript zu redigiren und den Druck desselben zu leiten. Meine Wirksamkeit beschränkt sich selbstverständlich auf die äußere Anordnung des nachgelassenen Materials und einzelne übrigens unbedeutende stilistische Aenderungen.

Bonn.

Anton Springer.

Vorrede des Verfassers.

Die vorliegende Schrift bietet den Männern von Fach keine ihnen unbekannte Thatsachen, keinen neuen historischen Stoff.

Das Bekannte aber ist in Büchern und Abhandlungen zerstreut und zum Theil versteckt, welche namentlich außerhalb Oesterreichs doch nur verhältnißmäßig kleinen Kreisen zugänglich sind.

Der Versuch, den nicht unbekannten aber den Meisten unzugänglichen Stoff in Umlauf und Bewegung bringen zu helfen und, soweit die Kräfte reichen, zu gestalten, wird daher gerechtfertigt oder doch entschuldigt werden können.

Inhalt.

	Seite
Erstes Buch. Die alleinige Geltung überlieferter Zustände. Carl VI. 1711—1740	1
Erstes Capitel. Die Zustände in den einzelnen Erbländern	1
Zweites Capitel. Der Zusammenhang der Erbländer unter einander	8
Zweites Buch. Das Machtbedürfniß Oesterreichs im Kampfe mit den überlieferten Zuständen. Maria Theresia und Franz I. 1740—1765	25
Erstes Capitel. Maria Theresia's persönliches Uebergewicht innerhalb der überlieferten Zustände. (Von dem Regierungsantritt bis zum Frieden von Aachen. 1740—1748)	25
Zweites Capitel. Maria Theresia's Versuche zur Neugestaltung der überlieferten Zustände von dem Aachener Frieden bis zur Mitregentschaft Joseph's. 1748—1765	41
I. Veränderte Stellung Maria Theresia's zu den überlieferten Zuständen	41
II. Maria Theresia's Auftreten gegen die Nebenregierung der Stände und der Hierarchie	50
III. Versuche zur Stärkung der Centralmacht	61
Drittes Buch. Die Aufklärung im Kampfe mit den überlieferten Zuständen. Maria Theresia und Joseph II. 1765—1790	75
Erstes Capitel. Die Aufklärung in Oesterreich und deren Vertretung durch Joseph II.	75
Zweites Capitel. Der Versuch Joseph's, innerhalb der einzelnen Erblande unbedingt und ausschließlich zu herrschen	93
Drittes Capitel. Joseph's II. kirchliches Wirken	117
I. Oppositionelle Richtung innerhalb der katholischen Kirche	117
II. Joseph's Richtung	121
III. Toleranzedicte	138
Viertes Capitel. Joseph's II. Schulreform	153
Fünftes Capitel. Die Resultate der Regierung Joseph's II.	170

Viertes Buch. Oesterreich und das deutsche Reich 179
 Erstes Capitel. Territoriale Parteien vor Ausbruch des Revolutions-
  krieges 179
 Zweites Capitel. Territoriale Parteien nach Ausbruch des Krieges
  1792—1803 202
   I. Die Conföderationspartei Preußens 203
   II. Die kaiserliche Partei Oesterreichs 212
   III. Die Sonderbundspartei der mittleren Territorien . . 221
    1. Baiern 222
    2. Württemberg 225
    3. Baden 227
 Drittes Capitel. Territoriale Parteien bei Auflösung des Reiches
  1803—1807 232
   I. Die Stellung der deutschen Sonderbundstaaten zu Deutsch-
    land 232
   II. Oesterreich und Preußen 242

Fünftes Buch. Die politischen Parteien in Oesterreich zur Zeit der Kriege
 gegen Napoleon 1805—1809 247
 Erstes Capitel. Gentz und sein Kreis 247
 Zweites Capitel. Die Kämpfe der politischen Kreise Wiens im Jahre
  1805 278
   I. Die Stellung des Cabinets zu Gentz und Erzherzog Carl 278
   II. Die Zersetzung der politischen Kreise Wiens während des
    Krieges 292
 Drittes Capitel. Stadion und seine Richtung 300
 Viertes Capitel. Erzherzog Carl und seine Richtung 323
 Fünftes Capitel. Gentz und Erzherzog Johann 341
 Sechstes Capitel. Die Kämpfe und die Beseitigung der in Oesterreich
  hervorgetretenen politischen Richtungen 355

Erstes Buch.
Die alleinige Geltung überlieferter Zustände.
Carl VI. 1711—1740.

Erstes Capitel.
Die Zustände in den einzelnen Erbländern.

Unter Carl VI. waren die magyarischen, italienischen und burgundischen Ländergruppen bereits mit den deutsch-böhmischen Herrschaften des Hauses Habsburg zu einem großen Besitzthum verbunden. Die magyarischen und italienischen Länder standen in keinem politischen Zusammenhange mit dem deutschen Reiche, die burgundischen gehörten demselben zwar äußerlich an, blieben ihm aber nach ihrer Vorgeschichte und nach der Nationalität ihrer Bewohner innerlich fremd. Dagegen waren die deutsch-böhmischen Länder: die Erzherzogthümer Oesterreich ob und unter der Enns, die Herzogthümer Steyermark, Kärnthen und Krain, die gefürstete Grafschaft Tyrol, das Königreich Böhmen, das Markgrafenthum Mähren und die schlesischen Fürstenthümer, aus inneren wie aus äußeren Gründen fest mit Deutschland vereinigt und befanden sich, obschon ihre früheren Schicksale überaus verschieden gewesen waren, zu Carl's VI. Zeit in Verhältnissen, welche sehr viel Gleichartiges hatten.

Der Grund und Boden war mit Ausnahme Tyrols überall im Besitz größerer Grundherren, entweder des Landesherrn als dessen Kammergut oder der Prälaten, der Herren, der Ritter und einzelner

Städte als deren Herrschaft. Unmittelbar bewirthschaftete der Grund=
herr nur einen kleinen Theil der Herrschaft: den „Domanialbesitz";
den größeren Theil zerlegte er in Höfe und überließ dieselben als
Rusticalbesitz an Bauern gegen Zinsen und Frohnden zur Nutzung.
Der Grundherr war zugleich Grundobrigkeit; er handhabte als solche
über die Dörfer seiner Herrschaft, und wenn dieselbe größer, auch
über Flecken und kleine Städte die Polizei, er vertheilte und erhob
die dem Landesfürsten zu entrichtenden Abgaben und übte die Gerichts=
barkeit in Civil= und meistens auch in Criminalsachen; geleitet und
beschränkt wurde er in seiner Thätigkeit zwar immer durch örtliche
Gewohnheiten, aber selten durch allgemeine Gesetze. Die geistlichen
Herrschaften waren mit einem Bisthum, einem Stift, einem Kloster
verbunden und daher ebenso wie die der größern Städte untheilbar
und unveräußerlich; die Herrschaften der Herren und Ritter bildeten
Familienfideicommisse, welche meistens nach der Ordnung der Primo=
genitur oder des Majorats vererbt wurden und daher gleichfalls un=
theilbar und unveräußerlich in einer Hand bleiben mußten; selten nur
hatten sie eine größere Schuldenlast zu tragen, theils weil ihre Lehns=
oder Fideicommißqualität die Aufnahme von Hypotheken erschwerte,
theils weil Capitalisten nicht leicht Geld auf Güter gaben, da nicht
allein die vielen stillschweigenden und privilegirten Hypotheken, sondern
auch die mangelhafte Einrichtung und noch mangelhaftere Führung
der Lagerbücher alle Tabularschuldforderungen zu sehr unsicheren
machten.

Die den geistlichen und weltlichen Herrschaften angehörenden Bauern
waren der großen Mehrzahl nach persönlich frei; nur in Böhmen,
Mähren und Krain herrschte die Leibeigenschaft vor; Eigenthum aber
an dem Boden, den sie bewirthschafteten und benutzten, hatten sie
außer in Tyrol nur selten; fast überall mußten sie eine Stadt oder
ein Kloster, oder einen anderen geistlichen oder weltlichen Herrn als
Grundherrn anerkennen; ihre Besitzungen, Bauerngründe genannt,
waren im Laufe der Jahrhunderte zu einem Ganzen zusammen=
gewachsen, in welchem Haupthof und Vorwerk, Waide und Ackerland,
leichter und schwerer Boden, Holzung und Gewässer einander bedurften
und ergänzten; kein Stück konnte ohne Störung für die gesammte
Wirthschaft fehlen; manche Bauern besaßen zwar auch Ueberland=
gründe, d. h. walzende, trennbare Ländereien, aber der eigentliche
Bauernhof war überall gestifteter Grund, d. h. geschlossenes Gut,
welches weder durch Theilung, noch durch Abtrennung einzelner Be=

standtheile zersplittert werden konnte. An diesem damals Complex genannten Besitzthum hatte der Bauer zuweilen zwar kein erbliches oder doch kein für alle Generationen erbliches Nutzungsrecht; in Krain z. B. fanden sich viele Höfe, welche nur auf zwei Leiber dem Bauern verliehen waren; in der Regel jedoch war der bestimmte Bauerngrund auch an eine bestimmte Bauernfamilie gebunden, so daß das Nutzungs= recht an demselben stets ungetheilt nach den Regeln der Primogenitur oder des Majorats oder des Minorats vererbt wurde; die leer aus= gehenden Söhne dienten als Knechte oder Sodaten oder zogen aus in die Fremde.

Seinem Grundherrn war der Hofbesitzer als Ersatz für das ihm überlassene Nutzungsrecht zu Zinsen und Frohnden verpflichtet und hatte daher nicht nur auf seinem, sondern auch auf seines Grundherrn Gut die nöthige Arbeit zu thun; weniger als drei Tage in der Woche wurde in den deutsch=böhmischen Ländern selten gefrohndet. Vor Allem der schweren bäuerlichen Lasten wegen ernährte die große Mehrzahl der Bauerngründe eine Familie nur auf das Dürftigste. Nach altem Herkommen und der Väter Weise ward das Land bewirthschaftet; auch wenn Trieb und Neigung zum Aendern und Erneuern sich ge= funden hätte, würde Geldmangel die Durchführung verhindert haben; zwar saßen auf größeren Höfen wohlhabende Bauern zerstreut durch das weite Land, aber auch sie besaßen selten baares Geld und noch seltener Credit, weil sie durch das Recht des Grundherrn und durch die Familiengutsqualität des Hofes gehindert waren, hypothekarische Sicherheit zu stellen. Der bäuerlichen Bevölkerung fehlte daher, ob= schon sie bei angestrengter Arbeit ihr Auskommen fand und fast überall schuldenfrei war, dennoch die Versuchung zu einem üppigen, verschwen= derischen Leben, aber auch der Anstoß zu einer frischen, kräftigen Thätigkeit, durch welche der Reichthum des Landes wirklich an den Tag gefördert wäre.

Neben den Bischöfen, Pröbsten, Aebten, Herren und Rittern mit ihren Bauern fanden sich einzelne Städte und Märkte, welche nicht unter einer Grundobrigkeit, sondern wie jene Grundherren unmittelbar unter dem Landesfürsten standen; andere Städte und Märkte hatten zwar einen Grundherrn, waren ihm auch in mancherlei Weise ver= pflichtet, mußten aber doch nicht wie die Bauern zehnten und frohnden, hatten Marktfreiheit, Zoll, Gewerbebetrieb und übten, wenn auch unter Mitwirkung der Grundobrigkeit, Gerichtsbarkeit und Polizei. Die landesfürstlichen wie die grundherrlichen Städte und Flecken hatten Gemeindeverfassungen, welche das Recht der städtischen Obrigkeit und der Bürgerschaft, die Stellung der Zünfte und Gerichte und das Verhältniß der Gemeinde zum Landesfürsten oder zum Grundherrn ebenso verschieden wie im übrigen Deutschland bestimmten und seit dem siebenzehnten Jahrhundert ebenso wie im übrigen Deutschland zu einer Form hinabgesunken waren, in welcher sich vom städtischen Leben nur noch schwache Spuren fanden.

Eine mehr oder minder große Zahl benachbarter geistlicher und weltlicher Herrschaften, landesfürstlicher Städte- und Kammergüter waren schon seit Jahrhunderten zugleich mit ihren Bauern und unterthänigen Orten zu abgeschlossenen politischen Gemeinschaften verwachsen. Das Erzherzogthum Oesterreich ob und unter der Enns, das Herzogthum Kärnthen, das Königreich Böhmen und jedes Andere der deutsch-böhmischen Erblande stellt sich als eine Union solcher Bestandtheile dar und in jedem derselben fanden sich neben den Interessen und Angelegenheiten der einzelnen Städte und Grundherrschaften auch Interessen und Angelegenheiten der Gemeinschaft, welche ihre Pflege theils von den Landständen, theils von dem Landesfürsten erhielten.

Der Landtag bestand überall aus den Prälaten, Herren, Rittern und landesfürstlichen Städten. In Niederösterreich z. B. bildeten neben den Bischöfen von Wien und Wienerisch-Neustadt sechsundzwanzig Aebte und Pröbste den ersten, die Fürsten, Grafen und Freiherren den zweiten, die Ritter den dritten und fünfzehn Städte den vierten Stand. In Böhmen waren die Herren am stärksten, in Tyrol auch die Bauern vertreten. Mit den Ständen hatten seit Jahrhunderten die Fürsten in jedem der deutschen habsburgischen Lande um die politische Gewalt bald mehr, bald weniger erfolgreich gekämpft. Zu Max' I. Zeiten war die Stellung der Stände kaum weniger stark als die des Fürsten; unter Ferdinand I. raffte das Fürstenthum sich kräftig zusammen, unter Mathias und in den ersten Regierungsjahren Ferdinand's II. machten wiederum die Stände den Fürsten durch Verbündnisse, Zusammenverknüpfungen und Conspirationen das Leben schwer; zwar glaubte schon Ferdinand II. ihrer überall völlig Herr geworden zu sein, aber dennoch setzten sie auch unter Ferdinand III., unter Leopold I. und Joseph I. der fürstlichen Macht einen zwar nicht gewaltsamen, aber zähen und keineswegs erfolglosen Widerstand entgegen, und als Carl VI. 1711 zur Regierung kam, fand er in jedem der Erblande einen unentwirrbaren Knäuel durcheinanderlaufender Rechte der Stände und des Fürsten, ein buntes Gemenge wechselseitiger Ansprüche und wechselseitiger Beschränkungen vor, welches als Ergebniß des mehrhundertjährigen Kampfes übrig geblieben war.

Carl VI. trat in jedem seiner Erblande als Souverän auf, aber zugleich hatte er die Landhandfesten bestätigt, welche in ihren Freiheits=briefen, Privilegien, Vergleichen und vielen anderen Urkunden nichts von Souveränität wußten, sondern nur die Rechte der mittelalterlichen Landeshoheit kannten. Carl VI. wollte nicht weniger als früher Ferdinand II. Rechte und Gesetze und Alles machen, was das „jus legis ferendae, so uns als König allein zusteht, mit sich bringt", aber die Mitglieder der Behörden, deren Amtsthätigkeit allein den Gesetzen eine Bedeutung für das Leben gab, wurden von den Ständen oder doch aus den Ständen bestellt.

Die Gerichtsgewalt stand dem Landesfürsten zu und dennoch wurde die Rechtspflege von den Ständen oder deren einzelnen Mit=gliedern geübt, indem in jedem Erblande der Grundherr über die Bauern, der Stadtrath über die Bürger, der Bischof über die Geist=lichen und ein zum größten Theil aus Mitgliedern des Herren= und Ritterstandes gebildetes Obergericht über den Adel die Gerichtsbarkeit hatte.

Truppen werben und halten zu dürfen, beanspruchten die Stände auch nach dem ewigen Landfrieden noch; sie hätten ja, hieß es, von Alters her ihre Vasallen und Reisigen aufgeboten, um Fehden zu führen; es gelang ihnen zwar nirgends, diesen Anspruch zu verwirk=lichen; den Böhmen verbot Ferdinand II. ausdrücklich, Truppen zu haben und Festungen zu bauen; lange schon stand zu Carl's VI. Zeit die oberste Militärgewalt des Landesfürsten unbestritten fest, aber neben derselben war die Aushebung der landesfürstlichen Truppen, die Dislocirung der Regimenter, das gesammte Lazareth= und Verpfle-gungswesen innerhalb der Landesgrenzen Recht und Pflicht der Stände.

Die Finanzangelegenheiten wurden in Jedem der Erblande fast ausschließlich von den Ständen geleitet; sie bestimmten die Ausgaben, mußten aber zur Deckung derselben für den Domesticalfond sorgen, welcher durch Gefälle mancherlei Art und durch die von den Ständen festgestellten, vertheilten und erhobenen Steuern gebildet wurde. Auch die Verwaltung im weitesten Sinne des Wortes: die Sorge für die öffentliche Sicherheit und die öffentliche Sitte, die Wasser= und Feuer-polizei, die Anlage und Unterhaltung von Land= und Wasserstraßen, die Pflege des Ackerbaues, der Gewerbe und des Handels fiel zum größten Theil den Ständen jedes einzelnen Landes anheim. Sogar in Wien besaß die Landschaft Oesterreichs unter der Enns zwei Bibliotheken und eine Academie, um die jungen Cavaliere des Landes allda wohl zu erziehen und in ritterlichen studiis und exercitiis unterweisen zu lassen.

Ursprünglich hatten die Stände ihre Rechte unmittelbar wahrgenommen, aber schon frühe war in den altösterreichischen Erblanden und seit dem Jahre 1714 auch in Böhmen und Mähren die laufende Verwaltung einem ständischen Ausschusse übertragen, welcher sich dem Einflusse des Landesfürsten weit zugänglicher als der Landtag zeigte; neben ihm arbeiteten ständische Verordnete und besondere Commissionen für einzelne Angelegenheiten und unter ihm standen die landschaftlichen Behörden, insbesondere die Finanzämter jeder Art: die Obercasse mit ihren Filialcassen, die Buchhalterei, die Steuereinnehmer; als ständisches Gericht befand sich in jedem der fünf Herzogthümer das „Landrecht". Die Stelle des Richters und der Beisitzer wurde theils durch den Landtag, theils durch den Landesfürsten, aber nur aus Gliedern des Herren- und Ritterstandes besetzt; die Gerichtsbarkeit erstreckte sich über den Adel, und in Streitigkeiten, welche den Grund und Boden betrafen, auch über die Prälaten.

Neben dem Ausschusse, den Verordneten, den Commissionen und Behörden der Stände standen die landesfürstlichen Diener und Collegien, welche aber fast ausnahmslos mehr oder weniger zugleich den Ständen verpflichtet waren. Die oberste Leitung hatte zuweilen ein Collegium, z. B. in Tyrol von 1665 bis 1670 der Geheime Rath, gewöhnlich aber ein einzelner Mann, der den Namen Statthalter oder Landeshauptmann, oder, wie in Böhmen, Oberstburggraf, oder, wie in Tyrol, Gubernator hieß; neben demselben fanden sich in Böhmen eine Anzahl Oberlandesofficiere: der Oberstlandmarschall, der Oberstcanzler, der Oberstlehnrichter und Andere; früher hatten dieselben einen nur ständischen Charakter, seit Ferdinand II. aber legten sie auch dem Könige Eid und Pflicht ab. In den meisten Erblanden fand sich unter dem Statthalter eine Behörde für Justiz und Verwaltung, Regierung genannt, und eine zweite für die Finanzen, Kammer genannt, von welchen die landesfürstlichen und grundherrlichen Gerichtsobrigkeiten und die landesfürstlichen unteren Finanzbeamten: die Kellermeister, Salzamtleute, Kastner, Ungelte, die Forst-, Wein-, Berg- und Fischmeister, in schwankender Abhängigkeit standen. In Böhmen traten als Mittelbehörden die Kreishauptleute hinzu, welche in ihrem Bezirke

die öffentliche Sicherheit erhalten, die Contributionen erheben, das
Aufgebot leiten und das Recht der Stände wie des Landesfürsten
wahrnehmen sollten; sie mußten vom Könige aus den Landmännern,
d. h. den Herren oder Rittern genommen werden, und erhielten zwar
von demselben ihre Instructionen, standen aber mit dessen Behörden
nur durch die Stände in Verbindung.

In den wechselseitigen Beziehungen dieser landesfürstlichen und stän=
dischen Behörden spiegelte sich das zufällige, jede innere Nothwendig=
keit und jede politische Regel entbehrende Verhältniß ab, in welchem
die aus Privilegien und Vergleichen, aus ständischen Siegen und stän=
dischen Niederlagen, aus zerstörenden Ereignissen und zähen Gewohn=
heiten hervorgegangenen landesfürstlichen und ständischen Regierungs=
rechte zu einander standen. Nirgends war zwischen dem Geschäfts=
kreis der verschiedenen Aemter eine feste Grenze, nirgends hatten dieselben
festbestimmte Rechte; es gab keine landesfürstliche Behörde, welche
nicht auch von den Ständen, und keine ständische Behörde, welche
nicht auch von dem Landesfürsten abhängig gewesen wäre; schwankender
aber und wechselnder noch als das Recht war der Einfluß, welchen
Landesfürst und Landstände innerhalb ihres Landes übten. Carl VI.
besaß zwar als österreichischer Herrscher, als deutscher König und
römischer Kaiser ausreichende Macht, um sich und sein Recht in jedem
Erblande geltend zu machen; Prälaten und Herren, Ritter und Städte
hatten aus persönlichen Gründen aller Art Rücksicht auf ihn zu nehmen;
aber die Stände fanden in ihrer Stellung als Grundherren, in ihrer
Verbindung unter einander, in ihrer Kenntniß der Personen und der
örtlichen Verhältnisse tausend kleine Mittel, um dem Landesfürsten im
Kleinen und Einzelnen wieder abzunehmen, was er sich im Großen
und Ganzen gewonnen hatte. Der Landtag war zu schwach, um selbst
irgend eine bedeutende politische Anordnung zu treffen und nachhaltig
durchzuführen, aber stark genug, um dem Landesfürsten jede kräftige
Regierung unmöglich zu machen. Geschaffen ward nichts mehr; in
Kärnthen, in Oesterreich, in Böhmen und in jedem andern der Erb=
lande waren, als Carl VI. 1740 starb, Justiz und Verwaltung,
Landrechte und Landesordnungen, Anstalten und Einrichtungen dieselbe,
wie zur Zeit des Todes Ferdinand's II.; Ackerbau, Handwerk und
Handel wurden getrieben, Steuern wurden erhoben, wie hundert Jahre
zuvor; schwerlich ist in diesem Zeitraum auch nur eine neue Straße
von Bedeutung durch die Stände angelegt; das aus früherer Zeit
Ueberlieferte erhielt sich zwar, aber es blieb sich selbst überlassen, und

der Gesammtzustand wurde in jedem Erblande mit jedem Jahrzehnt nicht nur älter, sondern auch steifer, dürrer und unfruchtbarer.

Zweites Capitel.
Der Zusammenhang der Erbländer unter einander.

Die Zusammengehörigkeit der verschiedenen selbstständigen Herrschaften, Fürstenthümer, Herzogthümer und Königreiche, welche Carl VI. beherrschte, hatte nur langsam sich festgestellt. Zu verschiedenen Zeiten und unter verschiedenen Bedingungen waren sie von dem Hause Habsburg erworben und auch nach der Erwerbung noch oftmals wieder von einander getrennt und unter die mehreren Zweige des Hauses vertheilt gewesen; seit dem Aussterben der tyroler Linie im Jahre 1665 blieben sie aber sämmtlich vereinigt, und das unter dem Namen pragmatische Sanction bekannte Hausgesetz Carl's VI. sprach 1713 die Untrennbarkeit des gesammten habsburgischen Besitzthums und die Vererbung desselben nach den Regeln der Primogenitur auch rechtlich aus. Von jetzt an mußten die verschiedenen Lande immer denselben Fürsten haben, aber auch jetzt noch übte dieser seine Rechte in jedem Lande durch eine besondere höchste Behörde aus. Wie die Ungarn am Hofe Carl's VI. die ungarische Hofcanzlei, die Mailänder den italienischen Rath, die Niederländer die niederländischen Rathsbehörden und Tribunale hatten, so bestand auch für Böhmen die böhmische, für Siebenbürgen die siebenbürgische, für Oesterreich ob und unter der Enns die niederösterreichische, für Kärnthen, Krain und Steyermark die innerösterreichische, für Tyrol die oberösterreichische Hofcanzlei. Auch die noch von Carl VI. angeordnete Vereinigung der drei österreichischen Hofcanzleien führte keine wesentliche Aenderung in dem bisherigen Verhältniß herbei. So wenig erschien der habsburgische Länderverband als ein staatliches Ganzes, daß nicht einmal ein gemeinsamer Name für denselben bestand; auch die amtliche Sprache gebrauchte, um die Gesammtheit der Besitzungen zu bezeichnen, niemals den Ausdruck österreichischer Staat oder österreichische Monarchie oder Oesterreich, sondern zählte entweder die Grafschaften, Herzogthümer und Königreiche einzeln auf, oder faßte sie im Gegensatze zu dem deutschen Wahlreich in dem Worte: die Erblande, zusammen.

Der Verband so verschiedener, in großer rechtlicher und thatsächlicher Unabhängigkeit sich bewegender Länder würde in der That nur als Personalunion oder als Conföderation aufgefaßt werden können, wenn nicht die Habsburger, welche in jedem einzelnen Lande die Fürstenrechte besaßen, seit Jahrhunderten stark und lebendig das Bewußtsein, Herrscher eines großen, mächtigen Reichs zu sein, gehabt und sich als Kaiser von Oesterreich gefühlt hätten, lange bevor dieser Name in der Geschichte genannt ward.

Max I. schon hielt neben den Behörden der Einzelländer eine berathende Centralbehörde für nöthig und ordnete 1501 den Hofrath an. Die Thätigkeit desselben wurde zwar sehr bald immer weniger für die Verhältnisse Oesterreichs und immer ausschließlicher für die des deutschen Reiches in Anspruch genommen, aber der von Ferdinand I. aus seinen höchsten Dienern zusammengesetzte Geheime Rath trat als habsburgische Centralbehörde an Stelle des zur deutschen Reichsbehörde gewordenen Hofraths und erhielt unter Leopold I. den Namen: Conferenz; die großen Hof- und Verwaltungsbeamte, einige Generale und zuweilen auch einige Männer besonderen Vertrauens waren ursprünglich in derselben vereinigt, um über alle bedeutenden inneren und äußeren Angelegenheiten oft unter persönlichem Vorsitz des regierenden Herrn zu berathen und zu beschließen.

Zu einem kraftvollen, entschlossenen und schnellen Auftreten aber war die Conferenz wenig geeignet. Nicht allein wenn sie einen Gesetzesentwurf, oder eine Verwaltungsmaßregel, sondern auch wenn sie den Hülferuf eines Generals, der vor dem Feinde stehend Brod und Waffen verlangte, oder das Begehren eines Gesandten um Verhaltungsbefehle in den dringendsten und eiligsten Fällen dem Kaiser zu begutachten hatte, wurden die Acten zunächst jedem einzelnen Mitgliede der Conferenz zugeschickt, und nicht früher, bis dieselben den Rücklauf von Haus zu Haus gemacht hatten, begann die gemeinsame Berathung, aus welcher nach Wochen und Monaten das Gutachten für den Kaiser hervorging. Ruhe und Geheimhaltung der Berathung war überdies schwer zu bewahren, seitdem im Anfange des 18. Jahrhunderts die Zahl der Conferenzglieder durch manchen ehrgeizigen und gefährlichen Mann, welcher sich Sitz und Stimme zu verschaffen gewußt, sehr vermehrt war.

Joseph I. sonderte, um diesen Uebelständen zu begegnen, 1709 aus der weiteren Conferenz eine engere aus, in welcher die bedeutendsten und geheimsten Angelegenheiten von dem Prinzen Eugen und vier anderen Mitgliedern behandelt wurden. Durch die Einsetzung und die spätere Ausbildung der Conferenz, so schwerfällig und unkräftig deren Bewegung auch blieb, hatten die Habsburger doch in einer politischen Einrichtung zu erkennen gegeben, daß sie nicht allein als Fürsten der einzelnen Länder, sondern auch als Beherrscher des Verbandes derselben zu handeln beabsichtigten. Bei den Versuchen jedoch, neben den Rechten über die Einzelländer auch die Rechte über deren Verband zu verstärken und zu erweitern und das Gesammtbesitzthum als Ganzes nach Außen abzuschließen und nach Innen zusammen zu fassen, hatten sie mit Schwierigkeiten sehr verschiedener Natur zu kämpfen.

Schon in der Stellung, welche die katholische Kirche einnahm, lagen manche Hemmungen, denen nicht leicht zu begegnen war. Die reichen Einkünfte, welche den Stiften und Klöstern, den Bischöfen und Pfarrgeistlichen aus Gütern, Zehnten und Abgaben aller Art oder unter dem Namen freiwilliger Spenden zuflossen, bedrohten die österreichischen Finanzverhältnisse um so gefährlicher, als der Clerus von der Grundsteuer und manchen andern Abgaben befreit war und einen nicht geringen Theil seines Einkommens theils der römischen Curie theils außerösterreichischen Orden und Anstalten zuwendete. Gerichtsbarkeit übten über ein weites, oft streitiges Gebiet verschiedenartiger Lebensverhältnisse, der Erzbischof von Prag und die Bischöfe von Leitmeritz und Königgrätz in Böhmen, der Bischof von Olmütz in Mähren, der Bischof von Wien in Oesterreich ob und unter der Enns, der Bischof von Seckau in Steyermark, die Bischöfe von Gurk und von Lavant zu St. Andree in Kärnthen, die Bischöfe von Laibach, von Biben und von Triest in Krain, die halb-reichsunmittelbaren Bischöfe von Trient und Brixen in Tyrol, der Bischof von Constanz in Schwäbisch-Oesterreich und außer ihnen wenn auch in kleinen Bezirken noch manche andere Prälaten. Der Bischof von Passau hatte, obschon er nicht unter österreichischer Landeshoheit stand, zu Wien ein Passauisches Consistorium, welches aus einem Official, aus geistlichen und weltlichen Räthen und einem Notarius gebildet ward und Gerichtsbarkeit über einen großen Theil des Landes ob und unter der Enns besaß. Selbst in letzter Instanz konnte nicht von den bischöflichen Gerichten an ein landesfürstliches, sondern nur an das höchste geistliche Gericht, d. h. an das des Papstes oder seines Delegaten appellirt werden.

Nicht so unmittelbar, aber tiefer und nachhaltiger als durch Gelderhebungen und Gerichtsbarkeit griff die katholische Kirche durch ihre Stellung zum Unterrichtswesen in die politischen Zustände und in den Gang des politischen Lebens ein. Im Mittelalter hatte sich das österreichische Unterrichtswesen nicht von dem der anderen Länder unterschieden; Volksschulen fehlten überall; die Familie überlieferte die nöthigsten Kenntnisse und Fertigkeiten; der Meister, die Bauhütte, das Handelshaus sorgten für technische Ausbildung; gelehrten Unterricht gaben die Klosterschulen, später auch die Universitäten, und beide waren kirchliche Anstalten. Als die Reformation in den protestantischen Territorien die Volksschulen schuf und der weltlichen Obrigkeit auf das übrige Unterrichtswesen einen früher unbekannten Einfluß gab, blieb in Oesterreich das alte Verhältniß, insbesondere der alte Einfluß der Kirche bestehen.

Auf dem platten Lande, sofern überhaupt den Kindern der Tagelöhner, Knechte und Bauern die Möglichkeit, lesen und schreiben zu lernen, gewährt ward, pflegte der Meßner nach Anordnung und unter Leitung des Pfarrers den Schulmeisterdienst zu versehen; in den Städten fanden sich hier und da Lehranstalten der Benedictiner; auch Piaristen hielten an manchen Orten lateinische und deutsche Schulen, aber abgesehen von solchen einzelnen Ausnahmen waren es die Jesuiten, welche ausschließlich den wissenschaftlichen Unterricht ertheilten; sie hatten Collegia und Gymnasien in Wien, in Laibach, Klagenfurt, Grätz, Linz, Innsbruck, Görz; aber auch in vielen kleineren Städten; ihr collegium Clementinum in Prag zählte siebenzig Priester. Die Universitäten in Wien und Prag, welche allein einige Bedeutung für die wissenschaftliche Bildung hatten, bestanden nur auf Grund päpstlicher Privilegien, und Lehrpersonal wie Unterrichtsplan derselben bewahrten ihren alten kirchlichen Charakter. Noch während der ersten Hälfte des achtzehnten Jahrhunderts bot in Oesterreich allein die Kirche Mittel und Gelegenheit dar, sich zu unterrichten und auszubilden; dem eigenen Triebe der Knaben und Jünglinge oder dem Willen der Eltern blieb es überlassen, Gebrauch davon zu machen oder nicht.

Das Recht, welches die katholische Kirche im Finanz-, Gerichts- und Unterrichtswesen übte, gab einer zugleich kirchlichen und weltlichen Macht, deren Triebkraft außerhalb Oesterreichs lag, bedeutenden politischen Einfluß und erschwerte die Ausbildung einer starken, das gesammte habsburgische Besitzthum zusammenfassenden politischen Gewalt; noch schwerer aber war der Widerstand zu überwinden, welchen die einzelnen, ihre geschichtliche Unabhängigkeit zähe festhaltenden Erblande jedem Versuche entgegensetzten, sie als Glieder eines politischen Ganzen zu behandeln und der Regierungsgewalt eines Gesammtösterreichs zu unterwerfen. Wie innerhalb jedes einzelnen Erblandes Prälaten, Herren, Ritter und Städte die Ausbildung einer einheitlichen landes= fürstlichen Gewalt zu verhindern strebten, so traten innerhalb Ge= sammtösterreichs die Grafschaften, Herzogthümer und Königreiche der Ausbildung einer einheitlichen Rechtsgewalt hemmend in den Weg. Dasselbe Gewirre schwankender Ansprüche und durcheinander laufender Rechte, welches in jedem einzelnen Erblande aus den Kämpfen zwischen den Landesfürsten und den Ständen hervorgegangen war, hatte sich in dem gesammten Länderverbande aus den Kämpfen zwischen dessen ein= heitlicher Gewalt und den einzelnen Erblanden erzeugt.

Eine Gesetzgebung, welche für Mähren, Böhmen, Schlesien und die Grafschaften und Herzogthümer des deutschen Alpenlandes ge= meinsam gewesen wäre, wurde in Beziehung auf das Privatrecht nicht einmal versucht; jedes Land bewahrte sich seine Landesordnung und seine alten Gewohnheiten, sein Landrecht und seine Landhandfeste. In Beziehung auf Handel, Gewerbe und öffentliche Sicherheit wurden einige allgemeine Anordnungen zwar erlassen, aber schwerlich durch= geführt. Auch der Rechtspflege fehlte jeder einheitliche Charakter, die Gerichte der verschiedenen Lande waren verschieden besetzt und ver= schieden eingerichtet; eine gemeinsame Gerichtsordnung gab es nicht; das Verfahren war überall ein anderes, hier einfach, dort verwickelt; der Richter des einen Landes konnte niemals Richter in einem andern Lande werden, theils weil er die dort geltenden Rechte nicht kannte, theils weil jedes Obergericht zum größten Theil mit Landmännern, d. h. mit Gliedern des einheimischen Herren= und Ritterstandes besetzt werden mußte. Nicht einmal in letzter Instanz hatten die verschiedenen Lande ein gemeinsames Gericht; die Böhmen hatten sich an die böh= mische, die Tyroler an die oberösterreichische, die Siebenbürgener an die siebenbürgische Hofcanzlei zu wenden.

Während in Gesetzgebung, Verwaltung und Rechtspflege jedes der Erblande abgesondert und fast unabhängig geblieben war, hatten die Habsburger ihre Kriegsmacht schon seit Jahrhunderten nicht als eine Vereinigung der Contingente aller einzelnen Grafschaften und Herzogthümer, sondern als das Heer Oesterreichs angesehen und be= handelt, und eine Finanzmacht wollten sie nicht allein als Grafen von

Tyrol, Herzog von Kärnthen oder König von Böhmen haben, sondern auch als Herrscher über die Gesammtheit ihres Länderverbandes.

Aus dem Widerspruche zwischen der im Allgemeinen nach den Erblanden gesonderten Regierung und der erstrebten finanziellen und militärischen Einheit waren die seltsamen Zufälligkeiten hervorgegangen, welche die finanziellen und militärischen Rechte und Pflichten in willkürlichem Durcheinander noch zu Carl's VI. Zeit bald den einzelnen Erblanden, bald Gesammtösterreich zutheilten.

Alle Bestandtheile, aus denen Oesterreich sich zusammensetzte, hatten vor der Einordnung in den habsburgischen Länderverband eine besondere Finanzverfassung mit besonderen Ausgaben und Einnahmen gehabt und auch nach der Einordnung behalten; Oesterreich umschloß daher so viele verschiedene Finanzverfassungen wie Erblande. Neben den Ausgaben für die einzelnen Länder waren aber auch Ausgaben für deren Gesammtheit zu machen; insbesondere erforderte die Erhaltung des Heeres, des Hofes, der Hofstellen und mancher anderen Behörden einen Aufwand, welcher nicht Sache der einzelnen Länder, sondern nur des Verbandes derselben, d. h. Oesterreichs, sein konnte. Um dieser Forderung zu genügen, ließen sich weder Finanzbehörden noch Einnahmen Gesammtösterreichs neben den Finanzbehörden und Einnahmen der einzelnen Länder entbehren.

Max I. hatte dieses Bedürfniß erkannt; er errichtete für die altösterreichischen Besitzungen des Alpenlandes unter dem Namen Hofkammer eine gemeinsame höchste Finanzbehörde und besetzte sie nach Sitte der Zeit mit abligen und mit rechnungskundigen Männern. Böhmen und Ungarn aber brachten, als sie unter Ferdinand I. den altösterrreichischen Ländern zugefügt wurden, ihre höchsten Finanzbehörden mit, und Tyrol und Steyermark, welche 1565 bei der Theilung des Landes unter die drei Söhne Ferdinand's I. zugleich mit den besonderen Fürsten besondere Hofkammern erhalten hatten, bewahrten dieselben auch dann, als sie 1665 wiederum ein Bestandtheil des habsburgischen Gesammtbesitzthums wurden. Die Hofkammer in Wien war daher gegen den Willen ihres Gründers zur Finanzbehörde eines einzelnen Erblandes hinabgesunken, aber das auch zu Leopold's I. Zeit gefühlte Bedürfniß nach größerer Einheit in den Finanzen führte dahin, daß zunächst die Hofkammern von Tyrol und Steyermark, dann auch die oberste Finanzleitung Böhmens und Mährens der Wiener Hofkammer überwiesen wurden. Bei Carl's VI. Regierungsantritt besaß demnach das deutsch-böhmische Oesterreich in der Hofkammer ein gemeinsames

Finanzministerium, aber dasselbe sonderte und vertheilte seine Geschäfte nicht nach Verschiedenheit der Arbeit, sondern nach den Grenzen der verschiedenen Erblande und zerfiel daher in eine Anzahl Provinzialdepartements, durch welche die finanzielle Sonderungsneigung der Erblande auch innerhalb der gemeinsamen höchsten Behörde eine Stütze erhielt, deren Einfluß um so bedeutender war, als es fast zweifelhaft erscheinen konnte, ob die in jedem Erblande das Finanzwesen leitende landesfürstliche Landeskammer nur eine Oberbehörde für das einzelne Land oder auch eine Unterbehörde für Gesammtösterreich sei. Carl VI. erkannte den Uebelstand und gab zunächst nur in der Absicht, die Stellung der beiden von ihm für unentbehrlich gehaltenen großen Creditanstalten zu sichern, den Finanzämtern überhaupt eine wenigstens etwas einheitlichere Gliederung.

Unter Leopold I. nämlich war, um der Geldnoth der Regierung abzuhelfen, das banco del giro auf Grund des am 15. Juni 1703 erlassenen Fundationsdiploma für ein Staatscreditinstitut errichtet. Das Vermögen, mit welchem die neue Anstalt zu arbeiten hatte, sollte sich aus Einzahlungen der Regierung und aus den der Bank zufließenden Privatcapitalien bilden. Jeder, welcher der Bank ein Darlehn gab, erhielt dasselbe im Bankbuch gutgeschrieben und als Beweis dafür einen auf den Namen aufgestellten, bald Obligation, bald Assignation, Extract oder Recognition genannten Bankzettel, durch dessen einfache Uebergabe er jeden Dritten berechtigte, die Forderung im Bankbuch auf seinen Namen umschreiben zu lassen und durch die Umschreibung zu der seinigen zu machen. Die Hülfe, welche die Regierung von dem banco erwartete, bestand darin, daß sie ihren alten und neuen Gläubigern statt des baaren Geldes eine Anweisung auf das banco gab, welches den Gläubigern die Forderung im Bankbuch gutschrieb und auch ihnen als Beweis dafür einen Bankzettel ausfertigte. Obschon alle Bankzettel von jedem Kaufmann, der in Wien Zahlungen zu empfangen hatte, als baares Geld genommen werden mußten und auch abgesehen von dem Zwangscurs große Vergünstigungen genossen, wurde die Regierung dennoch in der Hoffnung getäuscht, daß jeder Gewerbtreibende sich beeilen werde, der Bank Darlehn zu geben, um seine Handelszahlungen durch Bankzettel statt durch das beschwerliche Umhersenden gemünzten Geldes zu bewirken. Das Banco nämlich wurde zwar von einer besonderen, aus Abgeordneten nicht allein der Hofkammer, sondern auch der niederösterreichischen Stände und des Wiener Magistrats gebildeten Direction

geleitet, blieb aber dennoch eine Regierungsanstalt, auf welche der
Kaiser nach freiem Belieben und in jeder Höhe Anweisungen zur
Ausstellung von Bankzetteln abgab, obschon er das Banco nur mit
einer aus der erbländischen Contribution zu zahlenden Jahreseinnahme
von vier Millionen ausgestattet hatte. Das Banco genoß daher
kein größeres Vertrauen als die Regierung, das heißt: ein sehr ge=
ringes.

Die am 3. Juni 1704 erlassene neue Ordnung des banco del
giro sollte Abhülfe bringen. Das Banco wurde unter eine selbst=
ständige, keinem anderen Finanzamt, sondern nur dem Kaiser verant=
wortliche Behörde, die Ministerialdeputation, gestellt und die ihm von
der Regierung gewährte Jahreseinnahme nicht nur auf fünf und eine
halbe Million Gulden erhöht, sondern auch auf Gefälle, z. B. den
Fleischkreuzer, das Papiersiegel, den Mehlaufschlag, angewiesen, deren
Verwaltung und Erhebung dem Banco selbst überlassen ward. Da
indessen trotz dieser Anordnungen die Bank kein Vertrauen zu ge=
winnen, also auch der Regierung die gehoffte Hülfe nicht zu bringen
vermochte, so schritt der 1703 zum Hofkammerpräsidenten ernannte
Graf Gundacker Starhemberg zu einer neuen durchgreifenden Umge=
staltung. Am 24. December 1705 unterzeichnete und im März 1706
verkündete Kaiser Joseph I. das Diplom über die Errichtung des
Wiener Stadt=Banco=Institutum. Die Bank wurde der Stadt Wien
als städtische Anstalt übergeben; ihre Hauptbestimmung blieb, sich
gegen Bankzettel möglichst große Summen baaren Geldes als Darlehn
von Privaten zu verschaffen, um Zahlungen aller Art für die Regie=
rung übernehmen und derselben jeder Zeit kleinere und größere Vor=
schüsse machen zu können. Vertrauen sollte der Bank vor Allem
dadurch verschafft werden, daß sich die Stadt Wien mit ihrem ge=
sammten Besitzthum als Bürge für die pünktliche Verzinsung und
Einlösung der Bankzettel verpflichtete, dagegen aber auch berechtigt
wurde, das Banco durch den städtischen Magistrat leiten und die
schon früher nicht unerheblichen und jetzt bedeutend vermehrten Baucal=
gefälle durch ein städtisches, mit dem Namen: kaiserliche Bancoge=
fäll=Administration bezeichnetes Amt zu verwalten. Nur zur Ober=
aufsicht war ursprünglich die kaiserliche Ministerial=Banco=Depu=
tation mit ihren drei Abtheilungen: der Canzlei, Buchhalterei und
Justizbanco=Deputation eingesetzt, aber unter der ebenso durchgreifenden
wie umsichtigen Leitung ihres Vorsitzenden, des Hofkammerpräsidenten

Graf Gundacker Starhemberg nahm sie thatsächlich sehr bald alle Geschäfte von größerer Bedeutung in ihre Hand.

Die Wiener Stadtbank gewann Vertrauen und konnte der Regierung wiederholt mit bedeutenden Summen als Darlehn zu Hülfe kommen, aber Carl VI., durch Geldnoth gedrängt, mußte größere Ansprüche machen. Er suchte daher den Credit und durch den Credit die Leistungsfähigkeit der Bank zu erhöhen, indem er derselben neue Gefälle überwies und neue Privilegien ertheilte; aber zugleich wollte er sich auch seine anderweitigen Einnahmen sichern und vermehren, und erließ zu diesem Zwecke das Patent vom 14. December 1714, welches die Universalbancalität in Wien als eine zweite große Finanzanstalt in das Leben rief.

Die Universalbancalität war Generalstaatscasse, aber zugleich auch Bank, und sah sich durch diese ihre Doppelnatur schon vom Tage der Errichtung an gelähmt; sie war bestimmt, durch strenge Aufsicht die entartete Finanzverwaltung zu heben, sollte zugleich aber auch Creditoperationen jeder Art unternehmen; da sie in der einen Beziehung gleiches Ziel und gleichen Geschäftskreis mit der Hofkammer, in der anderen mit dem Stadtbanco hatte, so fand sie nirgends Raum zu einer bedeutenden Thätigkeit. Obschon mit Gefällen, Privilegien und Selbstständigkeit reichlicher noch als die Stadtbank ausgestattet, gewann die Universalbancalität dennoch nach keiner Seite hin eingreifende Wirksamkeit; sie hatte bereits 1721 allen Credit verloren und hörte thatsächlich schon damals auf, Creditanstalt zu sein. Nachdem ihr 1723 die Aufsicht über die Finanzverwaltung und die Leitung des Staatsschuldenwesens entzogen war, bildete die Hofkammer die allein leitende Finanzbehörde; die Bancalität behielt nur Cassenverwaltung und einzelne formale Rechte. Dagegen nahm die Wiener Stadtbank, insbesondere seitdem Graf Starhemberg 1715 das Präsidium der Hofkammer niedergelegt und sich der Leitung des Banco ausschließlich hingegeben hatte, einen großen Aufschwung, welcher 1720 seinen Höhepunkt erreichte.

Seit Gründung der Stadtbank und der Universalbancalität waren in den einzelnen Erblanden die Cameral- und Militärgefälle, also ein großer Theil der indirecten Steuern, einer der beiden Anstalten zugewiesen; dieselben hatten auch, um ihrer Einnahmen möglichst sicher zu sein, Verwaltung und Erhebung erhalten. Die Wiener Stadtbank pflegte die Gefälle, welche sie in diesem oder jenem Erblande besaß, z. B. den Fleischkreuzer, die Mauthen, den Daz d. h. Zehnten, das

Umgeld d. h. Verzehrsteuer geistiger Getränke, die Urfahr d. h. Fähr=
geld und auch die Tabakssteuer, so lange sie dieselbe besaß, zu ver=
pachten, hatte aber doch auch in manchen Erblanden ihre eigenen Be=
amten, namentlich Bancogefäll=Einnehmer und Bancogefäll=Ueberreiter.

Die Universalbancalität dagegen besorgte Verwaltung und Erhebung
ihrer Gefälle überall durch ihre eigenen Behörden, Bancalcollegien
genannt, welchen die Cameral= und Militärämter jedes Erblandes alle
ordinari und extraordinari Gefälle, sofern sie nicht der Stadtbank
zustanden, ausfolgen lassen mußten. In Linz, in Gratz, in Inns=
brück, in Brünn z. B. waren solche Bancocollegien eingesetzt.

Einzelne Gefälle hatte die Regierung zwar behalten oder wieder
an sich genommen, aber um Kosten zu sparen ließ sie sehr häufig auch
solche Gefälle durch Vermittelung der Stadtbank oder der Universal=
bancalität verwalten und erheben.

Es wurden daher nicht nur viele landesfürstlichen Zölle und
Mauthen, sondern auch manche andere indirecte Abgaben, mochten sie
der Regierung vorbehalten oder Einer der beiden Finanzanstalten über=
wiesen sein, nicht wie bisher von den Behörden der einzelnen Erb=
lande, sondern von denen Gesammtösterreichs, und nicht von den
Ständen, sondern von der Regierung verwaltet.

Auf diesem Wege hatten die beiden neu errichteten Anstalten, ob=
schon zunächst nur um als Banken möglichst nutzbar für die Regierung
gemacht zu werden, sich die Stellung höchster Finanzbehörden Ge=
sammtösterreichs gewonnen, unter denen ein nicht geringer Theil des
indirecten Steuerwesens der Erblande stand. Zwar verlor die Universal=
bancalität schon unter Carl VI. und die Wiener Stadtbank unter
Maria Theresia ihre frühere Stellung, aber für die einheitliche Ver=
waltung des indirecten Steuerwesens war durch beide Anstalten ein
erster Anfang gewonnen, welcher auch dann noch seine Bedeutung be=
hielt, als andere höchste Finanzbehörden an die Stelle der Wiener
Stadtbank und der Universalbancalität getreten waren.

Im Widerspruche mit der Richtung, in welcher die Finanzbehörden
sich als Behörden Gesammtösterreichs zu entwickeln begannen, stand
die Sonderung nach Ländern, welche den Finanzquellen aus alter Zeit
her geblieben war; die Finanzbehörden hatten die Einheit des habs=
burgischen Reiches, die Finanzquellen aber die Unabhängigkeit der ein=
zelnen Erblande zur Voraussetzung. Der Ertrag der Lotterie, aus
dem Stempel und der Post wurde zwar nicht länderweise, sondern
von der Gesammtheit und für die Gesammtheit des habsburgischen

Besitzthums erhoben; auch die Verpachtung des schon unter Leopold I. nur der Regierung zustehenden Rechts auf Bau und Einfuhr des Tabaks fand unter Carl VI. nicht für jedes Erbland besonders, sondern im Ganzen statt. Der größte Theil aber des Einkommens der Hofkammer wurde durch Beiträge gebildet, welche jedes Erbland für sich in verschiedenem Umfange und in verschiedener Weise durch seine Landkammer aufbrachte. Die Haupteinnahme jedes einzelnen Landes bestand in der von ständischer Bewilligung abhängigen Contribution; sie wurde hier nur als Grundsteuer, dort auch als Kopf- oder Vermögens- oder Gewerbesteuer entrichtet; bald wurden Brennereien und Brauereien, bald Zehnten und Frohnden, bald Schenkrecht und Mühlen oder Feuerstellen und Vieh vorwiegend herangezogen; überall war die Steuerlast nach Verschiedenheit der Stände verschieden, überall die Abschätzung des Grundbodens sehr willkürlich; die Morgenzahl, der letzte Kaufpreis, die Aussaat, die eigene Ansicht des Besitzers gab den Maßstab ab. Die Verpflichtung der Stände, alljährlich eine Contribution von mäßiger, durch das Herkommen näher bestimmter Höhe zu bewilligen, stand schon seit Jahrhunderten fest, aber die Hofkammer reichte mit der ordentlichen Contribution nicht aus, sondern bedurfte außerordentlicher Zuschläge; die Stände bewilligten niemals so viel, wie die Hofkammer forderte; daher gewöhnte sich die Regierung, mehr zu fordern, als sie bedurfte, um sich schließlich den schon vorausgesehenen Abzug gefallen zu lassen. Nach langen, oft erbitterten Verhandlungen wurde in dieser Weise immer wieder auf das Neue eine leidliche Contribution zwischen der Regierung und dem Landtage jedes einzelnen Erblandes vereinbart, aber überall blieb ein bedeutender Theil derselben zur Bezahlung von Tagegeldern, Besoldungen und mancherlei anderen Ausgaben in den Cassen der Stände zurück.

Auch die übrigen unter dem Namen Cameraleinkünfte zusammengefaßten Einnahmen der Landkammern waren in den verschiedenen Erblanden verschieden. Das eigentliche Kammergut hatte schon seit dem 15. Jahrhundert nur noch geringe Bedeutung; es war, wie Ferdinand I. 1525 klagte, durch Kaiser Maximilian's treffliche Kriege und auch durch jetziger kaiserlicher Majestät Election und Krönung aufs Höchste verkümmert, versetzt und verpfändet. Mähren und das Erzherzogthum Oesterreich hatten zu Carl's VI. Zeit alle, Böhmen die meisten Kammergüter verloren. Das Salzregal, die Bergwerke, die Zölle und Mauthen gewährten einen etwas reichlicheren Ertrag. Jedes Erbland hatte besondere Zolllinien, besondere Tarife und Ordnungen, und Oesterreich unter der Enns hatte in seinem Innern noch wieder siebenundsiebenzig Privatmauthen.

Zufälligkeiten und Willkürlichkeiten hatten Art und Umfang der Finanzquellen festgestellt und weder Plan noch Zusammenhang fand in deren Benutzung statt; der ordnungslose Zustand wurde daher nicht beseitigt, sondern nur noch bemerkbarer gemacht, als Carl VI. das Gewirre der Zölle, Mauthen und mancher anderen indirecten Steuern mehr und mehr den durch und wider einander arbeitenden Behörden der einzelnen Erblande entzog und der Wiener Stadtbank oder der Universalbancalität und deren Beamten zur Verwaltung übergab. Die reichen Finanzkräfte blieben nach wie vor gebunden und waren nicht einmal den Herrschern bekannt. Die Finanznoth stieg von Jahrzehnt zu Jahrzehnt und hatte doch schon im 17. Jahrhundert eine für unerträglich gehaltene Höhe erreicht gehabt. Zu Leopold's I. Zeit betrugen nach Arneth's Angabe die Einkünfte Gesammtösterreichs etwa zwölf Millionen Gulden und reichten nicht hin, um die Ausgaben auch nur einiger Maßen zu decken; alle Cassen waren leer, kein Gläubiger ward bezahlt, Credit wollte Niemand geben, und die unruhige Aengstlichkeit, mit welcher versucht ward, Geld zu schaffen, machte die Noth in ganz Europa bekannt; es war so weit gekommen, daß keine Couriere geschickt werden konnten, weil die Hofkammer das Reisegeld nicht aufzubringen wußte. „Ich kann Sie versichern", schrieb im October 1703 Prinz Eugen dem Feldzeugmeister Guido Starhemberg, „daß, wenn ich nicht selbst gegenwärtig wäre und Alles mit Augen sähe, kein Mensch es mich glauben machen könnte. Ja wenn die ganze Monarchie auf der äußersten Spitze stehen und wirklich zu Grunde gehen sollte, man aber mit fünfzigtausend Gulden helfen könnte, so müßte man es geschehen lassen und vermöchte dem Uebel nicht zu steuern." — Joseph I. verschenkte zwar Güter und große Geldsummen an seine Generale und Staatsmänner, wie wenn er über einen unerschöpflichen Schatz gebieten könne; „den Beamten aber fehlt die Besoldung", heißt es in einem Bericht des venetianischen Botschafters, „den Handwerkern der Lohn, den Soldaten das Brod. Um die Anforderungen zu befriedigen, werden Stellen verkauft, Anwartschaften ertheilt, Titel verliehen. Geld vermag der Staat kaum zu zwanzig oder vierundzwanzig vom Hundert zu erhalten, ja man würde es zu jeglicher Bedingung nehmen, wenn es nur angeboten würde." — Unter Carl VI., zu einer Zeit, in welcher Frankreich hundertundvierzig Millionen Livres einnahm, berichtet der venetianische Botschafter aus Wien: „Man schlägt die gewöhnlichen Ein-

fünfte des Kaisers auf vierzehn Millionen Gulden an. In Wahrheit
vermag man jedoch nicht auf vier Millionen Gulden zu rechnen, und
die Bedrängnisse des Hofes und der obersten Finanzbehörde sind ganz
unbeschreiblich."

Auch in militärischer Beziehung liefen die Rechte des Gesammt=
österreichs und die Rechte der Einzelländer ungeordnet widereinander.
Ein Theil des Heeres bestand aus geworbenen Leuten; sie wurden zwar
mit dem Gelde und durch die Behörden Gesammtösterreichs zusammen=
gebracht, waren aber meistens Fremde; aller Herren Länder durch=
streiften die Werbeofficiere, fragten nicht nach Herkunft, Heimat,
Religion und Vorgeschichte, und boten das Handgeld Jedem an, der
gesunde Glieder hatte: üble Haushalter, verdächtige Wildschützen, Va=
ganten, müssige und sonst nicht wohllebende Burschen wurden auch in
Oesterreich nicht verschmäht.

Neben den Geworbenen standen die Ausgehobenen; von den ein=
zelnen Erblanden waren sie zu stellen; die landesfürstlichen Behörden
pflegten eine möglichst starke Recrutirung, etwa den zwanzigsten oder
den zehnten Mann zu fordern, die Stände wollten möglichst wenig,
etwa den fünfundzwanzigsten oder den fünfzehnten, bewilligen; meistens
nur nach langen und heftigen Reden und Widerreden wurde ein Ueber=
einkommen zu Stande gebracht; der Landtag ließ die bewilligten Leute
in lärmender, ungeordneter Weise ausheben und zu den Musterplätzen
bringen; die landesfürstlichen Behörden vereidigten sie und vertheilten
sie unter die Regimenter des Landes. Den einzelnen Truppenkörpern
aber wies wiederum der Landtag die Garnisonen an; er errichtete
Magazine und Lazarethe, schloß Lieferungsverträge und hatte für die
ganze Verpflegung zu sorgen. Nur im Kriegsfalle verließen die Regi=
menter das Erbland, dem sie angehörten, um mit den Truppen der
andern Erblande zu einem Ganzen vereinigt zu werden.

Noch im Jahre 1740 mußten ungarische Regimenter, welche nach
Schlesien verlegt werden sollten, an der Grenze Halt machen; der
conventus publicus, d. h. der ständische Ausschuß, schickte, um den
Gesundheitszustand der Truppen zu untersuchen, eine medicinisch=
chirurgische Commission von Breslau ab, stellte dann seine Be=
dingungen in Beziehung auf Marschroute und Verpflegung und be=
stimmte die Standquartiere.

Für die Truppen aller Erblande kamen zwar die Kriegsartikel
Leopold's I., und wenn sie nicht ausreichten, die Carolina und die Hals=
gerichtsordnung Ferdinand's III. und Joseph's I. als gemeinsames Recht

zur Anwendung, dagegen fehlte ein gemeinsames Exercierreglement; schwerlich machten in der ganzen Armee auch nur zwei Regimenter Handgriffe und Bewegungen in gleicher Weise, jedes Regiment vielmehr hatte besondere Gebräuche, oft auch besondere ausführliche Anweisungen seines Generals. Gemeinsame Uebungen fanden in größerem Umfange nur selten statt; Reiter und Fußvolk waren weithin über das platte Land zerstreut, so daß oft nur zwanzig oder fünfundzwanzig, zuweilen nur zwei oder drei Leute an demselben Orte lagen, und eine Zusammenziehung immer mit vielen Kosten und Umständen verbunden war. Das Ungleichartige in der militärischen Ausbildung, die Sonderung der Truppenkörper nach ihren länderweise abgeschlossenen Friedensquartieren und die Verschiedenheit ihrer Aushebung und Verpflegung erhielt dadurch eine Ausgleichung, daß in dem Hofkriegsrathe allen Truppen ein und dieselbe höchste Militärbehörde vorgesetzt war. Ferdinand I. hatte schon in seinen früheren Regierungsjahren einen Kriegsrath angeordnet, der aber, wie ein von Buchholtz mitgetheilter venetianischer Gesandtschaftsbericht 1547 bemerkt, nur die zur Ausführung der königlichen Entschlüsse nöthigen Mittel herbeischaffen sollte. Im Jahre 1556 gab Ferdinand dieser Behörde eine festere Einrichtung und besetzte sie mit fünf Räthen. Unter Ferdinand's Nachfolgern erweiterte sich der Geschäftskreis des Hofkriegsrathes mehr und mehr; unter Carl VI. erhielt derselbe auch die Leitung der Militärangelegenheiten Ungarns und faßte durch seine Stellung als gemeinsame oberste Kriegsbehörde das Kriegswesen aller einzelnen Erblande der Form nach zu einem einzigen Ganzen zusammen, aber jede kräftige, gemeinsame Maßregel scheiterte dennoch auch jetzt an den Sonderrechten der Erblande, welchen nach wie vor die Aushebung der Mannschaft, die Naturalverpflegung im Frieden und die Aufbringung der Geldmittel für dieselbe während eines Krieges oblag.

Oft genug geriethen die Geldzahlungen der Stände in Stocken, und der Hofkriegsrath mußte, um den Truppen vor dem Feinde Lebensmittel, Kleidung, Waffen und Pferde nicht fehlen zu lassen, seine Zuflucht zu Lieferanten nehmen, welche, da sie nur mit Anweisungen auf die Stände der einzelnen Erblande bezahlt wurden, sich unter Carl VI. einen Gewinn von dreißig Procent auszumachen pflegten. Zu diesem Verluste des Hofkriegsraths traten noch die großen Geschenke hinzu, welche herkömmlicher Weise den einflußreichsten Gliedern der Stände gegeben werden mußten, damit sie den Landtag geneigt machten, die ausgestellten Anweisungen einzulösen.

Unter solchen Verhältnissen würde die Gesammtheit der habs=
burgischen Truppen, obschon sie in dem Hofkriegsrath eine gemeinsame
höchste Behörde besaß, auch unter Carl VI. nicht als österreichisches
Heer, sondern als Verbindung von Contingenten der verschiedenen Erb=
lande erschienen sein, wenn nicht die glorreiche Kriegsgeschichte, welche
alle Truppenkörper gemeinsam durchlebt hatten, eine stärker einigende
Kraft als der Hofkriegsrath gewesen wäre. Anderer Art zwar wie
einige Jahrzehnte später in Brandenburg blieb demungeachtet zunächst
wenigstens das Einheitsbewußtsein der österreichischen Armee. Die
brandenburgischen Kurfürsten und preußischen Könige waren zugleich
Feldherrn im Kriege wie im Frieden; der große Kurfürst und der
große König waren die Schöpfer des Heeres, das Heer war die Form,
in welcher der Geist seiner beiden großen Führer sich ausprägte; die
Königsperson bildete den Kern einer militärischen Einheit, aus
welcher die staatliche Einheit sich heraus arbeitete. Die Habsburger
dagegen waren keine Feldherrn und keine Soldaten. Als Joseph II.
den Truppen einen Kaiser in Uniform zeigte, lebte kaum Jemand,
dem ein solches Schauspiel schon zu Theil geworden war, denn in den
beiden Jahrhunderten von Max II. bis Joseph II. hatte unter allen
Kaisern nur Joseph I. persönlich an der Spitze des Heeres gestanden.
Die Habsburger haben niemals in dem Sinne wie die Hohenzollern
den Mittelpunkt des militärischen Lebens ihrer Länder gebildet, aber
wenn sie auch nicht Generale waren, so hatten sie doch Generale, und
Montecuculi, Graf Guido Starhemberg, Herzog Carl von Lothringen,
Prinz Eugen von Savoyen betrachteten sich niemals als Heerführer
eines einzelnen habsburgischen Herzogthums, sondern stets als Generale
Oesterreichs. Von den Feldherrn ging das Einheitsbewußtsein auf die
Soldaten über; unter Eugen vor Allen fühlten alle Regimenter sich zu
einem einzigen Ganzen verbunden; zu seinem Heere gehört, unter seinen
Augen gefochten zu haben, war eine Ehre, deren sich der Krainer wie
der Mährer noch im höchsten Alter rühmten; zu der einigenden Macht
großer militärischer Persönlichkeiten trat die Gemeinschaft des Krieger=
lebens hinzu, welches die Truppen der verschiedenen Erblande in den
vielen langen Feldzügen unter Leopold I. und Joseph I. mit einander
geführt hatten; manche Schlacht hatten sie gegen Türken und Franzosen
gemeinsam geschlagen, hatten gelernt, sich auf einander zu verlassen,
und mit einander das Bewußtsein gewonnen, an Ehren und an
Siegen reich zu sein. Die frühere Verbindung der Landescontingente
war bereits unter Carl VI. österreichische Armee geworden. Prinz

Eugen suchte dem wesentlich durch ihn geschaffenen militärischen Körper kriegerische Ehre und gesundes Leben zuzuführen; er untersagte dem Hofkriegsrathe, fernerhin Uebelthäter und Landstreicher anwerben und in die Regimenter einreihen zu lassen; er schlug die Errichtung von Invalidencompagnien vor, um die getreuen Unterthanen und sonderlich den armen Adel, wenn er vor dem Feinde seine Gesundheit und geraden Glieder eingebüßt, vor dem Bettelstab zu retten und nicht der ganzen Welt zur Schande und Spott völlig abandonnirt umher ziehen zu lassen: andererseits aber forderte er auch die strengste Mannszucht; alle Unzulässigkeiten oder strafmäßigen Insolentien und Excesse sollten eingestellt werden, damit die Klagen von Seiten des Landes abgehindert, der Soldat zwar erhalten, zugleich aber auch der Inwohner nicht über die Billigkeit aggravirt würde. Er beseitigte die Unsitte, Kindern vornehmer Familien schon in der Wiege Compagnien zu verleihen, er verbot den Verkauf von Officierstellen, welcher den Inhabern der Regimenter jährlich zehn- bis zwölftausend Gulden einzubringen pflegte; selbst dem Kaiser legte er dringend an das Herz, nicht zu gestatten, daß sich Winkelrecommandationen von Seiten derer einschlichen, die nicht zu erkennen vermöchten, von welcher Qualität und Capacität die Leute seien. Um das Heer möglichst selbstständig zu stellen, der unaufhörlichen Geldnoth und den widerwärtigen Verhandlungen mit den Ständen der einzelnen Länder zu entgehen, wollte Eugen sich mit acht Millionen Gulden für das gesammte Kriegswesen begnügen, wenn diese regelmäßig und von dem übrigen Finanzhaushalt gesondert unmittelbar in die Militärcassen eingezahlt würden. Verträge wurden zu diesem Zwecke mit den einzelnen Erblanden geschlossen und wenigstens für die Friedenszeit eine etwas größere Sicherheit erlangt.

Vor Allem durch Eugen hatte die habsburgische Kriegsmacht Gemeinschaft des Bewußtseins und das stolze Gefühl einer großen Armee gewonnen, und Europa wurde, so oft es mit derselben feindlich zusammentraf, belehrt, daß im Kriege ihm Oesterreich nicht als lockerer Länderbündel, sondern als mächtiges Reich gegenüberstehe. Auch in den friedlichen Begegnungen des diplomatischen Verkehrs machte nur der Reichscharakter sich geltend; die einzelnen Erblande und deren Stände und Behörden waren von jeder Betheiligung ausgeschlossen; nicht als Erzherzoge oder als Grafen, sondern als Beherrscher und Vertreter Gesammtösterreichs traten die Habsburger auf, berathen und unterstützt allein von ihrem Hof- und Staatscanzler, dessen Würde sich schon seit der fränkischen Zeit in den germanischen Reichen eingebürgert hatte.

Nach Außen war im Frieden wie im Kriege die Reichsnatur Oesterreichs unzweifelhaft; Europa räumte ihm willig eine Stellung neben England, Frankreich, Rußland ein; so oft aber Carl VI., welcher in den äußeren Verhältnissen allein das Land vertrat, auch in den innern Verhältnissen als Reichsherrscher handeln wollte, traten ihm nicht weniger als seinen Vorfahren die Sonderrechte der einzelnen Erblande und in den einzelnen Erblanden die Sonderrechte der Prälaten, Herren, Ritter und Städte hemmend entgegen und erinnerten ihn daran, daß Oesterreich zwar nach Außen ein Reich, nach Innen aber wenig mehr als eine Union sei. Aehnliche Widersprüche und Hemmungen fanden sich auch in den anderen Territorien Deutschlands, aber für Oesterreich hatten sie eine ungleich größere Bedeutung, weil Oesterreich nach Außen lange schon Aufgaben zu lösen hatte, wie kein anderes Territorium, und mit dem Tode Carl's VI. auf allen Seiten von mächtigen Feinden bedroht und in seinem Fortbestande gefährdet ward.

Zweites Buch.

Das Machtbedürfniß Oesterreichs im Kampfe mit den überlieferten Zuständen.
Maria Theresia und Franz I. 1740—1765.

Erstes Capitel.
Maria Theresia's persönliches Uebergewicht innerhalb der überlieferten Zustände.
Von dem Regierungsantritt bis zum Frieden von Aachen. 1740—1748.

Als am 20. October 1740 der habsburgische Mannsstamm mit dem Tode Kaiser Carl's VI. erloschen war, sahen begehrliche Augen von allen Seiten auf den reichen Nachlaß hin. Carl Albrecht, Kurfürst von Baiern, forderte das ganze Erbe, wenigstens aber Oesterreich ob der Enns, Böhmen, Tyrol und Breisgau. Graf Brühl gedachte für seinen Herrn, Kurfürst August II. von Sachsen, den Besitz von Mähren und Oberschlesien zu erlangen; auf Niederschlesien machte Friedrich der Große seine alten Rechte geltend; König Philipp V. von Spanien nahm außer Mailand, Parma und Piacenza auch Trient, Kärnthen und Tyrol in Anspruch; Cardinal Fleury behauptete, daß Luxemburg und die österreichischen Niederlande Ludwig XV. gebührten, und wollte das habsburgische Besitzthum so vertheilt wissen, daß Oesterreich, Preußen, Sachsen und Baiern künftig gleich stark und dadurch schwach genug würden, um der französischen Herrschaft über Deutschland die Wege zu bereiten.

Der Wiener Hof verkannte die Gefahren nicht, in welchen er sich befand; „schon sieht man hier", berichtete zwei Tage nach Carl's VI. Tode der englische Gesandte, „die Türken in Ungarn, die Sachsen in Böhmen, die Baiern vor den Thoren Wiens, und betrachtet Frankreich als die Seele von dem Allem." — Bald genug brachte wirklich ein Gegner nach dem Andern die erhobenen Ansprüche mit den Waffen in der Hand zur Geltung. Am 16. December 1740 rückte Friedrich der Große in Schlesien ein; im Mai 1741 verpflichteten sich zu Nymphenburg Frankreich und Spanien, und im September auch Sachsen, die Absichten Carl Albrecht's auf die österreichischen Länder und auf die deutsche Königskrone mit Truppen und Geld zu unterstützen; Carl Albrecht dagegen versprach, als deutscher König und römischer Kaiser die Eroberungen anzuerkennen, welche Frankreich in den Niederlanden oder in anderen Gegenden machen würde. Am 31. Juli nahmen bairische Regimenter Passau ein und überschritten am 12. September die österreichische Grenze; schon am 2. October ließ Carl Albrecht sich in Linz als Erzherzog von Oesterreich huldigen; bis St. Pölten streiften seine Reiter; französische Truppen besetzen das ganze westliche Deutschland; die sächsischen Kriegsvölker rückten gegen Böhmen vor und bemächtigten sich in der Nacht vom 25. zum 26. November gemeinsam mit den Franzosen Prags, wo Carl Albrecht sich am 7. December 1741 als König von Böhmen ausrufen und am 19ten huldigen ließ. Einige Wochen früher, im November 1741, waren spanische und neapolitanische Truppen in Orbitello, unweit Piombino, gelandet, um sich von hier aus der Lombardei zu bemächtigen.

Von allen Seiten drangen äußere Feinde auf Oesterreich, und in den Erblanden selbst machten sich Stimmungen bemerkbar, welche die Zukunft noch dunkler erscheinen ließen. Zwar glaubte der venetianische Gesandte vier Wochen nach des Kaisers Tod berichten zu können, daß alle die verschiedenen Völker überzeugt seien, die Monarchie dürfe nicht zertheilt werden, sondern müsse vereinigt bleiben, aber obschon ein Gefühl des Zusammengehörens sich in irgend einem Grade überall finden mochte, gingen doch Ansichten und Wünsche auseinander, sobald die Frage beantwortet werden sollte, ob Maria Theresia oder der Kurfürst von Baiern zur Nachfolge in den gesammten Länderverband berufen wären.

Bitter wurde es nach den unglücklichen Kriegen, welche 1738 zu dem Frieden von Wien und 1739 zu dem Frieden von Belgrad und den Verlusten Neapels und Siciliens, Serbiens und Belgrads geführt hatten, empfunden, daß die schweren den Erblanden auferlegten Opfer an Geld und Menschen nur als Mittel verwendet waren, um große Schlachten und reiche Provinzen zu verlieren. Carl VI. erschien den Meisten als Haupturheber des Unglücks, und Kälte gegen ihn und sein Haus, welches in der schweren Zeit keinen Mann, sondern nur eine Frau zum Führer Oesterreichs darbieten konnte, wurde zur herrschenden Stimmung. Nicht einmal die Wiener zeigten sich zu Opfern und kräftigen Anstrengungen für die Tochter Carl's VI. geneigt.

„Es hat sich", berichtete Robinson am 26. October 1740, „in den Köpfen des gemeinen Volkes und besonders in der Nähe dieser Stadt die Meinung festgesetzt, daß mit dem Tode des Kaisers die ganze Regierung aufgelöst sei und der Kurfürst von Baiern kommen und die Landschaften in Besitz nehmen werde." — In Böhmen zogen dem einrückenden Kurfürsten von Baiern ganze Dorfschaften, den Pfarrer an der Spitze, entgegen, um ihn als Landesherrn zu begrüßen; in Oesterreich ob der Enns wurden die heftigsten Klagen und Beschwerden laut über das Ungemach und die Unkosten für Bequartierung und Verpflegung der Reiterregimenter, welche Maria Theresia zum Schutze gegen Carl Albrecht dorthin verlegt hatte; in Niederschlesien nahmen sich nicht nur die Landesältesten der Fürstenthümer Glogau, Liegnitz und Wohlau, sondern auch der conventus publicus auf das Sorgsamste der Unterbringung und Verpflegung des preußischen Heeres an; die hartgedrückten Protestanten athmeten auf und die Bürger Breslau's sahen König Friedrich mit seinen Truppen ohne Widerstreben in ihre Mauern einziehen. In manchen Gegenden brachen unter Mitwirkung örtlicher Gründe gewaltsame Bewegungen aus; in Niederösterreich war Wein und Frucht im Jahre 1740 mißrathen, ein übermäßiger Wildstand drückte die Bauern; unmittelbar nach dem Tode des Kaisers machte sich die gereizte Stimmung in wilden Zusammenrottungen Luft; Wien selbst ward, während sich im November 1740 die Stände dort zur Huldigung versammelt hatten, durch arge Ruhestörungen in Aufregung gesetzt.

Auf eine frische entschlossene Erhebung zu ihren Gunsten schien Maria Theresia nirgends rechnen zu können, aber es fanden sich doch auch unter den Bewohnern aller Erblande nur Wenige, von denen sie einen entschiedenen Widerstand zu fürchten hatte. Den Bauern des platten Landes, den Handwerkern und Handelsleuten der vielen

kleinen Städte, den Pfarrgeiſtlichen und Beamten erſchien es natür=
licher, daß die Tochter ihres eben verſtorbenen Kaiſers ſie regiere, als
der Kurfürſt aus dem bairiſchen Hauſe, deſſen Abſtammung von den
Habsburgern ſich nur durch gelehrte Unterſuchungen ermitteln ließ;
auch hatte das langjährige Beſtehen der pragmatiſchen Sanction daran
gewöhnt, die Nachfolge Maria Thereſia's zwar gleichgültig, aber doch
als ſich von ſelbſt verſtehend zu betrachten. Nur unter den fürſt=
lichen und gräflichen Grundherren und unter den Prälaten und den
Magiſtraten mancher größeren Städte fand ſich nicht allein Gleich=
gültigkeit, ſondern auch wirkliches Widerſtreben. Eine Auflehnung
gegen das beſtehende Recht, ein Abfall von der rechtmäßigen Obrigkeit
lag nicht in der Behauptung, daß Maria Thereſia keinen ſo nahen
Anſpruch an den habsburgiſchen Nachlaß habe wie Carl Albrecht, welcher
von Anna, der Tochter Kaiſer Ferdinand's I., abſtammte; ſelbſt unter
Juriſten war die alte Streitfrage, ob eine Erbtochter durch den
Regrebienterben, oder ein Regrebienterbe durch die Erbtochter ausge=
ſchloſſen werde, noch immer nicht entſchieden. So lange aber die
Rechtsfrage unbeantwortet blieb, durfte das Abwägen der Vortheile
und Nachtheile, durfte Zuneigung und Abneigung Einfluß auf die
Stellung gewinnen, welche politiſche Männer in dem Streite zwiſchen
Maria Thereſia und dem bairiſchen Hauſe einnehmen wollten. Regie=
rende Frauen ſind unter den Deutſchen immer als eine fremdartige
Erſcheinung angeſehen worden; unwillkürlich wendeten ſich auch nach
dem Tode Carl's VI. die Augen der geiſtlichen und weltlichen
Herren weniger auf Maria Thereſia als auf deren Gemahl;
Franz Stephan aber hatte bisher, wie Arneth nachweiſt, wenig
Zuneigung und wenig Vertrauen gefunden. Das Unglück, welches
unter Leopold I. und Carl VI. durch den verderblichen Einfluß ſpa=
niſcher und italieniſcher Räthe über Oeſterreich gebracht war, hatte in
den politiſchen Kreiſen das tiefſte Mißtrauen gegen alle Ausländer
hervorgerufen; Lothringen aber gehörte ſchon ſeit zwei Jahrhunderten
dem franzöſiſchen Reiche näher an als Deutſchland, und Franz war
überdieß, ſeitdem er 1738 ſein Stammland gegen Toscana hatte ver=
tauſchen müſſen, ein nur italieniſcher Fürſt geworden; ihm nicht
weniger als dem Feldmarſchall Königsegg wurden die Niederlagen in
dem Türkenkriege Schuld gegeben; von allen Seiten ward er ſcharf
beobachtet und mit beißendem Spotte verfolgt. Als ihm am 12. Ja=
nuar 1740 die dritte Tochter geboren war, hieß es: aus dieſer Ehe
ſei niemals ein Sohn zu erwarten; wollte Oeſterreich wieder einen

Mann zum Fürsten haben, so müsse es sich anderweitig umsehen. Carl Albrecht war ein Fürst aus altem deutschen Stamme; wenn er den Nachlaß Carl's VI. erbte, so war das bairische Land und mit diesem zugleich eine neue Machtstellung sowohl dem Reiche wie Frankreich gegenüber für Oesterreich gewonnen. Die ihm günstige Stimmung ließ Carl Albrecht nicht ungenutzt; überall waren seine Agenten thätig; in den an Baiern grenzenden Theilen Böhmens und Oberösterreichs gewannen sie die meisten Grundherrschaften für ihren Kurfürsten und in Wien zählte er selbst in den Kreisen des Hofadels und der großen Beamten zahlreiche Anhänger.

Maria Theresia blieb nicht im Zweifel über die politische Stellung, welche viele der einflußreichsten Männer in den verschiedenen Erblanden gegen sie einnahmen. Die Grafen von Seeau brachten Gmunden und das ganze Salzkammergut in bairische Gewalt; Freiherr von Weichs bearbeitete mit Erfolg die oberösterreichischen Stände; eine Deputation des Ausschusses ging dem Kurfürsten entgegen, sobald er die Landesgrenze überschritten hatte, und lud ihn nach Linz ein, um dort sich als Erzherzog von Oesterreich huldigen zu lassen; zehn Prälaten, sechsunddreißig Herren, neunzehn Ritter, sieben Städte hatten sich am 2. October 1741 in Linz zum Landtag eingefunden; unter ihnen waren die Hohenfeld, Thürheim, Clam, Kurzstein, Starhemberg und andere bekannte österreichische Namen vertreten; eidlich gelobten sie dem Baiernherzog Treue und leerten die Gläser auf ihres gnädigsten Landesfürsten Wohlergehen. Auch in Prag waren fast alle Stände erschienen und huldigten am 19. December, vierhundert an der Zahl, dem Kurfürsten als König von Böhmen; selbst der Erzbischof, selbst die Kolowrat, Kinsky, Gallas, Wrbna, Königsegg, Sternberg, Clary, Waldstein, Chotek weigerten sich nicht. Ungarns politische Bewegungen streiften auch damals nahe an offenen Aufstand hin, und der Preßburger Reichstag, die Magnaten= wie die Ständetafel forderten im Frühjahre eine fast völlige Unabhängigkeit von jeder außerungarischen Gewalt, bevor Maria Theresia als Königin von Ungarn gekrönt werden könne; murrend und lachend wurden die ausweichenden Antworten der Regierung zurückgewiesen.

Die unsichere oder doch zaghafte Haltung der Erblande, die Schwäche der österreichischen Streitkräfte und die Schwierigkeit, die zu deren Stärkung erforderlichen Geldmittel aufzubringen, gaben den Angriffen, welche auf allen Seiten von mächtigen Feinden gemacht wurden, eine furchtbare Bedeutung und ließen es als nicht unwahrscheinlich erscheinen, daß sich das Besitzthum des Hauses Oesterreich wieder in die Bestandtheile auflöse, aus denen es im Laufe mancher Jahrhunderte mühsam zusammengesetzt war. In diesem Augenblicke großer Gefahr hatte Oesterreich einen Habsburger nicht mehr und einen Lothringer noch nicht zu seinem Herrscher, sondern nur die Tochter eines Habsburger und die Frau eines Lothringer. Die Rettung des Reiches, die Sorge für das Zusammenbleiben der vielen von den europäischen Höfen zur Vertheilung bestimmten Lande lag in der Hand einer Frau: Maria Theresia, das letzte Kind eines habsburgischen Vaters. Sie war, um Einsicht zum Verstehen und Kraft zur Lösung ihrer weltgeschichtlichen Aufgabe zu erhalten, auf ihren Gemahl, den Großherzog Toscana's, Franz Stephan von Lothringen, als auf ihr natürliches Haupt, Halt und Berather angewiesen. Seit 1736 war sie an Franz Stephan vermählt und lebte mit dem heiteren, wohlwollenden Mann das glücklichste Familienleben. Franz sammelte Gemälde, Münzen und Alterthümer, drechselte und trieb Gärtnerei, er war einfach und mäßig, einem frohen Lebensgenuß sehr zugethan, liebte die Jagd und das Spiel und war den Frauen nicht feind; sein offener Sinn, sein natürliches Wohlwollen, sein freundliches, lebhaftes Wesen machten es ihm leicht, Menschen zu gewinnen; das bedeutende Vermögen, welches er besaß, verstand er zu verwalten und ansehnlich zu vergrößern. Er sprach leicht, hatte ein gutes Gedächtniß, lebhafte Phantasie und gesundes Urtheil; in einzelnen entscheidenden Stunden hat er sich großer Entschlüsse fähig gezeigt. „Nicht für die Kaiserkrone, nicht für den Besitz der ganzen Welt würde ich irgend ein Recht der Königin oder auch nur eine Handbreit ihrer rechtmäßig ererbten Länder aufgeben", antwortete er dem preußischen Gesandten Gotter, welcher ihm im December 1740 gegen die Abtretung Schlesiens seines Königs ganze Geld- und Kriegsmacht zur Vertheidigung Oesterreichs und zur Gewinnung der römischen Kaiserkrone anbot. Obschon der Großherzog auch noch bei einzelnen anderen Gelegenheiten einen muthigen, ritterlichen Sinn kund that, deuteten doch schon seine nicht unschönen, aber gewöhnlichen Gesichtszüge, sein nachlässiger Gang, die gebeugte Haltung des Kopfes und der zur Erde gesenkte Blick auf natürliche Schlaffheit und innere Unthätigkeit hin; einen großen Sinn, einen thatkräftigen Geist und starken Willen hatte der Fürst nicht, vor jeder wirklichen Anstrengung, vor jeder ernsten Arbeit und jeder tiefgehenden Aufregung war er vom Knabenalter an zurückgewichen und wollte sich so wenig von den Sorgen der Regierung wie von dem Zwange der Hofformen in dem heiteren, bequemen Genusse des Lebens stören lassen. Ein Recht, die habsburgischen Erblande zu regieren, konnte er nicht in Anspruch nehmen, und fühlte sich auch nur als Gemahl einer zur Regierung berechtigten Frau; nicht auf Wirken und Gelten, nur auf Besitzen und Genießen war sein Sinn gerichtet; Ehrgeiz kannte er nicht; es lag ihm ferne, seinen politischen Einfluß über die Grenzen seines politischen Rechts hinaus zu erweitern oder die in dem Familienverhältnisse begründete Stellung des Mannes auch in den politischen Verhältnissen geltend machen zu wollen. Obschon er bereits am 21. November 1740 zum Mitregenten ernannt worden war, hatte und begehrte er keinen Antheil an der Herrschaft und fühlte sich in seiner politisch unbedeutenden Stellung befriedigt. Er war für Maria Theresia ein trefflicher Gemahl, aber weder Halt noch Hülfe in der schweren Zeit.

Als Minister fand Maria Theresia bei ihrem Regierungsantritt drei alte Diener ihres Vaters vor. Der fast achtzigjährige Graf Gundacker Starhemberg leitete die Finanzen, der fast siebenzigjährige Graf Sinzendorf die auswärtigen Angelegenheiten, und der eben so alte Graf Königsegg galt als der unterrichtetste General.

Feldmarschall Graf Königsegg war ein Soldat von Ruf; Prinz Eugen hatte ihn geachtet und geehrt, aber mancher Sommer war vergangen, seitdem er im spanischen Successionskriege sich Ruhm und Ehre erfochten, die Türkenkriege hatten ihm keine Lorbeeren gebracht; die bedächtige Vorsicht seiner früheren Jahre war ängstliche Unentschlossenheit geworden; Carl VI. nahm ihm das Präsidium des Hofkriegsrathes, ließ ihm aber Sitz und Stimme in der Conferenz; er wollte den Rath des erfahrenen Mannes nicht entbehren, der seit vielen Jahren in diplomatischen Geschäften verwendet worden war; Geld freilich hatten dessen Sendungen dem Kaiser immer gekostet; nur in Freigebigkeit, Aufwand und Pracht verstand Graf Königsegg an fremden Höfen zu erscheinen; in den Niederlanden, in Spanien, in Versailles, in Dresden und wo er sonst sich zeigte, war er gerne gesehen; seine männliche Gestalt, seine geistvolle Lebendigkeit, die Kenntnisse, welche er besaß, die gewinnenden Formen, in denen er sich bewegte, hatten ihm als Botschafter zu manchem Erfolg verholfen. Jetzt aber war er alt, und dieselbe ängstliche Unentschlossenheit, die ihm im Felde Unheil gebracht, machten ihn auch unfähig in der Conferenz.

Graf Sinzendorf sah auf ein Leben reich an politischen Erfah=

rungen zurück; seit Anfang des Jahrhunderts schon war er in großen
Geschäften gebraucht; unter Leopold I. hatte er Oesterreich am fran=
zösischen Hofe vertreten, unter Joseph I. die auswärtigen Angelegen=
heiten geleitet; er kannte die europäischen Verhältnisse und die Höfe
mit ihren Intriguen und den darin verflochtenen Personen, er verstand
es, sie zu behandeln und zu nutzen; aber der Schlemmer mit greisem
Haar, wortreich ohne Verlaß, schlau ohne eindringenden politischen
Sinn, träge und unentschlossen und von außergewöhnlicher Selbstsucht,
fast so geldgierig wie einst sein Vater und bestechlich ohne Scham,
mußte abstoßend auf die junge Fürstin wirken.

Dagegen war Maria Theresia im Vertrauen zu Graf Gundacker
Starhemberg aufgewachsen, von Kindheit an hatte sie ihn als den
vertrauten Berather ihres Vaters, als den treuen Freund des Prinzen
Eugen gekannt und in ihm den christlich frommen Mann geehrt, der
auch in schwierigen Verhältnissen dem Kaiser stets die ganze Wahrheit
sagte; seine unbestechbare Redlichkeit, sein durchdringender Verstand,
seine reiche Erfahrung kannte Jeder, und Jeder wußte, welche Ver=
dienste er sich um Oesterreich und insbesondere um die Finanzen
Oesterreichs erworben hatte; dem fürstlichen jungen Ehepaar hatte er
schon zu Carl's VI. Lebzeiten in mancher bedrängten Lage rathend zur
Seite gestanden und war von dem sterbenden Kaiser der Tochter als
Freund und Berather überwiesen; aber Graf Starhemberg war fast
achtzig Jahre, und die Kraft des achtzigjährigen Mannes reichte nicht
aus in der gefahrvollen Zeit. Oftmals ließ er sich jetzt in seinen
Ansichten und Urtheilen durch unmittelbar göttliche Eingebungen, welche
er zu empfangen glaubte, bestimmen und war selbst im Handeln nicht
immer unabhängig von seinen Visionen.

Neben den Ministern hatte vor allen Anderen Johann Christoph
Bartenstein das Vertrauen Carl's VI. besessen, und manche Eigen=
schaften vereinigten sich in dem ungewöhnlichen Manne, welche ihn
geeignet erscheinen lassen konnten, auch für Maria Theresia Berather,
Halt und Beistand zu werden. Der erste unwandelbare Grundsatz
seines politischen Lebens war, daß die Macht und das europäische
Ansehen des Hauses Oesterreich erhalten und die ungeschmälerte Erb=
folge der kaiserlichen Tochter durchgeführt werden könne und müsse;
Alles wollte er an die Erreichung dieses Zieles gesetzt wissen, und die
Geisteskräfte und Gaben, mit denen er ausgerüstet war, berechtigten
ihn auch seinerseits, handelnd in den Gang der Begebenheiten einzu=
greifen. Sein politisches Urtheil war durchaus unabhängig, er hielt

seine Ansicht fest, mochten Einige oder Viele, oder Alle sich dafür
oder dagegen erklären; selbst dem Kaiser gegenüber machte er die eigene
Ueberzeugung ohne Rückhalt und immer wieder auf das Neue geltend;
selten ließ er einen als richtig erkannten Plan deßhalb fallen, weil
die Durchführung auf große Schwierigkeiten stieß; an Auskunftsmitteln
fehlte es ihm auch in sehr verwickelten Verhältnissen nicht; seine
gründliche juristische Bildung, seine eindringende Kenntniß der Ver=
hältnisse Oesterreichs nach Innen wie nach Außen und seine Ver=
trautheit mit den durcheinander laufenden Gesetzen und Gewohnheiten
des deutschen Reichs ließen ihn nicht leicht einen Umstand übersehen,
durch welchen Ansprüche Oesterreichs gerechtfertigt werden konnten;
ein sehr gut geschulter Geschäftsmann, besaß er zugleich im Auftreten
das Sichere des Weltmannes; französisch sprach und schrieb er mit
Leichtigkeit, seine kräftige äußere Erscheinung, sein feuriges Auge ließen
ihn nirgends unbemerkt; seine Arbeitskraft und sein Gedächtniß waren
außerordentlich; daß er, jeder Bestechung unzugänglich, in allen Be=
ziehungen ein Mann von strengster Rechtlichkeit sei, haben zu jeder
Zeit auch seine erbittertsten Feinde anerkannt.

Vor Allem durch sein festes, gerades Auftreten hatte er das Ver=
trauen Carl's VI. gewonnen und seit Eugen's Tode einen fast unbe=
dingten Einfluß auf denselben geübt; Maria Theresia ließ den be=
währten, erfahrenen, ihr wie ihrem Vater mit unwandelbarer Treue
ergebenen Mann in der Stellung, welche er bei ihrem Regierungs=
antritt einnahm, obgleich ihr nicht entging, daß seine politische Be=
deutung sich nur auf persönliche Befähigung, nicht auf einen in den
Kreisen des Wiener Lebens bekannten Familiennamen gründete.

Sohn eines Professors an der Straßburger Universität, war
Bartenstein nach Beendigung seiner juristischen Studien 1714
mittellos nach Wien gegangen, war Hauslehrer bei einem Baron
Palm, dann Privatsecretär bei Graf Starhemberg geworden und hatte,
da er vor dem Uebertritt zur katholischen Kirche nicht zurückschreckte,
durch die Vermittelung des Letzteren eine Anstellung im kaiserlichen
Dienst gefunden. Seit 1728 führte er das Protocoll der Conferenz,
anfangs als Gehülfe, dann selbstständig als geheimer Staatssecretär;
bald wurden die wichtigsten Ausarbeitungen ihm überwiesen, und in
dem letzten Jahrzehnt der Regierung Carl's VI. sind fast alle be=
deutenden Denkschriften von ihm verfaßt; zugleich hatte er dem Kaiser
mündlich den regelmäßigen Bericht über die Verhandlungen der Con=
ferenz zu erstatten und trat dadurch in ein nahes persönliches Ver=

hältniß zu demselben. Das Wissen, die Arbeitslust und Geschäfts=
gewandtheit des unbekannten Mannes erregten weder Neid noch Eifer=
sucht; man wollte seine Gaben nutzen und ihn selbst als brauchbares
Werkzeug verwenden, aber unverständlich und wider alle hergebrachte
Ordnung streitend fanden es die böhmischen und österreichischen Fürsten
und Grafen, daß der außerhalb ihres Familienzusammenhanges stehende
Mann ein eigenes und überdieß meistens richtiges Urtheil in den
großen politischen Verhältnissen aussprach, auch den Ministern gegen=
über festhielt, in der Conferenz mit Sicherheit und Lebhaftigkeit vertrat
und trotz alles Widerspruches bei dem Kaiser zur Geltung brachte.
Das Unbehagen, welches der fremde Gelehrtensohn durch sein Er=
scheinen inmitten der glänzenden Hofaristokratie hervorgerufen hatte,
war für die politische Stellung desselben nicht ohne Bedeutung, denn
Bartenstein blieb, während er die Entschlüsse des Kaisers in den
äußeren wie in den inneren Verhältnissen bestimmte, dem Namen nach
nur Protocollführer der Conferenz; sein thatsächlicher Vorsitz in der=
selben und sein entscheidender Einfluß erschien daher als Anmaßung.
Die Minister hielten ihm gegenüber zusammen und suchten den unbe=
quemen Eindringling auch thatsächlich zurück in die subalterne Stellung
zu drängen; eine Vorstellung Bartenstein's bei dem Kaiser reichte aber
mit wenigen Ausnahmen hin, um die Conferenz durch ein kaiserliches
Handschreiben zum Nachgeben zu nöthigen. Schwanken und Zwiespalt
in der Leitung der großen Geschäfte war die nothwendige Folge.
Fürsten des deutschen Reiches, fremde Diplomaten, österreichische Mi=
nister und Generale suchten den mächtigen Mann zu gewinnen und
zu benutzen; öffentlich behandelten sie ihn mit der äußersten Aufmerk=
samkeit, im vertrauten Kreise aber machten sie ihrem Widerwillen
gegen ihn Luft, verspotteten alles ihnen Ungewohnte in seiner Haltung,
Bewegung, Kleidung und Ausdrucksweise und nahmen Aergerniß an
seinem sichern Auftreten in den Hofkreisen, welches deutlich zu er=
kennen gab, daß Bartenstein so selbstbewußt war und so stolz auf
seine persönliche Bedeutung, wie ein ungarischer Magnat oder der
spanische Gesandte auf seine Familienbedeutung nur sein konnte; wie
ein Gleicher unter Gleichen bewegte er sich unter seinen Gegnern,
zugebend, daß er eine andere, aber nicht, daß er eine niedrigere
Stellung einnehme als sie. Weder die ungewöhnlichen Huldigungen,
welche ihm öffentlich, noch die spöttische Geringschätzung, welche ihm
im Geheimen zu Theil ward, brachten ihn aus seiner Bahn, aber
unberührt von den Widersprüchen seiner Stellung blieb er dennoch

nicht. Amtlich fast nur mit Männern verkehrend, denen er an Verstand, Kenntniß und Erfahrung überlegen war, gewöhnte er sich daran, auch dann belehren zu wollen, wenn er verhandeln sollte, war immer bereit und ausführlich, oft absprechend und rechthaberisch sich selbst überschätzend und geneigt, auch in Verhältnissen, für die er ein Auge nicht hatte, entschieden zu urtheilen und entschlossen zu handeln. Um so gefährlicher war diese Neigung, als seine Befähigung zum politischen Urtheilen und Handeln sehr bestimmte Grenzen hatte. Er gehörte mit seinen Neigungen und Abneigungen, seinen Kenntnissen und Erfahrungen zu ausschließlich den Zeiten Carl's VI. an, um die Zeiten Friedrich des Großen verstehen zu können; an Wissen, Scharfsinn, Geschäftsgewandtheit, Festigkeit und Muth überragte er weit die neben ihm stehenden Minister und Räthe, aber schöpferische Kraft hatte auch er nicht; er war zu einseitig Jurist, um eindringenden politischen Blick zu haben, zu ausschließlich Geschäftsmann, um großer Staatsmann zu sein, und auch als Geschäftsmann stand seiner Wirksamkeit Manches im Wege.

Gezwungen, Tag für Tag mit seinen Gegnern zu streiten, und Tag für Tag die Versuche zu bekämpfen, welche ihn von seiner Bahn und von seinen Zielen abdrängen sollten, ward er derb und herbe in der Form, hartnäckig und eigensinnig in der Sache. Ein gewinnender oder auch nur bequemer Mann war Bartenstein nicht, am wenigsten für eine junge lebhafte Fürstin. Maria Theresia verkannte zu keiner Zeit, daß der erfahrene, zuverläßige Diener ihres Vaters auch ihr unentbehrlich sei, aber indem sie die Abneigung gegen dessen ungewohnte Geburt und unbequeme Eigenschaften nicht immer verbergen konnte, machte sie die an sich schon schwierige Stellung des Fremdlings noch schwieriger, ohne es zu wissen und zu wollen.

In Bartenstein so wenig wie in Franz Stephan oder den Ministern ihres Vaters fand Maria Theresia den Staatsmann, dessen sie bedurfte; auf sich allein sah die junge Fürstin sich verwiesen. Sie war, als sie am 20. October 1740 ihrem Vater in der Regierung folgte, dreiundzwanzig Jahre alt, war vier Jahre vermählt und schon einige Mal durch Wochenbette in Anspruch genommen worden. Ihre ungewöhnlichen Geistesgaben, insbesondere ihr richtiges Urtheil und ihr fester Sinn hatten bereits vor dem Tode Carl's VI. die Aufmerksamkeit des englischen und des venetianischen Gesandten erregt, aber von ihrem Vater den Geschäften ferne gehalten, fehlte ihr politische Erfahrung und Kenntniß der Welt; „sie hat Geist genug", schrieb

Robinson, „um sich leiten zu lassen, aber nicht Erfahrung genug, um selbst zu regieren". — Die Kräfte, welche in den Wechselverhältnissen der Staaten mit einander und gegen einander wirken, kannte sie so wenig wie die sich durchkreuzenden großen und kleinen Ursachen, welche dem Handeln der Höfe zum Grunde liegen, und ihre echt weibliche Natur war nicht fähig, die Macht zu verstehen, welche in einem Könige wie Friedrich der Große oder in einem aufstrebenden Staats= körper wie Preußen wirkte; die regellose Ungebundenheit der Ungarn erschreckte, die Zähigkeit der deutsch=böhmischen Corporationen und Geschlechter befremdete sie und mit ungläubiger Entrüstung wies sie lange Zeit hindurch die Warnung ab, daß der Hof von Versailles sie mit trügerischen Künsten täuschen wolle. Wenn nur eine große poli= tische Anschauung, nur gereifte Erfahrung oder nur politische Feinheit und Berechnung Oesterreich retten konnte, so war Oesterreich in dem Zeitpunkte, in welchem es Maria Theresia als Herrscherin erhielt, verloren, aber in dieser jungen Frau lebten Kräfte, welche unter den gegebenen Verhältnissen stärker waren als die Weisheit und die Er= fahrung des Staatsmannes.

Maria Theresia war in ihrem innersten Wesen bestimmt und durchdrungen von der Großartigkeit ihrer Stellung; sie hätte nicht vermocht, sich gesondert zu denken von ihrem Berufe; die Idee des österreichischen Kaiserthums hatte noch, bevor sie als Institution ver= wirklicht war, in ihr einen persönlichen Ausdruck gefunden; sie war die Erscheinung der Herrscherwürde Oesterreichs, und zwar der Herr= scherwürde Oesterreichs in diesem bestimmten Augenblicke großer Ge= fahr; sie fühlte, dachte, wollte nur Oesterreich und Oesterreichs Ret= tung. Es war ihr so gewiß wie das eigene Leben, daß die Erblande ihres Hauses zusammengehörten und Niemand ein Recht habe, sie zu beherrschen als Carl's VI. Tochter. Die Gewißheit ihres Rechtes trug sie in sich als unmittelbares Bewußtsein und sah in dem Her= kommen und den Erörterungen der Juristen, in dem Willen ihres Vaters und den europäischen Zusagen nur überflüssige Bestätigung einer Wahrheit, die zwar von Vielen bestritten, aber von Niemand bezweifelt werde. Schon als junges Mädchen hatte sie, wie Robinson schrieb, ihren Vater nur als Verwalter des Länderverbandes betrachtet, deren Beherrschung ihr dereinst als Recht unzweifelhaft zufallen müsse, und niemals wohl ist die Möglichkeit, ihr königliches Recht unver= theidigt fallen zu lassen, ihr nahe getreten. Das Auge einer langen Reihe Ahnen sah sie auf sich ruhen, seinem letzten Sprößling hatte der alte habsburgische Stamm die Erhaltung seiner Ehre und seines Besitzthums anvertraut. Sie fühlte sich dazu geboren und bestimmt, das ererbte Ansehen ihres Hauses in Europa zu vertreten und nicht zerstückeln zu lassen, was die lange Arbeit vieler auf einander folgenden Generationen zusammengefügt. Mit der vollen Wärme weiblichen Gefühles faßte sie die Aufgabe und war mit ihr verwachsen; der Fürst, der Oesterreichs Zusammengehörigkeit und ihr Herrscherrecht nicht anerkannte, war ihr zugleich ein persönlicher Feind und ein böser Mann, denn niemals kam es ihr in den Sinn, daß doch vielleicht auch Carl Albrecht und Friedrich der Große den Glauben haben könnten, Berechtigte zu sein.

Ihres Rechtes, ihrer Aufgabe und ihres Berufes sicher, trat sie auf, als sie noch am Todestage Carl's VI. die Huldigung ihrer Diener entgegen nahm; muthig und entschlossen sprach sie, als sie am 21. October 1740 zum ersten Mal als Königin von Ungarn und von Böhmen und als Erzherzogin von Oesterreich in der Conferenz erschien. Nur Zaghaftigkeit alter gebrechlicher Männer stand ihr gegenüber; „ich sah", berichtete der englische Gesandte am 22. October, „die Minister in Verzweiflung und, was noch schlimmer ist, in einer Verzweiflung, die nicht im Stande war, sie wirklich und tapfer desperat zu machen". „Alles, was sich Gutes von unserm Hofe erwarten läßt", schrieb am 31. December 1740 Graf Sylva-Tarouca, der neu ernannte Präsident des niederländischen Rathes, „wird von der Königin und ihrem Mitregenten ausgehen; das allein sind die Minister, auf die ich zähle und auf die auch Sie nur rechnen können." — Zwei Männer nur: Bartenstein und Graf Philipp Kinsky, der oberste Canzler von Böhmen, sprachen in jedem Zeitpunkte mit gleicher Entschlossenheit aus: die Kaiserin dürfe kein Recht und kein Gebiet abtreten, selbst wenn die Bedrängniß auf das Höchste steigen sollte. Die meisten anderen Räthe der Königin aber waren gegen Ende des Jahres 1741 dahin gelangt, ihr vorzuschlagen, sie solle auf das doch einmal Verlorene verzichten, solle Oberösterreich, Böhmen, Schlesien, das nördliche Mähren ihren Feinden überlassen, selbst der Feldmarschall Graf Ludwig Andreas Khevenhüller war der Meinung: Majestät habe Standhaftigkeit genug, ihr Recht zu verfechten, erwiesen, contra torrentem könne Niemand. Während aber die alten Diener mit düsteren Ahnungen sich umhertrugen, war die Königin von dem festen Vertrauen auf ein fröhliches Ende gehoben und erfüllt; Vieles sei zu opfern, meinten jene, um Weniges zu retten, sie aber wollte Alles

einsetzen, um Nichts zu verlieren, und sich an das Wort Eugen's: die
beste pragmatische Sanction ist eine kampfgerüstete Armee, erinnernd
wollte sie die Kräfte Oesterreichs für Oesterreich sammeln und ge=
brauchen. Sie wendete sich an die Herzen der Menschen, wohl
wissend, daß, wenn das Herz gewonnen ist, dem Menschen kein Opfer
zu schwer wird, auch wenn es Gut und Blut verzehrt. Die groß=
sinnige Frau, von übermächtigen Feinden bedroht, jung und schön und
anmuthiger noch als schön, mußte wohl mit sich fortreißen, was muthig,
was männlich, was eines edlen Aufschwunges fähig war. Ihre persönliche
Erscheinung wirkte fast unwiderstehlich; ein gewinnendes Wort hatte
sie für den Einen, ein anmuthiges Lächeln, einen freundlichen Blick
für den Andern, und oftmals durchbrach in liebenswürdigster Ungeduld
ein natürlich menschliches Gefühl, sei es der lebhaften Freude, des
Mitleidens, des Wohlwollens oder auch des Unwillens die Schranken
der hergebrachten Hofsitte. Unter den verschiedensten Verhältnissen
zeigte sich mit gleicher Stärke die Macht ihrer Persönlichkeit; den
jungen Adel Oesterreichs, der in Wien am Hofe sich zusammen fand,
begeisterte die lebensfrische Königin, wenn sie, fleckenlos rein in ihrem
Wandel, sich unbefangen den Freuden der Jugend hingab, in raschem
Tanze sich durch die strahlenden Säle der Hofburg bewegte oder auf
feurigem Pferde in schnellster Gangart die Gärten Schönbrunnens
und Laxenburgs durchflog. Der edle Ausdruck ihrer Züge, das große
lebhafte Auge, die hohe Gestalt, die freie Sicherheit in Haltung und
Rede zeigten die geborene Herrin, welcher sich zu fügen Jedem als das
Natürliche erschien, sogar den zähen Ständen, wenn sie Maria Theresia
persönlich in ihrer Mitte sahen; antwortete doch ein Prälat, dem
seine Genossen vom niederösterreichischen Landtage den Vorwurf maß=
loser Willfährigkeit gemacht hatten, seinen Tadlern mit ruhigem
Lächeln: „Geht nur hinein zu ihr und dann entscheidet, ob dieser Frau
wohl irgend Jemand etwas abschlagen kann." Auch die Ungarn waren,
als die Königin am Morgen des 11. September 1741 beide Tafeln
des Landtages auf das königliche Schloß zu Preßburg beschieden hatte,
unfähig, dem Zauber ihrer Persönlichkeit zu widerstehen; „tiefer Ernst
und Schwermuth lag in jener Stunde", wie Arneth nach dem Berichte
eines Augenzeugen erzählt, „auf ihren Zügen; langsam und majestätisch
durchschritt sie die Reihen der Magnaten und stieg, die Krone des
heiligen Stephan auf dem Haupte, die Stufen des Thrones hinan;
als sie mit tief bewegter Stimme die wenigen Worte gesprochen, durch
welche sie sich selbst, ihr Recht und ihre Kinder der Tapferkeit und Treue

der Ungarn übergab, war der Widerstand des Landtages gebrochen; in einer neuen noch an demselben Tage gehaltenen Versammlung wurde die bisher hartnäckig verweigerte Insurrection bewilligt."

Der Clerus Oesterreichs freute sich der christlichen Frömmigkeit und streng = katholischen Kirchlichkeit seiner Königin; in weiten Kreisen gewann sie die Herzen durch ihre Achtung vor den Priestern und ihre Milde gegen Arme und Kranke und gegen Stiftungen aller Art; die Bittenden und Klagenden, die sich unmittelbar ihr nahen konnten, band sie für immer an sich durch ihre freundliche Rede und mehr noch, weil sie verstand, das Bitten und das Klagen zu hören.

Die Truppen erfüllte ihr königlicher Muth mit hingebender Bewunderung, und manche Regimenter hatten allen Ernstes den Glauben, daß, wenn die Noth auf das Höchste gestiegen sei, die kühne Frau sie persönlich führen und retten werde. Selbst die fremden Gesandten konnten sich nicht immer dem Einflusse entziehen, den sie auf Alle übte; Graf Podewils, der Bevollmächtigte Preußens am Wiener Hofe, wurde, so kühl er auch beobachten wollte, dennoch wiederholt zu ihrem warmen Bewunderer. „Man hört", berichtete er 1747 seinem Herrn, „diese Fürstin nur loben; Jeder erhebt sie bis in die Wolken, Jeder ist bereit, sich für sie zu opfern, Jeder vergöttert sie; alle Welt will ihr Bild besitzen; mit Jubel wird sie empfangen, so oft sie sich öffentlich zeigt."

Die Macht, welche Maria Theresia über Menschen, Nationalitäten und politische Gewalten übte, wurzelte in der Thatsache, daß sie ihre ungewöhnlichen Kräfte und Eigenschaften nie gesondert und vereinzelt geltend machte, sondern deren ganze Fülle stets in jede Regierungshandlung hineinlegte, ohne es zu wissen und zu wollen. So oft sie als Königin auftrat, wurde zugleich mit der Sicherheit des Wollens auch die Lebhaftigkeit des Gefühls, mit dem starken Bewußtsein des Rechts auch das der Pflicht, wurde mit ihrem Stolz auch ihre Anmuth, mit ihrer Kühnheit auch ihre Güte wirksam; in der Königin erschien zugleich mit der Tochter des letzten Habsburger und der Mutter des ersten Lothringer auch die schöne und die junge Frau; sie war Persönlichkeit in seltenem Grade, und war sich nicht allein eines Ich, sondern auch eines königlichen Ich bewußt; „ich bin nur eine arme Frau", sagte sie selbst einmal, „aber ich habe das Herz eines Königs".

Graf Podewils sprach in einem seiner Berichte aus, daß Maria Theresia schon in den ersten Regierungsjahren durchgreifende sachliche

Umgestaltungen beabsichtigt habe, aber in der Ausführung durch ihre Minister und andere Rathgeber, welche das Alte bequemer gefunden, verhindert worden sei. Schwerlich aber hat in diesem Falle der Gesandte richtig gesehen. Bei dem Beginne und während der Dauer des Kampfes um die österreichische Erbfolge war Maria Theresia von den Gefahren und Aufgaben des Tages zu heftig bedrängt, um an den Versuch denken zu können, die Macht Oesterreichs durch Beseitigung oder Umbildung der Einrichtungen und Verhältnisse zu verstärken, welche seit mehr als einem Jahrhundert schon die Kräfte des Landes und der Menschen gebunden oder verborgen gehalten hatten. Der Krieg und dessen Verluste geboten überdies für die Herbeischaffung von Geld und Soldaten so dringend die äußerste Eile, daß keine doch jeden Falles nur langsam wirkende politische Umgestaltung irgend eine Hülfe bringen konnte.

Maria Theresia war, um die Macht Oesterreichs zu erhöhen, auf die Macht ihrer eigenen Persönlichkeit angewiesen. Mit dem Rufe, die Königin zu retten und in der Königin zugleich die Frau, welche Aller Herzen beherrschte, war eine Aufgabe hingestellt, gleich ergreifend für das menschliche wie für das politische Gefühl. Die verschiedenen Länder, welche das habsburgische Besitzthum gebildet hatten, sollten und wollten ihre Herrin und deren Recht beschützen, und stritten, indem sie Alle für dieselbe Fürstin auftraten, bewußt oder unbewußt zugleich auch für das eigene Zusammengehören und Zusammenverbleiben. Mit gemeinsamen Mitteln hatten Alle ein gemeinsames Ziel zu gewinnen und Alle hatten, so scharf sie sich nach Bildung, Geschichte und Nationalität auch sonderten, in diesem Augenblicke das Bedürfniß nach Einheit der Kraft. Getragen durch dieses Bedürfniß einigte Maria Theresia die Kräfte aller Erblande in ihrer Hand und erkämpfte, obschon mit schweren Opfern, Oesterreichs Fortbestand; sie mußte Schlesien abtreten, aber erlangte gesicherte Herrschaft über das gesammte sonstige habsburgische Besitzthum; sie mußte den Ungarn wiederum eine an Unabhängigkeit grenzende Selbstständigkeit zugestehen, aber der böhmisch-deutsche Länderverband erhielt einen festern Zusammenhang als je zuvor. Wie die gemeinsame Gefahr und der gemeinsame Kampf hatte auch der gemeinsame Erfolg das Bewußtsein der Einheit gestärkt, aber es war nur die Königsperson, nicht die Königsinstitution, welche die Erblande zusammenhielt und jedes derselben bestimmte, sich dem Gesammtverbande einzuordnen und der Gesammtgewalt unterzuordnen. „Dieser Fürstin bewilligen die Stände", schrieb Podewils am 18. Januar

1747, „so viel nur irgend möglich ist; das Volk trägt die Abgaben ohne Murren, die Großen beeilen sich, Geld anzubieten, noch bevor es von ihnen gefordert ist, die Ungarn drängen sich zum Kampfe, der Officier dient gerne für den halben Sold." — Dieser auf ein gemein= sames Ziel gerichtete Sinn der Einzelnen, diese Willfährigkeit Aller, Opfer für dessen Erreichung zu bringen, erzeugte eine Gemeinsamkeit der Stimmung, welche Oesterreich bereits als ein Gesammtwesen er= scheinen ließ, während auf dem Rechtsgebiete noch in allen Verhält= nissen und allen Einrichtungen die alte Vereinzelung fortbestand. Als aber der österreichische Erbfolgekrieg sein Ende erreichte, hatte sich an Maria Theresia das politische Einheitsbewußtsein, wie das militärische einst an Eugen, so stark entwickelt, daß es nicht unmöglich schien, ihm auch auf dem Rechtsgebiete Anerkennung und Ausdruck zu verschaffen.

Zweites Capitel.
Maria Theresia's Versuche zur Neugestaltung der über= lieferten Zustände.

Von dem Aachener Frieden bis zur Mitregentschaft Joseph's. 1748—1765.

I.
Veränderte Stellung Maria Theresia's zu den überlieferten Zuständen.

Als der Aachener Friede den österreichischen Erbfolgekrieg beendet hatte, stand dauernde Ruhe in Aussicht, und machte es der Kaiserin möglich, ihre Aufmerksamkeit den inneren Verhältnissen zuzuwenden. Die belebenden Anregungen, welche von einem Fürstenwechsel auszu= gehen pflegen, hatten in den acht seit dem ersten Auftreten der Kaiserin verflossenen Jahren an Kraft verloren; kein mit augenblicklichem Unter= gange drohender Krieg drängte jetzt noch alle Erblande und in den Erblanden alle Stände an einander, und in Maria Theresia nahm wenigstens der Zauber, welchen die jugendlich schöne Frau geübt, in demselben Verhältnisse ab, in welchem die Zahl der Jahre zunahm. „Sie ist", schrieb v. Fürst, „lange nicht mehr so geliebt, wie am An= fange ihrer Regierung." Maria Theresia selbst glaubte ein Erkalten des Vertrauens und der Zuneigung ihrer Unterthanen zu bemerken, und konnte sich hierdurch zu Zeiten so schmerzlich berührt fühlen, daß sie einst den alten Rathgeber, Graf Sylva Tarouca, veranlaßte, ihr die Thatsache und die Mittel zu deren Abhülfe in einem ausführlichen Schreiben zu erörtern; das Verhältniß aber, so wie es in den ersten Jahren ihrer Regierung bestanden hatte, wieder herzustellen, lag dennoch nicht in ihrer Absicht; sie wollte jetzt weniger ihre Persönlichkeit als ihre Stellung zur Geltung bringen, und legte größeres Gewicht auf ihr Recht als auf ihren Einfluß; die Erfahrungen des Erbfolgekrieges hatten sie gereift; mit Ernst und Ausdauer arbeitete sie in den großen Geschäften; sie ließ sich, wie 1747 Graf Podewils und 1755 v. Fürst bemerkten, alle wichtigeren Berichte ihrer Gesandten und die Entwürfe aller bedeutenden Antwortschreiben vorlesen, war stets zugänglich für die einzelnen Minister und nahm an den Sitzungen der Conferenz regelmäßig Theil; mit Aufmerksamkeit verfolgte sie die amtliche Thätigkeit der verschiedenen Hofstellen und ließ sich weder Menschen noch Sachen in irgend einem Zweige der Verwaltung fremd werden; selbst über militärische Angelegenheiten suchte sie sich so genau wie möglich zu unterrichten. An Kenntniß, Erfahrung, Einsicht und Selbstvertrauen hatte die Kaiserin in hohem Grade gewonnen und an Vorsicht nicht verloren.

Berufen, die Gesammtheit des großen Länderverbandes zu vertreten und zu regieren, war es ihr gewiß geworden, daß sie künftig, um ihre königliche Pflicht erfüllen zu können, nicht wie bisher abhängig sein dürfe von dem guten Willen der Einzelnen und von deren Neigung oder Abneigung, dem Ganzen Opfer zu bringen. Mit wachsendem Verständniß hatte sie als ihre wesentliche Aufgabe erkannt, einen Zustand im Innern herbeizuführen, durch welchen dem Hause Oesterreich eine Machtstellung nach Außen auch ohne das Vorhandensein einer ungewöhnlichen Fürstenpersönlichkeit gesichert werde. Seit Jahrhunderten schon, ja von ihrem ersten Anfange an, hatte die Geschichte Oesterreichs Inhalt und Richtung durch die Beziehungen nach Außen erhalten; selten nur waren die Habsburger durch Rücksichten auf die Entwickelung des inneren politischen Lebens geleitet worden, und als ihr Mannesstamm erlosch, gewann das Verhältniß Oesterreichs zu Deutschland und Europa bald eine wesentlich veränderte Gestalt und neues Gewicht und neue Bedeutung, denn bereits in den ersten Jahren nach dem Aachener Frieden hatten alle großen Höfe erkannt, daß mit Friedrich dem Großen eine Macht in die Geschichte eingetreten sei, deren Ansprüche und Erfolge zwar unberechenbar, aber jeden Falles groß und dauernd sein würden. Im Jahre 1748 reichte nicht wie im Jahre 1740 ein schnelles Zusammenraffen der zufällig vorhandenen Kräfte zur Abwendung einer augenblicklichen Gefahr aus. Wollte Maria Theresia dem aufstrebenden Preußen gegenüber die alte Stellung des Hauses Oesterreich in Deutschland und Europa erhalten, so stand eine Zeit schweren Kämpfens bevor, deren Dauer gewiß nicht nach Jahren und Jahrzehnten, vielleicht nach Jahrhunderten abzumessen war. Keine freiwillige, keine vorübergehende, wenn auch von allgemeiner Begeisterung getragene Erhebung konnte den Erfolg eines solchen Kampfes sichern; dauernde Einrichtungen und eine Gestaltung des Innern waren nothwendig, welche der Regierung die Macht und das Recht gaben, die reichen aber ungesehen, unentwickelt und ungesammelt in den Erblanden vorhandenen Kräfte zu suchen, zu entwickeln, zu sammeln und gesammelt nach ihrem Willen zu verwenden. Nicht um Oesterreichs inneres politisches Leben zu erfrischen und zu entfalten, sondern um dessen Machtstellung nach Außen zu sichern und zu erhöhen, wollte Maria Theresia in ihren Unterthanen die Scheidung nach Nationalität und Geschichte durch die Gemeinschaft der Verwaltung und Gesetzgebung, die Scheidung nach Bildung und Gesittung durch die Einheit der Kirche, die Scheidung nach Privilegium der Gemeinde und des Standes durch die Einheit des monarchischen Rechts überwinden. Sie hatte Verständniß für die geschichtlich überlieferte Sonderung der Erblande und für die Berechtigung der Gemeinden und Corporationen, aber es sollte die böhmische, die tyrolische, die steyrische Besonderheit, es sollten die Städte und die Dörfer, die Ritter und Prälaten sich von dem Bewußtsein eines gemeinsamen Vaterlandes, von einem österreichischen Gesammtgefühl durchdringen lassen und künftig die Einheit Oesterreichs nicht allein im Fürstenhause und im Heere, sondern auch in der gesammten Regierung und in der Stellung und Gliederung der Behörden ihren Ausdruck finden.

Zur Durchführung des großartigen Vorhabens konnten die alten aus der Zeit Carl's VI. stammenden Minister und Räthe die rechte Hülfe nicht gewähren; auch waren Graf Alois Harrach und Graf Sinzendorf schon 1742, Graf Starhemberg 1745 gestorben und Graf Königsegg seit 1743 ohne Einfluß; die Kaiserin aber hatte keine Männer von durchgreifender Thatkraft an die entscheidenden Stellen gebracht; nach Sinzendorf's Tode ernannte sie 1742 den Grafen Ulfeld, einen rechtschaffenen, aber langsamen und verwirrten Mann, dessen unbedingte Abhängigkeit von Bartenstein eine bekannte Thatsache war, zum Hofcanzler, und sicherte dadurch dem der früheren Zeit angehörenden geheimen Staatssecretär auch für die Zukunft den langgeübten Einfluß auf die auswärtigen Angelegenheiten. Einige Jahre später, 1746, berief die Kaiserin den Grafen Friedrich Harrach als obersten Canzler von Böhmen in die Conferenz, einen Mann, gleich ausgezeichnet durch seine Selbstständigkeit und große Uneigennützigkeit, wie durch seinen scharfen Verstand und eindringenden Blick; reich an Kenntnissen, von gewinnenden Formen. Ein gründlicher und doch leichter Arbeiter, galt er nach Kaunitz als der hervorragendste Unterhändler Oesterreichs, aber auch er war überaus behutsam und dem Hergebrachten zugethan; das Bestehende zu erhalten und fortzuführen, zeigte er sich ungemein begabt, aber ihm fehlte die Kühnheit und die schöpferische Kraft, ohne welche große politische Umbildungen nicht durchzuführen sind.

Auf die Leitung der Finanzen übte nach Starhemberg's Tode im Jahre 1745 der zum Präsidenten der Ministerialbanco-Deputation ernannte Graf Philipp Kinsky einen entscheidenden Einfluß; an Kraft und Entschlossenheit fehlte es dem bedeutenden Manne, welchem Maria Theresia großes Vertrauen schenkte, nicht, aber auch nicht an Heftigkeit und Gewaltsamkeit; seine fast wilde Leidenschaft erschwerte ihm jeden Schritt; zwar beseitigte er manchen Uebelstand und rief manche zweckmäßige Einrichtung in das Leben, aber er war nach dem Urtheile scharfsehender Zeitgenossen zu sehr mit Einzelnheiten beschäftigt, um im Großen wirken zu können; auch starb er bereits 1748, nachdem er sich, wie es scheint, schon einige Zeit vorher aus dem öffentlichen Leben zurückgezogen hatte.

Maria Theresia kannte das Unzulängliche ihrer Minister und das zusammenhangslose Schwanken der Conferenz; auch trug sie mit jedem Jahre schwerer das Uebergewicht des unbequemen Mannes, welcher zur Kaiserin eine politische und am Hofe eine sociale Stellung einnahm, wie wenn sein Name nicht Bartenstein, sondern Dietrichstein, Herberstein, Waldstein oder Lichtenstein gewesen wäre. Lebhaft empfand sie das Bedürfniß nach einem Wechsel in der Person ihrer Räthe, und hatte schon vor dem Aachener Frieden dem Grafen Haugwitz auf die Finanzen, und dem Grafen Kaunitz auf die auswärtigen Angelegenheiten thatsächlich einen Einfluß eingeräumt, welcher amtlich den Grafen Kinsky und Ulfeld gebührte. Als aber 1748 Graf Kinsky und 1750 Graf Friedrich Harrach gestorben, als 1749 Graf Rudolf Chotek

Präsident der Ministerialbanco-Deputation, Graf Friedrich Wilhelm Haugwitz Leiter der gesammten inneren Verwaltung, und bald darauf Graf Kaunitz geheimer Haus-, Hof- und Staatscanzler geworden war, hatte Maria Theresia auch amtlich drei Männer an die Spitze der Geschäfte gestellt, deren Muth, Begabung und Kraft es ihr möglich machten, die Neugestaltungen zu versuchen, welche sie schon bei ihrem Regierungsantritte als nothwendig erkannt hatte.

Graf Friedrich Wilhelm Haugwitz wird in Podewils' wie in Fürst's Mittheilungen als ein hervorragender Mann bezeichnet, welcher namentlich in den Finanzen neue Gedanken mit Geschick und Kühnheit durchzuführen und die Einnahmen zu erhöhen, die Ausgaben zu ermäßigen verstehe. Seine äußere Erscheinung hatte wenig Gewinnendes; als Sohn eines sächsischen Generals, als gewesener Protestant und als Gegner der ständischen Mitregierung wurde er von der österreichischen Aristokratie heftig angefeindet; aber seine große Befähigung, das Vertrauen, welches die Kaiserin ihm schenkte, und das nahe Verhältniß, in welchem er zum Hofe stand, machten es ihm möglich, alle diese Schwierigkeiten zu überwinden. Graf Rudolf Chotek war sein Nebenbuhler und erbitterter Feind, ein Finanztalent wie Graf Haugwitz, fest bis zur Halsstarrigkeit in dem Einhalten des einmal als richtig erkannten Weges und geübt in dem Gebrauche aller der kleinen Mittel, welche die Gunst des Hofes zu sichern im Stande sind. Einer der geschicktesten Minister wird er vom Freiherrn v. Fürst genannt.

Ungleich größere Bedeutung als Chotek und Haugwitz sollte für Oesterreich Wenzel Anton Graf von Kaunitz-Rietberg gewinnen. Im elterlichen Hause sehr gut unterrichtet, hatte er, als Carl VI. 1740 starb, bereits Vieles gesehen und Vieles erfahren; er hatte auf den Universitäten von Leipzig und Leyden das Leben und die Wissenschaft der Protestanten, auf mehrjährigen Reisen die hervorragenden Männer und Zustände Englands, Frankreichs, Italiens kennen gelernt und sich in seinem sechsundzwanzigsten Jahre als Reichshofrath, in seinem achtundzwanzigsten Jahre als zweiter kaiserlicher Commissarius zu Regensburg auch in den deutschen Reichsverhältnissen bewegt. Maria Theresia war schon bei ihrem Regierungsantritte auf den damals neunundzwanzigjährigen jungen Staatsmann aufmerksam geworden; sie sendete ihn 1741 mit der Nachricht von Joseph's Geburt nach Rom und Turin, gab ihm 1742 den schwierigen Gesandtenposten bei dem Könige von Sardinien und wußte, als sie 1744 bei der Vermählung ihrer

Schwester Maria Anna mit dem Prinzen Carl von Lothringen dem jungen Ehepaar die Regentschaft der österreichischen Niederlande übertragen hatte, demselben keinen zuverlässigeren Rathgeber zur Seite zu stellen als den Grafen Kaunitz. „Hier ist Kaunitz", heißt es in dem eigenhändigen Briefe der Kaiserin, welchen der Graf in Brüssel überbrachte; „Alles was ich von ihm sagen kann, ist, daß er mir Ihres Vertrauens würdig erscheint und dasselbe gewiß nicht mißbrauchen wird. Er vermag gute Rathschläge zu ertheilen, selbst in Privatangelegenheiten. Ich habe mir ihn, während er hier war, vielfach und von allen Seiten betrachtet, um seiner gewiß zu sein, und ich bin befriedigt." — Nach dem schon im December 1744 erfolgten Tode der Erzherzogin führte Kaunitz in Abwesenheit des Prinzen Carl von Lothringen bis zum Sommer 1746 die Regierung der Niederlande. Einige Monate später bestimmte die Kaiserin ihn zum Bevollmächtigten bei den Aachener Friedensverhandlungen, „da wir", schrieb sie, „in dieses Mannes Geschicklichkeit ein ganz besonderes Vertrauen setzen". Kaunitz lehnte seiner Gesundheit wegen ab, und ließ sich erst 1748 zur Uebernahme bewegen; am 18. März traf er in Aachen ein und unterzeichnete am 23. October Oesterreichs Beitritt zum Frieden. Mit dem Tage, an welchem er im Februar 1749 nach Wien zurückkehrte, ward er thatsächlich Leiter der auswärtigen Angelegenheiten; im Geheimen zog die Kaiserin ihn bei jedem Geschäfte von einiger Bedeutung zu Rathe und ließ nicht selten die von Graf Ulfeld und Bartenstein entworfenen Instructionen und Depeschen ohne deren Wissen nach Kaunitz' Aufsicht umarbeiten und umgearbeitet abgehen. Vom September 1751 bis Mai 1753 befand sich der Graf als Botschafter in Paris, um an Ort und Stelle den feindlichen Gegensatz zu überwinden, in welchem zwei Jahrhunderte hindurch die Habsburger und Bourbons einander gegenüber gestanden hatten. Seine Ausdauer und sein Geschick führte schon damals eine Annäherung herbei, welche später, 1756, den Vertrag von Versailles möglich machte und allen Beziehungen der europäischen Mächte zu einander eine neue Gestalt gab. Mit Ungeduld hatte Maria Theresia auf den Augenblick gewartet, in welchem sie Kaunitz zurückrufen und in die zur Zeit von Ulfeld und Bartenstein zugleich eingenommene Stellung bringen könne. Im Mai 1753 endlich langte Kaunitz wieder in Wien an, übernahm sogleich als geheimer Haus-, Hof- und Staatscanzler die Leitung der auswärtigen Angelegenheiten, schob den Grafen Ulfeld als Obristhofmeister, Bartenstein als Vicecanzler der österreichischen Hofcanzlei aus dem Bereich der großen

Geschäfte und behauptete sich vierzig Jahre hindurch in dem ihm übertragenen Amte. Seine Sonderbarkeiten, zu denen auch gehörte, daß er vierundachtzig Jahre alt ward, nie erkrankte und sechszig Jahre hindurch seine zerrüttete Gesundheit beklagte, sind auch der Nachwelt bekannt geblieben, aber schon für die Zeitgenossen wurden die Sonderbarkeiten und auffallenden Schwächen durch die seltene Wahrhaftigkeit und Uneigennützigkeit des Menschen und durch die bedeutenden Eigenschaften des Staatsmannes in den Hintergrund gedrängt. Bereits seit dem zweiten schlesischen Kriege sah Wien ihn als den befähigtsten Unterhändler an, welchen Oesterreich besitze, und auch die fremden Höfe scheuten schon damals seine Klugheit und Verschlossenheit bei Eröffnung, seine Behutsamkeit bei der Durchführung und seine Festigkeit bei dem Abschlusse der Verhandlungen. Noch bevor Kaunitz aus Aachen wieder in Wien eingetroffen war, berichtete der französische Gesandte, daß Graf Ulfeld wahrscheinlich eine andere Stellung erhalten werde, und daß nach Aller Ansicht Niemand so wie Graf Kaunitz befähigt sei, die auswärtigen Angelegenheiten zu leiten. Wiederholt hob der englische Gesandte die dem Grafen eigenthümliche Schärfe des Blicks und das Eindringliche seiner Rede hervor; „über jeden Gegenstand, den er berührt, spricht Graf Kaunitz klar und licht", heißt es in einem Berichte Robinson's vom Jahre 1766, „er kommt sogleich auf den rechten Punkt, aber er ist zurückhaltend und vermeidet die Unterhaltung über Politik; er ist außerhalb jedes Verdachtes der Bestechlichkeit und freut sich nicht ohne Stolz der eigenen großen Wahrheitsliebe und Aufrichtigkeit." — Unternehmend und fest nennt ihn der preußische Bevollmächtigte Freiherr v. Fürst und rühmt an ihm die Kenntnisse und die Feinheit der Form; verschwiegen sei nicht nur er selbst, sondern auch jeder seiner Untergebenen. Friedrich der Große hat in seinen Schriften wiederholt mit nicht gewöhnlicher Anerkennung von seinem politischen Gegner gesprochen, und ein englischer Gesandtschaftsbericht aus dem Jahre 1771 faßt das Urtheil über Kaunitz in folgenden Worten zusammen: „So viele Schwächen und Unvollkommenheiten Fürst Wenzel Anton auch haben mag, sie werden durch Diensteifer, Kenntnisse, große Anlagen und edle Redlichkeit reichlich aufgewogen; er darf nicht für sich allein betrachtet werden; vergleicht man ihn aber mit denen, die neben ihm stehen, so findet sich, das wage ich zu sagen, Niemand, der ihm gleich wäre oder auch nur nahe käme."

Als Graf Kaunitz im Mai 1753 die Leitung der auswärtigen Angelegenheiten amtlich übernommen hatte, machte er sogleich Barten-

stein zu einem einflußlosen Mann, und nahm der Conferenz, in
welcher bisher alle wichtigeren Geschäfte behandelt worden waren, ihre
Bedeutung; ausdrücklich aufgehoben wurde dieselbe, so weit sich er=
kennen läßt, niemals, aber schon 1755 erscheinen, wie Fürst bemerkt,
Kaiser und Kaiserin nur noch ausnahmsweise; die Sitzungen wurden
von Jahr zu Jahr inhaltloser und seltener, und hörten allem Anscheine
nach in den späteren Regierungsjahren Maria Theresia's gänzlich auf.
Auch von der Mitwirkung und dem Einflusse der einzelnen Minister
und Behörden wollte Kaunitz sich so viel wie möglich befreien; vor
ihm hatte Maria Theresia noch, wie Carl VI. und dessen Vorfahren,
die auswärtigen Angelegenheiten nach alter Weise persönlich geleitet;
dem Canzler, welcher sie berieth und unterstützte, stand zur Bewältigung
der auch damals schon massenhaften und sehr verschiedenartigen aus=
wärtigen Geschäfte kein für ihn besonders bestimmtes und von ihm
abhängiges Beamtenpersonal zu Gebote; er war, um die einzelnen
Fragen bearbeiten, die Entschließungen vorbereiten und ausfertigen zu
lassen, auf die Mitglieder des Reichshofraths oder des Geheimen Raths
oder einer der Hofcanzleien angewiesen; selbst zur Besorgung der Ab=
schriften mußte er sich an diese oder jene Hofstelle wenden. Solche
Stellung, welche noch Prinz Eugen, Sinzendorf, Ulfeld sich hatten ge=
fallen lassen müssen, erschien dem Grafen Kaunitz unerträglich; er
bewog 1753 die Kaiserin zur Gründung der geheimen Haus=, Hof=
und Staatscanzlei und vereinigte in derselben alle für die Besorgung
der auswärtigen Geschäfte erforderlichen höheren und niederen Beamten.
Baron Binder v. Krieglstein, welcher den Grafen schon seit 1744
als Legationssecretär begleitet hatte und dessen Vertrauen in hohem
Grade genoß, wurde als wirklicher Hofrath zum Mitglied und Referen=
ten der neuen Behörde ernannt; drei Secretäre und das nöthige
Canzleipersonal standen unter ihm. Kaunitz suchte alle seine Beamten
persönlich aus und hielt sie von dem Verkehr mit fremden Gesandten
so fern, daß selbst Fürst sie nur bei einem einzigen Mittagsmahl zu
Gesicht bekam. Neben den Geschäftsmännern stellte Kaunitz Gelehrte
an, damit er durch sie den in älteren Verträgen und Urkunden ver=
grabenen Stoff ohne fremde Hülfe nutzbar für die diplomatischen Ar=
beiten machen könne; der Staatscanzlei ordnete er das Haus=, Hof=
und Staatsarchiv unter und ließ an dasselbe schon seit 1749 die bis
dahin in den Erblanden zerstreuten Urkunden abgeben, damit er sie
stets für den Gebrauch zur Hand habe. Er gründete, um nicht die
Ausbildung der für die Internunciatur in Constantinopel und für die

Consulate im Orient erforderlichen Beamten Anderen überlassen zu
müssen, 1754 die orientalische Academie; zehn junge Leute, welche sich
der diplomatischen Laufbahn widmen wollten, wurden auf kaiserliche
Kosten in derselben vorbereitet; die türkische, später auch die persische
und arabische Sprache machten neben dem öffentlichen Recht den Haupt-
gegenstand des Unterrichts aus; Fremde wurden nicht zugelassen, auch
nicht gegen Bezahlung; die Academie sollte ausschließlich als Pflanz-
schule für die Staatscanzlei dienen, unter deren alleiniger Aufsicht und
oberster Leitung sie auch stand.

Ueber die Haus-, Hof- und Staatscanzlei und die ihr angehörigen
Anstalten und Personen hatte Kaunitz sich durch diese Einrichtungen
zum alleinigen Herrn gemacht; in der Behandlung der deutschen Reichs-
sachen nahm zwar der Reichshofraths-Präsident Graf Colloredo, so oft
seine genußliebende, den Geschäften abgeneigte Natur es ihm gestattete,
eine selbstständige Stellung ein; die Leitung aber der europäischen
Angelegenheiten lag mit Ausschluß jedes dritten in Kaunitz' Hand;
minder wichtige Fragen pflegte er allein zu entscheiden; aber auch die
wichtigeren brachte er nicht zur Kenntniß der Conferenz, sondern trug
sie nur der Kaiserin vor, bestimmte in den meisten Fällen deren Entschluß, und führte allein zu Ende, was er allein begonnen hatte.
„Ulfeld, Bathyany und Khevenhüller sind Nullen", bemerkt v. Fürst
ausdrücklich.

Die Bedeutung des Grafen Kaunitz lag indessen nicht ausschließlich in seinem Einfluß auf die auswärtigen Angelegenheiten; denn die
Sorge für die Machtverstärkung, welche Oesterreichs Stellung zu
Europa forderte, gab jetzt wie seit Jahrhunderten den Anstoß zu allen
bedeutenden Anordnungen im Innern, und der sachliche Druck, den
die auswärtigen Verhältnisse auf die inneren übten, wurde in Kaunitz
zugleich ein persönlicher, und verkörperte sich in dem Uebergewichte,
welches er auch, abgesehen von seinem Amte, über die neben ihm
stehenden Minister hatte.. Die Anregung zu manchen der wichtigsten
Umbildungen im Inneren sind von ihm ausgegangen, und auch mit
Einzelfragen der Verwaltung liebte er es sich zu beschäftigen; gerne
sprach er über volkswirthschaftliche Gegenstände, verkehrte mit Sach-
verständigen aller Art, und hatte zu Versuchen in der Mechanik, Physik
und Chemie stets Handwerker und Männer von Fach in seiner nächsten
Umgebung; Nichts sollte ihm fremd bleiben, damit Alles durch seine
Hand gehen könne. Das fürstliche Familienarchiv enthält jetzt noch
zahlreiche Aufzeichnungen von ihm über Banken, Mauthen, bauliche,

polizeiliche, landwirthschaftliche Einrichtungen; großen Werth werden dieselben nach den Andeutungen, welche v. Fürst seiner Zeit über diese Art der Thätigkeit des Grafen machte, schwerlich haben, aber auch sie bekunden doch die Neigung, im Inneren wie im Aeußeren die eigentliche Triebkraft zu sein. Da diese Neigung sich mit Erfolg geltend machte, so gewann eine Seite seiner Persönlichkeit, welche für die auswärtigen Verhältnisse weniger in Betracht kam, politische Bedeutung.

Kaunitz stammte aus einer katholischen Familie; zum geistlichen Stande bestimmt, war er bereits in früher Jugend Domicellar in Münster geworden und hatte dann nur in Folge des Todes seiner älteren Brüder wieder die weltliche Laufbahn erwählt; auch im späteren Leben versäumte er die vorgeschriebenen Gebräuche der katholischen Kirche nicht, ließ sich in seiner Wohnung Messe lesen und wollte den kirchlichen Volksgewohnheiten kein Aergerniß gegeben wissen; aber seiner inneren Stellung nach gehörte er in Religion, Ethik und Staatslehre nicht dem Christenthum, sondern wie so viele vornehme Katholiken jener Zeit den Encyclopädisten an; Voltaire war sein Lieblingsschriftsteller, Rousseau in Paris sein Secretär gewesen; Diderot's und d'Alembert's Encyclopädie hatte er stets zur Hand; bis in das späteste Alter ergötzte er sich an den Erzeugnissen der französischen Bühne und blieb auch mit den neuesten Erscheinungen derselben bekannt; die französische Sprache war ihm wie Muttersprache, deutsch sprach er nur mit Leuten niederen Standes und sprach es stockend und unbeholfen; selbst in Kleidung und Gewohnheiten spielte er den Franzosen.

Maria Theresia's innerstem Wesen widerstrebte die Richtung ihres Ministers, aber dennoch blieb dessen Hingebung an die Gesinnung und an die Ansichten des damaligen Frankreichs nicht ohne Einfluß auf die inneren Umgestaltungen, obschon der Versuch, die Regierungsgewalt in den einzelnen Erblanden und die Centralgewalt für den gesammten Länderverband zu stärken, seinen Grund noch nicht in politischen Theorien hatte, sondern in dem Bedürfnisse, die Macht Oesterreichs nach Außen zu erhöhen.

II.

Maria Theresia's Auftreten gegen die Nebenregierung der Stände und der Hierarchie.

Die reichen Hülfsquellen der Erblande waren bisher vor Allem zum Vortheil der Stände verwendet worden; sollten sie der Regierung

gewähren, was sie gewähren konnten, so mußte der Privatmacht gegen=
über, welche die Grundherren, einzeln als Gutsobrigkeit, vereinigt als
Landtag übten, in jedem Erblande die öffentliche Macht des Landes=
fürsten gekräftigt werden. Das wunderliche Gewirre obrigkeitlicher
Regierungsrechte, welche Jahrhunderte hindurch von den Aebten, Herren,
Magistraten, Rittern und ständischen Commissionen gehandhabt worden
waren, zu beseitigen, kam der Kaiserin zwar nicht in den Sinn, aber
die landesfürstlichen Behörden sollten das Uebergewicht nicht allein
an politischem Einfluß, sondern auch an politischer Berechtigung er=
halten.

Innerhalb ihrer Herrschaften hatten bisher die Bischöfe und
Aebte so wenig wie die Mitglieder des Herren= und Ritterstandes eine
irgend bedeutende Einwirkung der landesfürstlichen Gewalt gekannt;
die Bewohner der Dörfer, Flecken und kleinen Städte waren mit ihrem
Wohl und Wehe fast nur abhängig von den geistlichen oder weltlichen
Grundherren und deren Richtern und Wirthschaftsbeamten; sie sahen
in denselben nicht allein ihre Obrigkeit, sondern fast auch ihre höchste,
ihre einzige Obrigkeit. Maria Theresia ließ die grundherrlichen Rechte
unangetastet, aber den Gutsherren wie den Gutsangehörigen sollte
thatsächlich bewiesen werden, daß der Landesfürst auch Obrigkeit sei
und zwar eine Obrigkeit, welcher die Gutsherren nicht weniger als die
Gutsangehörigen sich unterzuordnen hätten, eine Obrigkeit, welche den
Willen und die Kraft besitze, den Gutsangehörigen Schutz selbst gegen
deren Gutsherren zu gewähren. Die Herbeiführung der neuen landes=
fürstlichen Stellung sollte in jedem der Erblande durch eine neuge=
gründete oder doch neugestaltete landesfürstliche Behörde vermittelt
werden.

Böhmen war schon im vierzehnten Jahrhundert in Kreise ge=
theilt, deren jeder unter einem Kreishauptmann stand; auch Mährens
Eintheilung in sechs Kreise stammte aus alter Zeit; die Kreishaupt=
leute traten als ständische Beamte auf und wurden auch aus dem
Stande der Herren oder Ritter genommen; sie erhoben die Contri=
bution, wachten über die öffentliche Sicherheit, übten die Polizei und
besorgten alle auf das Kriegswesen sich beziehende Angelegenheiten. Nach
dem Vorbilde der böhmisch=mährischen Einrichtungen theilte Maria
Theresia im Laufe der Jahre 1747—1754 auch Kärnthen, Oesterreich
ob und unter der Enns, Steyermark und Tyrol in eine mehr oder
minder große Zahl von Kreisen oder Viertel ein, setzte jedem Kreise
einen Kreishauptmann vor, gab demselben einige Unterbeamte bei und

bezeichnete sein Amt mit dem Namen Kreisamt. Sie nahm zwar die
Kreishauptleute meistens aus dem Herren= und Ritterstande, gab ihnen
aber schon bei der ersten Einführung eine Stellung, welche sie nicht
als eine ständische, sondern als eine landesfürstliche Behörde erscheinen
ließ; weder dem Landtage noch einem Ausschusse desselben waren die
Kreishauptleute untergeordnet; keinen ständischen Dienst irgend einer
Art durften sie neben ihrem Amte beibehalten; richterliche Thätigkeit
übten sie nicht, aber die Verwaltung stand ihnen in immer erweitertem
Umfange zu; sie waren für das sichere und rechtzeitige Eingehen der Con=
tribution verantwortlich, untersuchten den wohnlichen Zustand der Ca=
sernen und des dazu gehörigen Geräthes, leiteten die Marsch= und
Vorspanngeschäfte und handhabten die gesammte Polizei; sie beauf=
sichtigten die Löschanstalten, erhielten monatliche Gesundheitsberichte aus
allen Ortschaften und führten die bei ansteckenden Krankheiten und
Viehseuchen nöthigen Maßregeln durch; sie sollten auf alle Vaga=
bunden, auf geistliche und weltliche Einsiedler oder sonst verdächtig
scheinende Personen Obacht haben und solche handfest machen; sie
sollten die Fleisch= und Bäckerladen fleißig untersuchen, das Brod nach=
wägen, Maß und Elle einsehen, dem Umlauf verrufener Münzen
nachspüren und zur Hebung des Leinewandcommercium insbesondere die
Arbeit der Spinner, Garnsammler und Weber sowie die Auslegung
des Leinen auf Märkten und in Kramläden besichtigen lassen, damit
Treue und Glauben, welches dem Commercium Credit und Sicherheit
verschaffe, erhalten werde. Sie hatten den Schulprüfungen beizu=
wohnen und mußten, wenn auf dem Lande eine Excommunication be=
absichtigt ward, von der geistlichen Behörde zu einer gemeinsamen Unter=
suchung eingeladen werden. Die Obrigkeiten auf den Herrschaften
nicht nur des Landesfürsten, sondern auch der geistlichen und weltlichen
Grundherren waren mit ihrer gesammten Verwaltungsthätigkeit dem
Kreishauptmann strenge untergeordnet, mußten sich wegen aller von
ihnen vorgenommenen obrigkeitlichen Handlungen vor demselben ver=
antworten und ihre amtliche Thätigkeit, um sich jeder Zeit rechtfertigen
zu können, zu Protocoll verzeichnen; ausdrücklich wurden die Kreis=
hauptleute verpflichtet, den Gutsunterthanen jeden Beistand gegen Be=
drückungen durch die Grundherren oder deren Beamte zu leisten.

Die Städte waren in Oesterreich nie so unabhängig wie die
Grundherren gewesen und unmittelbarer noch als diese verspürten sie
seit 1749 das Erstarken der öffentlichen Gewalt; zwar behielten sie
die Polizeiverwaltung, aber mehr und mehr begrenzt durch Anordnungen

und Aufsicht der landesfürstlichen Behörden, welche in Zunftsachen und Gewerbesachen, im Bauwesen, im Dienstbotenverhältniß, in Sorge für richtiges Maß und Gewicht die letzte Entscheidung hatten. Schon 1754 waren gesammte Städte und Marktflecken wegen der in Besorgung der Polizeigeschäfte obwaltenden Gebrechen und Unordnungen zur Einführung einer besseren Ordnung erinnert und ihnen vorgeschrieben, den Zünften wohlerfahrene Männer als Commissarien vorzusetzen, über alle politischen Vorfälle und Veranlassungen ein Protocoll zu führen, dasselbe monatlich dem Kreisamte zur Einsicht einzureichen und in erheblichen Gegenständen die höhere Entscheidung zu gewärtigen. — Einige Jahre später wurden an Stelle der bisher zur Aufsicht über Handwerker und Händler verordneten Inspectoren aus dem Rathe zwei wohlverhaltene, ehrliche, uneigennützige, des Lesens und Schreibens kundige Polizeirevisoren auf Vorschlag des Magistrates von dem Kreishauptmann eingesetzt und in Eidespflicht genommen. — In den böhmischen Städten wurden 1751 ganz allgemein gleichwie das Contributionale also auch das Politicum der beständigen Einsicht und Bewachung der Kreishauptleute überwiesen; für Oesterreich ob der Enns verfügte eine Bestimmung vom 7. Juni 1749, daß, wenn die Stadtschreiber oder Syndicusstellen in Erledigung fallen sollten, deren Ersetzung zwar more consueto durch ordentliche Wahl vorgenommen, der neue electus aber nicht eher zur Activität gelassen werden solle, er sei denn vorher von der königlichen Repräsentation und Kammer confirmirt worden. — Die städtische Civilgerichtsbarkeit wurde vielfach beschränkt, die Criminalgerichtsbarkeit den meisten Städten im Laufe der Jahre 1754—1765 gänzlich genommen; in Böhmen z. B. blieben von dreihundertachtundsiebenzig Halsgerichten nur vierundzwanzig bestehen. Alle diese Bestimmungen Maria Theresia's gingen nicht über die Anforderungen des Lebens hinaus; sie nahmen den Städten die städtische Rechtsstellung nicht, sondern gaben der öffentlichen Gewalt nur, was ihr gebührte: den entscheidenden Einfluß auf das Gerichts-, Steuer- und Militärwesen, die Aufsicht über die gesammte städtische Verwaltung und eine Betheiligung bei der Besetzung der bedeutenderen städtischen Aemter.

Die Kreishauptleute, welche für die städtischen Magistrate, wie für die landesfürstlichen und grundherrlichen Beamten ihres Kreises die Vorgesetzten waren, standen selbst wiederum unter dem Landeshauptmann. Der Landeshauptmann führte als landesfürstliche höchste Obrigkeit die Verwaltung des Erblandes; Ausschüsse aber und Commissarien des Landtages führten als ständische höchste Obrigkeit gleich

falls die Verwaltung des Erblandes, und die collegialisch besetzte „Re=
gierung" des Erblandes, welche Justiz und Verwaltung vereinte, hatte
dem Landeshauptmann und dem Landtage zugleich Folge zu leisten, ohne
zu wissen, wem von Beiden sie im Falle widersprechender Befehle
Gehorsam schuldig sei.

Maria Theresia ließ in allen Erblanden die Landtage und deren
Behörden der Form und Zusammensetzung nach bestehen; mit feier=
lichen Worten hatte sie denselben gleich nach Carl's VI. Tode alle Frei=
heiten, Privilegien, altes Herkommen und gute Gewohnheiten bestätigt,
und die böhmischen Stände wußten noch zu Leopold's II. Zeit eine lange
Reihe von Gerechtsamen aufzuzählen, welche Maria Theresia ihnen
gelassen hatte; aber während die Form erhalten blieb, wurde in allen
Erblanden die obrigkeitliche Stellung, welche der Landtag neben dem
Landesfürsten eingenommen hatte, gebrochen, indem nicht nur sein
Einfluß, sondern auch seine Berechtigung in der Verwaltung überhaupt,
insbesondere aber in Finanz= und Militär=Angelegenheiten wesentlich
geschmälert wurde. Graf Haugwitz verlangte vor Allem für jedes
Erbland eine oberste Verwaltungsbehörde, welche so ausschließlich und
so straff wie möglich dem Landesfürsten untergeordnet sei; er erhielt
die Zustimmung der Kaiserin, und seine gewandte Behandlung der An=
gelegenheit hatte zunächst den Erfolg, daß die landesfürstliche Kammer
eine ungleich größere Bedeutung gewann als der Domesticalfond des
Landtages, indem Abgaben, welche wie die Salz= oder Stempelgefälle
bisher dem Domesticalfond zuflossen, etwas früher oder etwas später
der Kammercasse überwiesen wurden. Mit diesem Erfolge begnügte
sich indessen Haugwitz nicht; zwar ließ er das bisherige oberste
Collegium des Erblandes, die Regierung, bestehen, aber nur als Ge=
richt; die gesammte Verwaltung nahm er ihm ab und übertrug sie
auf eine für jedes Erbland neu gegründete, unter der unmittelbaren
Leitung des Landeshauptmanns stehende Behörde, Deputation, später
auch wohl Repräsentation und noch später Gubernium genannt. Die
Deputation war, obschon ihre Mitglieder noch längere Zeit aus dem
Herren= oder Ritterstande genommen zu werden pflegten, keine ständische,
sondern ausschließlich landesfürstliche Behörde; sie wurde allein von
dem Landesfürsten besetzt und stand unter keiner ständischen Aufsicht;
sie war, da sie nicht wie die Regierung richterliche Thätigkeit übte,
strenger als diese dem Landeshauptmann des Erblandes und der Hof=
stelle in Wien untergeordnet und leitete ihrerseits wiederum mit bisher
nicht gekannter Strenge die gesammte Thätigkeit der Kreishauptleute

und aller dem Kreise angehörenden landesfürstlichen und grundherrlichen Beamten. Von Jahr zu Jahr mehr drängte in allen Erblanden die Deputation des Landesfürsten den Ausschuß des Landtages aus der Verwaltung zurück; der Landtag hatte wohl noch manche Rechte, aber sein Recht ward dem Rechte und dem Einflusse des Landesfürsten gegenüber fast zu einem nudum jus Quiritium. Als die Stände Niederösterreichs 1764 ihre ständischen Gerechtsame dem öffentlichen Rechte der Kaiserin gegenüber zur Geltung zu bringen suchten, erschien am 17. Mai der Landmarschall Fürst Trautson im Ausschuß, um demselben Namens der Kaiserin zu eröffnen, daß von dato an die Verrichtung der bisherigen Deputirten cessiren sollte und sie selbst ihrer Aemter entlassen wären; Allerhöchste Majestät behielten sich vor, künftig privative den Ausschuß zu ernennen.

Indem Graf Haugwitz das Kreisamt über die Grundobrigkeit, die Deputation über den ständischen Ausschuß emporhob, verschaffte er dem Landesfürsten in allen Erblanden das Uebergewicht über die Stände und machte es der Kaiserin möglich, in einem bisher unbekannten Umfange die Einzelnlande dem Länderverbande unterzuordnen und die Einzelkräfte für die Gesammtheit zu verwenden.

Die Nebenregierung der Stände war nur ein Hinderniß der Erstarkung Oesterreichs gewesen, ein zweites nicht minder hemmendes lag in der Nebenregierung der Hierarchie. Schon Carl VI. hatte sich das hergebrachte Eingreifen derselben in das Finanzwesen, in die Gerichtsbarkeit und den Unterricht nur mit Widerstreben gefallen lassen, und Maria Theresia wurde durch ihre äußere Lage gedrängt, die Rechte der Regierung auch der Hierarchie gegenüber fester zusammen zu fassen. Feindliche Stimmung gegen die katholische Kirche lag ihr indessen eben so fern, wie die Absicht, deren Rechte im Interesse des Staats zu kränken; jeder Zwiespalt mit der Curie beunruhigte vielmehr ihr Gewissen; sie war eine christlich fromme Frau und war es im Sinne der katholischen Lehre und in Form der katholischen Kirche; unbedingt ordnete sie sich den Vorschriften und Gebräuchen derselben unter und niemals würde sie in geistlichen Dingen eine andere Autorität als die katholische Kirche und innerhalb der katholischen Kirche eine andere Autorität als die des Papstes für möglich gehalten haben; die Curie selbst konnte nicht eifriger als die Kaiserin darauf bedacht sein, Oesterreich durch Anwendung aller sich darbietenden geistlichen und ungeistlichen Mittel jedem protestantischen Einflusse zu entziehen und als rein katholisches Land zu erhalten. Auch die Unduldsamkeit gegen die Lehre und die Verfolgungssucht gegen die Personen der Protestanten hatte Maria Theresia mit dem österreichischen Clerus gemeinsam; in keinem deutschen Erblande, Schlesien allein ausgenommen, gestattete sie denselben öffentliche Religionsübung; sie ließ die härteste Bedrückung der Protestanten zu, welche sich ungeachtet aller Verfolgungen heimlich in den österreichischen Alpenländern erhalten hatten, und führte Viele derselben gewaltsam nach Siebenbürgen ab; in Kärnthen ordnete sie 1752, um die wankenden Einwohner vor den Lehren der Reformation zu bewahren, Missionen an, denen weltliche Commissarien beigegeben und Ueberzeugungsmittel gewährt wurden von wenig geistlichem Charakter. Das corpus evangelicorum beschwerte sich bei der Kaiserin, daß die Augsburgischen Confessionsverwandten nur ihres Bekenntnisses wegen Gefängniß und Leibesstrafen, Streiche und Vermögensverlust, gewaltsame Trennung der Kinder von ihren Eltern und Verweigerung des Begräbnisses auf dem katholischen Kirchhof zu tragen hätten. Maria Theresia aber antwortete, daß alle diese Beschwerden lediglich unbegründete Vorgeben einiger aufrührerisch gesinnten Landläufer, leichtsinnige Klagen unruhiger Menschen, leere Worte ausgetretener Erbunterthanen seien -- Abhülfe gewährte sie nicht, die Bedrückungen hatten ihren Fortgang. „Es werden", äußerte sich der Großcanzler v. Fürst, „die Protestanten in Oberösterreich, Steyermark und Kärnthen mit vieler Härte behandelt und durch Religionscommissionen, die aus den starresten Katholiken zusammengesetzt sind, überwacht; man nimmt ihnen ihre Bücher, hindert sie, ihren Kindern den nöthigen Unterricht zu ertheilen, und verlangt von Jedem, der in einen Dienst aufgenommen werden will, ein von dem Pfarrer ausgestelltes Zeugniß seines Katholicismus." —

Eine feindliche, in religiösen oder kirchlichen Gegensätzen wurzelnde Stellung zur katholischen Kirche war der Kaiserin demnach gänzlich fremd, aber die Hierarchie wollte nicht allein ausschließliche Herrschaft über das gesammte geistliche und geistige Leben Oesterreichs, sondern wollte auch diese Herrschaft nicht dem guten Willen der weltlichen Obrigkeit zu verdanken haben; auf sich selbst, auf eigene Geldmacht und eigenen politischen Einfluß sollte ihre Stellung sich gründen. Maria Theresia verkannte nicht, daß sie die zur Regierung Oesterreichs erforderlichen Mittel auch mit der Kirche nicht theilen dürfe, und übersah insbesondere den Widerspruch nicht, in welchem die Geldmacht der Hierarchie zu der Geldnoth der Regierung stand; die Cassen der Letzteren hatten sämmtlich mit dem äußersten Mangel zu kämpfen;

die Bischöfe, die Stifte, die Klöster dagegen hatten der großen Mehrzahl nach reiche Einkünfte und brachten einen nicht unbedeutenden Theil derselben durch Uebersendung an die Curie oder Ordensobere außer Landes. Anhaltend wurde die Kaiserin von ihren nächsten Rathgebern gedrängt, solchem Uebelstande ein Ende zu machen; sie solle, sagte man ihr, die seit 1660 von den Kirchen und Klöstern erworbenen Güter einziehen und die bisherigen Besitzer durch jährliche Zahlung von zwei Procent ihres Werthes schadlos halten oder doch wenigstens die Verwaltung der Güter den Klöstern nehmen, auf die landesfürstlichen Kammern übertragen und den Ordensleuten ein nach deren höherer und niederer Stellung verschieden bestimmtes, festes Jahreseinkommen gewähren. Trotz der äußersten Geldbedrängniß wurde die Kaiserin stets durch Gewissensbedenken abgehalten, auf diese und ähnliche Vorschläge einzugehen; nur mit Mühe ließ sie sich bewegen, einzelne mit den neuen Finanzeinrichtungen in besonders scharfem Widerspruche stehende Befreiungen und einzelne zum augenscheinlichen Mißbrauch gewordene Erwerbsquellen des Clerus aufzuheben. Zu der Contribution mußte der Geistliche in demselben Umfange beitragen, wie der weltliche Herrschaftsbesitzer; die Beichtkreuzer, die Opfergänge bei Taufen und Trauungen, der Verkauf von Medicamenten, der Wachshandel u. s. w. ward den Geistlichen verboten, eine Stolataxe für Taufen und Begräbnisse wurde erlassen; Grund und Boden sollte künftig überhaupt nicht an die todte Hand gebracht werden dürfen.

Entschlossener als in den Finanzverhältnissen trat Maria Theresia den politischen Uebergriffen der Curie und des Clerus entgegen; geängstet, bis zu Thränen bewegt, konnte die starke Frau auch in späteren Jahren noch durch die Vorstellungen des päpstlichen Nuncius werden, aber in ihrer Regierung nach Innen wie nach Außen behielt sie dennoch die Entscheidung allein sich selbst und ihren Ministern vor; niemals hat sie einen Beichtvater als politischen Rathgeber gehabt, nie wie Leopold I. einen Pater abgesendet, um ihren Generalen Verhaltungsbefehle zu überbringen; der Excommunication gestand sie ohne hinzugetretenes placetum regium keine rechtlichen Folgen zu, das Asylrecht der Kirchen und Klöster hob sie auf; den Buchdruckern untersagte sie geistliche Verordnungen ohne landesfürstliche Erlaubniß zu drucken und duldete nicht, daß österreichische Klöster- und Kirchenobere sich durch eigene Agenten in Rom vertreten ließen. Auch in den causis mixtis machte sie ihr Recht kräftig geltend; sie erlangte, obschon mit großer Mühe, von der Curie die Aufhebung vieler Feiertage und erzwang mit polizeilichen Mitteln, daß an den aufgehobenen gearbeitet wurde; sie verbot das Kreuzschleppen und Geißeln an öffentlichen Orten, die Aufführung geistlicher zum allgemeinen Aergerniß gereichenden Schauspiele und die Ausübung abergläubischer von der Kirche nicht befohlenen aber begünstigten Gebräuche, wie z. B. das Anheften geweihter Kräuter und Kränze an die Thüren der Häuser und Ställe, um sie vor Blitz und Seuchen zu bewahren; Teufel durften ohne Genehmigung der weltlichen Obrigkeit nicht gebannt werden; und wenn der Fall eines Gespenstes, einer Hexerei, Schatzgräberei oder eines angeblich vom Teufel Besessenen vorkommen sollte, so mußte der Geistliche sofort der politischen Instanz Anzeige machen, welche unter Beiziehung eines vernünftigen Physicus einzusehen hatte, ob und was für Betrug darunter verborgen. — Die geistliche Gerichtsbarkeit dagegen ließ Maria Theresia mit einzelnen Ausnahmen bestehen, wie sie sie vorgefunden hatte; es waren demnach die bischöflichen Consistorien ordentliche Behörde in allen rein geistlichen Verhältnissen; die Laien blieben denselben außerdem in allen Ehesachen, die Geistlichen auch in Streitigkeiten unterworfen, deren Gegenstand eine unbewegliche Sache war. In Malefizsachen aber hielt Maria Theresia fest daran, daß kein geistliches Gericht Strafrecht über weltliche Personen habe; allgemein sprach sie aus, daß Einziehung, Verwahrung, Untersuchung, Verurtheilung und Bestrafung der weltlichen Landesinsassen und Unterthanen lediglich dem Landesfürsten und dessen weltlichen Richtern zuständig sei; nur so weit es hierbei auf Entscheidung einer bloß geistlichen Frage, z. B. ob eine Lehre ketzerisch oder die erste Ehe eines der Bigamie Beschuldigten gültig gewesen sei, ankomme, sollte der weltliche Uebelthäter zu dem geistlichen Gerichtsstand wohlverwahrt gestellt, dann aber wieder in das weltliche Gefängniß zurückgeliefert werden. Ueber Geistliche ließ zwar auch Maria Theresia noch eine Strafgerichtsbarkeit der geistlichen Behörde bestehen; „wenn jedoch", heißt es in der Theresiana, „nach Ausmaß unserer Gesetze das Laster eines geistlichen Uebelthäters eine Blut- oder Lebensstrafe nach sich zieht, so soll das geistliche Gericht denselben degradiren und der weltlichen Obrigkeit zur Bestrafung übergeben."

Schwieriger als für die Gerichtsbarkeit war für den Unterricht das Verhältniß zu bestimmen, nach welchem die weltliche und geistliche Macht bei dessen Leitung betheiligt sein sollten: der Mann aber, unter dessen fast unbedingtem Einfluß Maria Theresia in Beziehung auf das gesammte Unterrichtswesen stand, kannte diese Schwierigkeit nicht und war über den Rath, welchen er der Kaiserin zu ertheilen habe, keinen Augenblick im Zweifel. Maria Theresia hatte den berühmten Schüler Boerhave's, Gerhard van Swieten, 1745 als Professor der Medicin aus Leyden nach Wien berufen und unmittelbar darauf zu ihrem Leibarzt ernannt. Schon als Jansenist hegte er unversöhnlichen Haß gegen die Jesuiten und sah zugleich in ihnen die Macht, welche nicht nur das damals in Oesterreich lebende Geschlecht zu dem herangezogen hatte, was es war, sondern auch das kommende Geschlecht zu einer Wiederholung des vorangegangenen heranziehen wollte. Ihr Orden erschien ihm als eigentlicher Träger der unbeschränkten Herrschaft, welche die Hierarchie über den Unterricht und die Erziehung in Oesterreich übte, und er betrachtete es als die Aufgabe seines Lebens, diese Herrschaft zu brechen. Sein erster Angriff schon traf die patres in dem Mittelpunkte ihres bisherigen Einflusses, in ihrer Stellung an der Wiener Universität. Van Swieten nämlich bewog die Regierung im Jahre 1749, das medicinische Studium und die medicinische Facultät ohne Rücksprache mit den Jesuiten neu zu gestalten und für die Zukunft sich in derselben die Ernennung der Lehrer, die Bestätigung der Decane und die Feststellung der Gebühren vorzubehalten. Nachdem van Swieten an der medicinischen Facultät die Durchführbarkeit seiner Pläne nachgewiesen hatte, wurde trotz des Widerspruches der Jesuiten 1752 die philosophische und theologische, 1753 die juristische Facultät in Wien umgebildet; die Regierung sprach sich sehr bestimmt gegen die bisher allein herrschende theologische und philosophische Richtung der Lehrer aus, stellte einen neuen Studienplan fest, gründete eine Anzahl neuer Professuren für Volkswirthschaft und Naturwissenschaften und machte die Anstellung und Entfernung sämmtlicher Professoren der Universität von ihrer Zustimmung abhängig. An der Spitze jeder der vier Facultäten stand nach der neuen Ordnung ein Director; die vier Directoren waren dem durch die Regierung ernannten Studienprotector streng untergeordnet, so daß insbesondere auch die Professoren der Theologie durch Vermittelung des Facultätsdirectors Anweisung über die Einrichtung ihrer Vorlesungen von dem Studienprotector erhielten. Zum Studienprotector aber hatte Maria Theresia den Erzbischof von Wien, Graf Trautson, ernannt, einen Mann von Geist und so wenig einverstanden mit der überlieferten Richtung, daß er vom Volke der Hinneigung zum Protestantismus beschuldigt ward; nach seinem Tode im Jahre 1757 folgte ihm in der Stellung zur

Wiener Universität zuerst der oberste Canzler, Graf Haugwitz, und dann Graf Chotek, bis im Jahr 1760 statt des protector studiorum ein Collegium, die Hofstudiencommission, eingesetzt ward, in welcher sich der neue streng hierarchische Erzbischof von Wien, Graf Migazzi, aber zugleich van Swieten befand, dessen Einfluß bald auch hier sich überwiegend zeigte. Die Hofstudiencommission leitete das Unterrichtswesen im ganzen Reiche und übte überall durch die für die einzelnen Erblande errichteten Studiencommissionen eine rücksichtslose und gesicherte Wirksamkeit aus. In Wien wurden an Stelle der Jesuiten als Facultätsdirectoren sehr häufig deren weltliche, als Lehrer in der theologischen und philosophischen Facultät deren geistliche Gegner, insbesondere Dominicaner und Augustiner, aber auch Weltgeistliche berufen; Vorfechter der neuen Richtung, wie die Professoren Martini und Riegger, gewannen an der Universität entscheidenden Einfluß; Vorlesebücher, nach welchen unterrichtet werden mußte, erschienen und hatten für die Lehrer die Bedeutung von Amtsinstructionen; Censoren waren schon seit 1753 von der Regierung angestellt, welche selbst gegen theologische Schriften strenge einschritten, wenn dieselben sich im Gegensatze zu der von van Swieten vertretenen Aufklärung befanden; nur den Anhängern der neuen Lehre blieb in ihrer mündlichen und schriftlichen Lehrthätigkeit freie Bewegung gestattet; um die Gegner willfährig zu machen oder niederzudrücken, standen der Hofstudiencommission in der Censur, den Vorlesebüchern und den Facultätsdirectoren alle nöthigen Mittel zu Gebote. Laut klagten die jetzt zurückgedrängten früheren Beherrscher der Wiener Universität, daß dieselbe ihre Selbstständigkeit verloren und aus einer freien Corporation zu einer Staatsanstalt geworden sei, bestimmt, als Mittel zu Staatszwecken zu dienen. Selbstständigkeit besaß allerdings die Wiener Universität in keiner Weise zu van Swieten's Zeit, aber verloren hatte sie dieselbe nicht; denn wie jetzt den Zwecken der Regierung hatte sie früher den Zwecken der Gesellschaft Jesu als Mittel gedient; nur gewechselt hatte sie ihren Herrn, als sie aus einer Jesuitenanstalt zu einer Staatsanstalt ward, aber nicht ein Gut verloren, welches sie nie besessen.

Einen größeren Einfluß noch als auf die Universitäten hatte der Clerus und insbesondere die Gesellschaft Jesu auf die Gymnasien und den Volksunterricht gehabt; an dem Willen, seine Feinde auch von diesem Gebiete zu verdrängen, fehlte es van Swieten nicht, aber dennoch wurde in der vorjosephinischen Zeit kein ernstlicher Versuch gemacht, die Leitung der lateinischen und deutschen Schulen von der geistlichen auf die weltliche Gewalt zu übertragen. Die Zahl der statt der Klosterschulen zu gründenden Anstalten, welche jeder Versuch dieser Art verlangte, war so groß, daß die Regierung sich außer Stande sah, die hierzu nöthigen Geld- und Lehrkräfte aufzubringen und daher zunächst Alles lassen mußte, wie es seit anderthalb Jahrhunderten gewesen war.

Maria Theresia hatte den Ständen und der Hierarchie gegenüber keinen Schritt gethan, welcher nicht von dem augenblicklichen Bedürfnisse Oesterreichs dringend gefordert wäre; sie hatte manchen Schritt unterlassen, der nicht unterlassen werden durfte, wenn das öffentliche Recht der Kaiserin zu den Privatgerechtsamen der Stände und das politische Recht der weltlichen Macht zu den kirchlichen Ansprüchen der geistlichen Macht in ein den Bedürfnissen Oesterreichs entsprechendes Verhältniß gebracht werden sollte; dennoch aber hatte Maria Theresia um die Zeit des Aachener Friedens bereits eine Stellung gewonnen, welche es in einzelnen, besonders wichtigen Beziehungen möglich machte, dem Rechte Gesammtösterreichs über das der einzelnen Erblande, dem Rechte der Hofstellen Wiens über das der erbländischen Behörden Geltung zu verschaffen und dadurch die Centralmacht in einem bisher unbekannten Umfange zu stärken.

III.
Versuche zur Stärkung der Centralmacht.

Graf Haugwitz verkannte nicht, daß jede Stärkung des k. k. Heeres durch die Verstärkung der Einheit desselben bedingt sei, und war daher mit den Generalen einverstanden, welche Aufbringung und Erhaltung der Truppen von dem Landtage auf den Landesfürsten, von dem einzelnen Erblande auf Gesammtösterreich übertragen wissen wollten. Schon 1748 machte er in allen Erblanden den Versuch, die Stände für die Durchführung dieser Ansicht zu gewinnen; mit Nachdruck erinnerte er sie daran, daß, wenn dem furchtbaren Nachbar gegenüber das öffentliche Wohl und das Wohl des Einzelnen gesichert und der kaiserliche Thron und die katholische Kirche erhalten werden sollte, ein auch im Frieden kriegsbereites Heer von mindestens 82400 Mann zu Fuß und 25600 Mann zu Pferde unbedingte Nothwendigkeit sei; der Geldaufwand für eine solche Truppenzahl betrage, noch abgesehen von

den Kosten der Festungen, der Artillerie, des Ingenieurcorps und der
Generalität über zehn Millionen sechsmalhunderttausend Gulden, während
die zur Deckung bestimmte Contribution sich kaum auf neun Millionen
zweimalhunderttausend Gulden belaufe. Abhülfe müsse geschafft werden,
und dennoch lasteten schon jetzt die Militäreinrichtungen, wie sie gegen=
wärtig beständen, schwer auf den Erblanden; überall müßten die Stände
altem Herkommen nach den cantonnirenden Truppen Soldzulage und
Servisgelder geben und könnten der Cavallerie die Pferderationen nicht
schaffen ohne einen sehr bedeutenden Zuschuß zu der vom Hofe aus=
gesetzten Summe; die Dorfschaften wären durch Einquartierung über=
bürdet, müßten mit den Mannschaften unmittelbar verhandeln, Recruten
und Remonten in natura stellen, die Truppen bei Durchmärschen
verpflegen und unentgeltlich für die vielen zur Fortschaffung des Ge=
päckes erforderlichen Pferde sorgen. Die Kaiserin verbirgt sich nicht,
daß, wenn dieser Zustand fortdauere, die Unterthanen zu Grunde gehen
müßten; sie schlage daher, um eines Theils das Heer auf die noth=
wendige Stärke bringen und anderen Theils die Lage der Erblande
erleichtern zu können, den Ständen vor, statt der Soldzulage, der
Servisgelder, der Vorspanndienste, Naturalverpflegung und in natura
gestellten Recruten und Remonten sich mit der Regierung über ein
Bauschquantum zu verständigen und dasselbe durch Erhöhung der bis=
her schon zur Erhaltung der Truppen von ihnen gezahlten Contri=
bution aufzubringen. Die Ortschaften würden dann aller Bedrückungen,
die Stände aller von den bisherigen Militäreinrichtungen unzertrenn=
lichen Widerwärtigkeiten und der endlosen Streitigkeiten über die Taug=
lichkeit der Recruten, der Remonten und deren Sättel, Waffen und
Uniformen überhoben sein; für alle Bedürfnisse der cantonnirenden
Truppen werde die Regierung sorgen, selbst Quartier nur so lange,
als die Casernen noch nicht fertig seien, fordern, bei Durchmärschen
Alles, was die Truppen verzehrten, baar nach dem Marktpreise be=
zahlen und nur den unentbehrlichsten Vorspann und auch diesen nur
gegen Entschädigung in Anspruch nehmen; die strengste Disciplin solle
gehandhabt und kein Exceß geduldet werden, weder auf dem Marsche
noch in den Quartieren.

Graf Haugwitz begehrte für seine Vorschläge die Zustimmung
der Stände nur auf zehn Jahre, stellte nach deren Ablauf Erleichte=
rung in Aussicht und versprach, daß inzwischen die verabredete Con=
tribution unter keinerlei Vorwande, auch nicht durch Türken=, Reise=
und Wochenbettsgelder oder Prinzessinsteuer erhöht und den Privilegien

der Stände, insbesondere der Herren und Ritter, kein Abbruch durch die Uebereinkunft gethan werden solle.

Ungeachtet dieser Versprechungen traten die Landtage überall den Vorschlägen des Grafen Haugwitz mißtrauisch entgegen. Mehr oder weniger bewußt vertheidigten die Stände in den habsburgischen wie in allen anderen deutschen Ländern ihre mittelalterliche Unabhängigkeit gegen den sich hervorarbeitenden Staatsgedanken; sie wollten das durch Grundherren, Aebte und Magistrate vertretene Sonderleben nicht dem durch den Fürsten und dessen Behörden vertretenen öffentlichen Leben geopfert, nicht ihre Herrschaften und Städte allgemein einer Staatsgewalt untergeordnet, sondern nur durch speciell nachweisbare Einzelnrechte des Landesherrn begrenzt wissen. Unumwunden sprachen sie aus, daß das Versprechen der Kaiserin, die Privilegien der Stände, insbesondere des Adels achten und die Contribution nicht erhöhen zu wollen, keinen ausreichenden Schutz gewähre; das Ziel der Regierung sei, sich außerordentliche Einnahmen und Unabhängigkeit von der ständischen Bewilligung zu verschaffen, angeblich zwar nur auf zehn Jahre; aber die einmal übernommenen Lasten würden ohne Zweifel ewige Lasten werden.

Graf Haugwitz hatte keinen leichten Stand, dennoch siegten überall sein Muth und seine Gewandtheit. Zuerst nahmen die Stände von Schlesien, Steyermark, Kärnthen und Krain, dann nach kurzem Widerstreben auch die von Böhmen und Mähren den Antrag der Kaiserin an; die meisten Schwierigkeiten machte der österreichische Landtag, aber Haugwitz überwand sie, indem er die zufällige Abwesenheit des am heftigsten widerstrebenden Landmarschalls Grafen Harrach benutzte.

Durch Abschluß dieser mit dem Namen Decennalrecesse bezeichneten Abkommen war das von Haugwitz festgestellte Ziel erreicht. Die Stände hatten fortan nur die zur Erhaltung der Kriegsmacht nöthigen Steuern aufzubringen, aber weder Rechte noch Pflichten in Militärangelegenheiten; die landesfürstlichen Behörden allein sorgten durch Werbung und Aushebung für Ergänzung des Heeres; sie vertheilten zu diesem Zwecke nach Verhältniß der Häuser- und Einwohnerzahl die Recrutenausschreibung auf die einzelnen Städte und Herrschaften; die Regimenter führten sodann die ihnen zukommenden Leute ab und verhandelten über Verpflegung und Garnisonirung mit den Kreisämtern, welche ihre Anweisung durch die oberen Landesstellen von der unmittelbar unter der Kaiserin stehenden militärischen Hofstelle, dem Hofkriegsrathe, erhielten; da derselbe zugleich höchster Vorgesetzter für die technischen Centralämter der Armee: das General-Artilleriezeugamt, die Pulverhofcommission und die Generaldirection des Ingenieurcorps war, so befand sich die gesammte Leitung der Militärangelegenheiten in der Hand einer einzigen Behörde.

Der durch die Beseitigung der ständischen Mitwirkung überaus erweiterte Geschäftskreis des Hoftriegsrathes machte eine Umgestaltung desselben nothwendig; schon 1753 wurden seine sehr verschiedenartigen Geschäfte in drei Gruppen vertheilt und an drei besondere Abtheilungen, welche sich bis zum Jahre 1803 erhielten, überwiesen: das militare-publicum-politicum, das judiciale und das oeconomicum. Bis 1762 war Graf Joseph Harrach, dann bis 1766 Graf Daun Präsident des Hoftriegsrathes; unter dem Einen wie unter dem Anderen wurden die Militärverhältnisse nicht wie bisher besonders für jedes Erbland und jedes Regiment, sondern gemeinsam für Gesammtösterreich und dessen Heer durch allgemeine Verfügungen und Einrichtungen geordnet; bereits 1748 erschien das Militär-, Verpflegs-, Disciplins-, Bequartierungs-, Marsch-, Vorspanns-, Recruten- und Remontirungsreglement für die gesammte in den k. k. deutschen Erbländern verlegte Miliz; 1749 folgte ein Exercierreglement und eine Generalinstruction für das Kriegscommissariat und eine Extravorschrift für das Rechnungswesen; 1751 ein Verpflegungsnormale; 1752 wurde das Militär-Cadettenhaus, 1754 die Militär-Ingenieurschule in Wien gegründet.

Die politische Institution, welche keine Mitleitung durch die Unterthanen und keine Sonderung nach Provinzen und Gemeinden duldet, sondern Einheit der Leitung und Einheit der Organisation gebieterisch fordert, war ihrer früheren Beziehung zu den Erblanden und deren Ständen enthoben und dem Länderverbande und der Regierung desselben überwiesen; die Kriegsmacht des Hauses Oesterreich, deren Einheit fast ausschließlich zu Carl's VI. Zeit durch die Persönlichkeit Eugen's, zur Zeit des österreichischen Erbfolgekrieges durch die Persönlichkeit der Kaiserin Maria Theresia vermittelt war, hatte seit den Zeiten des Aachener Friedens auch Formen und Einrichtungen erhalten, welche das Dasein eines Gesammtösterreich voraussetzten und die früher nur verbundenen Truppen der Erblande als Armee Oesterreichs erscheinen ließen.

Für die Finanzen hatte Maria Theresia, obschon die Universalbancalität 1740 ihre frühere Bedeutung nicht mehr besaß, dennoch neben den Behörden der einzelnen Erblande zwei bereits ausgebildete Centralbehörden; die Hofkammer und die Ministerialbanco-Deputation vorgefunden; sie glaubte indessen viele Schwierigkeiten, insbesondere die Reibungen der Centralbehörden unter einander, beseitigen und die Stellung der Regierung kräftigen zu können, wenn sie die Behörden, welche die Ausgaben zu machen und die, welche für deren Deckung zu sorgen hatten, vereinigte. Ein in dieser Weise zusammengesetztes Collegium würde, wie sie glaubte, die Einnahmen möglichst erhöhen, um in den Ausgaben nicht beengt zu sein, und die Ausgaben möglichst beschränken, um sich in Beziehung auf die Einnahmen keine Verlegenheiten zu bereiten. Von dieser Ansicht aus ward nach dem Vorbilde des preußischen Generaldirectoriums 1749 das directorium in publicis et cameralibus gegründet, welches zugleich mit der gesammten Verwaltung auch die der Finanzen führen sollte, und den Grafen Haugwitz zum Präsidenten erhielt; die Hofkammer ward aufgehoben, die Ministerialbanco=Deputation dagegen blieb bestehen und behielt unter Graf Rudolf Chotek eine fast unabhängige Stellung, bis dieser 1759 zugleich auch Chef des Directoriums ward. Bald nachher aber zeigte sich die Verbindung der obersten Finanzleitung mit dem Directorium als unhaltbar. 1762 trat die Hofkammer wieder in das Leben; auch die Ministerialbanco=Deputation wurde zwar unter Graf Friedrich Hatzfeld noch einmal selbstständige Behörde, mußte aber der Hofkammer Rechnung ablegen, Einsicht in ihr Gebahren gestatten und mehr und mehr Geschäftskreise abgeben, bis sie endlich auch die letzten verlor und nicht mehr zusammentrat. Die Hofkammer nahm in drei Abtheilungen gesondert ihre Geschäfte wahr; das camerale verwaltete die allgemeine Staatscasse, das bancale die Mauthen, die Salz=, Tabak= und andere Gefälle, das minerale oder montanisticum den Bergbau und die Münze. Seit 1762 hatte demnach das gesammte Finanzwesen in der Hofkammer als selbstständiger obersten Finanzstelle eine gemeinsame Leitung erhalten. Neben ihr übte die Hofrechenkammer eine allgemeine Controle aus und unter ihr standen in jedem Erblande die früheren Bankcollegien der Universalbancalität; dieselben hatten schon seit 1747 den Namen Administrationen erhalten und waren von dem Grafen Rudolf Chotek nicht allein mit Erhebung der Einkünfte aus der Mauth, dem Lotto, der Post, dem Tabak, sondern auch mit der Gerichtsbarkeit in allen Gefällsachen beauftragt; sie vereinigten daher die Verwaltung der indirecten Steuern in großem bisher unbekanntem Umfange, obschon sie einen beständigen Grenzkrieg mit den Landkammern und den unter vielerlei Namen vorkommenden sonstigen Finanzämtern zu führen hatten, welche die Eintreibung dieser oder jener Gefälle besorgten.

Eine größere Einheit der Finanzverwaltung war erreicht; aber die Verstärkung der Finanzquellen und die Gleichartigkeit derselben in den einzelnen Erblanden war ein nicht geringeres Bedürfniß gewesen.

Die Finanzmacht Gesammtösterreichs wurde, als Graf Haugwitz 1749 die innere Verwaltung übernahm, aus der Contribution d. h. dem von den Ständen bewilligten Steuerbeitrag der einzelnen Erblande und den Cameraleinkünften d. h. den von ständischer Bewilligung unabhängigen Einnahmen gebildet; diesen Unterschied ließ Graf Haugwitz unberührt, aber er fixirte und erhöhte durch die mit den Landtagen abgeschlossenen Decennalrecessen die Contribution auf fast siebenzehn Millionen Gulden und sicherte deren regelmäßiges Eingehen, indem er der Hauptquelle derselben, den Grundsteuern, eine neue und festere Ordnung gab. Selten war bisher die Contribution in der bewilligten Höhe wirklich eingegangen, oft hatten die Stände die Steuerkraft ihres Landes nicht gekannt oder doch den landesfürstlichen Behörden verborgen gehalten; oft war den grundsteuerfreien Geistlichen pflichtiges Land vermacht oder geschenkt; oft hatten Edelleute die Bauernhufen ausgekauft und das abgestiftete Land zum Dominicalgute geschlagen; oft behauptete Dieser oder Jener sich während eines langsam fortgeführten gerichtlichen Verfahrens Jahrzehnte, in Tyrol einmal ein Jahrhundert hindurch im Besitz der Steuerfreiheit; Steuerrückstände zu haben war in manchen Gegenden landesüblich, und der Landschaft fehlte die Macht zur gewaltsamen Beitreibung; zuweilen erklärte sich auch wohl eine ganze Landschaft zahlungsunfähig und entrichtete die bewilligte Contribution gar nicht oder doch nur zu einem Theile.

Diesen Uebelständen wollte Graf Haugwitz abhelfen. Um den Beitrag des Grund und Bodens zur Contribution festzustellen und die Grundsteuern nach Verhältniß des Bodenwerthes zu vertheilen, waren schon vor 1748 die Gebäude der Städte und die steuerbaren Gründe des platten Landes nach freilich sehr unsicheren Merkzeichen abgeschätzt und der Abschätzung entsprechend mit Steuern belastet. Dann hatte das Systemalpatent vom 6. September 1748 sehr genaue Bestimmungen über die Vertheilung, Erhebung und Verwaltung der Steuerschuldigkeiten gegeben. Zugleich sollte der Verwirrung begegnet werden, welche nicht ausbleiben konnte, so lange dasselbe Stück Land bald steuerbares Bauerngut, bald steuerfreies Herrschaftsgut war. Zunächst ordnete daher das Systemalpatent an, daß künftig auch Obrigkeiten die auf den Bauerngründen ruhenden Lasten tragen müßten, wenn sie dieselben selbst bewirthschaften wollten. Etwas später wurde die Wiedervereinigung des einmal an Bauern verliehenen Rusticalbesitzes mit dem Dominialbesitz gänzlich verboten und durch das Hofdecret vom 19. Februar 1751 mit wenigen Ausnahmen die Steuerfreiheit der Klöster, aller geistlichen und weltlichen Gebäulichkeiten und des gesammten Domesticalbesitzes aufgehoben, obschon dessen Besteuerung eine niedrigere blieb als die der bäuerlichen Güter. Eine allgemeine Abschätzung des Grund und Bodens war nun nothwendig geworden; Klagen über die bei derselben vorgefallenen Irrthümer und Ungerechtigkeiten wurden an allen Orten laut, und bewogen den Grafen Haugwitz, in jedem Erblande eine Rectificationscommission durch die Stände ernennen und unter oberster Leitung der Rectifications-Hofcommission in Thätigkeit treten zu lassen. Commissäre derselben hatten den Reinertrag jedes Grundstückes nach einem zehnjährigen Durchschnitt zu ermitteln und zu diesem Zwecke von jeder Obrigkeit die Einreichung eines vollständigen Verzeichnisses ihrer Dominicalnutzungen und ihrer Rusticalgründe sub fide nobili zu verlangen. Die zwanzigfache Höhe des Reinertrages sollte als Werth des Grundstückes angenommen und der Adel bis zu einem Procente, der Bauer bis zu zwei Procenten des so ermittelten Werthes bei Zahlung der Contribution herangezogen werden. Recesse mit den Ständen stellten in allen Erblanden, zuletzt in Innerösterreich 1756, die rectificatorischen Anschläge fest, auf deren Grund dann der sogenannte Theresianische Kataster ausgearbeitet ward, welcher dem Grundsteuerwesen Oesterreichs bis zum Jahre 1829 als Unterlage diente.

Nicht aus theoretischen Gründen, sondern allein um das regelmäßige Eingehen der Contribution zu sichern, hatte Graf Haugwitz in allen Erblanden die Besteuerung des Bodens von denselben Gesichtspunkten aus geordnet und den früher steuerfreien Besitz des Adels und des Clerus steuerpflichtig gemacht, wenn auch nicht in demselben Verhältnisse wie den der Bürger und Bauern. Da indessen die Grundsteuern nirgends zur Aufbringung der Contribution ausreichten, so blieben neben denselben überall auch andere Steuern bestehen und waren in den verschiedenen Erblanden jetzt eben so verschieden, wie zu Carl's VI. Zeit. Von ständischer Mitwirkung aber hatte Graf Haugwitz die Erhebung auch dieser Abgaben frei gemacht, denn nach dem Patente vom 6. September 1748 mußten die Bürgermeister der Städte, die Besitzer der freisaßlichen Höfe und die geistlichen und weltlichen Grundherren für sich und ihre unterthänigen Bauern bis zu dem 21ten eines jeden Monats alle Steuern des folgenden Monats an die Kreiscasse zahlen; hatte bis zu diesem Tage der Pflichtige die schuldige Zahlung nicht abgeführt, so wurden ihm am 22ten, wenn er Grundherr war, die Einkünfte gesperrt und die vorräthigen Wirthschaftsgeräthe verkauft; wenn er Bürgermeister, Freisasse oder Dorfunterthan war, militärische Execution eingelegt. Der Cassirer der Kreiscasse mußte dem Kreishauptmann jeder Zeit Einsicht in die Casse gewähren und die eingegangenen Gelder an die Hauptcasse des Erblandes einsenden.

Um die für das Kriegswesen nothwendigen Geldmittel zu gewinnen, hatte die Regierung sich in Beziehung auf die Contribution schon durch möglichste Beseitigung des ständischen Einflusses zu helfen vermocht; das aus dem Ertrage der Regalien und indirecten Steuern gebildete Camerale aber war niemals von ständischer Bewilligung abhängig gewesen, und ließ sich nur erhöhen, wenn neue Quellen der Einnahmen aufgefunden und die alten ergiebiger gemacht wurden. Graf Rudolf Chotek, welcher die Cameralgefälle seit 1749 als Präsident der Ministerial-Hofbanco-Deputation verwaltete, war mit Graf Haugwitz bitter verfeindet; beide Männer überwachten einander eifersüchtig in allem ihrem Thun und Lassen, und Graf Chotek hätte es nicht ertragen, für die Erhöhung des Camerale weniger zu leisten, als Graf Haugwitz für die der Contribution. Durch Einrichtungen und Aenderungen aller Art suchte er eine Steigerung der Einnahmen herbeizuführen.

Das Patent vom 13. November 1751 verbot jedes Spiel in auswärtigen Lotterien, hob mit einziger Ausnahme der Silberglückshäfen alle inländischen Lotterien für einen Zeitraum von zehn Jahren auf und führte statt derselben das Lotto auch in die deutschen Erbländer ein, da, wie es mit dem Patente heißt, Landesinsassen und Fremde große Neigung und Verlangen nach einer wohlregulirten Lotterie trügen und unter den verschiedenen Arten derselben dem in Italien und andern Ländern eingeführten Lotto bi Genova besonderen Beifall gäben, weil hier Jedermann den Preis des Spieles auch in der mindesten Gattung des Geldes von selbst erwählen, mithin in vollkommener Freiheit nach seinem Vermögen, Stande und Neigung etwas aussetzen und dem Glücke unterwerfen kann. — Das Lotto ward verpachtet; der Pächter erhielt mit allen seinen subalternen Officianten die Rechte und Vorzüge, welche den Pächtern k. k. Gefälle zustanden, war berechtigt, an jedem Orte einen Collecteur anzustellen und eine eigene Druckerei zu führen; seine Lotteriehauptbücher hatten fides publica, und die k. k. Kammerprocuratoren vertraten und vertheidigten ihn in Processen. Auf fast zweihunderttausend Gulden wurde der Jahresertrag des Lotto geschätzt; andere Nebeneinnahmen traten hinzu; eine Erbschafts-, eine Staatsschulden-Steuer wurde eingeführt und die Verpflichtung zur Anwendung des Papierstempels durch die Patente von 1762 und 1764 sehr weit ausgedehnt; der Stempel selbst in vierfacher Abstufung erhöht, Aufsicht und Strafe verschärft. Zweckmäßige und unzweckmäßige Einrichtungen sollten den Bergbau, die Tranksteuer, das Salz- und Tabaksmonopol nutzbarer machen. Um den Mauthertrag zu steigern, wurden die Befreiungen mit wenigen Ausnahmen aufgehoben, welche bisher Personen oder Sachen zugestanden hatten; der Consumo, d. h. der Eingangszoll, ward auf viele bisher unbesteuerte Gegenstände ausgedehnt und nach wie vor auch bei dem Uebergange von einem Erblande in das andere erhoben, so daß der Zoll eine Scheidung der Erblande förderte, welche die Regierung in anderen Beziehungen zu überwinden eifrig trachtete. Schlesien, Böhmen, Mähren, Oesterreich ob und unter der Enns erhielten höhere Tarife; die Schwärzer aber und der verminderte Gebrauch lehrten auch hier, daß Erhöhung des Zolles und Erhöhung der Zolleinnahmen nicht Ein und Dasselbe ist.

Durch Chotek's und Haugwitz' Anstrengungen waren die öffentlichen Einkünfte in einem bedeutenden obschon schwerlich auch nur annäherungsweise zu ermittelnden Umfange erhöht, aber dennoch nicht ausreichend, um die Kosten des 1756 beginnenden großen Krieges zu decken; nur durch Anleihen konnte die Regierung sich die nöthigen Mittel verschaffen. Die Hofkammer hatte oft schon den Geldverlegenheiten wenigstens vorübergehend abgeholfen, indem sie entweder durch ihre Universalcasse oder durch die Bergwerkshauptcasse Darlehn zu sechs Procent auf sechs Monate aufnehmen und dagegen Hofkammer-Obligationen und Kupferamts-Obligationen ausstellen ließ. Von diesem Auskunftsmittel machte die Kaiserin, obschon ihr dasselbe nur für den Augenblick Erleichterung verschaffte, auch jetzt umfassenden Gebrauch. Zu einer kaiserlichen Gewohnheit ferner war es zu Maximilian's Zeit geworden, die Stände zu veranlassen, verzinsliche Papiere auszustellen und den bei dem Verkaufe derselben erhaltenen Werth dem Hofe zu überweisen; zuerst Oesterreich, dann auch andere deutsch-slavische Erblande hatten ihren Credit schon früher in dieser Weise zum Besten der Regierung verwendet, im Jahre 1763 aber wurden auf Grund geschlossener Recesse und des Edictes vom 31. Januar für beinahe zwei=

undzwanzig Millionen Gulden fünfprocentige ständische Ausschnitts=
obligationen oder sogenannte Coupons ausgegeben, von denen die eine
Hälfte zum Umtausch sechsprocentiger ständischer Obligationen, die
andere Hälfte zu den fürwaltend sehr beträchtlichen Staatserfordernissen
verwendet werden sollte. Ungeachtet dieser bedeutenden Zuschüsse
konnte die Regierung dennoch die Beihülfe des Banco nicht entbehren.
Als Graf Chotek 1749 Präsident der Hofbanco=Deputation ward, fand
er die Bank mit vielfachen Verpflichtungen belastet; sie hatte Pupillen=
gelder und Gelder frommer Stiftungen empfangen, ausgegeben und
nun zu erstatten, sie hatte Bankobligationen ausgestellt und Anleihen der
Kaiserin übernommen und neben diesen Schulden, welche nach einer dem
Canzler Fürst gemachten Mittheilung neunundzwanzig Millionen Gulden
betrugen, zahlreiche Gläubiger zu befriedigen, welche schon fällige Einzeln=
forderungen geltend machten. Da Chotek im Jahre 1751 nicht nur
diese Rückstände, sondern auch fünf Millionen der Hauptschuld abge=
zahlt, den Credit der Bank erhöht und den Ertrag der indirecten, dem
Banco überwiesenen Steuern auf neun Millionen gebracht hatte, hoffte
er die gesammte Bankschuld im Verlaufe einiger Jahre zu tilgen;
der Ausbruch des siebenjährigen Krieges aber machte diese Hoffnung
zu Nichte und gegen Ende desselben, im Jahre 1762, stellte nicht nur
die Bank das erste österreichische Papier au porteur aus, sechs=
procentige Obligationen nämlich, im Gesammtbetrage von achtzehn
Millionen, sondern Maria Theresia unterzeichnete auch am 15. Juni
das Patent, welches mit den Worten: „Es werden für zwölf Millionen
Gulden Bancozettel ausgefertigt", das erste unverzinsliche Papiergeld
Oesterreichs in Umlauf setzte.

Die Höhe der durch die Bank, die Hofkammer und die erbländischen
Stände um die Zeit des Hubertsburger Friedens gemachten Anleihen
wird schwerlich jemals mit einiger Sicherheit festgestellt werden; ob=
schon die Angaben zwischen hundertundfünfzig und dreihundertundsechzig
Millionen Gulden schwanken, so überstieg doch in jedem Falle die
Gesammtschuld weit die damaligen Kräfte Oesterreichs. Die erstrebte
Verstärkung der Finanzmacht war demnach nicht erreicht, aber das
Mittel, durch welches Chotek wie Haugwitz sie hatte bewirken wollen,
war, obschon es seinen nächsten Zweck nicht verfehlte, nicht ohne Be=
deutung geblieben, denn indem es das Uebergewicht der landesfürstlichen
Finanzbehörden über die ständischen, der centralen über die örtlichen
sicherte und auch in Beziehung auf die Finanzquellen eine größere
Gleichartigkeit der verschiedenen Erblande herstellte, wirkte es zugleich

auf einen festeren Zusammenhang der deutsch-slavischen Erblande unter einander und auf die Kräftigung der Gesammtregierung fördernd ein, so daß in den Finanzen wie im Heere Gesammtösterreich ungleich erkennbarer als bisher hervortrat.

Kein so dringendes Bedürfniß wie im Kriegs- und Finanzwesen forderte im Rechts- und Gerichtswesen Maria Theresia auf, die Macht der Regierung auch auf diesem Gebiete zu verstärken, und jeder Versuch, über die dringenden Anforderungen des Lebens hinaus an den überlieferten Zuständen zu ändern, lag der Kaiserin fern. Nur die große Verschiedenheit des Rechts, der Gerichte und Gerichtsordnungen wollte sie möglichst beseitigt wissen, weil dieselbe den festen Zusammenhang der Erblande unter einander und deshalb auch die Erstarkung der Regierung zu hindern oder doch sehr zu erschweren schien. Römisches Recht, kanonisches Recht und kaiserliche Verordnungen hatten zwar für alle Erblande Geltung, jedoch nur wenn der Richter in den örtlichen Statuten und Gewohnheiten keinen Anhalt für die Entscheidung fand; die örtlichen Rechtsnormen aber waren nicht allein nach den Erblanden, sondern auch nach kleineren Bezirken, nach Städten, Dörfern und Marktflecken verschieden. Die Gerichte wurden oft von dem Landesfürsten, öfterer von den Bischöfen, Aebten, Magistraten, Landständen oder Gutsherren besetzt, und verschiedene Gerichte sprachen das Urtheil, je nachdem die Parteien Soldaten, Bürger oder Bauern waren, den Universitäten, dem Adel oder Clerus angehörten.

Angeregt durch die seit 1746 bekannt gewordenen Reformpläne Friedrich's des Großen wollte Maria Theresia auch in ihren Ländern eine größere Einheit des Rechtes herbeiführen. „Allen Provinzen soll durch Abfassung eines gleichförmigen Codex", sprach sie 1753 aus, „ein und dasselbe sichere und gleiche Recht und eine gleichförmige rechtliche Verfassungsart bestimmt werden." — Im Gegensatze aber zu den Ansichten Friedrich's sollte die von Maria Theresia mit Abfassung des Gesetzbuches beauftragte Commission sich einzig auf das Privatrecht beschränken, die bereits üblichen Rechte so viel wie möglich beibehalten und insofern es die Verhältnisse gestatteten, in Uebereinstimmung mit einander bringen. Nicht nur das gemeine Recht und dessen beste Ausleger, sondern auch die Gesetze anderer Staaten durften benutzt und es sollte zur Berichtigung und Ergänzung auch auf das allgemeine Recht der Vernunft zurückgesehen werden. Die Compilationscommission wurde nur aus Fachmännern, d. h. aus Juristen, gebildet; in acht Foliobänden legte sie 1767 der Kaiserin den Entwurf eines bürgerlichen Gesetzbuches vor. Es war eine breite Zusammenstellung privatrechtlicher Sätze, welche theils den Pandekten und dem Codex Justinian's, theils den neueren Gesetzen, Statuten und Gewohnheiten entnommen waren; auf „das allgemeine Recht der Vernunft" sah es nur selten zurück und hielt sich fern von allen politischen Lehren und allen Wünschen der Aufklärung, welche die Zeit zu bewegen bereits angefangen hatten. Maria Theresia fand sich durch die Arbeit ihrer Commission wenig befriedigt; in Beziehung auf die Form begehrte sie größere Kürze und Einfachheit; Alles was ad cathedram gehöre, alle casus rariores wollte sie fortgelassen und die vielen Entscheidungen einzelner Rechtsfälle in wenige allgemeine Regeln zusammengefaßt wissen; in Beziehung auf den Inhalt sprach sie nachdrücklich aus, daß die natürliche Billigkeit, auch wenn sie dem römischen Rechte widerspreche, weit umfassender als in dem vorgelegten Entwurfe berücksichtigt werden müsse. Regierungsrath v. Horten wurde beauftragt, den von der Compilationscommission zusammengetragenen Stoff von diesen Gesichtspunkten aus umzuarbeiten und zu verkürzen.

Auch in Beziehung auf das Strafrecht verkannte Maria Theresia das Bedürfniß größerer Gleichartigkeit nicht. „Fast in einem jedweden unserer Erblande ist", erklärte sie, „ein sowohl in der Verfahrungsart, als in der Bestrafung der Verbrechen großentheils unterschiedenes peinliches Recht eingeführt, und wird nach Verschiedenheit unserer Lande, theils nach der Carolinischen, theils nach der Ferdinandinischen, theils nach der Leopoldinischen, theils nach der Josephinischen Halsgerichtsordnung und einiger Orten nach deren alten Landesgesetzen, und endlich in Fällen, wo das Landesgesetz dunkel oder mangelhaft ist, nach dem Römerrechte fürgegangen, wo doch im Gegenspiel nichts natürlicher, billiger und ordentlicher auch Justiz-beförderlicher sein kann, als daß zwischen verbrüderten Erblanden unter einem nämlichen Landesfürsten ein gleiches Recht festgestellt werde."

Um dieses Ziel zu erreichen, ordnete die Kaiserin eine eigene Hofcommission an, welche unter Vorsitz des Grafen Michael Johann v. Althann das Natürlichste und Billigste aus den bisher bestandenen Criminalordnungen herauswählen, die Abgänge und Gebrechen nothdürftig verbessern und somit eine neue auf die gemeine Wohlfahrt der österreichischen Erblande eingerichtete, gleichförmige peinliche Gerichtsordnung verfassen sollte. Die Kaiserin genehmigte den ihr vorgelegten Entwurf und publicirte denselben am 31. December 1768 als constitutio criminalis Theresiana. Alle vorher in Malefizsachen ergangenen

Satzungen und Ordnungen, Gebräuche, Herkommen und Gewohnheiten wurden aufgehoben und abgethan und die neue peinliche Gerichtsordnung in allen deutschen Erblanden zur rechtlichen Richtschnur, wonach sich in allen Criminalvorfallenheiten zu richten sei, gesetzgiebig vorgeschrieben. Neues Recht hatte die constitutio criminalis Theresiana nicht einführen sollen und hatte es auch nicht eingeführt. Die alte Rohheit und Grausamkeit des Verfahrens und der Strafen war beibehalten und weder den neuen Theorien noch den überall in Europa lebhafter hervortretenden Anforderungen der Menschlichkeit Einfluß gewährt, aber indem es alle deutsche Erblande als ein gleichartiges Ganze zusammenfaßte und denselben Strafbestimmungen unterwarf, trug es auch seinerseits dazu bei, die Centralmacht der Regierung zu verstärken.

Um das Recht und die Rechtspflege in dem gesammten deutschslavischen Besitzthum gleichartig werden zu lassen, war demnach in jeder örtlichen Gemeinschaft das nur ihr Angehörende mehr oder weniger beseitigt, für alle Erblande dieselbe peinliche Gerichtsordnung gegeben, der Unterschied des gerichtlichen Verfahrens gemindert und ein gleiches Privatrecht in nahe Aussicht gestellt.

Ein Vierteljahrhundert nur war seit Carl's VI. Tode verflossen, als Maria Theresia 1765 ihren Gemahl verlor, aber in diesem kurzen Zeitraum hatte Oesterreich nicht nur nach Außen, sondern auch nach Innen tiefer greifende Umwandlungen erfahren, als zuvor in Jahrhunderten. Das Hergebrachte und Gewohnheitsmäßige war in Bewegung gerathen, auf dem Rechtsgebiete überall an den bestehenden Zuständen gerüttelt, im Kriegs- und Finanzwesen viel Neues an die Stelle des Ueberlieferten gesetzt, in allen politischen Verhältnissen die Nebenregierung der Stände und der Hierarchie, wenn auch nicht beseitigt, doch zurückgedrängt, die Centralmacht dagegen gestärkt und auf Einrichtungen gestützt, welche derselben Macht und Einfluß sicherten, auch wenn sie nicht durch die Persönlichkeit hervorragender Fürsten, Minister und Feldherren getragen ward. Die deutsch-slavischen Gebiete des Hauses Oesterreich waren auf dem Wege, aus einem losen, durch Dynastie und Heer zusammengehaltenen Länderverbande ein auch durch einheitliche Regierung und gemeinsame oder doch gleichartige Institutionen zusammen gehörendes Reich zu werden. Vor Allem in dem Geltendmachen des Gemeinsamen gegen das Besondere, in dem Vordringen der Centralmacht gegen die Einzelberechtigung der Erblande, der Landtage, Herrschaften, Städte und Corporationen trat der Kampf gegen die überlieferten Zustände hervor, ein Kampf, welchen Maria Theresia, wo und wie sie ihn während des ersten Vierteljahrhunderts ihrer Regierung auch führte, nur aufgenommen hatte, um die Macht der Regierung zu stärken, welche, wenn Alles blieb wie es war, nicht gestärkt werden konnte und doch gestärkt werden mußte, um das mit dem Untergange bedrohte Oesterreich zu retten.

Aus dem besonderen Bedürfniß des bestimmten Landes, zu einer bestimmten Zeit und aus der besonderen, durch die Zusammensetzung und Geschichte dieses Landes eigenthümlich bestimmten Natur der Kräfte, welche das vorhandene Bedürfniß befriedigen konnten, gingen bis zum Tode Kaiser Franz' I. die Anordnungen hervor, durch welche Maria Theresia ihren deutschen Erblanden eine neue Einheit und der Regierung neue Macht verschaffen wollte.

Drittes Buch.

Die Aufklärung im Kampfe mit den überlieferten Zuständen.
Maria Theresia und Joseph II. 1765—1790.

Erstes Capitel.
Die Aufklärung in Oesterreich und deren Vertretung durch Joseph II.

Schon in dem ersten Vierteljahrhundert der Regierung Maria Theresia's hatte deren Regierung zuweilen versucht, die nothwendig gewordenen politischen Umgestaltungen auch durch Gründe zu rechtfertigen, welche nicht der besonderen Lage Oesterreichs, sondern einem Begriffe des Staats, welcher für alle Völker und alle Zeiten der allein zulässige sein sollte, entnommen waren. Die Europa mehr und mehr beherrschenden Theorien des Naturrechts und Behauptungen der Aufklärung wurden auch in Oesterreich zu Lehrsätzen ausgebildet und auch für Oesterreich als Wahrheiten von unbedingter Geltung und Anwendbarkeit behandelt. Sie hatten bereits vor dem siebenjährigen Kriege Einfluß auf die Form, die Sprache, die Begründung und zuweilen auch auf den Inhalt der Regierungsanordnungen geübt, aber erst als Joseph's Persönlichkeit seit dem Tode des Kaisers Franz mehr und mehr in den Vordergrund trat, wurden sie zu einer Macht, welche mehr noch als die Bedürfnisse Oesterreichs den Gang der Regierung bestimmten.

Naturrecht und Aufklärung machten sich in Oesterreich zunächst nur als Lehre geltend; Gerhard van Swieten hatte derselben den Eingang eröffnet und neben ihm trugen die Mitglieder der Wiener Universität Carl Joseph v. Riegger, Freiherr Carl Anton v. Martini, Abt Franz Stephan Rautenstrauch und Joseph Sonnenfels ohne Zweifel am meisten zur Verbreitung bei. Tiefe Gedanken, neue Auffassungen finden sich in ihren Schriften nicht, aber sie stellten die in ganz Europa geläufigen Sätze über Entstehung, Natur und Aufgaben des Staates den Oesterreichern verständlich dar und suchten ihnen die aus jenen Sätzen als angeblich nothwendige Folgerungen abgeleiteten Rechte und Pflichten des Staates deutlich und eingänglich zu machen.

„Nur der mächtige Trieb nach Sicherheit und Glückseligkeit bewog die Menschen", meinten auch Martini, Sonnenfels, Riegger und deren Schüler und Anhänger, „sich zu vereinigen und eine Gesellschaft mit gemeinsamem Oberhaupte, dem Staat, zu verabreden; die Aufgaben und die Pflichten des Staates folgen mit Nothwendigkeit", sagten sie weiter, „aus dem Zwecke, zu welchem er verabredet ward; das Oberhaupt des Staates ist eingesetzt, um die Pflichten des Staates zu erfüllen und muß daher alle Rechte haben, deren er hierzu bedarf." Die bekannten Worte des preußischen Landrechts: „Alle Rechte und Pflichten des Staates vereinigen sich in dem Oberhaupte desselben", sprechen genau eine der Hauptlehren auch der österreichischen Anhänger des Naturrechts und der Aufklärung aus. Angeblich allein auf Grund ihrer allgemeinen Sätze machten dieselben dann nüchtern und verständig, manche unbestreitbare und dennoch wenig beachtete Wahrheit, manche begründete Rüge und manchen berechtigten Anspruch geltend, aber sie leiteten auch aus ihrem inhaltleeren Gattungsbegriff: „Staat", Anforderungen aller Art ab, deren Erfüllung jeden wirklichen Staat verknöchert, zersetzt oder doch zu einem Zerrbilde gemacht haben würde. Von dem Regenten verlangte Martini in seinen 1762 geschriebenen positiones juris naturae, daß derselbe zu dem Entzwecke allgemeiner Sicherheit, Wohlfahrt und Glückseligkeit die Handlungen der Unterthanen nach seiner Willkür leite und nicht allein den Staat, sondern auch die Einzelnen versorge, deren Bedürfnisse befriedige und deren Lebensverhältnisse ordne, pflege und gegen Gefahren jeder Art beschütze. „Der Staat soll", behaupteten Martini und seine Meinungsgenossen, „den einzelnen Bürgern ihren Lebensunterhalt sichern, daher darf der Regent nicht zugeben, daß Jemand einen Beruf ergreife, der bereits überfüllt ist, daher muß der Regent den Müssiggang, die unnützen

Künste und Pfuschereien, die Kleiderpracht, den üppigen Aufwand bei Hochzeiten, Taufen und Begräbnissen verbieten, den Preis der Lebens= mittel und die Höhe des Arbeitslohnes festsetzen", und wie Sonnenfels ausdrücklich begehrte, „dafür sorgen, daß Niemand ohne besondere Er= laubniß nutzbares Erdreich in Lustgebäude, Teiche, Thiergärten, Fasa= nerien, Terrassen, Baumreihen vor den Häusern oder in sonstige Ergötzungsörter verwandele und dadurch zu verlorenem Erdreich mache. Der Staat soll ferner seinen Bürgern als Würze des Lebens Fröh= lichkeit und angenehmen Genuß verschaffen, daher muß der Regent auch Plätze eröffnen, an welchen sich dieselben durch unschuldige Zer= streuungen und Unterhaltungen von ernsthaften Geschäften erholen können. Der Staat soll aber auch seinen Bürgern tugendhafte Ge= sinnungen und Neigungen, Anstand und Höflichkeit einflößen, daher muß der Regent, wie er durch eine wachsame Polizei giftige Pflanzen und Früchte von dem Markte verbannt, auch für die Verbannung des moralischen Giftes durch eine strenge Censur Sorge tragen. Da ferner eines der vorzüglichsten und wirksamsten Mittel zur Bildung der Sitten und zur Regierung der Menschen die Religion ist, so hat der Staat seine Sorgfalt auch darauf zu richten, daß jeder Bürger Religion habe; der Regent muß daher die Freigeisterei, weil sie dem Staate das Mittel raubt, seine Bürger auf das Vollkommenste zu leiten, als politisches Verbrechen ansehen und bestrafen und einen Jeden allenfalls auch mit Gewalt zwingen, bei dem öffentlichen Gottes= dienste und anderen Religionsgeschäften zu erscheinen. Der Regent darf diesen Leitriemen weder aus den Händen lassen, noch vernach= lässigen und muß daher die Kirche in scharfer Aufsicht halten; dieser Gesellschaft gegenüber, welche man errichtet hat, um Gott auf dieselbe Weise zu verehren, muß der Regent stets auf der Hut sein, muß ihr die nachtheilige Vermehrung der unbeweglichen Güter und die An= nahme der staatsverderblichen Geldschenkungen verbieten, muß die kirchlichen Mißbräuche abschaffen, den Processionen eine anständige Gestalt geben, vor Allem aber seine Vorsorge auf zureichende und geschickte Seelsorger richten; dem Regenten steht die Gesetzgebung und die Justiz über alle Geistlichen zu und die Disciplin der Clerisei ist ein wesentliches Stück der Religionspolizei."

Dieselben Männer, welche diesen Lehren und Behauptungen der Aufklärung durch ihre Schriften und durch ihre Vorträge an der Wiener Universität weite Verbreitung und großes Ansehen verschafften, übten zugleich mittelbar durch ihre persönlichen Verbindungen und unmittelbar durch ihre amtliche Stellung einen steigenden Einfluß auf die Verwaltung und Gesetzgebung aus. Gerhard van Swieten war seit 1745 Leibarzt der Kaiserin, seit 1760 Mitglied der Hofstudien=Commission und besaß nicht allein als Arzt, sondern auch als that=sächlicher Leiter des gesammten Unterrichtswesens das unbedingte Vertrauen seiner hohen Gönnerin; sie erhob ihn in den Freiherrnstand, zeichnete ihn bei jeder Gelegenheit aus und gab ihm hierdurch einen Einfluß weit über seine amtliche Stellung hinaus. Paul Joseph v. Riegger hatte als Professor des Staats= und Kirchenrechts an der Wiener Universität unter den hohen und vornehmen Beamten eine große Zahl früherer Schüler; als gesuchter Rathgeber in schwierigen Rechtsstreitigkeiten stand er zu vielen Familien des Hofadels in nahen Beziehungen und erhielt als Mitglied der böhmisch=österreichischen Hofcanzlei 1760 das einflußreiche Referat in Kirchensachen. Carl Anton Freiherr, v. Martini war seit 1764 zugleich wirklicher Hofrath in der obersten Justizstelle; die Erzherzoge Leopold, Ferdinand und Max wurden von ihm unterrichtet; noch als Kurfürst von Cöln sprach Max sich mit großer Achtung über die von Martini erhaltenen Lehren aus. Abt Franz Stephan Rautenstrauch wirkte auch, abge=sehen von seiner Lehrthätigkeit, entscheidend und nachhaltig auf die kirchlichen Verhältnisse und insbesondere auf die Bildung und Haltung des österreichischen Clerus ein, seitdem er 1774 Director der theo=logischen Facultät geworden und die 1775 erlassene Studienordnung ent=worfen hatte. Joseph von Sonnenfels bekleidete zwar, so lange Maria Theresia lebte, kein öffentliches Amt neben seiner Professur, aber die Achtung, welche er genoß, und die Stellung, welche er zu dem Hofe und in dem geselligen Leben Wiens einnahm, gaben seiner seit 1765 erscheinenden Wochenschrift: „Der Mann ohne Vorurtheil", und seinen seit 1765 herausgegebenen Werken über Polizei, Handlung und Fi=nanzen verstärkten Nachdruck, so daß Sonnenfels vielleicht mehr als ein Anderer das Ansehen und die Verbreitung der Aufklärung nament=lich in den vornehmen Kreisen Oesterreichs gefördert hat.

Ungeachtet des Einflusses, welchen van Swieten, Martini, Riegger, Rautenstrauch, Sonnenfels und andere minder bedeutende Männer übten, würde es dennoch auch ihren vereinten Anstrengungen schwerlich gelungen sein, die Lehrsätze des Naturrechts und der Aufklärung in Oesterreich zur Geltung zu bringen, wenn dieselben nicht einen Ver=treter gefunden hätten, welcher mit vielen sehr hervorragenden Eigen=schaften des Geistes den Besitz der höchsten politischen Macht verband.

Bereits im Jahre 1764 war Joseph zum römischen König gewählt; er hatte schon damals auch in Frankfurt allgemein den Eindruck einer bedeutenden Persönlichkeit gemacht; mit Wohlgefallen sahen Hohe und Niedere auf den jugendlichen Fürsten, als er, die schlanke Gestalt in spanische Tracht gekleidet, kaum vierundzwanzig Jahre alt, neben dem kaiserlichen Vater auf reich geschmücktem Pferde zur Königskrönung ritt. Sein leuchtendes blaues Auge, die Adlernase, die hohe Stirn, die scharf ausgeprägten Züge seines Gesichts machten auch der Menge erkennbar, daß sich kein gewöhnlicher Mensch ihren Blicken darstelle; die deutschen Fürsten, geistliche und weltliche, betrachteten den künftigen Kaiser nicht ohne Hoffnung aber auch mit Furcht, und die Kurfürsten suchten sich vorsichtig durch neue Clauseln der Wahlcapitulationen gegen die Verwirklichung der weitgreifenden Pläne zu sichern, welche der Jüngling, wie sie voraussetzten, mit sich umhertrug.

Schon im Jahre 1765, früher als irgend Jemand erwarten konnte, wurde der römische König durch den Tod seines Vaters römischer Kaiser; der Eindruck, welchen sein erstes Auftreten machte, war überaus günstig. „Der Kaiser giebt sich", berichtete Robinson im September und October nach London, „mit Ernst und Ausdauer, ja selbst mit Liebe den Geschäften hin und wendet großen Gegenständen die beharrlichste Aufmerksamkeit zu; eifrig sucht er sich zu unterrichten; sein Benehmen ist männlich und verständlich; offen spricht er sich aus und mit Gründen macht er seine Ansicht geltend." In den Erblanden blieb Maria Theresia zwar Herrscherin, aber drei Jahrhunderte hindurch war die Herrschaft über die Erblande mit der deutschen Königs- und römischen Kaiserwürde in einer und derselben Hand und so fest mit derselben verwachsen gewesen, daß Joseph II. ein bedeutender Einfluß auch auf die Regierung Oesterreichs, wenn er den Willen hatte, ihn zu üben, kaum entgehen konnte, und an dem Willen fehlte es, wie bald genug sich zeigen sollte, nicht. Der Glanz der nur schimmernden Kaiserkrone ließ ihn unbefriedigt, er begehrte viele Macht und geneigt, in allen Verhältnissen die Zukunft vorweg zu nehmen, suchte er die Herrschaft über Oesterreich, auf welche er ein Recht nicht früher als nach der Mutter Tode hatte, thatsächlich schon jetzt so viel wie möglich in seine Hand zu bringen. Neuen Ansichten leicht zugänglich, wurde ihm die neue Ansicht schnell zu einem kaiserlichen Patent, und sein Eifer, seine Eile und Thätigkeit, das Patent im Leben durchzuführen und als Einrichtung oder Anstalt zu verkörpern, hielt kein Maß, denn Erfolge wollte er augenblicklich sehen von Allem, was er that, säen und ernten wollte er an einem Tage.

Dem Drängen des jungen Fürsten gegenüber stand Maria Theresia mit gebrochener Kraft; sie war, als Franz zu Innsbruck am 18. August 1765 vom Schlage gerührt ward, dem fünfzigsten Jahre nahe; sein plötzlicher Tod ergriff sie gewaltsam; sie wollte die Regierung niederlegen, wollte in ein Kloster gehen. „Alles habe ich verloren", klagte sie dem Fürsten Kaunitz, „was mich bisher erhalten, ermuthigt und getröstet hat." — „So unglücklich, so erschüttert bin ich", schrieb sie dem alten Freunde Sylva Tarouca, „daß ich auch das Bischen Verstand, welches mir bisher geblieben war, noch verlieren werde und mich schon deßhalb verbergen müßte, wenn nicht auch ohne dieses die Neigung zum Rückzuge vorhanden wäre." — „Ich kenne mich nicht mehr", äußerte sie ein anderes Mal, „ich vergesse Alles und lebe ohne Begeisterung und wie ein Thier ohne Vernunft; um fünf Uhr stehe ich auf, spät lege ich mich zu Bette und thue doch den ganzen Tag nichts, denke nicht einmal mehr; meine Lage ist fürchterlich." — Die Gewaltsamkeit des Schmerzes überwand ihr kräftiger Geist, aber niemals vermochte sie sich aus der tiefen, wehmüthigen Trauer über den Verlust des Mannes wieder aufzurichten, der, wie sie an Marie Christine schrieb, schon gemeinsam mit ihr erzogen war und dann in dreißigjähriger Ehe immer gleichen Sinnes mit ihr alle ihre Leiden getheilt, und weil er sie getheilt, auch gemildert hatte. Das schmerzliche Bewußtsein ihrer Vereinsamung wurde dadurch noch verstärkt, daß ihr die alten Diener, mit denen sie in den Jahren jugendlicher Kraft gehandelt hatte, Einer nach dem Andern genommen wurden. Graf Friedrich Wilhelm Haugwitz, Daun, Bartenstein starben kurz nach dem Kaiser, und bald auch Ulefeld, Fürst Wenzel Lichtenstein, Graf Rudolf Chotek, Gerhard van Swieten, Graf Sylva Tarouca u. A.

Die Betrübniß und der schwere geistige Druck, welcher auf ihr lastete, nahmen der Kaiserin die alte Zuversicht zu sich selbst; sie suchte nach Trost, Halt und Hülfe: der Sohn sollte ihr den Gemahl ersetzen. Am 23. September 1765 schon ward bekannt gemacht, daß die Kaiserin zu ihrer Beruhigung und Erleichterung die Corregentschaft über dero gesammte Erbkönigreiche und Länder dero herzlichgeliebtesten, erstgeborenen, allerdurchlauchtigsten Herrn Sohn übertragen habe. Es war ein schwieriges Verhältniß, welches die Kaiserin in das Leben gerufen hatte; „nie werden", äußerte Joseph selbst sich einige Jahre später, „zwei Willen so übereinstimmend sein, daß nicht oftmals Unentschiedenheit und Schwanken bemerkbar, dadurch für Kabalen, Intriguen und Parteiungen Thor und Thüre geöffnet würden." — Der Anfang der Regentschaft zwar schien geeignet, solche Besorgnisse zu zerstreuen; „es herrscht", berichtete im October 1765 Robinson seinem Hofe, „das vollste Einverständniß zwischen dem neuen Kaiser und der Kaiserin=Königin=Wittwe; sie zeigt ihm die größte Liebe, das größte Vertrauen und er erwidert dasselbe mit allen nur möglichen Beweisen der Aufmerksamkeit und Ehrfurcht". Auch Maria Theresia selbst schrieb später einmal: „das erste Jahr ging Alles auf das Beste". — Die in der politischen Stellung, welche die Mutter dem Sohne eingeräumt hatte, liegenden Schwierigkeiten wurden indessen durch den Gegensatz ihrer Persönlichkeit und die Verschiedenheit ihrer Ziele und Ausgangspunkte, in solchem Grade verschärft, daß der Kampf zwischen Beiden unausbleiblich war. Maria Theresia fühlte sich zwar oftmals außer Stande, die schwere Last ihrer fürstlichen Rechte und Pflichten allein zu tragen; sie sehnte sich nach einem Mit=träger, welcher die Verantwortung vor Gott und vor den Menschen mit ihr theilte. Als sie Joseph zum Corregenten erhob, beabsichtigte sie nicht, sich in ihm nur einen neuen Minister zu verschaffen; der Name Mitregent sollte nicht ein Titel, der Mitregent nicht ein Diener, sondern Theilhaber ihrer königlichen Stellung sein; selbst das Land sollte die Meinung haben, daß die von der Kaiserin getroffenen Anordnungen auch Joseph's Anordnungen seien. Zugleich aber sträubte sich ihre ganze Natur gegen jede wirkliche Minderung des bisher ge= übten Herrscherrechts. „Sie giebt wohl in Augenblicken der Sorge und Niedergeschlagenheit", berichtete Robinson im Februar 1766, „manche Geschäftszweige an ihren Sohn ab, aber bei dem Gebrauche der ihm anvertrauten Macht wird derselbe sehr vorsichtig sein müssen und keinen Schritt thun dürfen ohne Kenntniß und Beistimmung der Mutter, die in Wahrheit alle Gewalt fest in ihrer Hand behält." — Maria Theresia wollte die Herrschaft jetzt so wenig mit Joseph wie früher mit Franz theilen, aber Joseph war nicht Franz. „Ich konnte", äußerte Joseph sich später, „nicht die Rolle spielen, welche früher mein erlauchter Vater gespielt." Während Franz niemals ver= sucht hatte, über seine Stellung hinaus zu greifen, strebte Joseph ungeduldig nach Einfluß. Er wollte seine politischen und socialen Meinungen verwirklichen, aber er würde, wenn er auch nicht bestimmte Ziele hätte erreichen wollen, oftmals nur um durchzugreifen, durch=

gegriffen haben. „Zwar verstand er", bemerkte der französische Gesandte Marquis Durand, „die willensstarke Fürstin so wenig durch geistige Ueberlegenheit zu beherrschen, als durch kluge und gewandte Behandlung unvermerkt nach seinem Willen zu leiten; aber bald in diesem, bald in jenem einzelnen Falle trat er den Anordnungen der Mutter hemmend entgegen und setzte die eigene Ansicht und den eigenen Willen durch." Auch den Schein wollte er sich nicht gefallen lassen, als ob er mit der Regierungsrichtung der Kaiserin einverstanden sei, und verlangte deßhalb gegen Ausgang des Jahres 1768, daß ihm entweder die Mitunterzeichnung der Entschließungen und Anordnungen derselben erlassen oder gestattet werde, durch einen Zusatz bemerklich zu machen: seine Unterschrift habe nur die Bedeutung einer Form. Kurze, harte Worte wurden über dieses Begehren im Januar 1769 zwischen Mutter und Sohn schriftlich gewechselt; eine Ausgleichung fand zwar statt, aber Maria Theresia blieb tiefverletzt. „Wer hätte vor achtundzwanzig Jahren geglaubt", schrieb sie am 13. März 1769 (Joseph's Geburtstag), „daß wir Beide so lange leben und diesen Tag so hinbringen würden, wie wir es thun! es ist demüthigend, traurig und unbegreiflich, wenn uns das bis an das Ende geleiten soll! Zum Glücke ist Alles zu ertragen! Mein Loos, mein Leben ist so sonderbar, so niederschlagend. Ich erwarte mein Ende mit mehr Ungeduld als Furcht." —

Auf beiden Seiten nahm die gereizte Stimmung mit jedem Jahre zu und blieb selbst der weiteren Umgebung des Hofes nicht verborgen. „Während der letzten Zeit sind", berichtete der englische Gesandte im October 1771, „die Kaiserin und Joseph oft verschiedener Meinung gewesen. Es giebt Augenblicke, in denen sie als Herrin gegen ihn auftritt, aber freilich sobald er mißvergnügt ist, leidet auch sie und ruht nicht, bis sie ihn besänftigt hat; bleibt er einen Tag lang fern von ihr, kommt er nicht wie gewöhnlich zum Frühstück, so vermag sie nicht, diese Kälte zu ertragen, und giebt meistens nach." — So leicht es indessen der Mutter auch ward, immer wieder den ersten Schritt zur Ausgleichung der einzelnen Mißhelligkeiten zu thun, so unmöglich war es der Kaiserin ohne Schmerz und Erbitterung zu ertragen, daß sich neben ihrem politischen Willen ein zweiter zur Geltung brachte. Nicht nur Kaunitz und Sylva Tarouca, sondern auch den Hofleuten gegenüber ließ Maria Theresia sich zu leidenschaftlichen Aeußerungen über ihre veränderte Stellung fortreißen; „es wird jetzt Manches ohne mein Wissen und gegen meine Ansicht und gegen meinen Willen ver=

fügt", konnte man sie sagen hören, oder: „das sind Dinge, mit denen ich mich jetzt nicht mehr befassen will"; oder: „mein Wille gilt nicht mehr, was er früher galt, ich bin nicht mehr, was ich war"; oder: „wenn ich noch allein und en vigueur wäre, so würde ich dieses oder jenes thun". Solche Worte des Unmuthes blieben nicht geheim und mußten Joseph tief verletzen. Er war sich seiner Macht als Sohn, aber auch seiner Ohnmacht als Mitregent bewußt, war unzufrieden darüber, suchte ungeduldig nach Abhülfe und hatte dennoch keine Aussicht, sich eine feste, gesicherte Stellung zu gewinnen. „Joseph verlangt mehr von sich", heißt es in einem Berichte des französischen Gesandten vom 20. November 1770, „als er leisten kann und sieht weniger, als er sehen sollte; niemals wird er den Einfluß gewinnen, den er begehrt." Bald nahm der ungeduldige junge Mitregent einen gewaltsamen Anlauf geduldig zu sein; „o patientia", schrieb er einmal seinem Bruder Leopold, „wie viele Mal am Tage muß ich Dich anrufen!" — bald machte er in heftigen Worten seinem Ingrimm über die Versumpfung aller inneren Verhältnisse Luft; „der ganze Staatsrath liegt im Todesschlafe", heißt es in seinen Briefen, „es ist ein Zustand träger Sorglosigkeit, wie er einem Schlagfluß voraus zu gehen pflegt; keinen Schritt kommt man von der Stelle, ohne sich herum zu zanken und stundenlang zu schreiben; neun Wochen schon predige ich dieselbe Sache, aber es ist Alles umsonst; man erklärt: Aenderungen sollten gemacht werden, und man macht sie nicht; alle Welt intriguirt und Niemand arbeitet; das Herz blutet, wenn man es sieht, und wie ist da zu helfen! Wenn mich ein Heide fragte, ob er, um seine Seele zu retten, Jupiter oder Juno oder Fitzli-Putzli zu verehren habe, würde ich antworten, daß unter gleich schlechten Dingen die Wahl ganz gleichgültig und seine Seele nicht zu retten sei, falls er Christ nicht werden wolle. Dasselbe ist dem Staatsrathe zu sagen, der Jahr aus Jahr ein mit tausend Elendigkeiten sich abquält; Alles ist nutzlos, so lange nicht vom Grunde aus geholfen wird." — „Immer bleibt", schrieb er ein anderes Mal, „dieselbe tödtliche Lethargie; mit allen möglichen Kleinigkeiten und Erbärmlichkeiten wird die Kaiserin tagtäglich überschüttet, aber über wichtige Dinge: silentium."

Zu manchen Zeiten entzog sich Joseph in grollendem Unmuth jeder Theilnahme an den Geschäften und ließ Alles gehen, wie es ging; er begab sich, um abwesend von Wien zu sein, Monate hindurch auf Reisen oder vermied doch wenigstens den näheren Verkehr mit der

Mutter, um allen Erörterungen mit derselben aus dem Wege zu gehen; zu anderen Zeiten aber griff er plötzlich fast gewaltsam wieder in die Geschäfte ein oder gab seinen abweichenden Ansichten in Zuschriften an die Kaiserin den rücksichtslosesten Ausdruck. Maria Theresia erkannte die Gefahr, welche in der wachsenden Entfremdung lag, und forderte durch einen wahrscheinlich im November 1771 geschriebenen Brief Joseph in sehr eindringlichen Worten auf, gemeinsam mit ihr derselben entgegenzutreten. „Wir Beide haben", so lautete im Wesentlichen der Inhalt ihres schmerzlich erregten Schreibens, „kein anderes Ziel als das öffentliche Wohl und wollen Ein und Dasselbe. Wie kommt es nun, daß wir so oft einander widersprechen und oft auch dauernd unzufrieden miteinander sind? Wie kommt es, daß der Erfolg dem, was wir wollen, so wenig entspricht und der Gang, den die öffentlichen Angelegenheiten nehmen, ein ganz anderer ist, als wir erwarteten? Das ist eine Frage, die mich schon lange beschäftigt und mich noch trauriger macht, als ich außerdem schon bin. Sollte der Grund nicht in uns selbst liegen? Sollte nicht Jeder von uns zu eingenommen von der eigenen Meinung sein, Jeder nur nach seiner Meinung handeln und sich zu viel mit den Mängeln und Fehlern des Anderen beschäftigen, ohne die eigenen zu bessern? Es ist nicht möglich, daß, wenn nicht einmal wir selbst in unseren Grundsätzen und in den Mitteln sie auszuführen übereinstimmen, die Anderen so denken und handeln sollten wie wir. Laß uns unter einander einig sein; davon hängt alles Andere ab; unsere Minister werden dann mit Freude und Sicherheit arbeiten, was sie jetzt nicht können. Sage mir, darum habe ich Dich immer gebeten, meine Schwächen und Fehler; ich werde es auch thun, aber kein Anderer darf vermuthen, daß unsere Ansichten auseinander gehen."

Mündlich und in einem am 9. December 1773 der Kaiserin-Wittwe gesendeten Briefe machte Joseph seinerseits den Versuch, das Verhältniß, in welches Mutter und Sohn zu einander gerathen waren, neu zu gestalten oder doch wenigstens dessen Nachtheile für Oesterreich zu mindern. „Ich kann es nicht verhehlen", schrieb er, „daß die Dinge mir aus ihrem ordentlichen Gange gekommen zu sein scheinen, und daß die gewaltige Regierungsmaschine der Monarchie nicht geht, wie sie gehen sollte; es führt zu Nichts, bald hier, bald dort einen kleinen Anstoß, einen kleinen Uebelstand zu beseitigen; ich darf Ihnen nicht verbergen, daß auch wir, um bei uns anzufangen, nicht thun, was unsere Lage begehrt. Sie halten mich für einen Anderen, wie

ich bin; ehrgeizig und herrschsüchtig bin ich nicht, das kann ich mit
Wahrheit sagen; Gott ist mein Zeuge, aber Sie irren sich aus Liebe
zu mir, wenn Sie mir den Geist und die Gaben zur Leitung der
großen Staatsgeschäfte zutrauen; träge von Natur, wenig geübt, ober-
flächlich und unüberlegt, muß ich zu meiner Schande sagen, daß ich
wohl mehr Schaum als Tiefe und zu wenig Zuverlässiges habe;
nur wenn es sich um das Wohl des Staates und um dessen Dienst
handelt, wird mein Eifer und meine Festigkeit jede Prüfung bestehen können; aber meine Ansichten über öffentliche Angelegenheiten
haben keine andere Bedeutung als die eines jeden Ihrer Diener,
der sie nur, weil Sie es befehlen, aussprechen darf; wir Alle haben
nur unsere Ansicht nach bestem Wissen vorzulegen, Sie allein haben
zu entscheiden, aber oft haben Sie, erlauben Sie mir das zu sagen,
zwischen den Ansichten Ihrer Diener, wenn sie einander entgegenstanden, nicht entscheiden und insbesondere in solchem Falle die von
mir vorgelegten Ansichten weder verwerfen noch annehmen wollen.
Ew. Majestät dürfen meine Unerfahrenheit nicht dem Ansehen und
der Befähigung der anderen Minister gleichstellen; wenn Sie meine
Ansicht verlangen, so werden Sie mir erlauben, daß ich mich nur
von meiner Ueberzeugung und meiner Einsicht leiten lasse; aber ich
halte mich nicht für unfehlbar und bleibe nicht halsstarrig bei meiner
Meinung stehen." — Auf das Dringendste bat Joseph sodann die
Mutter, ihn und alle Minister nur als Diener zu betrachten, welche
der Kaiserin Befehle einzuholen und auszuführen hätten; „so wie wir",
sagte er, „nur Meinungen, aber keinen Willen, dürfen Ew. Majestät
nur Willen, aber keine Meinungen äußern; die größte Verwirrung
kann nicht ausbleiben, wenn man Ew. Majestät sagen hört, daß die
Dinge oftmals ohne Ihr Wissen und ganz gegen Ihren Wunsch und
Ihre Absicht behandelt würden, oder daß Sie in diesen oder jenen
Verwaltungszweig sich nicht mischten. Wenn die Minister nicht verstehen,
die Geschäfte nur als Ew. Majestät Diener zu behandeln, so lassen
Sie einen Wechsel in den Personen eintreten; wenn ich selbst mit den
Rechten, welche meine Geburt und mein Glück mir mehr noch auf
Ihr Herz, als auf Ihr Reich gegeben haben, Ihnen unbequem bin,
wenn Sie es für gefährlich halten, mich zu hören oder zu verwenden,
wenn Ihnen durch mich Männer entfremdet werden, die hundertmal
nützlicher und fähiger sind als ich, so fordert Ew. Majestät Ansehen,
Pflicht und mütterliche Liebe von Ihnen, meine Bitte, mich entfernen
zu dürfen, mir zu erfüllen. Weder jetzt noch früher ward ein Thron-

erbe so wie ich verwendet, warum soll ich es werden, warum dem angenehmsten Leben entzogen und vor der Zeit in die Regierungs= unruhe gebracht und überdieß mit der Furcht erfüllt werden, daß ich Unglücklicher, während ich das widerwärtigste Leben führen und mich mit den unangenehmsten Dingen beschäftigen muß, gerade dadurch, ohne es zu wollen, Ew. Majestät in Unruhe setze, Verwirrung, Zwist und Widerwille hervorrufe und vielleicht selbst den Verlust der Minister veranlasse. Ich liebe auf der Welt nur Sie und den Staat; dächte ich an mich, so wüßte ich, was ich thun würde, aber ich folge Ihren Befehlen, so lange ich lebe."

Eine Aenderung in dem Verhältnisse zwischen Sohn und Mutter trat 1773 so wenig durch des Sohnes wie 1771 durch der Mutter Versuch sie herbeizuführen ein. Der Gegensatz, in welchem sie zu einander standen, wurzelte zu tief in der Persönlichkeit und in der inneren und äußeren Stellung Beider, um durch mütterliche und kindliche Herzensregungen oder durch politische Erwägungen beseitigt werden zu können. Nach wie vor glaubte Jeder zu wollen, daß eigentlich der Andere es sei, welcher die Regierung zu führen habe, und nach wie vor wollte in Wirklichkeit Jeder, daß nur seine Ansicht, nicht die des Anderen in der Regierung durchgeführt werde. Maria Theresia fühlte sich der Hülfe bedürftig, aber zugleich wies sie den, dessen Hülfe sie in Anspruch nahm, eifersüchtig zurück. Gekränkter Stolz drängte Joseph, sich von allen Regierungsgeschäften abzuwenden, aber zugleich ließ ihm die Lust zu regieren keine Ruhe, bis er seinen Willen neben dem der Mutter zur Geltung gebracht.

Wohl konnte Maria Theresia, als 1774 die Umgestaltung des Staatsrathes in Frage stand, ihrem Sohne mit voller Wahrheit schreiben: „Alles was Sie verfügen werden, soll mir angenehm sein; das Einzige, um das ich Sie bitte, ist, lassen Sie uns Alles noch vor Ihrer Abreise in Gang bringen. Ich muß Ew. Liebden offen= herzig gestehen, diese Lasten werden mir zu schwer. Ich lasse daher Manches seine Wege gehen, denn ich kann nicht mehr. Ich sehe die Un= zukömmlichkeiten ein, die daraus entstehen, und mache mir darüber verdiente Vorwürfe; diese Aufregung macht mich dann aber noch unfähiger, die schwere Nothwendigkeit zu erfüllen. Wenn Sie den Staat, wenn Sie mich lieben, helfen Sie mir; Sie sind dazu so sehr befähigt und daher in diesem Augenblicke mein einziger Trost." — Immer auf das Neue aber machte in Maria Theresia das Habsburger Blut sich wieder geltend; sie konnte und wollte die Herrschaft nicht aus der

Hand geben weder in den inneren noch in den äußeren Verhältnissen. Fast wie Feinde standen Mutter und Sohn sich zur Zeit des bairischen Erbfolgekrieges gegenüber. Maria Theresia war anfangs bedenklich, dann bestürzt und endlich erbittert über Joseph's Versuche, einen großen Theil Baierns unter dem Vorwande des Erbrechts gewaltsam mit Oesterreich zu vereinigen. Am 2. Januar 1778, unmittelbar nach dem Tode des Kurfürsten von Baiern, schrieb sie an Joseph, daß sie außer Stande sei, sich der schwersten Bedenken über die gegenwärtige Lage zu erwehren; das Glück und die Ruhe der ihr anvertrauten Völker wie die des deutschen Reiches stehe auf dem Spiele. Das allein schon müsse sie von jedem schnellen Schritte abhalten, der die unglücklichsten Folgen haben und Jedermann gegen die Urheber einer vielleicht allgemeinen Umwälzung empören werde. Das Recht sei zweifelhaft, der mögliche Gewinn, kaum groß genug den Geldaufwand zu decken, wiege die Gefahr nicht auf, alte Freunde und Verbündete einzubüßen und eigenes Land an Franzosen und Preußen zu verlieren. Oesterreich werde, um die Schulden bezahlen und die Armee erhalten zu können, seine Völker auf das Neue überlasten, den verlorenen Credit durch Zwang ersetzen und für lange Zeit auf die Segnungen des Friedens verzichten müssen. „Alles das sage ich nur", fügte sie hinzu, „um zu verhindern, daß wir ohne begründete Ansprüche mit gewaffneter Hand auftreten und alle Welt gegen uns aufbringen. Ich könnte die Schmach nicht überleben, aus einem Lande flüchten zu müssen, in welches wir so leichtsinnig eingebrochen wären."

Während die Kaiserin die Erbfolgefrage auf den Weg der Verhandlungen verwiesen wissen wollte, setzte Joseph die Truppen gegen Baiern in Bewegung; die Gefahr eines neuen Krieges mit Preußen war nicht zu verkennen.

Um den Ausbruch desselben womöglich zu verhindern, trat Maria Theresia jetzt auf das Schärfste dem Vorgehen Joseph's entgegen. „Die Gefahren", schrieb sie ihm am 14. März 1778, „welche ich von dem Augenblick unseres Vormarsches an voraussah, haben sich in solchem Umfange verwirklicht, daß ich unwürdig sein würde, den Namen: Mutter und Souverän, zu führen, wenn ich nicht die von der gegenwärtigen Lage geforderten Maßregeln ergriffe ohne Rücksicht auf die Folgen, welche sich aus denselben für mich persönlich ergeben könnten. Es handelt sich um Nichts weniger als um den Untergang unseres Hauses, unserer Monarchie und vielleicht selbst um eine völlige Umwälzung Europa's; kein Opfer ist zu groß, wenn solches Unglück noch verhindert werden kann; ich bin zu jedem, selbst dem der eigenen Demüthigung bereit; mag man mich für kindisch, schwach, kleinmüthig halten; das soll mich nicht hindern, Europa aus dieser gefährlichen Lage zu ziehen; in keiner besseren Weise kann ich die mir noch übrigen Tage meines unglücklichen Lebens verwenden." — Nachdem das Schreiben der Kaiserin hierauf dem Mitregenten die trostlose militärische und politische Lage Oesterreichs hervorgehoben hatte, heißt es zum Schlusse: „Ich durfte diese Darlegung nicht zurückhalten, ich mußte Alles versuchen, um ein so großes Unglück zu verhindern. Ist das Schwert gezogen, dann ist die Zeit zu Unterhandlungen vorbei; das Wohl von tausend und abertausend Menschen, der Fortbestand der Monarchie, die Erhaltung unseres Hauses steht auf dem Spiel. Nach Allem was ich gesagt habe, muß ich Ihnen erklären, daß ich mich nicht länger dazu hergeben kann, gegen meine Ueberzeugung und mein Gewissen zu handeln; das sage ich nicht aus übler Laune, nicht aus Feigheit; nein, ich fühle mich so muthig wie vor dreißig Jahren, aber ich will mich nicht dazu hergeben, mein Haus und meine Staaten zu Grunde zu richten. Wenn der Krieg ausbricht, so rechnen Sie nicht mehr auf mich; ich werde mich nach Tyrol zurückziehen, meine Tage in der größten Zurückgezogenheit endigen und mich nur damit beschäftigen, das unglückliche Geschick meines Hauses und meiner Völker zu beklagen und als Christin meine unglücklichen Tage zu beendigen." —

Zwar wurde dem Willen der Kaiserin entsprechend die Verhandlung mit Preußen fortgesetzt, aber zugleich dem Willen Joseph's entsprechend ein österreichisches Heer in Böhmen und Mähren zusammengezogen; Friedrich der Große, besorgt vor einem Einfall desselben in Schlesien, ließ seine Truppen in Böhmen einrücken; durch Joseph von diesem Ereignisse benachrichtigt, schrieb Maria Theresia unmittelbar nach Empfang der Mittheilung am 7. Juli 1778 dem Fürsten Kaunitz: „Das ist es, was ich immer vorhersah; nur erwartete ich auch noch eine verlorene Schlacht, und auch diese kann nicht ausbleiben; es ist nun Alles vorbei; 170000 Mann ausgebildeter Truppen wurden nutzlos hin- und hergeworfen, sind entmuthigt und in Unordnung gebracht; jetzt sollen Recruten und das Aufgebot helfen; die Monarchie ist hin; ich weiß nicht, wie sie gerettet werden könnte. Von Ihnen und Ihrem Rathe erwarte ich die Antwort, welche ich morgen Abend geben soll, denn ich selbst bin au bout de mon latin." — Ohne Kaunitz' und Joseph's Vorwissen verhandelte Maria

Theresia wenige Tage später mit Friedrich dem Großen über den
Frieden; Joseph dagegen erklärte seiner Mutter, daß er, wenn sie
Frieden mache, nie nach Wien zurückkehren, sondern seinen Aufenthalt
in Aachen nehmen werde. Der Krieg, welcher nicht minder schläfrig
als die Verhandlungen geführt ward, wurde durch den Frieden von
Teschen 13. Mai 1779 beendet, aber das Verhältniß zwischen Maria
Theresia und Joseph nicht dadurch gebessert. Bis zu welchem Grade
sie einander während der letzten Lebensjahre der Kaiserin entfremdet
waren, wird aus deren heftigen Erregung über ein Schreiben erkenn=
bar, in welchem Joseph sich geschäftlich mit rücksichtsloser Schärfe geäußert und überdieß die schmerzhafte Verwundung, welche sich die
Mutter kurz zuvor durch einen Fall zugezogen hatte, stillschweigend
übergangen hatte. „Ich sende Ihnen", schrieb die Kaiserin am
18. September 1779 dem Fürsten Kaunitz, „den Vortrag mit der
Antwort des Kaisers; ich durfte doch wenigstens ein Wort der Theil=
nahme über meinen Unfall erwarten, statt dessen erhalte ich Ruthen=
schläge und werde heruntergekanzelt; dieser grausame Brief schmerzt
tiefer als der Fall." — Kaunitz war nicht weniger erbittert; „ich
seufze mit Ew. Majestät", antwortete er der Kaiserin, „über Alles das,
was dieses Schreiben vom Anfange bis zum Ende für die Gegenwart
und für die Zukunft erkennen läßt; es finden sich Aeußerungen darin
so trostloser Art, daß die trübsten Folgen nicht ausbleiben können.
Die Mutter — und welch eine Mutter —, die Brüder, die Diener
jeden Ranges, alle Welt wird nach demselben Zuschnitt behandelt.
Man wird eines Tages nur haben was man verdient, wenn man
keinen Freund und zu Dienern nur Schurken und feile Seelen hat.
Welche Aussicht!" —

Ein Jahr später, am 29. November 1780, starb Maria Theresia,
und Joseph trat die Regierung der Erblande an.

Als Mitregent war er in seinem gesammten politischen Thun und
Lassen durch die Mutter, welche zu seiner Grundrichtung in geradem
Gegensatze stand, beschränkt und gehemmt gewesen; im Einzelnen zwar
hatte er Manches verhindert und Manches durchgesetzt, aber doch in
allen Verhältnissen einen Willen nicht allein neben sich, sondern auch
über sich gehabt, Vieles gänzlich aufgeben müssen und Nichts in der
Gestalt und in dem Umfange, wie er es gewollt, in das Leben ein=
führen können; nun befand er sich in der Lage, allein seiner Einsicht
und seinem Willen folgen zu können. Auf Joseph wirkte auch die
treibende Kraft, durch welche Maria Theresia in ihrem politischen

Handeln bestimmt worden war; auch er wollte ein starkes und gewaltiges Oesterreich, mächtig und einflußreich in Europa; er fühlte daher nicht als Graf von Tyrol oder als Fürst der Böhmen und Ungarn; mit königlichem Auge sah er in den vielen von ihm beherrschten Ländern nur Glieder eines großen politischen Ganzen und schreckte, um die Einheit dieses Ganzen nach Innen und nach Außen scharf und bestimmt hervortreten zu lassen und machtvoller zu gestalten, auch vor der entschlossensten Durchführung so tief eindringender Umgestaltungen nicht zurück, wie Maria Theresia sie nie beabsichtigt hatte. Neben den politischen Zielen und den politischen Antrieben, welche Joseph mit seiner Mutter gemeinsam hatte, war er Jünger der Aufklärung. Die Lehrsätze derselben dienten ihm nicht allein zur Rechtfertigung seiner durchgreifenden Anordnungen, sondern waren für ihn auch der eigentliche Grund zu denselben. Eines freien, scharfen Blickes, großer Thatkraft und geistiger Ueberlegenheit glaubte er unter allen Umständen sicher zu sein; bedeutende Machtmittel waren zur Verwendung bereit, und das Recht auf deren schrankenlosen Gebrauch bezweifelte er nicht, denn er bedurfte sie, um Oesterreichs Stärke zu sichern und zu heben.

Nicht nach politischen Bedürfnissen, sondern nach politischen Lehren, nicht nach seiner besonderen Natur, sondern nach der allgemeinen Natur des Staats, wie die Zeittheorie sie als unbedingt wahr aufgestellt hatte, sollte Oesterreich regiert, geformt und der Gang seines politischen Lebens bestimmt werden. „Seitdem ich den Thron bestieg", schrieb er im Februar 1781, „und das erste Diadem der Welt trage, habe ich die Philosophie zur Gesetzgeberin meines Reiches gemacht; Oesterreich wird in Folge ihrer Logik eine andere Gestalt bekommen." — Er wollte die Einrichtungen und Zustände seines Reiches den Anforderungen des Naturrechts ohne Aufschub so nahe wie möglich bringen; weder in seiner Persönlichkeit, noch in der Stellung, welche er zu den Staatsmännern und zu den überlieferten Zuständen Oesterreichs einnahm, fanden sich Schranken, welche ihn von der rücksichtslosesten Verfolgung seines Zieles hätten abhalten können.

Joseph's lebhafte Wißbegierde, seine ausgebreiteten Kenntnisse der menschlichen Verhältnisse aller Art, seine rastlose, unermüdliche Thätigkeit waren mit dem unruhigen Eifer verbunden, die ihm vorschwebenden Entwürfe hastig und rücksichtslos zu verwirklichen. Hindernisse brachten ihn zwar leicht aus der Fassung und ließen ihn zuweilen das eben noch eifrig Erstrebte unwillig und ungeduldig bei Seite werfen, öfterer

aber noch halsstarrig und gewaltsam allem Verstande zum Trotz durch=
setzen. Er war der Begründer einer neuen Dynastie; für den
Lothringer waren die politischen Ueberlieferungen der Habsburger keine
Familientraditionen, auf die er mit der ehrfurchtsvollen Scheu gesehen
hätte, welche auch der späte Nachkomme noch vor den Schöpfungen
und Maximen der Ahnen hat. Auch abgesehen von diesem besonderen
Verhältnisse betrachtete Joseph das Hergebrachte nicht als eine be=
rechtigte Macht; deßhalb weil sie schon lange Geltung gehabt hatten,
flößten ihm vorgefundene Verhältnisse keine Achtung ein; jede neue
Ansicht war ihm schon deßhalb, weil sie neu war, willkommen. Seinem
politischen Scharfblick wie seiner politischen Willenskraft traute er
Größeres zu, als sie zu leisten vermochten. „Er zeigte", heißt es schon
in einem Berichte des englischen Gesandten vom 19. October 1771,
„in der That Scharfsinn und rasches Urtheil, gesunden, gewandten
praktischen Verstand, Klarheit und Leichtigkeit des Ausdrucks, aber ihm
fehlen die Kenntnisse, welche nur durch Fleiß und ausdauerndes Forschen
zu gewinnen sind, und ihm ist, ungeachtet seines Sinnes für Ge=
rechtigkeit und Billigkeit, eine gewisse Steifheit und Härte eigen, welche
ihn oft zu dem Schlusse verleitet, daß Dieses oder Jenes, weil es
recht sei, auch durchgeführt werden könne, solle und müsse; er achtet
nicht genug auf die Schwächen und Vorurtheile der Menschen und
vergißt, daß dieselben den Schein der Unterdrückung nicht weniger als
die Unterdrückung scheuen." — Von Niemand ließ Joseph sich be=
herrschen, von Niemand auf andere Meinung bringen, auch nicht von
Kaunitz. „Es liegt nicht in des Kaisers Charakter", heißt es in dem
angeführten Berichte, „vor irgend eines Menschen Ansicht so große
Achtung zu hegen, wie seine Mutter vor Kaunitz hat; auch glaubt
er aus Vertrauen auf die eigene Ueberlegenheit nicht, daß der Verlust
irgend eines Ministers schwer zu ersetzen sei. Nur Werkzeuge sollten
auch die höchsten Beamten ihm sein, und geeignete Werkzeuge in die
entscheidenden Stellungen zu bringen, war ihm schon zu Lebzeiten Maria
Theresia's in großem Umfange gelungen. Die Leitung der auswärtigen
Angelegenheiten blieb zwar auch während des Zeitraums von 1765
bis 1790 in derselben Hand, welche sie seit 1753 gehabt, aber der
geheime Haus=, Hof= und Staatscanzler, Fürst Kaunitz, hatte stets
die Erblande nur als ein Mittel für die Machtstellung des Hauses
Oesterreich nach Außen betrachtet und daher die wesentliche Aufgabe
der Regierung nach Innen in dem Streben gesucht, sich über alle Erb=
lande und deren gesammten Kriegs= und Geldkräfte eine gleich unbe=

dingte und gleich ausschließliche Herrschaft zu gewinnen. Auch hatte der Fürst die Liebhaberei, sich mit den politischen Theorien der Zeit zu beschäftigen, und war ein eifriger Anhänger der Aufklärung und ihrer Lehren. Er hatte daher, obgleich er sich persönlich oftmals sehr empfindlich durch Joseph's Rücksichtslosigkeit verletzt fühlte und ängstlich vermied, Maria Theresia zu reizen oder schmerzlich zu berühren, dennoch sachlich fast immer in gleichem Sinne wie Joseph auf die verschiedenen Zweige der inneren Verwaltung eingewirkt.

Graf Carl Friedrich Hatzfeld, Präsident des Staatsraths, Graf Blümeyer, österreichisch-böhmischer oberster Canzler, Graf Leopold Kolowrat, Präsident, und Graf Pergen, Vicepräsident der Bank, die Staatsräthe Binder, Leer, Kressel, der Präsident des Hofkriegsraths Graf Lasch, und noch manche Andere der höchsten Beamten waren der Aufklärung zugethan; auch die theoretischen Vertreter der neuen Richtung, Martini, Sonnenfels, Abt Rautenstrauch, hatten Stellungen erhalten, von denen aus sie ihrer Lehre in weiten Kreisen Geltung verschaffen konnten.

Alle diese Männer hatte Joseph schon zu Lebzeiten seiner Mutter verwendet, um im Kampfe gegen sie und einen nicht kleinen Theil der Aristokratie und des hohen Clerus die Lebensverhältnisse und Zustände Oesterreichs nach den Anforderungen umzuwälzen, welche die socialen, politischen und volkswirthschaftlichen Lehrsätze der Aufklärung und des Naturrechts machten. Obschon Joseph, bis Maria Theresia starb, sein Ziel nur mit großer Vorsicht, dann aber mit rücksichtsloser Hast verfolgte, die Jahre von 1765 bis 1780 daher mehr als Vorbereitung, die Jahre von 1780 bis 1790 mehr als Durchführung erscheinen, so war doch des jungen Kaisers Einfluß schon seit Beginn seiner Mitregentschaft so groß, daß das Vierteljahrhundert von 1765 bis 1790 nicht weniger ein geschlossenes Ganzes bildet als das Vierteljahrhundert von 1740 bis 1765, in welchem Maria Theresia allein ihrer Einsicht und ihrem Willen gefolgt war.

Um in jeder Beziehung und nach allen Seiten hin die Gewalt des Staates und unter deren Namen seine eigene zur allein berechtigten und allein geltenden Gewalt zu machen und durch dieselbe die neue Lehre in jeder Beziehung und nach allen Seiten hin zu verwirklichen, hatte Joseph sich eine dreifache Aufgabe gestellt:

1) Innerhalb der einzelnen Erblande sollte jede Macht, jedes Leben und jedes Recht, welches sich nicht von der Regierung ableitete, möglichst zurückgedrängt werden.

2) Gesammtösterreich sollte durch Beseitigung nicht allein der Un=

abhängigkeit, sondern auch der Selbstständigkeit seiner Erblande in ein gliederloses, nur massenhaftes Ganzes umgewandelt werden, dessen Centralgewalt jede andere politische Gewalt möglichst zu unterdrücken habe um das ganze Habsburgische Besitzthum allein zu beherrschen.

3) Kirche und Schule sollten zum Mittel für die Zwecke des Staats gestaltet und in möglichst unbedingte Abhängigkeit von demselben gebracht werden.

Zweites Capitel.

Der Versuch Joseph's, innerhalb der einzelnen Erblande unbedingt und ausschließlich zu herrschen.

Maria Theresia hatte bereits während der vorjosephinischen Zeit ihrer Regierung in den einzelnen Erblanden die mittelalterliche Unabhängigkeit der Grundherren von der landesfürstlichen Regierung und deren Herrscherstellung zu den Bauern und nicht landesfürstlichen Städten vor Allem durch die Einsetzung der Kreisämter entschlossen bekämpft; Joseph aber begnügte sich mit den Erfolgen dieses Kampfes nicht; er wollte auch, daß die Bewohner der einzelnen Erblande nicht allein in gleicher Weise von der landesfürstlichen Obrigkeit beherrscht werden, sondern auch einander möglichst gleich stehen sollten in ihren Rechten und Pflichten; Joseph nahm den Grundherren, gab den Bauern Rechte, bestätigte oder beschränkte die Selbstständigkeit und die grundobrigkeitlichen Rechte der Grundherren und rückte die Rechtsstellung der Bauern möglichst nahe an die der Grundherren heran.

Zunächst verstärkte Joseph das schon durch die Kreisämter wahrgenommene Recht der Regierung, die Bauern gegen die Ansprüche ihrer Grundherren zu vertreten und zu schützen. Zu diesem Zwecke ordnete das Hofdecret vom 4. October 1771 die Urbarial-Hofcommission in Wien, und das Decret vom 7. September 1774 Urbarial-Commissionen für jedes einzelne Erbland an, welche die Urbarial-Schuldigkeiten auf jeder Herrschaft untersuchen, feststellen und neue Urbarien ausfertigen sollten, so daß die Bauern sich auf diese von Regierungsbehörden festgestellten Urkunden willkürlichen Forderungen der Grundherren gegenüber berufen konnten. Das Recht der Bauern auf deren Antrag gerichtlich geltend zu machen, wurden die Fiscalämter durch das Unterthanenpatent vom 1. September 1781 verpflichtet; da aus dem Proceß nur den Grundherren, nie aber den Bauern Kosten erwachsen konnten, so waren die Grundherren, welchen überdieß die Parteinahme der Behörde für die Bauern nicht unbekannt blieb, meistens zu Vergleichen geneigt, selbst zu solchen, durch welche sie wohlbegründete Ansprüche opfern mußten. Im Jahre 1784 endlich wurden die Kreisämter durch die ihnen neu ertheilten Instructionen verpflichtet, selbst ohne Antrag der Bauern das Verhältniß derselben zu ihren Herrschaften zu überwachen und Willkürlichkeiten und Mißbräuche aus eigener Machtvollkommenheit abzustellen.

Es sollte indessen nicht allein das Recht der Bauern geschützt, sondern auch die thatsächliche Macht der Grundherren gebrochen werden, welche dieselben durch ihre obrigkeitlichen und ihre privatrechtlichen Befugnisse über die Bauern hatten.

Zwar blieben den Grundherren dem Namen nach ihre hergebrachten obrigkeitlichen Rechte, insbesondere die Gerichtsbarkeit und die mit derselben verbundene Polizei, so weit sie nach der in den Jahren 1747 bis 1754 erfolgten Einführung der Kreisämter sich erhalten hatten; da aber nach der am 1. Mai 1781 erlassenen allgemeinen Gerichtsordnung nur juristisch gebildete und von dem Obergerichte geprüfte Männer zum Richteramte zugelassen werden sollten, so konnte der Grundherr nur selten in Person oder durch einen Stellvertreter seiner Person das obrigkeitliche Recht wahrnehmen; zwar war er es auch jetzt, welcher den Gerichtsverwalter oder Ortsrichter ernannte und besoldete, aber er mußte denselben aus der Zahl der mit einem Fähigkeitsdecrete versehenen Juristen nehmen, und der Ernannte hatte nicht die Anordnungen des Grundherrn, sondern lediglich die Gesetze, Patente und Decrete der Regierung zu befolgen; nicht dem Grundherrn, sondern dem Appellationsgericht war er untergeordnet und daher berechtigt und verpflichtet, sich auch dem Grundherrn gegenüber auf die eigene Rechtsüberzeugung und auf die verantwortliche Stellung zur landesherrlichen Behörde zu berufen. In Wirklichkeit stand daher das obrigkeitliche Recht nicht dem Grundherrn, sondern dem Gerichtsverwalter zu, und die herrschaftlichen Beamten hatten für den Bauern eine größere Bedeutung als die Herrschaft selbst. Auch das Hofdecret vom 21. August 1788, obschon es dem Grundherrn gestattete, manche Verwaltungs- und einzelne gerichtliche Geschäfte, z. B. Vormundschaften, Nachlaßregulirungen, Grundbuchsführung, Injurienhändel, Schuldklagen bestimmter Art und einzelne andere Verwaltungs- und gerichtliche Geschäfte dem unabhängigen Gerichtsverwalter abzunehmen und einem abhängigen Wirthschaftsbeamten zu übertragen, verstärkte die obrigkeitliche Stellung des Grundherrn nur in geringem Grade, weil der Grundherr, so oft er, ohne gedeckt zu sein, durch eine specielle gesetzliche Vorschrift oder durch die ausdrückliche Genehmigung der landesfürstlichen Behörde selbstständig und nach eigenem, besten Wissen und Gewissen handelte, stets für jeden aus seiner oder seines Wirthschaftsbeamten Handlung entsprechenden Schaden haften mußte; stoßweise aber suchten die Herrschaften dennoch ihren früheren Einfluß auf die Beamten geltend zu machen, und die vielen aus diesem Doppelverhältnisse sich ergebenden Streitigkeiten und Schwierigkeiten erweckten den Wunsch und die Meinung, daß auch Anstellung und Besoldung der Ortsbehörden von den Grundherren auf den Landesfürsten übergehen und das obrigkeitliche Recht der Ersteren hierdurch auch dem Namen nach beseitigt werden möchte; diese Beseitigung aber erfolgte nicht, weil, wie Beidtel bemerkt, die Errichtung landesfürstlicher Behörden an Stelle der grundherrlichen mit bedeutenden Kosten für Besoldung der Beamten, für Canzleien, Amtswohnungen, Gefängnissen u. s. w. verbunden gewesen sein würde. Nur dem Namen nach bestanden Ueberbleibsel des obrigkeitlichen Rechts der Grundherren in den letzten Regierungsjahren Joseph's fort.

Nicht allein ihre obrigkeitliche Stellung, sondern auch sehr einträgliche Vermögensrechte wurden den Grundherren zu Gunsten ihrer Bauern entzogen.

Im Jahre 1782 sprach Joseph die Aufhebung der Leibeigenschaft, welche von der Cultur und der Industrie, von der Vernunft und der Menschenliebe gefordert wurde, für Böhmen, Mähren und Krain, wo sie allein noch in alter Weise bestand, aus, so daß von jetzt an ein Jeder gegen unentgeltlichen Meldzettel sich verehelichen, von der Herrschaft hinwegziehen und ohne Losbrief seinem Nahrungsverdienste nachgehen konnte, wo und wie er wollte. Den Grundherren blieb zwar das Eigenthum der von ihnen an Bauern ausgethanen Gründe, aber sie mußten nach der Verordnung vom 1. November 1783 den Bauern gegen leidliche Ratenzahlungen ein so umfassendes Besitz- und Nutzungsrecht zugestehen, daß dasselbe ganz oder theilweise vererbt, verpfändet, vertauscht, verkauft und bis auf zwei Drittel des Werthes ohne Consens des Grundherrn eingeschuldet werden konnte.

Das Recht der Herrschaft auf Zinsen und Frohnden war zwar durch die Verordnung vom 1. November 1793 nicht berührt, aber schon

seit einem Jahrzehnt ein Gegenstand besonderer Aufmerksamkeit für
Joseph gewesen. Ihre Haupteinnahme zog die Regierung aus der
Grundsteuer, deren Hauptbestandtheil die Contribution der Bauerngründe bildete; um dieselben möglichst leistungsfähig zu machen, sollten
die auf ihnen lastenden Zinsen und Frohnden ermäßigt werden. Seit
1772 wurden daher die Reluitionen, d. h. die Umwandlung der Na-
turalleistungen in Geldrenten, und der Abkauf der Geldrenten durch
Capitalzahlung eifrig, wenn auch ohne großen Erfolg gefördert; 1774
wurde ein Maximum der Urbarial-Abgaben festgesetzt, 1778 wurden
die ungemessenen Roboten auf drei Tage Frohndienst in der Woche beschränkt und die Gebühren, welche bald aus diesem, bald aus jenem
Grunde von den Bauern an die Canzlei ihrer Herrschaft zu entrichten
waren, sehr bedeutend ermäßigt. Weit durchgreifendere Maßregeln
aber stellte der 1786 publicirte erste Theil des bürgerlichen Gesetzbuches in Aussicht. Durch dasselbe nämlich wurde das Gewohnheits-
recht außer Kraft gesetzt und dem Landesfürsten die Befugniß ertheilt,
auch die auf geschriebenes Recht sich gründenden Forderungen aufzuheben, wenn sie gemißbraucht würden oder unbillig und gemeinschädlich
geworden wären. Die Zinsen und Frohnden, meistens aus dem Herkommen erwachsen und allgemein als sehr unbillig und gemeinschädlich
betrachtet, wurden durch diese Bestimmung schon schwer bedroht, und
das Gesetz vom 10. Februar 1789 bestimmte, um den übergroßen
auf dem Grund und Boden haftenden Giebigkeiten ein billiges Ziel
zu setzen, daß dem Bauer unter allen Umständen wenigstens siebenzig
Procent von dem Ertrage seines Gutes bleiben sollten. Da nun die
dem Landesfürsten zu zahlende Grundsteuer fast dreizehn Gulden von
hundert Gulden betrug, so durften sämmtliche Zinsen, Frohnden und
sonstige bäuerliche Abgaben höchstens den Werth von siebzehn Gulden
von hundert Gulden Grundertrag erreichen, und der Bauer hatte statt
aller bisherigen Naturallasten, wenn nicht das Gegentheil zwischen ihm
und dem Grundherrn ausdrücklich verabredet ward, höchstens die gedachte Geldrente zu tragen.

Während die Einnahmen der Herrschaften geschmälert wurden,
steigerten sich deren Ausgaben, indem der früher steuerfreie, seit 1751
zwar steuerpflichtige, aber vor dem Rusticalbesitz doch immer noch sehr
bevorzugte Dominicalbesitz durch das Gesetz vom 10. Februar 1789
gleich allen anderen Gütern belastet ward. Zugleich wurde der Fortbestand der Herrschaften selbst durch die Gesetze vom 9. und 11. Mai
1789 in Frage gestellt, welche die Verschuldung der Fideicommisse und

deren Verwandelung in freies Eigenthum sehr erleichterten und durch das allen Kindern gewährte gleiche Erbrecht die Zersplitterung des Familienbesitzes um so sicherer herbeizuführen drohten, als die Landmannschaft, kraft welcher bestimmte Herrschaften nur von bestimmten im Erblande einheimischen und zum Erscheinen auf dem Landtage berechtigten Familien erworben werden konnten, mehr und mehr außer Acht gelassen und das Einstandsrecht, welches in den einzelnen Ortschaften die Fremden überhaupt im Ankauf beschränkte, 1787 ausdrücklich aufgehoben war.

Die durchgreifenden Aenderungen, welche in den Verhältnissen des Dominical- und des Rusticalbesitzes seit dem vorwiegenden Einfluß Joseph's auf die Regierung eingetreten waren, hatten eine neue Stellung der Herrschaften und der Bauern zu einander und zu dem Landesfürsten herbeigeführt. Vor der Einsetzung der Kreisämter, welche von 1742 bis 1754 erfolgte, hatten sich die Bauern und die Bewohner der Flecken und kleinen Städte fast ausschließlich als Gutsangehörige, nicht als Landesangehörige gefühlt und ihre Obrigkeit in dem Grundherrn, nicht in dem Landesfürsten gesucht; in unmittelbare Berührung waren sie nur mit ihrer Herrschaft gekommen; an diese hatten sie sich mit ihren Bitten, Klagen, Beschwerden zu wenden; von dieser nur konnten sie Abhülfe und Erleichterung in Zeiten der Noth erwarten; von dem Landesfürsten hatten sie wenig zu hoffen und zu fürchten gehabt; sein Name wurde ihnen nur selten genannt, mit seinen Behörden hatten sie nur in sehr seltenen Fällen zu verkehren. In allen diesen Beziehungen trat schon durch die Einführung der Kreisämter und entschiedener noch durch deren spätere Ausbildung und durch die Anordnung der Urbarial-Hofcommissionen eine Umwandelung ein. Die landesfürstliche Behörde trat überall im Namen des Landesfürsten auf und zeigte sich dem Grundherrn und dessen Beamten überlegen; nicht in des Gutsherrn, sondern in des Landesherrn Namen begehrte sie Leistungen, gewährte sie Erleichterung, brachte sie Hülfe; in der Grundobrigkeit und deren Beamten fürchteten die Bauern den strengen Einforderer schwerer Frohnden und Zinsen; in dem Kreishauptmann und dem Urbarial-Commissär erblickten sie den Helfer in der Noth, welcher den ihnen furchtbaren Grundherren nicht fürchtete. Die Beschränkung, die Umwandelung, die Beseitigung der Zinsen und Frohnden, die Aufhebung der Leibeigenschaft, die Erblichkeit des Rusticalbesitzes, die freiere Verfügung über denselben hatten sie nur dem Landesfürsten zu danken, welcher den grollenden Herrschaften die meisten ihrer althergebrachten

Rechte gegen die Unterthänigen abgenöthigt hatte. Die Bauern waren durch den Schutz, den sie bei der Regierung suchten und fanden, näher als früher an dieselbe herangedrängt, standen nun dem Landesfürsten näher als dem Grundherrn und bildeten sich aus Gutsangehörigen zu Landesangehörigen; Joseph hatte die Grundherren nicht allein in ein strafferes Unterthanenverhältniß gebracht, sondern auch in den Bauern Unterthanen fast neu gewonnen, indem er mit dem obrigkeitlichen Recht der Grundherren zugleich deren politischen Einfluß gebrochen hatte.

Den städtischen Magistraten so wenig wie den Grundherrschaften gestand Joseph das Recht auf eine selbstständige obrigkeitliche Stellung zu; Städte und Flecken, deren Rath schon früher kein richterliches Urtheil ohne Bestätigung einer höheren landesfürstlichen oder grundherrlichen Behörde hatte publiciren dürfen, mußten 1785 die Gerichtsbarkeit und im Wesentlichen auch die mit derselben verbundene Polizei an die Behörde abtreten, welche bisher das Bestätigungsrecht gehabt hatte; Städte und Flecken dagegen, welche die Rechtspflege bisher unbeschränkt geübt hatten, behielten die Civilgerichtsbarkeit und Polizei, weil die Regierung den mit der Neuerrichtung landesfürstlicher Gerichte verbundenen Kostenaufwand scheute. Aber Maria Theresia hatte schon in der vorjosephinischen Zeit die Magistrate in strenge Abhängigkeit von den landesfürstlichen Behörden gebracht, und die Anforderungen, welche die Josephinische Justizgesetzgebung gestellt hatte, machte solche Aenderungen der städtischen Rechtspflege nothwendig, daß der Magistrat die Stellung einer Gemeindebehörde fast verlor. Die bisherigen, nur selten juristisch gebildeten städtischen Beamten wußten die jetzt ihrem Geschäftskreise zugewiesenen verwickelten Rechtsstreitigkeiten nicht anzugreifen und konnten sich in die neue 1781 bekannt gemachte Gerichtsordnung, in die neue Form und Sprache nicht finden. Da nun die Gerichtsordnung ausdrücklich juristisch gebildete und von einem Obergericht geprüfte Richter verlangte, so wurde in den letzten fünf Regierungsjahren Joseph's überall die hergebrachte Verfassung der Städte beseitigt und durch einen Magistrat ersetzt, dessen Bürgermeister und Mitglieder zwar von den Bürgern, aber nicht aus den Bürgern, sondern aus der Zahl geprüfter Juristen, in größeren Städten ausschließlich, in kleineren zu einem Theil, gewählt wurden. Wenn Joseph bei einer Wahl Parteilichkeit oder Intriguen vermuthete oder der Meinung war, daß der wahre Geist, welcher zur Auswahl gehöre, in einer Bürgerschaft noch nicht herrsche, so ernannte er die anzustellenden In=

dividuen auch wohl ohne Weiteres selbst. Dem Magistrat allein stand die Rechtspflege zu, und auch in Beziehung auf die Verwaltung war er nur in einzelnen, das Gemeindevermögen betreffenden Fällen an die Mitwirkung eines Gemeindeausschusses gebunden. Im Magistrat aber hatten überall die Juristen die Entscheidung in ihrer Hand; sie waren, obschon sehr oft von Außen in das Amt berufen, die politisch einflußreichsten Männer in der Gemeinde; ihrer überlegenen Geschäfts= kenntniß mußten die Bürger sich fügen; Zünfte und Patricierfamilien hatten die alte politische Stellung verloren, von den Bedürfnissen der Rechtspflege aus war die Verfassung der Städte umgestaltet und der Magistrat aus einer Gemeindebehörde thatsächlich zu einer landesfürst= lichen Ortsbehörde geworden. Schon früher war überdieß eine An= zahl wichtiger Verhältnisse, welche von Alters her als Gemeindever= hältnisse behandelt waren, der örtlichen Behörde entzogen und der landesfürstlichen Wirksamkeit überwiesen; die Dienstbotenordnung von 1763, das Patent vom 18. November 1768, welches die Zerstückelung der Gemeindegüter erlaubte, das Hofdecret vom 20. März 1776, welches die Gewerbefreiheit fördern sollte, und selbst die Abschaffung der Mantelkleider des Magistrats im Jahre 1770 gingen allein von der Regierung aus, welcher auch nach der allgemeinen Schulordnung vom 6. December 1774 die Leitung des gesammten Volksschulwesens über= wiesen war.

Joseph konnte die obrigkeitliche Stellung, welche er den einzelnen Grundherren auf deren Herrschaften genommen hatte, nicht deren Ver= einigung zum Landtage lassen wollen; in jedem Erblande arbeitete er ununterbrochen daran, den Landesfürsten als die alleinige Obrigkeit erscheinen und dessen Behörden an die Stelle der landständischen treten zu lassen.

Die vielen tief in das Leben einschneidenden neuen Anordnungen und Einrichtungen gingen fast ohne Ausnahme allein von den Central= stellen in Wien oder von der landesfürstlichen Kammer des betreffenden Erblandes aus; nicht einmal zum Beirath wurden sie den Ständen vorgelegt, sondern „nur als ein im Lande bereits kundgemachtes Gesetz befehlsweise zur Befolgung bekannt gemacht". Auch der Antheil an der Verwaltung, welcher denselben in manchen Ueberbleibseln noch unter Maria Theresia in der vorjosephinischen Zeit gelassen war, verloren sie jetzt gänzlich; selbst die Anstellung der Kreis- und Wundärzte wurde ihnen entzogen.

Das gesammte Militärwesen lag schon seit 1747 ausschließlich in der Hand der Regierung, welche jetzt auch die noch bestehenden, obschon bereits geschmälerten ständischen Finanzgerechtsame an sich zog. Für Böhmen findet sich die Uebertragung der ständischen Rechte auf den Landesfürsten Schritt für Schritt in der Beschwerdeschrift verzeichnet, welche die treugehorsamsten Stände des Königreichs Böhmen dem Kaiser Leopold II. 1791 übergaben. Dem Domesticalfond wurden seine Gefälle mehr und mehr entzogen und der landesfürstlichen Kammer überwiesen; seit 1770 werden die Stände genöthigt, die Rechnungen über ihren Domesticalfond „den Bemängelungen der Hofrechenkammer zu unterziehen"; seit 1782 durften die Stände ohne Genehmigung der Hofrechenkammer keine Zahlung aus dem Domesticalfond anweisen, 1783 wurde das ständische Steueramt gänzlich geschlossen und alle ihm bisher untergeordneten Cassen dem Gubernium überwiesen, alle öffentlichen Besoldungen aus der landesfürstlichen Casse gezahlt; Anträge auf Steuerverwilligungen wurden zwar noch dem Landtag vorgetragen, aber jede seiner Vorstellungen zurückgewiesen; 1785 fielen auch diese Postulate fort und die Steuern wurden allein von der Regierung festgestellt, vertheilt und erhoben; seit 1780 mußte der ständische Ausschuß seine Protocolle monatlich den Centralbehörden in Wien einsenden, und 1782 war der ständische Ausschuß beseitigt und 1788 verfügt, daß auch der Landtag künftig sich nur versammeln werde, wenn der Landesfürst es für nöthig erachte, ihm Gegenstände zur Berathung vorzulegen.

Der Landtag war, wie die böhmische Beschwerdeschrift klagt, von seiner ursprünglichen Würde und Wirksamkeit ganz herabgekommen und zu einem leeren Bilde, ja zu einem leeren Schatten von dem, was er vormals gewesen, geschwunden.

Die Geschichte der Stände zur Josephinischen Zeit ist in allen deutschen Erblanden wesentlich dieselbe; überall wurde wie in Böhmen „das letzte Ueberbleibsel ständischer Rechte zertrümmert, überall sehen sich die Stände von allem Einfluß auf die Geschäfte, die das Land betrafen, entfernt und ihre Versammlung zu einer wirkungslosen Ceremonie gemacht".

Die Rechte, welche in den einzelnen Erblanden den Grundherren, Magistraten und Ständen verloren gegangen und dem Landesfürsten zugewachsen waren, übte dieser fortan allein durch seine Behörden aus; der Schwerpunkt der Regierungsthätigkeit lag für die einzelnen Erblande fortan in den Kreisämtern, deren Berechtigung und Geschäftskreis überaus erweitert wurde durch die 1784 ihnen ertheilten neuen Instructionen; sie hatten die Verwaltung des Kreises in ihrer Hand, in bedeutenden Angelegenheiten handelten sie nach Anordnung des Guberniums, in minder bedeutenden nach eigener Einsicht; alle Beschwerden aus dem Kreise, alle Berichte der unteren Behörden des Kreises gingen zunächst durch das Kreisamt. Sie hatten die Verwaltung des Gemeinde-, Stiftungs-, Kirchen- und Schulvermögens zu beaufsichtigen, in Polizeisachen zu untersuchen und zu entscheiden; die Zölle und manche sonstige Auflagen wurden von den unteren Finanzämtern in die Kreisamtscasse abgeliefert; die Kreisämter hatten Denkungsart, Erwerbszweige, Gesundheitspflege, Schulsachen, kirchliche Aufzüge zu überwachen und zu ordnen; durch jährliche Bereisungen des Kreises sollte der Kreishauptmann unmittelbar von den Zuständen und Bedürfnissen des Kreises aus eigener Anschauung unterrichten.

Recht sprachen sie auch jetzt nicht, aber sie beaufsichtigten die Thätigkeit der landesfürstlichen und grundherrlichen Gerichte.

Der Kreishauptmann, welcher mit einigen Unterbeamten das Kreisamt bildete, war nicht mehr allein aus den Ständen genommen; das Gubernium setzte den ein, welchen es für geeignet hielt.

Unter dem Kreisamt arbeiteten im Kreise die landesfürstlichen, grundherrlichen und städtischen Gerichts-, Finanz- und Wirthschaftsämter in strenger Abhängigkeit; über den verschiedenen Kreisämtern desselben Erblandes stand die oberste Landesstelle, früher Deputation oder Repräsentation, in der Josephinischen Zeit Gubernium oder Statthalterei, Landeshauptmannschaft genannt. Das Gubernium war unter einem Statthalter, Oberstburggrafen, Landeshauptmann, als Präsidenten collegialisch mit einer Anzahl Gubernialräthen besetzt; zur Josephinischen Zeit wurden Präsident und Räthe nicht mehr aus den Ständen, sondern nach freier Auswahl der Hofstellen ernannt.

Nachdem Joseph das obrigkeitliche Recht und die obrigkeitliche Thätigkeit, welche bisher unter den Ständen, deren Ausschüssen und Aemtern, unter den Grundherren und den Städten vertheilt gewesen waren, sämmtlich in seiner Hand vereinigt hatte, wurde ihm fast bange bei der Ueberfülle der Rechte, welche er an sich gebracht, bei der Grenzenlosigkeit des Rechtes, welches er als Souveränität in Anspruch nahm. Daß sein Recht auch seine Pflicht sei, dessen war er sich klar und lebendig bewußt; aber wie und durch wen er den aufgehäuften Reichthum verwenden sollte, erfüllte ihn mit Sorge. Es stand ihm fest, daß nur seine politischen Gedanken, Absichten und Entwürfe die wahren seien, daß nur sein Wollen ein unselbstsüchtiges reines sei;

daher erschien ihm nicht nur jeder Widerstand als unberechtigt, sondern auch der gesammte Beamtenstand und die ganze Organisation des Dienstes nur als ein Mittel, des Kaisers Entwürfe und Wollen durchzuführen; er erkannte wohl, daß er nicht allein mit dem Räderwerk, den Gewichten und Gegengewichten, der Feder, wie an einer Maschine zu thun habe, daß auch eigene Ueberzeugung, guter Wille in Betracht komme. „Ich habe mich nicht begnügt", schrieb er, „eine Sache zu befehlen, ich habe sie ausgearbeitet und vertreten." Er gab, wie er selbst sich äußerte, seine Grundsätze, Gesinnungen und Absichten in allen Theilen der Administration mit nicht geringer Mühe, Sorgfalt und Langmuth sattsam zu erkennen, suchte Vorurtheile und eingewurzelte alte Gewohnheiten durch Aufklärung zu beseitigen, und jedem Staatsbeamten Liebe und Eifer für das allgemeine Beste und die Ueberzeugung einzuflößen, daß man bei seinen Handlungen keine andere Absicht haben müsse als das Beste der größeren Zahl.

Aber Joseph konnte sich nicht verbergen, daß seine Diener von dem Sinn, den er in ihnen vorauszusetzen zu müssen glaubte, weit entfernt seien. Er fand, daß die meisten ihre Geschäfte nur handwerksmäßig betrieben und nur so viel leisteten, als durchaus nöthig sei, um nicht in Processe zu gerathen und der Cassation zu verfallen; Viele hielten sich, äußerte er mißmuthig, schon für bescheiden, wenn sie nur nicht geradezu die Plusmacherei als Handwerk trieben; die Landesstellen der verschiedenen Erblande seien eifersüchtig auf einander und verwickelten sich in unnütze Schreibereien; der Civilstand betrachte das Militär während des Friedens für einen Vampyr des steuerpflichtigen Bürgers, und der Soldat nutze den Staat zu seinem Vortheil aus, so viel er könne; statt auf das Ganze zu sehen, strebe der Zöllner nur nach Vermehrung der Gefälle, der Bergmann nach Erhöhung des Goldertrages, der Richter nur nach genauester Beobachtung aller Formen bei Handhabung der Gerechtigkeit. Ueberall gucke auf diese Weise der Egoismus hervor und Alle behandelten das Staatsinteresse aus falschem Gesichtspunkte; zur Ausführung der kaiserlichen Grundsätze werde zwar viel befohlen und expedirt, aber wenig auf Befolgung gesehen. Der Kaiser suchte immer auf das Neue und immer eindringlicher durch Vorschriften, Anordnungen, Drohungen, Versprechungen, insbesondere durch seine Ermahnung an die Beamten vom Jahre 1783, auf die Umwandelung der Gesinnung und Belebung des Eifers hinzuwirken, seinen Anforderungen Nachdruck zu geben und eine durchgreifende, von Oben nach Unten gehende

Regierungsthätigkeit herbeizuführen. Er forderte die äußerste Anstrengung und Selbstverleugnung; jeder Staatsdiener sollte begeistert für das Wohl des Vaterlandes und der Bürger desselben sich den Geschäften hingeben, ohne Rücksicht auf irgend eine bestimmte Zeit oder festgesetzte Canzleistunde; Eigenliebe müsse gänzlich fortfallen; nur das allgemeine Interesse dürfe entscheiden.

Die „Länderchefs" ermächtigte er 1781, die Geschäfte ohne alle Formalität in oder außer den Sitzungen nach eigenem Wissen und auf ihre Verantwortlichkeit zu leiten und hierbei das dazu bestimmte Personal nach Wohlgefallen anzuwenden. Allen Vorgesetzten räumte er eine umfassende Disciplinargewalt ein und gab ihnen bei Besetzung der ihnen untergeordneten Aemter sehr freie Hand; er schärfte ihnen Strenge ein, aber auch Humanität gegen Schwache und Kränkliche; sie sollten bei ihren Untergebenen weder auf deren Rock noch auf ceremonielles Benehmen sehen, sondern nur auf die Leistungen; der Fleißigste und Tauglichste solle ihnen der Liebste sein; jährlich sollten sie an Ort und Stelle die Thätigkeit der Beamten untersuchen, Jedermann über dieselbe anhören und die öffentliche Stimme zu Rathe ziehen. Trägheit und Verschleppung der Geschäfte sollte bei hohen und niederen Beamten mit Geldstrafen und, wenn diese nicht wirkten, mit Entsetzung bestraft werden; Eigennutz solle, wo er sich finde, die Entfernung aus dem Dienste zur Folge haben; der Untergebene wird verpflichtet, seinen eigenen Vorgesetzten anzuklagen, wenn er ihn dieses unverzeihlichen Lasters für schuldig halte. Alles Unnöthige, Weitschweifige, namentlich auch das viele Schreiben und Abschreiben, müsse bei Behandlung der Geschäfte gänzlich fortfallen; Sonnenfels mußte 1781 einen Entwurf zur Abkürzung der Geschäftsaufsätze ausarbeiten, welchen der Kaiser im Wesentlichen genehmigte. Um es den Vorgesetzten und dem Kaiser selbst in jedem Augenblicke möglich zu machen, sich die genaueste Kenntniß über die gesammte Führung eines jeden Beamten von dessen Eintritt in den Staatsdienst an zu verschaffen, wurden die schon früher eingeführten Conduitenlisten weiter ausgebildet; ohne die mindeste persönliche Rücksicht soll in denselben Jedermann so geschildert werden, wie er ist, dafür machte er die Vorgesetzten mit ihrer Ehre und Reputation verantwortlich); die in den Conduitenlisten übel vermerkten Subjecte trafen schnell die schwersten Folgen: scharfe Verweise, halbjährige Carenz der Gage, oft augenblickliche Entsetzung. Durch persönliche Nachforschungen und selbst durch Annahme anonymer Eingaben suchte er die Conduitenlisten zu vervollständigen, und schonungslos machte er seinem Zorne gegen hohe wie gegen niedere Beamte Luft. „Es thut mir leid", ließ er 1785 die der niederösterreichischen Regierung untergebenen Beamten wissen, „daß nach Allem, was ich schon so oft gesagt und so überzeugend vorgestellt habe, mir gegen so elende, nur mit Zwanzigern zu bewegende verächtliche Geschöpfe nur übrig bleibt, jede Vernachlässigung, jede Unbefolgung meiner Anordnungen mit Abzug an der Gage vom Ersten bis zum Letzten zu bestrafen und so die Staatsbeamten, auf welche Alles fruchtlos verwendet worden, um sie in Thätigkeit zu bringen, wie einen Lohnlakei, der die Stunde versäumt, mit Abzügen zu bessern."

Ein zweites Heer wollte sich Joseph aus seinen Beamten bilden, zwar nicht bewaffnet wie das Kriegsheer, aber, wie dieses, fest geeinigt durch Corpsgeist und Disciplin und in dem Befehl des Kaisers allein die bewegende Kraft erkennend. Während in jedem Kronlande das corpus der Staatsdiener obrigkeitliche Rechte der früheren Herrschaften auszuüben hatte, erschien es zugleich als der allgemeine Vertreter und schützende Helfer Aller, welche die wirklichen oder vermeintlichen Uebergriffe Derer zu fürchten hatten, denen neben der allgemeinen Berechtigung auch noch besondere Rechte zustanden; jeder Zeit sollten die Beamten bereit sein, für die Bauern gegen die Grundherren, für den Bürger gegen den Magistrat, für den Neuangezogenen gegen die Eingeborenen, für die Armen gegen die Reichen, für die Unzünftigen gegen die Zünfte, und selbst für die Protestanten gegen die Bedrückung durch die katholische Kirche einzutreten, um dem Landesfürsten zu der Summe obrigkeitlicher Rechte, welche er an sich gebracht hatte, auch einen politischen Einfluß zu geben, der stärker war als der der früheren Obrigkeiten.

Joseph war als Landesfürst bis zu einem gewissen Grade wirklich Herr in jedem der Kronlande und glaubte es noch in viel höherem Grade zu sein. Seinen Einfluß, seine Macht, sein Recht in jedem Kronlande wollte er vor Allem verwenden, um die verschiedenen Kronlande in einem Umfange, den Maria Theresia nicht erreicht und nicht einmal erstrebt hatte, zu einem Ganzen, zu Gesammtösterreich zu verbinden, so daß sie fortan nur als Theile eines Ganzen, als Theile Gesammtösterreichs bestehen sollten. Joseph wollte unbeschränkter König des einigen und untheilbaren Staates Oesterreich sein und erkannte nicht, daß er in demselben Maße, in welchem er Ungarn, Italien, Polen mit den deutsch-slavischen Erblanden zu einem Staat zusammenschloß, er sich die Erreichung seines großen Zieles, die wirkliche Beherrschung des deutschen Reiches als Kaiser unmöglich machte, daß Oesterreich sich von Deutschland trennte, je fester es sich in sich selbst einigte. Er wollte regieren, wie wenn nur Oesterreichs Einheit berechtigt und nur dessen Herrscher berufen und befähigt sei, Oesterreichs unbedingtes Recht in Anwendung zu bringen; Ungarn und Tyrol, Böhmen und Steyermark, Adel und Clerus, Städte und Klöster sollten nur als Mittel für Oesterreichs Zwecke Haltung und Bedeutung, niemals aber eine selbstständige Berechtigung haben.

Patriotismus und Nationalbewußtsein deckten sich in Oesterreich nicht; der Patriotismus förderte, das Nationalbewußtsein gefährdete die Einheit des Reiches; gewaltsam suchte Joseph den bedenklichen Gegensatz zu beseitigen, indem er die Slaven nicht als Slaven, die Deutschen nicht als Deutsche, die Ungarn nicht als Ungarn, sondern alle seiner Gewalt Unterworfenen nur als Oesterreicher betrachtet und behandelt wissen wollte; nur die politische Eigenthümlichkeit des Oesterreichischen, nicht die nationale Eigenthümlichkeit des Deutschen, Slaven oder Ungar sollte Anerkennung finden; ohne Rücksicht auf die nach Verschiedenheit der Nationalität weit von einander abweichende Sprache, Sitte und Geschichte der einzelnen Länder drängte er Allen gleiche Gesetze und gleiche Verwaltung auf. „Es würde eine monströse Verfassung sein", schrieb er einmal, „wenn man alle Theile als besondere Ganze betrachten wollte und wenn über die von der allgemeinen Gesetzgebung herrührenden Befehle noch Gutachten, Ueberlegungen, Repräsentationen und Sistirungen gestattet werden sollten, während doch nur Gehorsam und Vollziehung zulässig sei." — In allen öffentlichen Verhältnissen erkannte er keine Nationalsprache, sondern nur eine Staatssprache, die deutsche, an, denn er sei Kaiser eines deutschen Reiches; die Staaten, die er regiere, seien Provinzen, welche vereint einen Körper bildeten, dessen Haupt er sei; um den Ungarn ihre neue Stellung deutlich zu machen, ließ er die alte Königskrone von Preßburg nach Wien bringen.

Ueber das einige und untheilbare Oesterreich herrschte Joseph; weder Vergangenheit noch Zukunft Oesterreichs, nur die Gegenwart desselben hatte ihm eine Bedeutung, und für die Gegenwart sollte sein Einzelwille allein und Alles bestimmend sein; kein Zustand, kein Verhältniß, keine Eigenthümlichkeit sollte ihm gegenüber Haltung haben; besondere Rechte achtete er so wenig wie besondere Neigungen und Bedürfnisse.

Zunächst strebte Joseph dahin, die Vielzahl der Erblande als militärisches Ganzes erscheinen zu lassen; unmittelbar nach seines Vaters Tode schon gewann er auf das Kriegswesen entscheidenden Einfluß. Er fand eine Kriegsmacht vor, welche bereits aus einem Verbande erbländischer Truppen zu einem Heere Oesterreichs geworden war, und war unabläſſig bemüht, ihr diesen Einheitscharakter zu erhalten und zu verstärken. Wie Maria Theresia zur Zeit des Erbfolgekrieges, wirkte auch er zunächst durch seine Persönlichkeit. Er trug das militärische Kleid; nicht in der hergebrachten spanischen Tracht, sondern in der rothen und grünen Uniform seines leichten Reiterregiments ertheilte er 1765 die erste Reichsthronbelehnung; die Prinzen seines Hauses trugen nicht allein militärischen Titel, sondern mußten auch wirklich Dienst thun; er selbst stellte sich an die Spitze des Heeres, nicht allein bei Uebungen, sondern auch im Kriege; die Truppen hatten nicht wie bisher einen Feldmarschall, der sie führte, und einen Kaiser, den sie nicht kannten; der Kaiser war jetzt zugleich ihr Feldherr; Joseph wollte Soldat sein und konnte nicht steyerischer oder böhmischer oder tyrolischer, sondern nur österreichischer Soldat sein wollen; in ihm stellte sich die Einheit des Heeres nicht minder als die Einheit Oesterreichs dar.

Zugleich aber wollte Joseph wie auch Maria Theresia schon seit dem Aachener Frieden die Einheit seiner Armee im vollen Einverständniß mit Graf Lasey, welcher 1766 Daun's Nachfolger als Hofkriegsrathspräsident geworden war, durch dauernde Einrichtungen anerkennen, sichern und erhöhen. Die militärischen Anstalten, welche nicht für einzelne Erbländer, sondern für deren Gesammtheit bestimmt waren, vermehrte er oder bildete sie weiter aus; die Ingenieurschule in Wien ward 1769, das Cadettenhaus in Wienerisch-Neustadt 1786 zu einer Militäracademie erweitert, die Invalidenhäuser neu gegründet oder vergrößert, allgemeine Anordnungen zur Versorgung der Soldatenweiber und Erziehung der Soldatenkinder getroffen, ärarische Oekonomiecommissionen versahen das Heer mit Kleidung, Lederwerk u. s. w.

Aus den verschiedenen Erblanden wurden die Truppen häufig zu gemeinsamen Uebungen zusammengezogen und in Uebungslagern längere Zeit zusammengehalten; 1769 wurde ein gemeinsames Exercierreglement für die gesammte Infanterie erlassen; die Regimenter erhielten durch alle Erblande hindurch fortlaufende Nummern; Verpflegung, Bewaffnung, Beurlaubung wurden übereinstimmend geordnet durch zahlreiche Gesetze. Die durchgreifendste, auf die Truppen aller deutsch-slavischen Erblande mit Ausnahme Tyrols sich erstreckende Maßregel aber war die Neugestaltung der Aushebung. Im Jahre 1772 wurde eine genaue Volkszählung angeordnet und 1773 zuerst vorgenommen und seitdem die Aenderungen von Jahr zu Jahr in Uebersichtstabellen und Conscriptionssummarien nachgetragen. Jährlich wurden sie von den Landesstellen dem Hofkriegsrath eingesendet. Das im Jahre 1786 bekannt gemachte Conscriptions= und Werbebezirksystem ordnete bis in die kleinste Einzelnheit das ganze Verhältniß.

Seit 1781 nahmen aller Orten Militärofficiere alljährlich eine Localrevision von Haus zu Haus in den Conscriptionsbezirken vor.

Als dienstpflichtig galt Jeder, der zwischen dem siebenzehnten und vierzigsten Jahr sich befand, gesund und wenigstens fünf Fuß drei Zoll groß war; umfassende Ausnahmen aber bestanden zu Gunsten der gebildeten, vornehmen und reichen Familien. Wie viele der Dienst= pflichtigen ausgehoben und in das Heer eingestellt werden sollten, be= stimmten die Militärbehörden, zunächst die Commandeure der einzelnen Regimenter, deren jedes einen besonderen Bezirk hatte, aus welchem es sich ergänzte. In der Regel hatte ein Infanterieregiment, welches aus beinahe 3500 Gemeinen und Unterofficieren bestand, einen Er= gänzungsbezirk von 30,000 Seelen.

Die Recrutirung war wichtiger geworden als die Werbung, aber sie ging nicht mehr von den ständischen Behörden, überhaupt nicht von den Erblanden aus, sondern von den Militärbehörden, sie trug einen gesammtstaatlichen Charakter, statt des früheren erbländischen.

Nächst dem Heere waren es die Finanzen, welche Joseph's be= sondere Aufmerksamkeit und Thätigkeit in Anspruch nahmen.

Mancherlei Aenderungen im Einzelnen traten während seiner Regie= rung ein, bald mehr, bald weniger Verwaltungszweige, wie Münze, Bergamt, wurden mit der Hofkammer vorübergehend verbunden. An der Organisation der Finanzbehörden, wie sie seit 1762 bestand, im Großen zu ändern, fand er keine Veranlassung; doch war er der Ansicht, daß die Finanzen, wenn sie von demselben Manne geleitet würden, welchem die Verwaltung der inneren Angelegenheiten zustand, wesentlich ge= fördert werden würden; er gab daher 1782 der Hofkammer und der Ministerialbanco=Deputation denselben Präsidenten mit der Hofcanzlei in der Person des Grafen Leopold Kolowrat. Erhöhung des Staats= einkommens begehrte er freilich vor Allem von ihm.

In den inneren wie in den äußeren Verhältnissen seines Landes lag der reale Anlaß für Joseph, die Geldmacht Oesterreichs nicht weniger als dessen Kriegsmacht in seiner Hand zusammen zu fassen, zu sichern und zu erhöhen; den Weg, auf welchem er sein Ziel zu erreichen suchte, ließ er sich durch die von der Aufklärung festgestellten Theorien vorzeichnen.

Die allgemeine Steuerpflichtigkeit des Grund und Bodens war schon 1751 von Maria Theresia ausgesprochen worden, aber der Umfang der Steuerpflicht ein verschiedener geblieben; die Höhe der Grundsteuer war verschieden, je nachdem sie in diesem oder jenem der Erblande, und in jedem einzelnen Erblande wiederum verschieden, je nachdem sie von Domestical- oder Rusticalgründen entrichtet wurde. Diese Verschiedenheit erschien der herrschenden Theorie als unverträglich, als eine Ungerechtigkeit gegen die Einzelnen und als ein Widerspruch gegen die richtigen Finanzgrundsätze. Bereits in dem Handbillet vom 24. Mai 1784 hatte Joseph auf die Nothwendigkeit einer Berichtigung der Grundsteuer hingewiesen und insbesondere hervorgehoben, daß künftig jeder Grund, möge er von einer Herrschaft oder von einem Bauern besessen und bebaut werden, ohne Unterschied und auf ganz gleicher Art in das Mitleiden gezogen werden müsse. In dem Patente vom 20. April 1785 erklärte Joseph: „Da der bestehende Steuerfuß nicht nach Gleichheit und Billigkeit, weder nach den deutschen erbländischen Provinzen unter sich, noch zwischen den einzelnen Besitzern bestimmt ist, auch die Grundsätze, auf denen er beruht, unsicher und der Emsigkeit nachtheilig sind, so haben Se. Majestät als Vater und Verwalter der von der Vorsicht ihnen anvertrauten Kinder auf Mittel gedacht, die Grundlage zu einem solchen Steuerfuße zu legen, nach welchem jede Gemeinde und jeder einzelne Eigenthümer nach Verhältniß des Grundes, den er besitzt, seinen Antheil vollkommen gleich beitrage, die Emsigkeit auf dem Lande aber von aller Last frei bleibe." —

In Folge dieses Patentes wurde während der nächstfolgenden Jahre die Rectification der Schuldigkeiten vorgenommen; nachdem die Grundstücke in allen Erblanden, die ackerbaren Gründe, Wiesen, Weingärten, Hutweiden, Teiche, Wälder vermessen und ihr Körner-, Wein-, Heu- und Holzerträgniß abgeschätzt war, setzte das Gesetz vom 10. Februar 1789 fest, daß jedes Grundstück von jedem hundert Gulden des durch die Regulirung ausgemittelten Ertrages 12 Gulden 13 $^{1}/_{2}$ Kreuzer als Grundsteuer zu entrichten habe; mit dem 1. November 1789 sollte die Erhebung ihren Anfang nehmen.

Die möglichste Steigerung des Reinertrages vom Grund und

Boden wurde daher von Joseph eifrig erstrebt, nicht allein um auch den Bauern eine möglichst gesicherte und befriedigende Lebenslage zu verschaffen, sondern auch um dem Staat möglichst hohe Grundabgaben zu gewinnen. Manche Beschänkungen, welche früher das Verhältniß zur Grundobrigkeit der freien Benutzung des Grund und Bodens aufgelegt hatte, waren beseitigt, und Joseph glaubte durch den verbesserten Unterricht der Landschulen die Bauern geneigt und befähigt machen zu können zu Verbesserungen der Landwirthschaft im Großen wie im Kleinen; aber um dieselben wirklich durchzuführen, fehlte dem Bauer wie dem Grundbesitzer das Capital. Um denselben die erforderlichen Geldmittel zu verschaffen, wollte Joseph den Realcredit heben; es sollte möglich und leicht sein, zur Verbesserung der Landwirthschaft Capital auf das Grundstück zu erhalten. Bisher hatte die Aufnahme einer hypothekarischen Schuld für die meisten Grundstücke die Zustimmung bald aller näheren oder ferneren Fideicommißanwärter, bald der Grundherren und Gemeinden, welche ein Heimfallsrecht hatten, gefordert und selbst dann trug der Capitalist noch großes Bedenken, weil er die vielfach bestehenden gesetzlichen und privilegirten Hypotheken scheute und den Angaben der nachlässig geführten Grundbücher nicht traute; Joseph wollte alle diese Hindernisse beseitigt wissen, aber obschon er nicht vollaus erreichte, was er erstrebte, so war der Realcredit doch so gehoben, daß in Oesterreich, wo vor 1784 bedeutende Hypotheken zu den Seltenheiten gehörten, fünfzehn bis zwanzig Jahre später sich nur ausnahmsweise schuldenfreie Güter fanden und die Bauern jetzt höhere Abgaben an Zinsen an den hypothekarischen Gläubiger, als früher Abgaben an den Grundherrn zahlen mußten.

Auch andere Steuern, directe wie indirecte, suchte Joseph nach allgemeinen Grundsätzen neu und gleichförmig zu gestalten. Jedes Erbland hatte noch wie vor Alters ein abgeschlossenes Steuersystem, und fast für jede einzelne Steuer bestand eine besondere Behörde zur Erhebung und Verwaltung; in Wien z. B. fand sich neben der Hauptsiegelamts-Administration, dem Waldamt, der Cameral-Administration der Exjesuiten und eingezogenen Klostergüter, dem Salzoberamt, dem Landgrafenamt und manchen anderen unteren Finanzämtern auch ein Stärke- und Haarpuder-Cameral-Gefälls-Administrationsamt: Joseph beseitigte 1780 eine Anzahl der unbequemsten und dennoch wenig einträglichen Steuern, insbesondere auch die nach geringen verschiedenen Sätzen vom Einkommen erhobene Classensteuer und setzte eine Tranksteuer an deren Stelle, welche auf

Wein, Bier, Meth, Apfelmoft und Effig gelegt ward. Die Steuer aber ruhte in den Weinländern unverhältnißmäßig schwer auf den Aermeren und führte zum Zwecke der Beauffichtigung eine folche Menge unerträglicher Plackereien mit fich, daß von allen Seiten Klagen und bittere Beschwerden an den Kaifer gebracht wurden; nachdem der Kaifer Berichte über Berichte eingefordert hatte, hob er endlich 1783 in fehr gereizter Stimmung die Tranksteuer auf und ftellte mit einigen Ausnahmen den alten Zustand wieder her.

Die Grundsätze, nach welchen die Mauth, d. h. der Waarenzoll, zur Jofephinifchen Zeit behandelt ward, wurden fehr geheim gehalten; „nur wenige Perfonen haben einen recht deutlichen Begriff davon", bemerkt Nicolai, „und wer Waaren nach Oefterreich bringt, muß der Verfaffung recht kundig fein und fich wohl in Acht nehmen, wenn er nicht in Anspruch genommen werden will". — Eine zweifache durchgreifende Aenderung in der Jofephinifchen Zeit läßt fich aber dennoch erkennen: Die Abfperrung nämlich der einzelnen Landestheile gegen einander wurde befeitigt, indem die Zollordnung vom 15. Juli 1775 eine gemeinfame für alle deutschen und böhmischen Erblande war und zugleich die vielen befonderen ftädtifchen, ftändifchen und landesfürftlichen Mauthen aufhob; in Beziehung auf den Zoll erfchienen fortan Tyrol, Oefterreich, Böhmen, Steyermark als ein einziges Ganzes, welches den ungarifchen und italienifchen Ländern als Ganzes gegenüberftand. Nicht minder bedeutend war die zweite Aenderung. Die Mauth hatte ihre urfprüngliche Beftimmung, dem Landesfürften Einnahmsquelle zu fein, im Wefentlichen behalten; bei dem Eingange, Ausgange, Durchgange wurden nur Abgaben erhoben, deren Höhe für manche Waaren nach dem Maß, für andere nach dem Gewicht, für viele nach einem durch den Mauthbeamten im einzelnen Falle feftgeftellten Werth beftimmt ward. Die mehr oder minder große Entbehrlichkeit der Waare wirkte gar fchwer in Maria Therefia's früheren Regierungsjahren auf die Höhe der Abgaben ein, aber Jofeph wollte die Mauth vor Allem zu einem Mittel machen, der außeröfterreichifchen Induftrie die Grenzen Oefterreichs zu verfperren oder zu erfchweren, er wollte den Schutzzoll ftatt des Finanzzolles; damit in den Erblanden Fabriken und Gewerbe gegründet und erhalten werden konnten, follten Rohstoffe nur gegen hohe Abgaben ausgeführt und verarbeitete Stoffe nur gegen hohe Abgaben oder gar nicht eingeführt werden dürfen.

Da die Ausgaben des Haufes Oefterreich fchon von Alters her nicht allein durch Steuern und Kammergut, fondern auch durch fortlaufendes Schuldenmachen gedeckt wurden, so war die einheitliche Gestaltung des Schuldenwesens kaum weniger wichtig als die des Steuerwesens.

Bisher hatte in Wirklichkeit der Hof die Darlehen aufgenommen, aber die Schuldverschreibungen waren ausgestellt und verbürgt entweder von dem Wiener Stadtbanco oder von der Hofkammer oder von den Ständen der einzelnen Erblande; neben den auf den Credit des Hofes von der Hofkammer oder von der Kupfer-, Quecksilber- und Bergwerks-Zahlungshauptcasse ausgestellten Hofkammer- und Kupferamts-Obligationen waren die Bankobligationen und die Obligationen der Stände von Böhmen, Mähren, Schlesien, Oesterreich ober und unter der Enns, Steyermark, Kärnthen, Krain, Görz in Umlauf.

Die Verschiedenheit der Staatsschulden-Papiere in Rücksicht auf Aussteller und auf Sicherstellung ließ sich zwar nicht beseitigen, aber es wurde doch ermittelt die Zahl der ausgestellten Creditpapiere und von wem und unter welchen Bedingungen sie ausgestellt seien, das Staatsschulden-Hauptbuch ausgearbeitet, 1770 eine neue Staats-Buchführung angeordnet und damit gleicher Zinsfuß für Alle erreicht. Nach mehrfachen Aenderungen gaben seit 1767 alle Creditpapiere vier Procent; um trotz der Herabsetzung der Zinsen den Cours der Creditpapiere nicht fallen zu lassen, wurde auch der allgemeine Zinsfuß auf vier Procent festgestellt, den Inländern verboten, Capitalien außerhalb Oesterreichs zinsbar anzulegen, den Kirchen und Stiften anbefohlen, ihre Gelder ferner nicht auf Privathypotheken, sondern nur in fundis publicis anzulegen, und allgemein angeordnet, daß Pupillengelder und Cautionen nur bei dem k. k. Universal-Depositenamt niedergelegt werden dürften, welches dagegen öffentliche Creditpapiere verabfolgte.

Die erhöhte Ordnung und die mannigfachen Mittel, durch welche die Oesterreicher verleitet oder genöthigt werden sollten, ihre Capitalien in öffentlichen Papieren anzulegen, verschafften indessen der Regierung dennoch nicht die Geldmittel, welche sie bedurfte; um sich zu helfen, hatte schon Maria Theresia 1762 die Summe von zwölf Millionen Gulden Bancozettel ausgegeben, welche in allen Cassen als baares Geld angenommen wurden; bis 1785 waren sie bereits auf zwanzig Millionen und 1788 wiederum um zehn Millionen erhöht.

In Finanz- und im Kriegswesen, wie in der Regierung überhaupt, hielt Joseph sich seiner Stellung und seiner Persönlichkeit wegen für berechtigt, jede Anordnung und Einrichtung durchzuführen, welche ihm durch das Interesse Oesterreichs und durch die Forderungen der Ver=

nunft geboten erschien. Eine Beschränkung seines Willens durch die
Rechtsordnung oder durch die Rechte Einzelner erkannte er nur in sehr
geringem Umfange an. Aber nur für sich, für seine Stellung und
Persönlichkeit betrachtete er diese Ausnahmestellung als zulässig und
geboten; jeder Andere, der Höchste wie der Niedrigste, sollte auf das
Strengste an die gegebene Rechtsordnung und durch die Rechte Anderer
gebunden sein; um jede Verletzung des Rechts und der Rechte möglichst
zu verhindern, wollte er eine einfache, für Alle gleiche, Allen zugäng=
liche und Allen verständliche Gesetzgebung und strenge, schnelle und
Alle schützende Handhabung der Gesetze durch die Justiz. Maria
Theresia schon wollte die angefochtene Unschuld wider die gewöhnlichen
Advocatenkniffe geschützt, die in allen Erblanden eingeschlichenen
Mißbräuche und den Schlendrian der Gerichtsordnungen abgestellt wissen
und hatte dem Regierungsrath v. Horten die Bearbeitung und Abkürzung
der weitläufigen Zusammenstellung der verschiedenartigen Rechtssätze,
welche Azzani 1767 vorgelegt hatte, übertragen. Er selbst und mehr
noch der in Gesetzgebungssachen sehr einflußreiche Staatsrath Martini ge=
hörten zu den entschiedensten Anhängern der Aufklärung, und die Justiz=
beamten gehörten im Allgemeinen zwar noch der alten Schule an, welche
ein anderes Recht als das, was die Jahrhunderte in Form von
Gesetzen, Statuten, Patenten, Gewohnheiten abgelagert und von Ge=
schlecht zu Geschlecht überliefert hatten, nicht verstanden, aber mehr und
mehr einzelne wurden von der herrschenden Richtung ergriffen und suchten,
so viel an ihnen lag, auch in der Gesetzgebung die Forderungen der Ver=
nunft als Quelle des Rechts, die möglichste Ungebundenheit des Einzelnen
neben der Omnipotenz des Staates als die edelste Frucht des Vernunft=
rechts zur Geltung zu bringen und die besonderen Rechte, welche
Stand, Gemeinde, Corporation verlieh, zu beseitigen. Die Gegensätze
innerhalb des Kreises der Fachmänner, aus welchem die Civil= und
Criminalgesetzgebung hervorgehen sollte, zeigten in der Gesetzgebung selbst
sich wieder; bei der Arbeit des beabsichtigten allgemeinen Gesetzbuches
wurde bald mehr von diesem bald von jenem Einfluß überwiegend;
1767 wird der Commission ausdrücklich aufgegeben, sich nicht an die
römischen Gesetze zu binden, sondern überall die natürliche Billigkeit
zu Grunde zu legen; ein Patent von 1779 suchte die Anwendung
des jus canonicum selbst in Ehesachen zu beschränken; die alte Schule
aber der Juristen war nicht leicht zu überwinden, und der Kampf des
Alten mit dem Neuen verzögerte die Abfassung des Gesetzbuches von
Jahr zu Jahr. Joseph setzte, als er 1780 die Regierung angetreten

hatte, neue Referenten ein und gab neue Instructionen; eine Reihe tiefeingreifender einzelner Gesetze erschien: das Ehepatent von 1783, das Gesetz über die gesetzliche Erbfolge von 1786 und die Gesetze über die Hypotheken und Fideicommisse. Die Abfassung des allgemeinen Gesetzbuches ließ Joseph aber darüber nicht aus den Augen. Im Juli 1781 erklärte er der Compilationscommission: „Der Sinn meiner Anordnung ist nicht dahin gerichtet gewesen, eine ganz neue Legislation zu veranlassen, sondern die Compilationscommission hat sich bei diesem aufgetragenen Geschäft bloß in den Schranken zu halten, die bisherigen Patente und Verordnungen in ein zusammenhängendes System zu bringen, dieses kurz und deutlich in einen Codicem zusammen zu fassen, die bisherigen Anordnungen und Generalien zwar allerdings von Widersprüchen und Undeutlichkeiten zu reinigen, jedoch keine neue Legislation zu entwerfen." — Die Patente und Verordnungen aber, welche in ein zusammenhängendes System gebracht werden sollten, enthielten zu einem großen Theile wirklich neue Legislationen für die Verhältnisse, auf welche sie sich bezogen, und so mußte denn trotz jener Erklärung Joseph's auch der am 1. November 1786 für die gesammten deutschen Erbländer publicirte erste Theil eines bürgerlichen Gesetzbuches, welcher die Rechte der Unterthanen, Eheleute, Eltern, Kinder, Waisen behandelte, neues Recht enthalten; mit diesem Theile gerieth die Abfassung eines allgemeinen Landgesetzbuches ins Stocken; eine Fortsetzung desselben erschien nicht.

Das Gesetzbuch hebt alle bestehenden Gewohnheiten auf und erklärt jeden Versuch, sie jemals wieder einzuführen, als wirkungslos und als strafbares Beginnen; nur in Nebenumständen darf auf Gewohnheit gesehen werden, wenn ein Gesetz sich ausdrücklich auf Landesgebrauch bezieht.

Das gesammte Familienrecht: das Eherecht, die väterliche Gewalt, die Vormundschaft, ward für alle deutschen Erblande durch das bürgerliche Gesetzbuch gleich bestimmt; eine gleiche Ordnung der gesetzlichen Erbfolge wird für das freierwerbliche Vermögen aller Stände ohne Unterschied schon durch das Patent vom 11. Mai 1786 eingeführt. Die sittliche Grundlage der Familie trat gegen die rechtliche in den Hintergrund, die Einwirkung des Staates wurde in allen diesen Beziehungen erweitert, die der Kirche zurückgedrängt, die Ehe selbst vorwiegend als bürgerlicher Vertrag aufgefaßt. Die Gesetze, welche in Beziehung auf das Vermögensrecht erlassen wurden, hatten zum gemeinsamen Charakter das Streben, die Vereinigung kleiner und die Zersplitterung großer Vermögen, den schnellen Erwerb und den schnellen Verbrauch des Vermögens möglichst zu erleichtern, die Ungebundenheit des Einzelnen in allen Vermögensverhältnissen zu erweitern.

Zur Geltendmachung der Privatrechte war das Verfahren durch das Patent vom 1. Mai 1781 vorgeschrieben, welches die allgemeine Gerichtsordnung publicirte; der Inhalt der neuen Gerichtsordnung hatte wenig Eigenthümliches, sondern schloß sich im Wesentlichen dem damaligen deutschen Civilproceß an, aber sie hob alle besonderen Gerichtsordnungen der einzelnen deutschen Erblande auf. Jeder, welcher Recht zu suchen oder zu sprechen oder einen Spruch zur Execution zu bringen hat, soll sich allein nach Vorschrift der allgemeinen Gerichtsordnung richten, und in zweifelhaften Fällen soll der Richter die höchste Entschließung einholen. Gehandhabt sollte die Justiz werden nicht länger durch Privatpersonen, sondern nur auf Grund der Autorität des Staates, durch landesfürstliche Richter; diese aber sollten eine Stellung haben, welche sie in den Stand setzte, ohne Rücksicht auf die Folgen ihres Urtheils, ohne Rücksicht auf dessen Nutzen oder Schaden für den Staat, für Gemeinden, Grundherrschaften oder Einzelne zu nehmen, das Recht zu sprechen, sie sollten daher nicht neben dem Richteramte mit Verwaltungsgeschäfte zu besorgen haben, und sollten unabhängig vom Landesfürsten stehen.

Der Grundsatz indessen, daß nur landesfürstliche Gerichte bestehen sollten, zeigte sich, der Kosten wegen, nicht als durchführbar; das nöthige Gehalt, die Gebäulichkeiten, Arrestlocale, Canzleien, Wohngebäude, Gerichtshäuser waren nicht zu schaffen; Joseph's theoretischen Ansichten entgegen wurden eine bedeutende Zahl Untergerichte wieder von Privatpersonen, sei es von Grundherren oder Magistraten, besetzt, besoldet und auch beaufsichtigt. Da aber das Rechtsprechen jetzt gelehrte Bildung voraussetzte, so verlangte schon die Gerichtsordnung von 1781 (§ 430. 431), daß jeder Richter darthun müsse, daß er über die hinlängliche Fähigkeit in der Rechtswissenschaft auf einer erbländischen Universität geprüft worden sei, und daß er außerdem einer scharfen Prüfung über die Landesgesetze zu unterziehen sei. Das Hofdecret vom 21. August 1788 bestimmte ausdrücklich, daß auch am Untergerichte nur ein von dem Appellationsgerichte geprüfter und tüchtig befundener Mann als Richter angestellt werden dürfe. Um nun den Grundherren die Last nicht übergroß werden zu lassen, wurde nachgesehen und vom Hofdecret (21. August 1788) ausdrücklich anerkannt, daß ein zum Richterbeamten berufener Mann auch das Wirthschaftsamt ganz oder zum Theil solle besorgen können. Die 1782 und 1783 in den einzelnen Erblanden errichteten Appellationsgerichte waren rein landesfürstlich und nur mit der Rechtspflege beauftragt.

Auch in dem Gange, welchen die Criminalgesetzgebung nahm, zeigt sich der entschiedenste Sieg der Neuerer über die alte Juristenschule. Die 1768 von Maria Theresia erlassene peinliche Gerichtsordnung gehörte der Anschauung an, auf welcher die Carolina und die aus derselben hervorgegangene Praxis stand; selbst die Strafen zeigten noch die Strenge, Härte und Grausamkeit der früheren Jahrhunderte. Die Todesstrafe war in sehr weitem Umfange festgehalten für Gotteslästerung, Schmähung der allerreinsten Jungfrau und anderer Heiligen Gottes, Abfall vom christlichen Glauben, verbunden mit Annahme des jüdischen, muhammedanischen, heidnischen Glaubens, Meineid, Münzfälschung, Ehebruch unter erschwerenden Umständen, bösgeartete Diebstähle. Die Todesstrafen wurden durch Schwertschlag oder den Galgen, in schwereren Fällen aber durch das Feuer mit lebendigem Verbrennen, durch das Viertheilen oder das Radbrechen von unten herauf vollzogen und nach Umständen durch Reißung mit glühenden Zangen, Riemenschneiden, Handabhauen, Zungenausreißung verschärft; das Schinden aber und das lebendige Vergraben, das lebendige Pfählen soll, da es in den Erblanden nicht gewöhnlich, auch künftig nicht gebraucht werden. Neben den Todesstrafen wurden Verwirkung der Habschaft, öffentliche Arbeit in einer Festung, Spinn- und Stockhaus, Ehrenstrafen und die Leibesstrafen vorgeschrieben: Auspeitschen, Brandmarkung, Vorstellung auf einer öffentlichen Bühne, Einsperrung in das Narrenhäusel; dagegen wurde die Verstümmelung, sofern die Todesstrafe ihr nicht folgte, aufgehoben.

Der herrschenden deutschen Praxis entsprechend war als Regel nicht das accusatorische, sondern das inquisitorische Verfahren angenommen und da, falls nicht zwei unverwerfliche Zeugen das Verbrechen bekundeten, das Geständniß als Bedingung der Verurtheilung festgehalten wurde, auch die Tortur in großem Umfange vorgeschrieben. Ein Blick auf die gräßlichen, der Theresiana beigegebenen Kupfer, welche die Daumenstöcke, Folterleiter, die Lichterbündel zum Brennen des Inquisiten, den Schraubstiefel, die Maschinen zum Aufziehen und Strecken in der freien Luft, den mit bei der Peinigung beschäftigten Freimann und die Freimannsknechte, sowie die verzerrten Gesichtszüge der Gefolterten mit gräßlicher Anschaulichkeit darstellen, möchte bei

Wenigen darüber einen Zweifel lassen, daß man, wenn diese Dinge auf anderem Wege nicht zu beseitigen waren, sich gerne eine starke Dosis Josephinischer Aufklärung gefallen lassen würde, um diese Rohheit und Barbarei los zu werden, welche die vergangenen Jahrhunderte überliefert hatten.

Es lehnte sich die Menschlichkeit, die gesammte Anschauung der Zeit, die herrschende Theorie gegen die furchtbare Härte und Grausamkeit der auf das Neue festgestellten peinlichen Strafen und das sie feststellende peinliche Verfahren auf; die politische Umgebung der Kaiserin, Joseph II. und Maria Theresia selbst traten der alten, strengen Juristenschule entgegen; die gerichtlich ausgesprochenen Urtheile wurden durch den Hof gemildert oder nicht vollstreckt, das Lebendigverbrennen und manche andere Verschärfung der Todesstrafen wurden durch einzelne gesetzliche Bestimmungen aufgehoben, Hinrichtungen selten vollzogen, am 1. Januar 1776 die Tortur abgeschafft.

Joseph II. unternahm es sodann, die Theresiana den Anschauungen und Anforderungen der Zeit gemäß umzugestalten, und erließ nach langen Vorarbeiten am 12. Januar 1787 das Patent, welches das allgemeine Gesetzbuch über Verbrechen und Strafen, und am 17. Juni 1788 das Patent, welches die Criminalproceß-Ordnung enthielt. Das Anklageverfahren wurde gänzlich beseitigt, der Reinigungseid aufgehoben. Der Unterschied zwischen Criminalverbrechen und politischen Verbrechen, d. h. Polizeiübertretungen, zwischen Criminalstrafen und politischen Strafen wurde, obschon mit schwankenden Grenzen, aufgestellt und durchgeführt, erstere dem Criminalrichter, letztere den politischen Behörden überwiesen; als Grund der Strafe wird zwar auch, aber nicht mit der Entschiedenheit, wie in der Theresiana die dem Staate zu leistende Genugthuung bezeichnet, dagegen Besserung und Abschreckung stärker hervorgehoben.

Die Todesstrafe ward, abgesehen von den Fällen des Standrechts, gänzlich aufgehoben, aber durch Schiffsziehen in Ungarn, harte Leibes- und Freiheitsstrafen ersetzt. Bei dem schwersten Verbrechen ist der Verurtheilte nach Grätz oder auf den Spielberg bei Brünn zu liefern und mit einem um die Mitte des Leibes gezogenen eisernen Ring Tag und Nacht so eng an dem ihm angewiesenen Orte anzuschmieden, daß ihm nur zur unentbehrlichsten Bewegung des Körpers Raum gelassen wird; er hat keine andere Lagerstätte als auf Brettern, keine andere Nahrung als Wasser und Brod, kein Bekannter, kein Verwandter, kein Fremder darf ihn sehen oder mit ihm reden, alle Jahre wird er zum öffentlichen Beispiel mit Stockstreichen, jedoch nicht mit mehr als hundert auf einmal, gezüchtigt.

Von der Lästerung der allerheiligsten Dreifaltigkeit oder einer der drei göttlichen Personen, von der Schmähung der allerreinsten Jungfrau oder anderer Heiligen Gottes ist nicht mehr, wie in der Theresiana, die Rede, aber es wird bestimmt: wer die Vernunft auf den Grad verleugnet, um den Allmächtigen in öffentlichen Orten oder in Gegenwart anderer Menschen durch Reden, Schriften oder Handlungen freventlich zu lästern, ist als ein Wahnsinniger zu behandeln und in dem Tollhause in so lang gefänglich anzuhalten, bis man seiner Besserung vergewissert ist.

Drittes Capitel.
Joseph's II. kirchliches Wirken.

I.
Oppositionelle Richtung innerhalb der katholischen Kirche.

In den Jahren, in welchen Joseph's Einfluß seit dem Tode seines Vaters in stets steigendem Grade wuchs, machte sich zugleich auch in Oesterreich mehr und mehr die Richtung geltend, welche innerhalb der katholischen Kirche, ja innerhalb des Clerus und des Episkopats selbst, zwar nicht gegen die Kirche, deren Dogmen und Katholicität, wohl aber gegen die Stellung, welche die Hierarchie angenommen. Je nach dem Standpunkte der Angreifenden richteten sich die Angriffe vorwiegend gegen die Stellung des Papstthums oder gegen die Uebermacht der Gesellschaft Jesu oder gegen das Eingreifen des Clerus, namentlich des Ordensclerus in weltliche Verhältnisse. Während die vereinigten Anstrengungen des Clerus und der Regierung darauf gerichtet waren, Oesterreich gegen das Eindringen des Protestantismus zu schützen, erhoben sich aus dem Inneren der katholischen Kirche selbst von verschiedenen Seiten aus Mächte, welche eine neue Stellung der katholischen Kirche vorbereiteten und herbeiführten.

Die Schrift eines Bischofs, des Bischofs Jansenius von Ypern,

welche 1640 nach deſſen Tode bekannt gemacht war, hatte dahin ge=
führt, daß eine Gemeinſchaft ernſter frommer Männer ſich zuſammen=
ſchloß und an hervorragenden Mitgliedern der Sorbonne, wie an den
Genoſſen des Ciſtercienſerkloſters Port=royal Anhänger und Verthei=
diger fand. Unter den härteſten Verfolgungen erhielt ſich der Janſe=
nismus und fand in den Niederlanden Aufnahme und Sicherheit.
Sein eigentliches Weſen lag in der entſchloſſenen Geltendmachung der
Glaubenslehre Auguſtin's, aber von dieſer Grundlage aus bekämpfte
er die Herrſcherſtellung des Papſtes und die geſammte Wirkſamkeit
der Geſellſchaft Jeſu.

Gerhard van Swieten war Janſeniſt, aber keine Nachricht weiſt
darauf hin, daß er für die Glaubenstiefe Auguſtin's irgend ein Ver=
ſtändniß gehabt, oder dieſelbe durch ihn oder durch Andere in Oeſter=
reich irgend eine Wirkſamkeit geübt hätte; aber den Gegenſatz der
Janſeniſten zu dem Papſtthum und den Jeſuiten brachte van Swieten
mit und theilte ihn in weiten Kreiſen in Oeſterreich mit.

Für die Regierung Oeſterreichs hatte ſtärkere Ueberzeugungskraft
als die von religiöſen inneren Gründen ausgehende Bekämpfung der
päpſtlichen Stellung durch den Biſchof von Ypern der Widerſtand,
welchen der franzöſiſche Clerus dem Papſte entgegenſtellte. Eine Ver=
ſammlung von Biſchöfen hatte, ſich ſtützend auf ältere anerkannte
Rechtsſätze der franzöſiſchen Kirche, 1682 ausgeſprochen, daß die Be=
rechtigung des Papſtes ſich nicht auf weltliche, ſondern nur auf geiſt=
liche Angelegenheiten erſtrecke und auch in Beziehung auf dieſe durch
die beſonderen Herkommen und die beſonderen Geſetze jedes einzelnen
Landes beſchränkt und den allgemeinen Concilien untergeordnet ſei;
ſelbſt in Glaubensfragen ward ein Ausſpruch des Papſtes, ſo großes
Gewicht er auch hat, doch erſt unfehlbar durch Beitritt der Kirche. —
Dieſe von dem Epiſkopat Frankreichs aufgeſtellten und vom Könige
als auch rechtlich bindend anerkannten Sätze bildeten die Vorausſetzung
der gallicaniſchen Kirche, obſchon der Papſt keinen Prieſter, der ſie
unterzeichnete, als Biſchof anerkannte und 1692 die franzöſiſchen
Prälaten bewog, die Unterzeichnung als nicht geſchehen zu erklären.

Die Stellung, welche die weltliche Obrigkeit zur geiſtlichen, das
Epiſkopat zum Papſtthum, die Landeskirche zur Weltkirche in Frank=
reich thatſächlich und rechtlich einnahm, ſchien für Oeſterreich um ſo
weniger unzuläſſig und unerreichbar, als gewichtige Stimmen das
Gleiche auch für das deutſche Reich forderten.

Die Sätze nämlich, welche die Verſammlung franzöſiſcher Biſchöfe für Frankreich aufgestellt hatte, wurden zugleich mit deren Voraussetzungen und Folgerungen von einem deutschen Bischof, dem Weihbischof Hontheim von Trier, in seinem von 1763 bis 1773 erscheinenden Werke: Justinus Febronius de statu ecclesiae et legitima potestate romani pontificis, als wahr anerkannt, näher begründet und weiter ausgeführt. Unangefochten blieb Hontheim in seiner bischöflichen Stellung; sein Werk fand, obgleich die Päpste Clemens XIII. und XIV. die äußersten Anstrengungen machten, jene giftige und pestartige Ausgeburt unterdrücken zu lassen, doch die weiteste Verbreitung und wurde als die wissenschaftliche Rechtfertigung der Schritte aufgefaßt, welche drei Erzbischöfe, die Erzbischöfe von Cöln, Trier und Mainz, thaten, um auch für Deutschland eine Nationalkirche ins Leben zu führen, ähnlich wie Frankreich sie hatte oder zu haben doch behauptete. Schon bei der Wahl Joseph's begehrten sie Abhülfe der Beschränkungen von ihm, welche die deutschen Bischöfe durch die Curie erfuhren; einige Jahre später überreichte der Erzbischof von Mainz eine Denkschrift gegen die Anmaßungen des heiligen Stuhles, und 1769 reichten die drei rheinischen Erzbischöfe eine Beschwerdeschrift über die Eingriffe des Papstes in ihre Diöcesanrechte und die Höhe der nach Rom zu machenden Zahlungen bei dem Wiener Hofe, und als sie hier kein Gehör fanden, bei dem französischen Hofe ein; es steigerte sich ihr Angriff auf das Papalsystem von Jahr zu Jahr, bis er endlich 1786 zu den Emser Punctationen führte.

Während die Bekämpfung der päpstlichen Gewalt, wie sich dieselbe im Laufe der Jahrhunderte gestaltet hatte, von Erzbischöfen, Bischöfen und einem großen Theil des Clerus ausging, trat gegen die eigentlichen Vorkämpfer der päpstlichen Gewalt, die Jesuiten, das Papstthum selbst auf.

Die Angriffe auf die Jesuiten in der Mitte des 18. Jahrhunderts gingen von den streng und ausschließlich katholischen Höfen und Staaten aus; Neapel, Venedig, Toscana, Parma, Portugal, Spanien, Frankreich waren die Feinde, welche dem Orden Gefahr brachten. Papst Clemens XIII. persönlich trat als ihr Vertheidiger auf; als aber nach seinem am 1. Februar 1769 erfolgten Tode das Conclave zusammentrat, sonderten sich die wählenden Cardinäle in zwei Parteien, je nachdem sie einen Freund oder einen Feind der Jesuiten auf dem heiligen Stuhle zu sehen wünschten, und die nach dreimonatlichen, mit sehr weltlichen Waffen geführten Kämpfen endlich am 19. Mai 1769 durchgesetzte Wahl des Cardinals Ganganelli konnte unter den gegebenen Verhältnissen nur als eine Erklärung gelten, daß die katholischen Höfe und das Cardinalcollegium den Jesuitenorden beseitigt wissen wollten. Selbst der belgische Clerus und die Sorbonne sahen in dem neuen Papste, welcher den Namen Clemens XIV. annahm, den Begründer einer neuen großen Zeit für die Kirche; schon mit dem Herbste 1769 begann das Arbeiten der katholischen Höfe, um die Aufhebung des Ordens sofort zu erlangen; ausdrücklich sprachen sich auch vierunddreißig Bischöfe Spaniens für dieselbe aus. Clemens XIV. stellte die Aufhebung bereits im November 1769 in Aussicht, und am 21. Juli 1773 unterzeichnete er das Aufhebungsbreve. Durch das Papstthum selbst war der Orden beseitigt, dessen Bestand zwei Jahrhunderte hindurch als fast gleichbedeutend mit dem Bestand des Papstthums und der katholischen Kirche angesehen worden war.

Einen gefährlichen Feind mehr hatte das Papstthum in den Mitgliedern des aufgehobenen Ordens erhalten; um Rache an ihren Unterdrückern in Rom zu nehmen, bekannten sie sich jetzt nicht selten zu den von den Jansenisten, den Gallicanern und den Anhängern des Weihbischofs von Hontheim vertretenen Ansichten über die Stellung der Bischöfe zum Papst und gaben ihnen durch öffentliche Vertretung neuen Nachdruck und weitere Verbreitung. In Heidelberg z. B., wo die Jesuiten auch nach Aufhebung ihres Ordens noch entscheidenden Einfluß auf die Leitung der Universität übten, ließen sie am 29. August 1774 bei einer theologischen Promotion in dem großen academischen Saale eine Reihe von Thesen vertheidigen, welche den Lehren des Febronius entnommen waren: die Kirchengewalt steht dem Episkopate zu; die Bischöfe haben ihre Gewalt unmittelbar von Gott, sie können, wenn ihnen der Weg nach Rom verboten ist, alle dem Papste vorbehaltenen Dispense gültig und gesetzlich ertheilen. Wenn die geistlichen Richter ihre Gewalt mißbrauchen, so können die Verletzten sich an die Könige um Hülfe wenden; die Güter der Kirche sind wie die der Laien der Besteuerung unterworfen; der Fürst kann, wenn äußere Noth den Staat bedrängt, die Kirchengüter, ohne den Papst zu befragen, besteuern; alle Kirchengüter sind dem Könige unterworfen; der Clerus verdankt seine Immunität weniger dem Papste als der Nachsicht der Fürsten, und bleibt trotz dieser bewilligten Gnade und Exemtion den weltlichen Fürsten unterworfen. —

II.
Joseph's Richtung.

Die Regierung Oesterreichs wurde von der Strömung, welche einen Theil der Cardinäle, Erzbischöfe, Bischöfe und Weltgeistlichen durch ganz Europa und in einzelnen nicht unwichtigen Verhältnissen die Curie selbst ergriffen hatte, mächtig bewegt und schneller und schneller den Anforderungen zugänglich gemacht, welche einerseits von dem Bedürfniß der Machtverstärkung Oesterreichs und andererseits von der die Zeit beherrschenden Aufklärung gestellt wurden. Ein dauernder, schwerer Kampf im Innern der Regierung selbst mußte ausgefochten werden, bevor die Vertheidiger der überlieferten Stellung der Hierarchie denen das Feld räumten, welche auch für Oesterreich eine neue Stellung des Staates zur Kirche und des Episkopats zum Papstthum mit wachsendem Ungestüm begehrten. Auf der einen Seite stand Maria Theresia, auf der anderen Joseph; der Gegensatz Beider spiegelt sich deutlich in dem Verhalten bei den Verhandlungen über die Aufhebung der Jesuiten ab.

Der Gesellschaft Jesu stand auch Maria Theresia mit einem zwischen mißtrauischer Furcht und scheuer Verehrung getheilten Gefühle gegenüber. Sie wäre wohl gerne eines Ordens, der sich in großen wie in kleinen Verhältnissen als coordinirte Macht neben sie stellte, entledigt gewesen, wenn sie nur nicht in eben diesem Orden den Hauptträger des katholischen Kirchengebäudes und einer Gewalt gesehen hätte, welche sich ungestraft nicht angreifen und ohne allgemeine Umwälzungen nicht beseitigen lasse. Sie habe, erklärte sie im September 1768 dem französischen Gesandten, keine Gründe, die Aufhebung des Ordens in Rom zu betreiben; sollte dieselbe indessen von dem heiligen Vater beschlossen werden, so würde sie sich weder widersetzen, noch ein Mißfallen hierob empfinden. — Ein halbes Jahr später, im März 1769, äußerte Joseph bei seiner Anwesenheit in Rom: seine Mutter sei den Jesuiten sehr ergeben und würde keinen Schritt zu deren Aufhebung thun, aber dennoch würde sie dieselbe gerne sehen. — „Auf meine Mutter rechnen Sie nicht sehr", schrieb er 1770 dem Herzog von Choiseul, „die Anhänglichkeit für diesen Orden ist in der Familie des Hauses Habsburg erblich geworden." — Als Ganganelli's Wahl zum Papste entschieden war, sprach die Kaiserin auf das Neue aus, daß sie keine Ursache habe, sich über die Jesuiten in ihren Staaten zu be=

schweren, aber bereit sei, sich den Beschlüssen des Hauptes der Kirche, wenn er die Aufhebung für nothwendig halte, zu unterwerfen. — Weit entschiedener war die Stellung, welche Joseph dem Orden gegenüber einnahm; er hielt die Jesuiten der Staatsverbrechen für schuldig, die man ihnen namentlich in Spanien vorwarf, und verhehlte nicht, daß er deren Beseitigung ohne Bedauern sehen werde. Seinem Ingrimm gegen dieselben machte er 1770 in einem Briefe an den französischen Minister, den Herzog von Choiseul, Luft.

„Ich kenne diese Leute", heißt es in demselben, „so gut wie irgend Einer, weiß alle ihre Entwürfe, die sie durchgesetzt, ihre Bemühungen, Finsterniß über den Erdboden zu bereiten und Europa vom Cap finis terrae bis an die Nordsee zu regieren. In Deutschland waren sie Mandarins, in Frankreich Academiker, Hofleute und Beichtväter, in Spanien und Portugal die Grandes der Nation und in Paraguay Könige. So war es, Choiseul; ich sehe voraus, daß es anders werden muß." — Der Nothwendigkeit, selbst Schritte zu thun, um die gehaßten und gefürchteten Gegner in den österreichischen Landen zu überwältigen, ward Joseph durch die am 21. Juli 1773 vom Papste Clemens XIV. ausgesprochene Unterdrückung des Ordens enthoben. Sogleich ließ der Wiener Hof das Aufhebungsbreve in sämmtlichen Erblanden vollstrecken, ein eigenhändiges Schreiben der Kaiserin sprach dem Papst deren Billigung in einer für den Papst überaus befriedigenden Weise aus, und Joseph, erregt wie nach einer gewonnenen Schlacht, schrieb dem spanischen Minister die tief einschneidenden Worte: „Einen fortdauernden Ruhm hat sich Clemens XIV. durch die Abolition der Jesuiten erworben; ehe sie in Deutschland bekannt geworden, war die Religion eine Glückseligkeitslehre der Völker, sie haben sie zum empörenden Bilde umgeschaffen, zum Gegenstande ihres Ehrgeizes und zum Deckmantel ihrer Entwürfe herabgewürdigt. Ein von der schwärmerischen Einbildungskraft eines spanischen Veteranen entworfenes Institut, welches die Universalherrschaft über den menschlichen Geist erwerben und zu diesem Zwecke Alles dem infallibeln Senate des Laterans unterwerfen wollte, mußte ein unseliges Geschenk für Deutschland sein. Das Synedrium dieser Loyoliten hatte den eigenen Ruhm, die Ausbreitung der eigenen Größe und die Finsterniß der übrigen Welt zum ersten Zweck. Ihre Intoleranz war die Ursache, aus welcher Deutschland das Elend eines dreißigjährigen Krieges dulden mußte; ihre Principien haben die Heinriche von Frankreich um Leben und Krone gebracht, und sie sind die Urheber des abscheulichen Widerrufes des

Edicts von Nantes gewesen; der mächtige Einfluß, den sie über die Prinzen des Hauses Habsburg hatten, ist nur zu sehr bekannt; die Erziehung der Jugend, Literatur, Belohnungen, Ertheilung der größten Würden im Staate, das Ohr der Könige und das Herz der Königinnen, Alles war ihrer Führung anvertraut. Man weiß, welchen Gebrauch sie davon gemacht, welche Pläne sie ausgeführt und welche Fesseln sie den Nationen angelegt haben." —

Der Gegensatz zwischen Joseph und Maria Theresia, welcher in der einzelnen auf die Jesuiten sich beziehenden Frage seinen Ausdruck fand, bestimmte auch deren Stellung zur Hierarchie überhaupt.

Joseph stand der Lehre der katholischen Kirche so wenig wie Maria Theresia feindlich oder gleichgültig gegenüber; er war ein guter Katholik und wollte Oesterreich als katholisches Land erhalten, aber in Beziehung auf die Kirchenverfassung und auf die Stellung der weltlichen zur geistlichen Obrigkeit fand ein nicht unwesentlicher Unterschied zwischen ihm und Maria Theresia statt. Auch Maria Theresia konnte zwar 1770 gelegentlich dem geistlichen Nuntius unumwunden sagen: sie halte es keineswegs für gerathen, daß in der gegenwärtigen Krise die Sachen in ihrem alten Zustande blieben, sondern sei der Meinung, daß, abgesehen vom Dogma, manche gute und nützliche Neuerung in ihren Staaten eingeführt werden könnte. Aber Maria Theresia fügte diesen Worten sogleich hinzu, daß sie nun und nimmer einen Schritt in dieser Beziehung unternehmen werde, ohne das Gutachten und die Zustimmung des heiligen Vaters zuvor nachgesucht zu haben. In diesen zu dem Nuntius gesprochenen Worten drückt sich treffend die innere Stellung der Kaiserin aus; sie hielt Umgestaltungen für nothwendig, aber nur in Beziehung auf die äußere Seite des kirchlichen Lebens und nicht ohne Zustimmung des Papstes. Fürst Kaunitz und die meisten einflußreichen Berather der Kaiserin betrachteten das Verhältniß zwischen Staat und Kirche, zwischen dem Beherrscher Oesterreichs und dem Papste nicht anders wie das Verhältniß zwischen zwei Staaten und zwei Höfen; Vortheile des eigenen Hofes suchten sie zu erlangen: ob mit, ob ohne Zustimmung der Curie, ob im Guten oder im Bösen, erschien ihnen nur als Frage der durch die Umstände bestimmten Zweckmäßigkeit. Nicht selten gab Maria Theresia ungeachtet mancher religiöser Bedenken dem Andrange ihrer Minister nach, wenn dieselben von ihrem nur politischen Standpunkte aus durchgreifende Maßregeln in kirchlichen Beziehungen begehrten. „Die Absichten der Kaiserin würden", berichtete 1771 der päpstliche Nuntius, „sehr gut

und mit denen Sr. Heiligkeit ganz im Einklange sein, aber die Grund=
sätze, welche das Ministerium sich angeeignet, sind von den Gesinnungen
der Kaiserin sehr verschieden." — Die trockene und ernste Sprache,
welche Kaunitz in den Verhandlungen mit dem Nuntius zu führen
pflegte, übte eine beunruhigende Wirkung auf den Letzteren, weil sie
wenigstens aus der Gewißheit hervorging, daß die Kaserin ihrem
Minister, wenn auch mit schwerem Herzen, nachgeben werde.

Joseph hatte in Beziehung auf Kirchenverfassung und Stellung
der weltlichen Obrigkeit den nur politischen Standpunkt des Fürsten
Kaunitz, und die Ziele, welche nach dieser Seite hin sich der Janseni8=
mus, die gallicanische Kirche und Bischof Hontheim und die öster=
reichischen kirchenrechtlichen Schriftsteller, wie Riegger, Eybel, Rauten=
strauch, Martini gesetzt hatten, waren auch die seinigen, aber seine
eigenmächtige, gewaltsame Natur schreckte auch vor dem stärksten Zu=
sammenstoß mit dem heiligen Stuhle nicht zurück und machte ihn zu
Maßregeln geneigt, zu welchen Kaunitz schwerlich gerathen haben würde.
Je größer sein Einfluß von dem Tode Franz' I. an ward, um so
durchgreifender wurde die Haltung, welche die Regierung Oesterreichs
in allen nicht dogmatischen Fragen Rom gegenüber einnahm, bis sich,
als Maria Theresia 1780 gestorben und Joseph Alleinherrscher Oester=
reichs geworden war, Joseph's persönliche Rücksichtslosigkeit vollständig
in der Regierung Oesterreichs ausprägte.

„Der bisherige Einfluß der Geistlichkeit in der Regierung meiner
Mutter wird", schrieb er schon im December 1780 an den Herzog
von Choiseul, „ein Gegenstand meiner Reformen sein; ich sehe nicht
gerne, daß die Leute, denen die Sorge für das zukünftige Leben auf=
getragen ist, sich so viele Mühe geben, unser Dasein hienieden zum
Augenmerk ihrer Weisheit zu machen."

Als erste und wichtigste Aufgabe erschien es, die obrigkeitliche
Stellung, welche die Curie, also eine außerösterreichische Obrigkeit,
innerhalb der österreichischen Lande einnahm, zu beseitigen.

Der Kaiser werde sich, mußte Fürst Kaunitz am 19. December
1781 auf Joseph's Befehl dem Grafen Garampi, apostolischen Nun=
tius am Wiener Hofe, schreiben, niemals der Ausübung der ge=
gründeten und gesetzmäßigen Gerechtsame des heiligen Stuhles und der
allgemeinen Kirche in dogmatischen und bloß die Seele betreffenden
Gegenständen entgegenstellen, werde aber auch niemals eine fremde Ein=
mischung in Angelegenheiten gestatten, welche Allerhöchstdieselbe als offen=
bar der oberen landesfürstlichen Machtvollkommenheit zustehend ansehen

müsse; darunter aber sei alles ohne Ausnahme begriffen, was in der Kirche nicht von göttlicher, sondern nur von menschlicher Erfindung und Einsetzung herrühre; seine Geltung verdanke es nur der Einwilligung oder Gutheißung der oberherrlichen Gewalt, welcher daher auch das Recht zustehe und zustehen müsse, solche freiwillige und willkürliche Bewilligungen nicht nur allein abzuändern und einzuschränken, sondern auch ganz aufzuheben, so oft Staatsursachen, Mißbräuche oder veränderte Zeiten und Umstände es erheischten. Die Abstellung solcher Mißbräuche, welche weder Grundsätze des Glaubens, noch allein den Geist und die Seele beträfen, könne nimmermehr von dem römischen Stuhle abhängen, da derselbe, diese zween Gegenstände ausgenommen, nicht die mindeste Gewalt im Staate besitze, welche allein und ausschließend dem Landesherrn zustehe, der allein im Staate das Recht zu befehlen habe. — Diesen scharf ausgesprochenen und während seiner ganzen Regierung festgehaltenen Grundsätzen entsprechend trat Joseph zunächst dem wenn auch beschränkten Gesetzgebungsrechte entgegen, welches die Curie innerhalb der österreichischen Lande übte. Zwar war es, wie Johann Jacob Moser bemerkt, schon ein altes und von undenklichen Jahren übliches Herkommen, daß keine päpstliche Bulle ohne Ihrer Kaiserlichen Majestät allergnädigstes Vorwissen und Willen kundgemacht werden durfte; trotz des Verbotes aber erließ die Curie in Beziehung auf Lehre, kirchliche Disciplin und kirchliche Verfassung vielfach auch solche Verfügungen, welche mittelbar oder unmittelbar in die bestehenden staatlichen oder privatrechtlichen Verhältnisse umändernd eingriffen und dennoch rechtliche Geltung beanspruchten, ohne von der weltlichen Obrigkeit geprüft und genehmigt zu sein. Dem Vordringen der Curie gegenüber wurde 1767 verordnet, daß eine päpstliche Bulle in Austriaco niemals von den Bischöfen publicirt werden sollte, bevor nicht Ihre Kaiserliche Majestät das placetum regium ertheilt hätten. Neu eingeschärft und weiter ausgedehnt wurde diese Bestimmung im Jahre 1781; alle Erlasse, welche der Papst oder andere geistliche Obere, sei es in materia diplomatica oder ecclesiastica aut disciplinaria beabsichtigten, mußten fortan den weltlichen Landesstellen vorgelegt werden, welche durch wiederholte Prüfung die Allerhöchste Entschließung über die Erlaubniß zur Kundmachung vorzubereiten hatten.

Die vom Papste durch seine römischen Behörden oder seine Nuntien und sonstige Delegirte in schwankendem und bestrittenem Umfange geübte Gerichtsbarkeit hatte gleichfalls ihr Ende erreicht, indem die letzte Instanz für die bischöflichen Consistorien nicht durch die sacra rota romana oder die signatura justitiae in Rom, sondern durch die höchste Hofstelle in Wien gebildet wurde, und jede päpstliche Anordnung, mochte sie in was immer für einer Gestalt abgefaßt sein und was immer für Gegenstände oder Personen betreffen, der landesfürstlichen Genehmigung bedurfte.

Empfindlicher noch als die päpstliche Gerichtsbarkeit waren für Joseph die päpstlichen Gelderhebungen innerhalb der österreichischen Lande; so viel wie möglich setzte er ihnen Schranken; er untersagte das Ausbieten der päpstlichen Ablässe und das Nachsuchen der kostspieligen päpstlichen Dispense. Niemand sollte künftig Meßgelder nach Rom senden, kein Orden und kein Ordensgeistlicher Geld außer Landes bringen, auch nicht im kleinsten Betrage.

Den Einfluß der Curie auf die Beamten und auf die Bevölkerung der Erblande suchte Joseph in jeder Weise zu vermindern; dem Papste wurde nicht länger gestattet, Titel und Würden zu ertheilen, es sei denn, daß er die landesfürstliche Genehmigung für einen einzelnen Fall ausdrücklich erhalten hatte; weder Geistliche noch Laien durften mit Rom in unmittelbaren Verkehr treten; die geheime Staatscanzlei zu Wien allein sollte das Verbindungsglied zwischen Rom und Oesterreich sein.

Vor Allem aber erstrebte Joseph für die Bischöfe seiner Erblande eine Stellung, welche ihnen nicht nur Selbstständigkeit, sondern fast auch Unabhängigkeit von Rom gewähren sollte. Er war der Meinung, daß in der allgemeinen Kirche zwar einzelne Rechte dem römischen Stuhle ausschließungsweise zuständen, die anderen aber in früheren Jahrhunderten stets als unzertrennlich mit dem Episkopate verbunden betrachtet und erst später durch List oder Gewalt auf Rom übertragen worden seien; er hielt sich daher für verpflichtet, die Bischöfe anzuhalten, ihre frühere Stellung wieder einzunehmen und ihre althergebrachten unbestreitbaren Rechte wieder auszuüben. Im bischöflichen Sprengel sollte Niemand von der bischöflichen Gewalt ausgenommen oder einer auswärtigen geistlichen Gewalt unvermittelt durch den Bischof untergeordnet sein. Die Orden und deren Klöster wurden daher durch Verfügung vom 24. März 1781 jeder unter irgend einem Namen oder Vorwand bestehenden Abhängigkeit von ihrem Patergeneral entbunden und unter die Aufsicht der Bischöfe gestellt; sie durften für die Zukunft weder ein Generalcapitel noch andere Versammlungen außerhalb der österreichischen Lande beschicken, keine Visitatoren oder Correctoren von ausländischen Obrigkeiten annehmen, kein Geld an ihre Ordensgenerale senden, keine Breviere, Missalien und dergleichen aus fremden Landen holen. Die heftigen Angriffe Roms und der Orden wies Abt Rautenstrauch nicht minder heftig zurück; „die päpstlichen Exemtionen waren", schrieb er, „ein gräulicher Mißbrauch, ein grober Eingriff in die Gerechtsame des Regenten; man hat es bei den Jesuiten gesehen, daß Jeder, der ihr Habit trug, überall, ohne den Pfarrer und Bischof zu fragen, nur gestützt auf päpstliche Privilegien, Beichte hören, Messe lesen und auf die Kanzel steigen durfte. Die Aufhebung der früheren Exemtionen haben freilich die Zuflüsse nach Rom verstopft, aber die Bischöfe wieder in ihre von Gott erhaltene rechtmäßige Gewalt eingesetzt." Joseph wollte innerhalb des Bischofssprengels nicht nur keine Personen von der bischöflichen Gewalt ausgenommen, sondern auch die Zahl der Verhältnisse so viel wie möglich beschränkt wissen, in welchen bisher nicht dem Bischof, sondern dem Papste die Entscheidung zustand; das Hofdecret vom 14. April 1781 nahm dem Papst die sogenannten facultates absolvendi et dispensendi. d. h. das ihm für eine Reihe von Fällen zustehende Recht, allein absolviren und dispensiren zu können, ein Recht, durch welches die Curie nicht allein alljährlich bedeutende Summen bezog, sondern auch in den Eingesessenen jedes Sprengels das Gefühl der unmittelbaren Abhängigkeit von Rom erhalten hatte. Nach dem Hofdecrete vom 14. April sollte ein Jeder Absolution und Dispensation auch in den bisher vorbehaltenen Fällen nicht von einer auswärtigen Macht, sondern gegen eine nur geringe Canzleitaxe von dem einheimischen Bischof erwarten. Wenige Monate später wurde den Bischöfen aus landesfürstlicher Macht aufgetragen, daß sie insbesondere in Ehesachen ohne eine päpstliche Dispensation abzuwarten bei vorhandenen Beweggründen aus eigenem Rechte dispensiren sollten, weil einem Staate ungemein viel daran liege, daß die Bischöfe sich der ihnen von Gott verliehenen Amtsgewalt bedienten; kein Pfarrer sollte künftig ohne solche bischöfliche Dispensation von kanonischen Ehehindernissen ein Paar zusammengeben. Der päpstliche Nuntius gab eine scharfe Verwahrung gegen diese Verfügungen ein; Joseph aber ließ am 19. December 1781 nicht minder scharf durch Kaunitz antworten, daß er durch den an die Bischöfe seiner Erblande erlassenen Auftrag sich eines althergebrachten unbestreitbaren Rechtes bedient und nur einen Mißbrauch aufgehoben habe, welcher vielen Bedenklichkeiten ausgesetzt und dem Vermögensstande seiner Unterthanen sehr nachtheilig gewesen sei. — „Da jeder Bischof", schreibt Abt Rautenstrauch, „vom heiligen Geiste gesetzt ist, die Kirche zu regieren, und nicht weniger Gewalt hat als der Papst, so kann er auch eben so gut und eben so gültig dispensiren als dieser." — Da die Rechte, welche dem Papste selbst entzogen waren, in keinem Falle einem Stellvertreter desselben zustehen konnten, so hatte der päpstliche Nuntius zu Wien seine früheren Befugnisse in den bischöflichen Sprengeln verloren und nahm fortan keine andere Stellung ein als der Gesandte einer jeden weltlichen Macht.

Joseph konnte darüber nicht im Zweifel sein, daß die Haltung, welche er in den kirchlichen Verhältnissen eingenommen hatte, den Zerfall mit der Curie unausbleiblich zur Folge haben mußte; „noch die Enkel werden uns segnen", schrieb er im October 1781 seinem Gesandten, dem Cardinal Herzan, „daß wir sie von dem übermächtigen Rom befreit, die Priester in die Grenzen ihrer Pflicht zurückgewiesen und allein dem Vaterlande unterworfen haben, aber in Rom wird man erbost sein, weil ich das Alles unternehme, ohne die Gutheißung des Knechtes der Knechte Gottes zu haben." — Er scheute indessen den Bruch so wenig, daß er gegen Ende des Jahres 1783 bei seiner Anwesenheit in Rom alles Ernstes mit dem spanischen Geschäftsträger Ritter Azara über die gänzliche Losreißung des österreichischen Kirchenwesens von Rom verhandelte; die Dogmen sollten unverändert bleiben, aber auf die Gefahr hin, als Schismatiker behandelt zu werden, wollte er der ferneren Oberherrschaft Roms das Anerkenntniß verringern. Ernste Vorstellungen Azara's hielten Joseph zwar ab, den Versuch zu machen, ob sich eine römisch-katholische Kirche ohne Rom, und die Einheit der römisch-katholischen Lehre in den österreichischen Landen auch ohne Einheit der Verfassung und getrennt vom Primat des Papstes erhalten lasse, aber den Gedanken einer österreichischen Nationalkirche und die Anordnungen und Vorbereitungen, welche er zu deren Herstellung getroffen hatte, hielt er fest; eine Nationalkirche wollte Joseph für Oesterreich, die zwar nicht losgerissen, aber doch so unabhängig von Rom sein sollte, wie es kaum die Gallicaner und Hontheim begehrt hatten. Die Unabhängigkeit von Rom sollte indessen nicht zu einer wirklichen Verstärkung des Episkopats führen; die Bischöfe verloren vielmehr der weltlichen Gewalt des Kaisers gegenüber wenigstens eben so viel, als sie der geistlichen Gewalt des Papstes gegenüber gewonnen hatten.

„Die Kirche ist im Staate", äußerte sich Joseph, „dem Souverän kommt es zu, sie den weltlichen Gesetzen unterzuordnen und ihre Diener in derselben Abhängigkeit wie die anderen Unterthanen zu halten." „Freilich wird es ein Diener des Altars niemals zugeben wollen", schrieb er ein anderes Mal, „daß ihn der Staat dahin weist, wohin er eigentlich gehört, ihm keine andere Beschäftigung als die mit dem Evangelium läßt und die Kinder Levi durch seine Gesetze verhindert, Monopolium mit dem Menschenverstande zu treiben." — Um den Bischöfen über die Stellung, welche sie einzunehmen hätten, keinen Zweifel zu lassen, schrieb Joseph einen Eid vor, welchen jeder Neugewählte noch vor der päpstlichen Bestätigung abzulegen hatte; durch denselben gelobte er Sr. Majestät lebenslang getreu und unterthänig zu sein, das Beste des Staates nach allen Kräften zu befördern und keinen Zusammenkünften, Unternehmungen oder Anschlägen beizuwohnen, welche zum Nachtheil des Staates oder Sr. Majestät gereichen könnten, vielmehr wofern Etwas von dieser Art zu seiner Kenntniß gelangen sollte, es Sr. Majestät ungesäumt zu eröffnen. — Das an den Neugewählten oder denominirten Bischof in Form einer Bulle gerichtete päpstliche Schreiben nebst beigeschlossenem dem Papste zu leistenden Eide sollte nach einer Verfügung Joseph's vom 29. August 1781 stets das placetum regium bedürfen, aber auch, um Weiterungen zu vermeiden, erhalten, jedoch nur unter der jedes Mal ausdrücklich hinzuzufügenden Beschränkung, daß dasselbe nur ertheilt werde, so weit jener Eid in dem ursprünglich echten Sinne der professionis obedientiae canonicae und in jenem Verstande genommen wurde, der den höchsten Souveränitätsrechten und den von jedem Bischofe aufhabenden und eigens beschworenen Unterthanspflichten weder direct noch indirect zuwiderstreitet.

Im folgenden Jahre hob Joseph die sogenannten päpstlichen Monate bei der Besetzung von Capitelstellen auf; die Domherrnstellen, welche bisher in solchen Monaten der Römische Hof vergab, gehörten fortan ad nominationem regiam. und Niemand sollte zum Domherrn gewählt werden dürfen, der nicht zehn Jahre Seelsorge geübt. Die höchsten Souveränitätsrechte des Landesfürsten und die Unterthanspflichten der Bischöfe und des Clerus wurden von Joseph im weitesten Sinne zu Gunsten der weltlichen Macht ausgelegt. Er verbot den inländischen Bischöfen, Hirtenbriefe, Belehrungen, Anordnungen ohne Genehmigung der Landesstelle durch Druck oder Schrift in der Diöcese bekannt zu machen; er verpflichtete jeden Pfarrer, die ihm zugesendeten landesfürstlichen Verfügungen von der Kanzel zu verkündigen; er fand

die Ansicht Derer nicht verwerflich, welche der Meinung waren, daß
die weltliche Obrigkeit den Clerus am sichersten in ihrer Hand haben
würde, wenn derselbe, statt wie bisher aus eigenen Mitteln zu leben,
seinen Unterhalt von der Regierung erhalte. „Der katholischen Reli=
gion ist", schrieb Abt Rautenstrauch, „nichts nachtheiliger als der
große Reichthum und die eitele Größe des Clerus; Wirthschaftssorgen
und weltliche Geschäfte sind dem geistlichen Amte zuwider, und ein
nothbürftiges aber sicheres Einkommen ist ihm viel heilsamer. Daher
kann es nicht im mindesten mißbilligt werden, wenn die Regenten der
Clerisei die dem Seelentheile hinderlichen Güter und Reichthümer ent=
ziehen, in eigene Administration nehmen und den Geistlichen davon
eine gemäßigte Versorgung anweisen lassen." — Manche Anordnungen,
welche diesen Rathschlägen entsprachen, wurden wirklich getroffen, die
Vermächtnisse an Kirchen, welche bestimmt waren, Lampen, Altäre,
ewige Messen zu stiften, wurden als ungültig erklärt, die Stola=
gebühren herabgesetzt, die Beichtkreuzer verboten, die in Böhmen auf
der Salzcasse vertragsmäßig ruhenden sehr bedeutenden Abgaben an
Stifte und Pfarreien zurückbehalten und schon 1771 die bereits früher
gemachten Vorschläge in sehr ernste Erwägung gezogen, dem gesammten
Regularclerus die Verwaltung seiner Güter abzunehmen und jedem
Geistlichen täglich einen Gulden zu zahlen.

Die inländische kirchliche Gerichtsbarkeit wurde in Criminal= wie
in Civilsachen und über den Clerus wie über die Laien eng beschränkt.
Nicht einmal in Beziehung auf das Eherecht erhielt sich die frühere
sachliche Jurisdiction; Joseph's Ehepatent vom 16. Januar 1783
war ausdrücklich für alle Religionen bestimmt, trennte den bürger=
lichen Ehevertrag und dessen bürgerliche Folgen von dem Ehesacrament,
gestattete Scheidung und Wiederverheiratung der Geschiedenen und über=
trug die Annullation der Ehe und die Separation den weltlichen Ge=
richten. Auch die bisher wenigstens über Geistliche noch geübte per=
sönliche Gerichtsbarkeit der bischöflichen Consistorien ging durch die
Hofverordnung vom 8. Juli 1783 und durch die Jurisdictions=Norma
vom Jahre 1784 verloren; die abligen Geistlichen hatten fortan ihren
Gerichtsstand vor dem Landrechte, die unabligen vor den Ortsge=
richten. Als Erinnerung an das frühere kirchliche Strafrecht über
Laien bestand zwar noch die Excommunication; da ihre bürgerliche
Wirkung aber durch die Publication bedingt und diese an das landes=
herrliche placet gebunden war, so hatte sie für sich allein nur noch
die Bedeutung einer Aeußerung der kirchlichen Disciplin. In Be=

ziehung auf die Weltgeistlichen ihres Sprengels sollten die Bischöfe zwar vermöge ihres Hirtenamtes die rein geistlichen Vergehen mit Bußwerken und geistlichen Besserungsstrafen abthun, und den Ordensoberen gestand das Hofcanzleidecret vom 17. Juni 1783 die Mittel zur Verbesserung ihrer Mitbrüder per correctionem paternam zu und wollte ihnen quoad disciplinarium in der billigen und vernünftigen Correction eines schuldigen Ordensgliedes nicht den mindesten Eintrag widerfahren lassen, aber den Ordensoberen wie den Bischöfen gegenüber wurde den landesfürstlichen Aemtern die äußerste Wachsamkeit eingeschärft, damit die kirchliche Disciplinargewalt sich nicht als Strafgerichtsbarkeit gestalte. Sehr genaue Vorschriften der weltlichen Obrigkeit sollten insbesondere den Ordensoberen den Mißbrauch ihrer Gewalt erschweren.

Die Hofverordnung vom 31. August 1771 hob alle Strafkerker und Gefängnisse in Klöstern auf; der locus correctionis et detentionis, in welchen Mönche oder Nonnen correctionis aut custodiae causa von ihren Oberen eingesperrt wurden, durften zwar mit eisernen Fenstergittern und guten Thürschlössern versehen, mußten aber im Uebrigen den anderen Klosterzellen gleich, mußten wohlgesäubert, einem Kerker keineswegs ähnlich sein und zu allen Zeiten der Einsicht weltlicher und geistlicher Obrigkeit offen bleiben; die in der Strafe befindlichen Klostergeistlichen sollten in Ansehung der auferlegten Bußfasten niemals anders als alternativis diebus und auch in Ansehung der Speisen so behandelt werden, daß ihnen an der Gesundheit nicht geschadet werde. Da diesen Vorschriften nicht in dem erwarteten Umfange Folge geleistet wurde, so ordnete das Hofcanzleidecret vom 11. März 1783 an, daß tüchtige und vertraute Commissarien in den Städten wie auf dem Lande die Klöster mit genauer Sorgfalt und Vorsicht wegen Exiftirung der Kerker und der allenfalls darin versperrten Geistlichen visitiren, die vorhandenen Kerker sogleich abschaffen, die daran Schuld tragenden Oberen zur Verantwortung ziehen, die allenfalls darin versperrten Geistlichen nach den bestehenden Behältern befragen, von dergleichen Oertern die doppelten Thüren und Fenstervorschließungen wegthun und überhaupt Alles auf die Seite räumen sollten, welches dergleichen Oerter zum ferneren Gebrauch für Gefängnisse geeignet machen könnte.

In Criminal= wie in Civilsachen hatte die weltliche Obrigkeit die geistliche Gerichtsbarkeit zurückgedrängt und ihr nur noch die Bedeutung kirchlicher Disciplin gelassen.

Joseph begnügte sich indessen nicht, auf dem weltlichen Gebiete den hergebrachten Einfluß des österreichischen Clerus entschlossen abzuweisen, sondern trug auch kein Bedenken, die Macht der weltlichen Obrigkeit in bisher unerhörter Weise auf dem kirchlichen Gebiete zur Geltung zu bringen. „Ich will mein Volk", äußerte er, „von dem Aberglauben und den Sabbuzäern, die ich verachte, befreien; kein Nachtheil, sondern nur Nutzen und Erbauung kann sich für die Religion aus der Abstellung der Mißbräuche ergeben, die nach und nach in die Gegenstände der Kirchenzucht eingeschlichen sind; es ist nothwendig, daß ich gewisse Dinge aus dem Gebiete der Religion entferne, dieweil sie nie dahin gehörten, den Verfall des menschlichen Geistes herbeiführten."

Das Leben der Weltgeistlichen, ihr Thun und Lassen innerhalb und außerhalb des Amtes ließ ein kräftiges Einschreiten als dringendes Bedürfniß erscheinen. Der Papst selbst hatte in der Instruction, welche er am 2. November 1771 dem Nuntius in Wien ertheilte, die Nothwendigkeit einer vollkommenen Reform anerkannt; „täglich sieht man leider", heißt es in derselben, „daß die Geistlichen die reichen Einkünfte aus den Stiftungen frommer Gläubigen in weltlichen, wenn auch nicht gerade in sündhaften Dingen vergeuden, daß sie Pfründen auf Pfründen häufen, unerlaubten Handel mit denselben treiben, den Kirchen selbst jenen materiellen Dienst entziehen, den sie im Chore leisten müßten, sich des Kleides und der ehrwürdigen Amtsverrichtungen ihres geistlichen Berufes beinahe schämen und an ganz andere Dinge denken, als daran, ihre eigenen Pflichten gut zu kennen". — Die Schäden im Leben des Clerus waren demnach der Curie wohl bekannt, aber nichts geschah, um sie zu bessern, und in der Thatsache, daß die vielen innerhalb des kirchlichen Lebens herrschenden verderblichen bald mehr abergläubischen, bald mehr abgeschmackten Mißbräuche von der geistlichen Obrigkeit nicht nur unangefochten gelassen, sondern vielfach auch begünstigt wurden, lag eine dringende Aufforderung für die weltliche Obrigkeit, Abhülfe zu versuchen; gewaltsam und mit wehethuender Rücksichtslosigkeit kam Joseph dieser Aufforderung nach und zeigte auch in diesem Verhältnisse wenig Sinn für die Unterscheidung des Berechtigten von dem Unberechtigten, des Zulässigen von dem Unzulässigen.

Joseph hatte ein scharfes Auge für die kirchlichen Gebrechen Oesterreichs; er nahm Anstoß an den verzerrten Formen, den abergläubischen Gewohnheiten mechanischer Uebungen und gedankenlosen

Gebräuchen, an welche die große Menge der Katholiken damaliger Zeit sich anklammerte, um Abkürzung der Pein nach dem Tode zu verdienen und hier schon den Schaden abzuwenden, mit dem Naturgewalt, böse Geister oder zauberische Menschen drohten. Er wußte, daß diese Gebrechen nicht zum Wesen der katholischen Kirche gehörten, sondern Entstellungen seien.

Mit wachsender Rücksichtslosigkeit ordnete die weltliche Obrigkeit einseitig Verhältnisse, welche bisher mit Recht oder ohne Recht dem Machtgebiete der geistlichen Gewalt angehört hatten. Die Beschränkung der großen Zahl Festtage wurde zwar noch durch lange und weitläufige Verhandlungen mit Rom im Jahre 1770 herbeigeführt, aber die neue Gottesdienstordnung vom 21. April 1783 ging von der Regierung aus, obschon sie genaue Bestimmungen über Zahl und Form der kirchlichen Gebräuche und feierlichen Handlungen, selbst über die Ausstellung der Monstranz enthielt; im Jahre 1784 wird befohlen, die den Heiligen angehängten Herzen, Füße, Krücken, Tafeln und dergleichen Zeugnisse meist unerwiesener Wunder ganz wegzuräumen, eine Verfügung vom 7. Januar 1785 schrieb die Beseitigung der unnöthigen kirchlichen Zierrathen, Ablaßtafeln, Bilderchen, Lampen und „solches Gezeugs" vor. Eine Verordnung 1786 verfügte den Gebrauch der Landessprache für die gottesdienstlichen Handlungen. Den Heiligen Perrücken auf den Kopf zu setzen, hatte schon 1751 ein Rescript verboten, Joseph ließ ihnen auch die Reifröcke ausziehen; die Processionen und Wallfahrten wurden mit einigen wenigen Ausnahmen untersagt; aus den in Wien sämmtlich aufgehobenen Bruderschaften wurde die Congregation der thätigen Liebe des Nächsten gebildet, der Secularclerus sollte nicht in gefärbten Kleidungen umhergehen; Heilige durften fortan nicht beleuchtet, Kerzen, Früchte u. s. w. nicht geweiht, Kräuter und Wurzeln, die durch einen geistlichen Segensspruch zu einem Zaubermittel gegen Blitz oder Seuchen gemacht waren, nicht an Thüren und Fenster genagelt werden. Mit Amuletten, geweihten Rosenkränzen sollten auch die Geistlichen nicht handeln, Scapuliere, Teufelsaustreibungen und Gespenstererscheinungen wurden verboten, ebenso das Ausräuchern der Häuser zu Weihnachten, der Ablaßmißbrauch beschränkt, Gelderpressungen aller Art verboten, Ankündigung von Ablaß für die Seelen im Fegefeuer durften in Brevieren und Gebetbüchern nicht abgedruckt werden; taufen sollten die Pfarrer unentgeldlich, und für die Begräbnisse neben den Gebühren weder Vieh noch Bienenstöcke fordern; Vermiethung von Heiligenbildern wurde verboten; — dagegen verfügte ein Rescript vom 29. Februar 1772: „Auf Allerhöchste Verordnung ist das Fleischessen Jedermann ohne alle Anfrage bis Donnerstag vor dem Sonntage Judica erlaubt, jedoch sich zu Nachts davon zu enthalten."

Die Pfarrer wurden ernstlich daran erinnert, gegen Verordnungen in ecclesiasticis nicht ungebührlich zu reden, sich keine verdeckte Anzüglichkeiten auf die Gesetzgebung und auf die Staatseinrichtungen zu erlauben, sondern die landesherrlichen Verordnungen nicht nur zu verkünden, sondern auch zu erläutern, die Unwissenden über schädliche Vorurtheile, Ungerechtigkeit der Schmuggelei, Verhaltung bei Epidemien und Viehseuchen zu belehren. Der Verkauf abgeschmackter Erzählungen von geschehenen Wunderwerken und Gnadenbildern, von abergläubischen Gebeten und Gesängen und Andachtsübungen soll nirgends geduldet sein.

Um Mißbräuchen vorzubeugen, wurde die von Joseph angeordnete sonntägliche Christenlehre unter Aufsicht der Kreisämter gestellt, welche durch verläßliche Menschen sich in Kenntniß über die Art und Weise dieses Unterrichts erhalten sollten. Strengere Feier der Sonntage und gebotenen Feiertage ward mit ziemlicher Genauigkeit in den Angaben des Erlaubten und Unerlaubten geboten. Perrückenmachergewölbe durften nur bis 11 Uhr, einige Verkaufsgewölbe gar nicht geöffnet werden, andere wenigstens mit einem Fensterladen gesperrt sein; Taback, frisches Obst, nebst Rettig, Kastanien und Nüssen können nach 4 Uhr frei, vor 4 Uhr nur unter Hausthüren verkauft werden.

Eben so strenge aber ward das Feiern an den aufgehobenen Festtagen verboten; jeder Handwerker, der an denselben seine Werkstätten nicht öffnet, jeder Geselle, jeder Dienstbote, der an denselben nicht arbeiten will, erhält vierundzwanzig Stunden Arrest; um nicht von den Berufsarbeiten abzuziehen, darf kein Wirth Musik, Tanz halten.

Das Darreichen der Reliquien zum Küssen ist ganz einzustellen, da das an das Aeußerliche und Sinnliche sehr gewöhnte Volk von der Anbetung Gottes abgelenkt und zur Verehrung der Creaturen hingeleitet wird; ebenso das öfters zum Aberglauben hinführende Anrühren der Bilder, Rosenkränze, Pfennige.

Die Bischöfe können dem Volke den Gebrauch der katholischen censurirten Bibeln oder anderer censurirter Bücher nicht untersagen, und die Landesstellen den Vertrieb der Gebetbücher scharf beaufsichtigen. Die in Baiern damals verbreiteten Gebetbücher fand der spätere Bischof Sailer so angefüllt mit fabelhaften, tändelnden, läppischen, mechanischen Gebetsdunst und falschem Zeuge, daß er es für seine Pflicht hielt, auf diese übertünchten Gräber die Aufmerksamkeit zu richten, womöglich die Anhänglichkeit des Volkes an denselben zu schwächen. Besser als die bairischen Gebetbücher sind die österreichischen schwerlich gewesen; Joseph machte den Druck derselben von der Censur abhängig, verbot umhergehenden Krämern ebenso wie den Geistlichen im Kloster den Verkauf an den Kirchen und Wallfahrten und ordnete an, daß das Fegefeuer, Ablaß u. s. w. fortgelassen werden.

Eine durchgreifendere Bedeutung als diese polizeilichen Anordnungen in wenigstens theilweise kleinlichen Verhältnissen hatte Joseph's Auftreten den geistlichen Orden gegenüber. In den Klöstern erkannte er eben so viele Burgen, in welchen seine Feinde sich verschanzten und selbst gesichert weit über die Klostermauern hinaus immer auf das Neue Weltpriester und Laien aller Stände zum Widerstande gegen die weltliche Obrigkeit reizten, stärkten und ermuthigten. Die Zahl der mönchischen Gegner zu vermindern, deren Kraft zu schwächen und deren Sammelplätze möglichst zu beseitigen, sah Joseph als eine wesentliche Aufgabe seiner Regierung an.

Bereits im Jahre 1770 schrieb ein Hofdecret viele Neuerungen für die Klöster vor und bestimmte insbesondere, daß Niemand vor vollendetem fünfundzwanzigsten Jahre Profeß ablegen sollte; mit der äußersten Anstrengung trat Clemens XIV. der Ausführung dieser Anordnung entgegen; der Nuntius berief sich insbesondere darauf, daß, wenn nicht Wunder geschehen, ein Jüngling nach dem fünfundzwanzigsten Jahre nicht leicht dahin gebracht werden würde, sich der strengen Zurückgezogenheit, dem pünktlichen Gehorsam und der fortwährenden Unbequemlichkeit des klösterlichen Lebens zu unterwerfen. So nun Gott nicht alle Tage Wunder thun wolle, so sei es nothwendig, durch Mittel menschlicher Klugheit dafür zu sorgen, daß die Zahl der Ordensgeistlichen sich nicht in bedenklicher Weise vermindere. Höchstens bis zum zurückgelegten achtzehnten Jahre wollte der Papst den Aufschub der Profeß bewilligen.

Maria Theresia versprach in einem eigenhändigen Schreiben (23. Mai 1771) so viel wie möglich die Reformen der geistlichen Orden zu verhindern, und erklärte (21. März 1772) dem Nuntius, daß sie selbst wohl mit dem Papste über einen Termin für den Eintritt in den Orden sich verständigen würde, aber was werden Kaunitz und Andere dazu sagen; der Papst möge vorläufig wenigstens den Termin des vierundzwanzigsten Jahres dulden, wenn auch nicht billigen. Es blieb dabei, daß ein angehender Ordensgeiftlicher nicht vor dem achtzehnten Jahre eingefleidet und nicht vor dem fünfundzwanzigsten zur Abgabe eines Gelübdes zugelaffen werden dürfte.

Schneller aber als es durch den erschwerten Eintritt in den Orden geschehen konnte, wollte Joseph die Zahl der Klöster und Mönche vermindert wissen; 2165 Abteien und Klöster mit 64000 Mönchen und Nonnen fand er bei dem Regierungsantritt in seinen Erblanden vor. „Das Mönchthum hat in Oesterreich überhand genommen", schrieb er dem Erzbischof von Salzburg, „die Regierung hat bisher beinahe kein Recht über diese Leute gehabt, und sie sind die gefährlichsten und unnützesten Unterthanen in jedem Staate, da sie sich der Beobachtung aller bürgerlichen Gesetze zu entziehen suchen und sich bei jeder Gelegenheit an den Pontifex Maximus nach Rom wenden." — „Ich will", heißt es in einem Schreiben an den Cardinal Herzan in Rom, „die Mönche verabschieden und die Klöster aufheben; in Rom wird man das für Eingriff in die Rechte Gottes erklären; ich weiß es, man wird laut ausrufen: ‚die Herrlichkeit Israels ist gefallen‘, und wird Klage darüber führen, daß ich dem Volke seine Tribunen wegnehme." — Nicht allein Joseph's weltliche Rathgeber, sondern auch Geistliche drängten ihn zu entschlossenem Vorgehen oder rechtfertigten später das, was er gethan. „Wer weiß nicht", äußerte Abt Rautenstrauch, „daß die Mönche in der bürgerlichen Gesellschaft das sind, was die Wespen in einem Bienenstock: träge, schädliche Creaturen; von den Mönchen rühren die Fabeln, Märchen und widersinnigen Mirakel her; durch ihre Fieberbrode, Mehlpulver, Bohnen und ähnliche Mittel gegen allerlei Uebel bei Menschen und Vieh saugen sie das leichtgläubige Volk aus und bereichern sich selbst. Müßiggänger und Trunkenbolde werden in den Klöstern ernährt, schädliche Lehren in ihren Schulwinkeln docirt und oft die größten Bubenstücke zwischen den Klostermauern ausgeübt. Solche Gesellschaften unnützer, unbescheidener und oft vermessener Mönche, die auf Kosten ihrer Nächsten leben, Aberglauben und Mißbräuche verbreiten und nicht selten selbst von der Kanzel herab in die Trompete des Aufruhres blasen, kann der Landesfürst allerdings abschaffen, ohne zuvor irgend Jemand auf Erden um seine Einwilligung angehen zu müssen." — Bereits im Jahre 1781 theilte Joseph dem Erzbischof von Salzburg mit, daß der Staatsminister v. Kresel, der aufgeklärte van Swieten und der Prälat Rautenstrauch zu Mitgliedern der Hofcommission, die er zur Aufhebung der unnöthigen Mönchs- und Nonnenklöster niedergesetzt habe, ernannt seien; „ich habe", fügte Joseph hinzu, „ein schweres Geschäft vor mir; ich soll das Heer der Mönche reduciren und die Fakirs, vor deren geschorenem Haupte der Pöbel in Ehrfurcht auf die Kniee niederfällt, zu Menschen bilden". — Gegen Ende des Jahres 1781 waren die Vorbereitungen zur Verminderung der Klöster beendet. „Die Betrachtung", schrieb Joseph am 12. December, „daß diejenigen geistlichen Orden männlichen und weiblichen Geschlechts, welche ein bloß beschauliches Leben führen und also zum Besten des Nächsten und der bürgerlichen Gesellschaft nichts Sichtbarliches beitragen, hat mich veranlaßt, die Aufhebung solcher geistlicher Orden beiderlei Geschlechts, die weder Schulen halten, noch Kranke bedienen, noch predigen, noch den Beichtstuhl versehen, noch Sterbenden beistehen, noch sonst in Studien sich hervorthun, allgemein in meinen Staaten festzusetzen." — Demgemäß wurden während der Jahre 1782 und 1783 hundertfünfundfünfzig Mönchs- und Nonnenklöster in den Erblanden aufgehoben, am meisten in den deutschen, allein in Vorderösterreich siebzehn Häuser der Franziscanerinnen.

Die Klostergebäude der aufgehobenen Orden, ihre Kirchen und Capellen sollten, nachdem sie von den vasis sacris und Altarsteinen geleert waren, ebenso wie die Grundstücke, Waldungen und Schenkgerechtigkeiten derselben, an den Meistbietenden verkauft, die Activa eingezogen, die Weinvorräthe auf die beste Art licitando an den Mann gebracht, die Kirchenornamente aber und die Bilder, Crucifixe, Wäsche unter die benachbarten armen Pfarreien vertheilt werden. Aus dem in dieser Weise eingezogenen Klostervermögen ließ Joseph den Religionsfond bilden, welcher zunächst den Zweck hatte, den vielen hülflos gewordenen Mönchen und Nonnen ihren sehr kärglich bestimmten Unterhalt zu gewähren, später aber zur Vermehrung der Pfarreien und Caplaneien und zur Beförderung der Religion und des damit so eng verknüpften und so schuldigen Besten des Nächsten verwendet werden sollte.

Weniger vielleicht die Aufhebung selbst, als die harte, tumultuarische Art, mit welcher die Klöster besetzt, ihre Insassen verjagt, ihre Güter verschleudert und zerstreut wurden, gab dem Regierungsacte den Schein eines feindlichen Ueberfalles und einer feindlichen Plünderung, und als mehrere Klöster in Casernen und Findelhäuser verwandelt wurden, ließ sich die Klage vernehmen, daß Joseph der Gewaltthat nun auch Hohn und Spott hinzugefügt habe. Indessen konnte man, obschon auch noch 1783 noch in jedem Jahre zahlreiche Klöster beseitigt wurden, bei

Joseph's Tode noch 1324 Ordenshäuser und 27000 Ordensleute in den Habsburgischen Erblanden finden, eine Zahl, die Vielen groß genug erschien, um selbst den größten Anforderungen zu genügen.

III.
Toleranzedicte.

Joseph haßte die Mönche und hob deren Klöster auf, den abergläubischen Gewohnheiten und abgeschmackten Gebräuchen, die er im Kirchenleben geduldet fand, war er ein unerbittlicher Feind; Pflichtversäumnisse und Unordnungen, Habgier und Sittenlosigkeit verfolgte er auch im Clerus, wie wenn er der Papst und die Kreisdirectoren Bischöfe oder die Kirche ein Armeecorps und die Pfarrer seine Officiere wären; er bekämpfte, so viel in seinen Kräften stand, den Zusammenhang der Bischöfe mit Rom und dadurch zugleich die Einheit der katholischen Kirche, er drängte theoretisch und praktisch mit Erfolg den Papst von dem hergebrachten Einwirken auf die kirchlichen und weltlichen Verhältnisse Oesterreichs zurück und erkannte in der Curie weniger das Primat an als die politische Macht, den europäischen Hof; oftmals verletzte er die katholische Sitte durch leidenschaftliche Rücksichtslosigkeit, mit welcher er seine Rechte in Ausübung brachte, oftmals griff er, indem er seine Rechte geltend zu machen wähnte, weit über sein Recht hinaus und in das Recht der katholischen Kirche ein, oft behandelte er das als Aberglauben, was tief mit dem religiösen Gefühl der katholischen Bevölkerung verwachsen war, und oft hat er nicht allein gegen Bischöfe, Cardinäle und geistliche Kurfürsten, sondern auch gegen den Papst eine Sprache geführt, welche Anstoß nothwendig erregen mußte, und dennoch war Joseph ungeachtet dieser Haltung und Stellung kein schlechter Katholik.

So oft sich Joseph auch in dem Kampfe zwischen Staat und Kirche zur maßlosen Leidenschaftlichkeit hinreißen ließ, wird man dennoch weder in seinen Briefen noch in seinen Verfügungen eine einzige Aeußerung nachweisen können, welche Spott oder Geringschätzung oder Gleichgültigkeit gegen die von der katholischen Kirche betonten christlichen Heilswahrheiten, kund thäte und immer auf das Neue sprach er aus, daß er nur um die christliche Lehre und das christliche Leben zu fördern, die kirchlichen Mißbräuche bekämpfe und dem Aberglauben des Volkes und der Herrschaft der Hierarchie in weltlichen wie in geistlichen Sachen entgegentrete. „Eure Hoheit nehmen die Form für die Sache", schrieb er 1781 dem Kurfürsten von Trier, „während ich mich in der Religion genau an die Sache halte und nur den Mißbräuchen wehre, die sich in dieselbe eingeschlichen und ihre Reinigkeit entstellt haben. Wenn ich mich hier oder da widersetze, so geschieht es nicht, weil ich die Wahrheiten des Glaubens nicht annehmen wollte, sondern nur in der Absicht, mich über deren Anwendung nicht irre führen zu lassen." — Er begehrt, daß die jungen Geistlichen bloße Meinungen von der katholischen Glaubenslehre unterscheiden lernen und mit der letzteren die Bestimmungen über die Kirchenzucht nicht verwechseln, denn diese müßten nach Verschiedenheit der Umstände verschieden sein, während der Geist der Kirche ein unveränderlicher sei. — Er verwirft die Verirrung der Mönche, welche dahin gekommen seien, die Gründer ihrer Orden anzubeten, wie die Jsraeliten das goldene Kalb; er beklagt, daß sich unechte Begriffe der Religion bis auf den gemeinen Mann verbreitet hätten, welcher Gott nicht mehr kenne, sondern Alles von seinen Heiligen hoffe; „aber ich werde ihm", ruft er aus, „das Evangelium statt der Romane kanonisirter Leute, den Priester statt des Mönches geben und in dem Religionsunterricht ihm die Moral predigen lassen". — Die Pflicht, für das christliche Leben gegen die kirchliche Entartung aufzutreten, schien ihm bei den Versäumnissen der geistlichen Oberen und bei den Zuständen in Rom, wo sich, wie er Pius VI. schrieb, Leute fänden, die es wollten, daß noch länger Finsterniß auf unserer Halbkugel sei, unzweifelhaft; kraft seiner landesfürstlichen Stellung fühlte er sich zum Beschützer der Religion und zum Gesetzgeber berufen; er betrachtete es, wie er dem Papste schon im Sommer 1782 geäußert hatte, als unmöglich, daß ihn die Stimme, welche er im Inneren hörte, vereint mit dem Beistande von Oben und dem biederen, geraden Sinne, den er sich zu eigen gemacht, irre führen sollte.

Zahlreiche und bedeutende Verfügungen, Anordnungen und Einrichtungen, welche Joseph traf, bezeugen, daß die Worte, in denen er seine Verpflichtung für Förderung des christlichen Lebens innerhalb der katholischen Kirche bekannte, nicht bloße Worte waren.

Während er die giftigsten Angriffe der Presse auf seine Person selten unterdrücken ließ, hielt er mit strengem Ernste berühmte und unberühmte Schriften von seinen Landen fern, sobald er deren religionswidrigen und sittenverderblichen Inhalt erkannt hatte. „Da das ‚Damenjournal' betitelte Buch die heilige Schrift als einen Roman und Moses als einen Phantasten behandelt, so ist", entschied er 1781, „dasselbe nicht zuzulassen." — Auch zur Zeit des leidenschaftlichen

Kampfes gegen die Hierarchie duldete er nicht, daß die Bücher: „Papstengeschichte im Grundriß", oder: „Einige nicht zu widerlegende Zeugnisse von der Nichtigkeit des Papstthums", oder: „Predigt über die falsche Lehre von ewigen Höllenstrafen" verbreitet wurden. Die deutschen Uebersetzungen der Werke Voltaire's verbot er 1784 und wiederum 1789, weil es höchst unschicklich sei, daß man das häufige in dem Original enthaltene Gift noch durch eine Uebersetzung absichtlich in den gesammten Provinzen verbreiten wolle. — Eifrig war er dagegen bemüht, auch den unteren, wenig unterrichteten Volksschichten eine nähere und lebendigere Kenntniß der katholischen Kirchenlehren zu verschaffen; er ordnete zu diesem Zwecke an, daß in den Kirchen an jedem Sonntage Christenlehre gehalten werden sollte; Kinder und Erwachsene mußten sie besuchen, Handwerker, Kaufleute und Künstler wurden ausdrücklich verpflichtet, ihre Lehrlinge zur Theilnahme anzuhalten; in freundlichem Gespräche, in Frag' und Antwort sollte der Pfarrkatechet die christlichen Wahrheiten erörtern und Irrthum und Aberglauben bekämpfen. Die zahlreichen, nur stoßweise wirkenden Missionare, Excursivcaplane und Besitzer von Pfründen ohne feste Amtsthätigkeit beseitigte er zum größten Theil und verschaffte durch eine neue Pfarreintheilung und durch Anstellung vieler neuen Pfarrer und Localcaplane auch Denen die Möglichkeit eines regelmäßigen Gottesdienstes und einer regelmäßigen Seelsorge, welche bisher durch weite Entfernung oder Wasser oder unwegsame Gebirge von Kirche und Pfarrer abgeschnitten waren. Die großen Gegensätze, welche im österreichischen Regular- und Secularclerus durch die Verschiedenheit der Nationalität, der äußeren und inneren Bildung, der theologischen Richtung und Lebensstellung hervorgerufen waren, blieben nicht immer ohne Einfluß auf die amtliche Thätigkeit in Kirche und Gemeinde; niemals aber hat Joseph solches Geltendmachen der Gegensätze begünstigt, sondern stets gesucht, die Einheit der Lehre und des Ritus innerhalb der katholischen Kirche Oesterreichs erhalten zu helfen; selten nur rief ein geistlicher Oberer seine Hülfe vergebens gegen Priester an, die sich willkürlich Abweichungen erlaubten. Ausführlich hatte er die Grundsätze, nach denen in solchen Fällen verfahren werden sollte, schon früher auf Veranlassung einer einzelnen an ihn gebrachten Beschwerde entwickelt. „Wenn nicht", heißt es in einer Verfügung des Jahres 1781, „gerade jetzt, während die kirchlichen Verbesserungen vorgenommen werden sollen, die strengste Ordnung, Unterwürfigkeit und Subordination gegen die Oberen bei dem gesammten Clerus erhalten, sondern Jedem durch die Finger gesehen wird, der die heilige Schrift oder Kanones, Concilienschlüsse und gelehrte Autoren nach seinen Grübeleien auslegen und darnach seine Moral und seinen ritum einrichten will, so würden ganz gewiß unter den schönsten Vorspiegelungen der Liebe Gottes und des Nächsten so viele Religionen oder wenigstens so viele Gebräuche entstehen, als sich noch grübelnde Witzlinge im Staate befänden und an unterschiedlichen Räthen und Präsidenten Gönner und Vertheidiger zu gewinnen wüßten. Wie wenig dieses vor Gott erlaubt, wie schädlich für den Staat sei und welche abscheuliche Folgen daraus entstehen müssen, ist mir nicht entgangen." —

Es war keine Selbstüberhebung, wenn Joseph sich 1788 in einem Schreiben an den Präsidenten der Stiftungs-Hofcommission auf das, was er bereits für die katholische Kirche gethan, berief; mit voller Wahrheit konnte er sagen: „Die unermüdete Sorgfalt, welche ich seit meiner Thronbesteigung vorzüglich auf Verbreitung des Unterrichts in den echten Grundsätzen der Glaubenslehren, auf die Herstellung der Reinigkeit und erhabenen Würde der Religion und auf die Verbesserung der Sitten gehabt, sind Beweise von dem Eifer, den ich für das Beste der Religion empfand. Von ähnlichen Absichten beseelt, habe ich in dem Verlaufe weniger Jahre verschiedene Bisthümer und Domcapitel neu gestiftet, andere gehörig dotiret, in allen Provinzen meiner Reiche die Anzahl der Pfarren und Localcaplaneien nach den Bedürfnissen beträchtlich vermehrt, vielfältig Kirchen, Pfarrhäuser und Schulen, theils ganz neu erbaut, theils in besseren Stand gesetzt, in jedem Lande zur Bildung guter Seelenhirten Generalseminarien und Priesterhäuser errichtet und endlich, um das Betteln der Mönchsorden, welches für die Religion eine Abwürdigung, für die Ordensleute eine erniedrigende Beschäftigung und für den Landmann eine nicht geringe Bedrückung war, nach und nach abzustellen, denselben schon in mehreren Ländern zureichende Einkünfte anweisen lassen." —

Ein starkes Bewußtsein der eigenen Bedürftigkeit, ein starkes Verlangen nach Offenbarung, Versöhnung, Erlösung wird sich in Joseph schwerlich nachweisen lassen, und daher auch nicht ein in das Wesen der christlichen Wahrheit eindringender Blick; Tiefe war ihm so wenig in der Auffassung des religiösen Lebens, wie in irgend einer anderen Beziehung eigen, aber er war ein christlicher Mann und so weit er christlich war, war er auch katholisch und nur katholisch; insbesondere fehlte ihm jedes Verständniß für den positiven Gehalt des Protestantismus; Joseph wollte nicht allein Katholik sein, sondern war es auch;

als Katholik fühlte er, als Katholik dachte er; ohne sich zuvor selbst umzufühlen und umzudenken, konnte er nicht wollen, daß seine Oester= reicher aufhören sollten, Katholiken zu sein, um Deisten und Griechen oder Protestanten zu werden.

Nicht weniger als die eigene durch Geburt, Erziehung, Umgebung bedingte innere Stellung zu den verschiedenen kirchlichen Erscheinungs= formen des christlichen Lebens forderten die politischen Verhältnisse Oesterreichs Joseph auf, die katholische Kirche nicht allein als eine christliche Kirche, sondern als die christliche Kirche seinen Erblanden zu erhalten. Vielleicht hätte Frankreich, aber gewiß nicht Oesterreich aufhören können, eine katholische Macht zu sein, ohne zugleich seine gesammte Stellung nach Innen wie nach Außen zu einer durchaus anderen zu machen. Oesterreich hatte die unlösbare Aufgabe zu lösen, seine deutschen Erblande mit den fremden Nationalitäten Ungarns, Mailands, Belgiens und der slavischen Erblande als österreichischen Gesammtstaat und zugleich mit den fremden Confessionen Württembergs, Badens, der Rheinpfalz, Preußens und des gesammten deutschen Nordens als deutsches Reich zusammen zu schließen. Während der Reichszusammenhang mit den fremden Confessionen in Deutschland durch den Sieg der gemeinsamen Nationalität über die Verschieden= heit der Confessionen erhalten werden sollte, forderte der Gesammt= staats=Zusammenhang mit den fremden Nationalitäten in den außer= deutschen Erblanden den Sieg der gemeinsamen Religion über die Verschiedenheit der Nationalitäten. Mehr als zweifelhaft mußte es erscheinen, ob die Kraft der Dynastie und des Heeres ausreichen werde, um Oesterreich zusammenzuhalten, wenn neben dem Gewirre gleich= geltender Nationalitäten auch das Gewirre gleichgeltender Religionen erschiene. Oesterreich konnte den Katholicismus als herrschende Macht nicht entbehren, wenn die Gegensätze der Nationalitäten und die hier= durch erzeugten Gegensätze in Sitte und Bildung, in Unterricht und Erziehung, in Verwaltung und Rechtspflege Oesterreich nicht zersetzen oder zersprengen sollten.

In Deutschland stand Oesterreich, nachdem es sich seit Jahr= hunderten schon aller Pflichten gegen dasselbe entledigt hatte, nur noch durch die deutsche Königskrone in einem staatsrechtlichen Verhältnisse; mit der deutschen Königskrone war die römische Kaiserkrone untrennbar verbunden und diese konnte ihrer Idee und ihrer geschichtlichen Ausbildung nach nur einen Träger haben, der nicht allein katholischer Christ, sondern auch katholischer Fürst war; Oesterreich mußte katholische

Macht sein, um seinen Beherrscher als römischen Kaiser sehen zu können. Zwar war das königliche Recht des römischen Kaisers zum wesenlosen Schatten geworden, aber die königlichen Rechte förderten doch auch jetzt noch Habsburgs hergebrachtes Streben, Deutschland in Habsburgs Interesse zu verwenden; auf Oesterreich sah jeder katholische Reichsgraf, jeder Bischof und jeder Abt kaum weniger als auf Rom, und jeder Katholik im deutschen Reiche hing dem deutschen Könige an, weil jeder in dem königlichen Genossen seines Glaubens einen Schützer und Helfer dem Protestantismus gegenüber zu finden hoffte. Solcher Stärkung seines Einflusses auf das deutsche Reich sich zu berauben, war Joseph nicht geneigt.

Früher noch als die national-deutsche war die europäische Bedeutung des römischen Kaiserthums von Europa vergessen, aber das Haus Habsburg hatte das weltliche Primat über Europa, welches die Kaiserkrone einst verliehen, sich auch, abgesehen von deren erloschenem Glanze, zu bewahren gesucht. Habsburg wollte die vorherrschende Macht in Europa sein, es wollte also, wie die Sprache des Mittelalters sich ausgedrückt haben würde, das imperium mundi besetzen, und wie das Mittelalter sich das imperium mundi nicht getrennt von der advocatia ecclesiae denken konnte, so glaubte das Haus Habsburg, daß es nur insoweit die vorherrschende Macht Europas sein werde, als es sich zugleich die Vertheidigung des Katholicismus zu seiner Aufgabe gestellt habe.

Ungeachtet der vielen Mißhelligkeiten mit dem Kirchenstaate und dessen Beherrscher wurde die politische Stellung Oesterreichs in jedem für seine Machtentwickelung entscheidenden Augenblick wesentlich durch seinen Charakter als katholische Macht bestimmt; es war zur Zeit Leopold's I. und Carl's VI. kaum weniger der Fall als zur Zeit Carl's V. und Ferdinand's II. In den großen europäischen Verhältnissen traten zwar die kirchlichen Gegensätze seit dem spanischen Erbfolgekriege mehr als früher zurück, aber für Oesterreichs auswärtige Beziehungen gewann gerade in dieser Zeit sein katholischer Charakter eine verstärkte Bedeutung, indem mit den Erwartungen in Italien, welche der Utrechter Frieden gab oder verhieß, Oesterreichs Streben, Italien mittelbar oder unmittelbar zu beherrschen, auf das Neue erwachte.

Die Stellung nach Außen wie nach Innen forderte für Oesterreich kaum weniger gebieterisch, daß es katholische, als für Rußland, daß es griechische Macht sei und bleibe. Fast unbedingt hatten die Fürsten des Hauses Habsburg, um dieser Forderung zu genügen, Verwaltung und Rechtspflege der Hierarchie in gleicher Weise anerkannt wie deren Lehrgewalt; auch Joseph wollte der Kirche Oesterreichs den Zusammenhang mit der ganzen katholischen Welt erhalten und ließ daher die Dogmen und das Recht der Hierarchie, sie festzustellen, unangetastet; in Beziehung aber auf Verwaltung und Rechtspflege hatte er eine Landeskirche zu bilden gesucht, möglichst abgeschlossen in sich und daher möglichst unabhängig vom Papste und möglichst abhängig von dem Landesfürsten. Diese katholische Kirche, so orthodox, aber nicht so papistisch, wie sie unter den Habsburgern gewesen war, sollte die Kirche Oesterreichs bleiben; das war Joseph's Wille.

Die Habsburger hatten, als Lehre und Leben der Reformation die alte Kirche in allen Erblanden zu verdrängen drohte, mit List und Gewalt die Herrschaft des Katholicismus ihres Hauses wieder hergestellt, den Protestantismus unter Strömen von Blut niedergeworfen und dessen Wiedererhebung durch steten Druck und schwere Verfolgungen der Protestanten unmöglich gemacht. Vor harten Mitteln und grausamen Strafen schreckte auch Joseph nicht zurück, wenn er derselben als Mittel für seine Zwecke bedurfte, aber sein allgemein menschliches Wohlwollen sträubte sich, sie gegen die Protestanten zu gebrauchen, deren einzige Schuld in dem Bekenntniß einer Religion bestand, welche auch die Religion mächtiger europäischer Staaten und für Deutschland reichsgesetzlich als gleichberechtigt mit dem Katholicismus anerkannt war.

Als Joseph zur Regierung gelangte, hatten die Protestanten, abgesehen von Ungarn, nur in österreichisch Schlesien auf Grund des 1707 zu Alt-Neustadt geschlossenen Vergleiches und des Breslauer Executionsrecesses von 1709 eine anerkannte kirchliche Stellung; in Teschen befand sich eine der sogenannten Gnadenkirchen mit einer Schule; ein protestantisches Consistorium hatte daselbst seinen Sitz. In Böhmen, Mähren, Oesterreich und den Alpenländern dagegen war den Protestanten gesetzlich selbst die persönliche Duldung entzogen, thatsächlich aber wurden sie in einzelnen größeren Städten, namentlich in Wien, nicht beachtet, wenn sie sich ansammelten, und in den Gebirgen Kärnthens, Steyermarks und Oesterreichs ob der Enns lebten zerstreut einzelne Lutheraner und Reformirte, von denen die Einen ängstlich ihre Confession geheim hielten, die Anderen Verfolgungen aller Art zu dulden hatten. Die protestantischen kleinen Besitzer bäuerlicher Gründe in den deutschen Erblanden fand er hart bedrängt durch die katholischen Gutsherren und die landesfürstlichen Beamten; die wohlhabenden und angesehenen Protestanten sah er ein Land meiden, welches ihnen jede freie Bewegung versagte. Joseph's natürliche Neigung, sich der Niederen und Bedrängten anzunehmen, und sein Wunsch, Vermögen und Betriebsamkeit reicher Protestanten für Oesterreich zu gewinnen, mahnten ihn in gleicher Weise von Religionsverfolgungen ab, und die Lehre der Aufklärung, welche vom Staate gleiche Gleichgültigkeit gegen alle Religionsgemeinschaften und daher auch gleiche Stellung im Staate für Alle verlangte, mußte gleiche Berechtigung wenigstens des Protestantismus mit dem Katholicismus als eine unabweisliche Forderung erscheinen lassen. „Es gibt nicht", äußerte Joseph selbst einmal, „so viele Punkte, als der Pöbel polemischer Theologen meint, in welchen wir uns von den Leuten, die außer unserer Kirche sind, unterscheiden."

Allgemeine Toleranz und gleiches Recht für jede Religion sollte Joseph verkündigen und zugleich auch die katholische Kirche als die allein herrschende Kirche Oesterreichs erhalten; dieser nicht in der Persönlichkeit Joseph's, sondern in der Geschichte Oesterreichs wurzelnde Widerspruch war nicht zu lösen; in Joseph kämpften die beiden unvereinbaren Forderungen mit einander, so lange er lebte, und aus diesem Kampfe ging seine sogenannte Toleranzgesetzgebung mit ihren Halbheiten und Widersprüchen hervor.

„Da die Religion in den natürlichen Kräften der Seele, die durch keine gewaltthätigen Mittel gezwungen werden können, beruht, und weder Christus noch die Apostel jemals gelehret haben, daß man die Menschen durch Strafen zur wahren Religion zwingen oder aus dem Staate auch zu dessen größtem Nachtheil ausstoßen solle, so hat der Regent das Recht, auch Denjenigen, welche sich nicht zur wahren Religion bekennen, die freie Ausübung ihrer Religion in dem Bezirke seiner Staaten mit der Vorsorge zu gestatten, daß dieselben ihre Freiheit nicht mißbrauchen, um die wahre Religion zu bestreiten oder die Gläubigen zu verführen." Mit diesen Worten vertheidigte der Domherr und Pfarrer zu Wienerisch-Neustadt, Schwerdling, die Anordnungen seines Kaisers, und Joseph selbst schrieb 1787 an van Swieten: „Die Toleranz ist eine Wirkung jener wohlthätigen Aufklärung, welche nun Europa erleuchtet, die Philosophie zum Grund und große Männer zu Stiftern gehabt hat; sie ist ein redender Beweis von den Fortschritten des menschlichen Geistes, der sich mitten durch die Macht des Aberglaubens kühn einen Weg gebahnt hat, welcher Jahrtausende früher schon von den Zoroaster und Confuzius betreten war, jetzt aber zur Heerstraße der Monarchen geworden ist. Der Fanatismus soll künftig in meinen Staaten nur durch die Verachtung bekannt sein, die ich vor ihm habe; Niemand werde mehr seines Glaubens wegen Drangsalen ausgesetzt, kein Mensch müsse künftig genöthigt sein, das Evangelium des Staates anzunehmen, wenn es wider seine Ueberzeugung ist und er andere Begriffe von der Glückseligkeit hat. Die Scenen der abscheulichen Intoleranz müssen ganz aus meinem Reiche verbannt werden." —

Joseph selbst aber hatte, als in Böhmen zahlreiche Deisten hervortraten, 1783 verfügt, daß jeder Katholik, der sich als Deist oder Israelit angeben würde, vierundzwanzig Stockhiebe erhalten und nach Hause geschickt werden sollte. Die Deisten wenigstens gehörten demnach nicht zu den Menschen, die ihres Glaubens wegen keinen Drangsalen ausgesetzt werden sollten; aber nicht die Deisten allein waren ausgeschlossen, unter den Akatholiken vielmehr, auf welche die Toleranzgesetzgebung sich bezog, wurden niemals christliche oder unchristliche Secten, und niemals Juden, sondern Griechen und Christen Augsburgischer oder Helvetischer Confession verstanden, also für die deutschen Erblande, welche nur von wenigen Griechen bewohnt wurden, ausschließlich Protestanten.

Den Protestanten wollte Joseph freie Bewegung verschaffen; „die evangelische Religion war", schrieb er später, „niedergedrückt in meinen Staaten, die Bekenner derselben wurden wie Fremde behandelt, bürgerliche Rechte, der Besitz von Gütern, Würden und Ehrenstellen, Alles war ihnen geraubt; ich erließ die Duldungsgesetze und nahm das Joch hinweg, welches die Protestanten Jahrhunderte hindurch gebeugt". — Wenige Monate nach seinem Regierungsantritt hatte Joseph bereits einige besonders in die Augen fallende Uebelstände beseitigt, sprach dann am 28. Juni 1781 als allgemeinen Grundsatz aus, daß ein Unterschied zwischen katholischen und protestantischen Unterthanen künftig nicht mehr gemacht werden solle, und fügte am 13. September eine Anzahl näherer theils erläuternder, theils beschränkender Bestimmungen hinzu. Während aber Joseph in allen anderen Verhältnissen ohne Scheu und ohne Rücksicht auf die Mißstimmung seiner Unterthanen auch die durchgreifendsten Anordnungen bekannt machte und durchführte, wagte er nur mit ängstlicher Vorsicht und zaghaftem Schwanken den Versuch, die Toleranz zu verkünden und geltend zu machen. Um seinen Eifer für die Rechtgläubigkeit, der insbesondere auch auf Grund der Protestantenduldung verdächtigt ward, außer Zweifel zu stellen, bezeichnete er mit unverkennbarer Absichtlichkeit die katholische Religion in öffentlichen Erlassen oftmals als die alleinseligmachende, die katholische Kirche als die Dominante, und nannte die Protestanten als „unsere irrenden Brüder" oder auch ohne Weiteres die „Irrgläubigen". Die im Juni und September 1781 als Regel allgemein anerkannte Gleichberechtigung der Akatholiken machte er, weil er Aufregung fürchtete, nicht in Gesetzesform bekannt, sondern sprach sie in einer Instruction aus, welche nur den geistlichen und weltlichen Obrigkeiten durch die Kreisämter mitgetheilt ward. „Ich will", verfügte er, „um die christliche Toleranz in Ausübung zu bringen, den Weg einer öffentlichen Kundmachung keineswegs einschlagen; es soll keine öffentlich gedruckte Verordnung erlassen oder eine existirende Landesordnung oder ein Statut abgeschafft oder abgeändert, sondern durch bloße Dispensation de casu ad casum zu Werke gegangen und dadurch ohne alle öffentliche Publication die Absicht auf das Schicksamste in Erfüllung gesetzt werden." — In Folge dieser ängstlichen Heimlichkeit verbreiteten sich indessen schnell unter Protestanten und Katholiken sehr entgegengesetzte, aber gleich aufregende Gerüchte, und Joseph fand sich, um einer ganz unechten Auslegung und den dem Volke beigebrachten Begriffen zu begegnen, bereits im October veranlaßt, die von ihm angeordnete Duldung nach ihrem wahren Inhalt und Verstand zu Jedermanns Kenntniß zu bringen. Am 13. October 1781 ward das Toleranzpatent erlassen, durch Zeitungen und besondere Abdrücke überall verbreitet und in den folgenden Jahren durch eine Reihe einzelner Verfügungen erläutert, erweitert, aber auch beschränkt.

Die Toleranzgesetze sprachen auf das Neue aus, daß die Protestanten in Zukunft zum Häuser- und Güterankauf, zu dem Bürger- und Meisterrecht, zu academischen Würden und Civilbedienstungen zugelassen werden sollten. Durch diese Worte war den Protestanten in allen Verhältnissen des bürgerlichen und politischen Lebens gleiche Stellung mit den Katholiken eingeräumt, aber nur scheinbar, denn um das katholische Gefühl nicht zu verletzen und zu reizen, machte Joseph die den Christen Augsburgischer und Helvetischer Confession allgemein gewährte Zulassung zum städtischen und ländlichen Grundbesitz und zu allen Aemtern und Würden im Staate wie in der Gemeinde für jeden einzelnen Fall von einer besonders zu erbittenden Dispensation der landesfürstlichen Behörde abhängig, zugleich aber

setzte er, um durch eine Bedingung, welche die Gleichberechtigung als
Trugbild erscheinen ließ, die Protestanten nicht zu beunruhigen, auch
wieder fest, daß die geforderte Dispensation ohne alle Erschwerung
gewährt werden, auch bei allen Wahlen und Dienstvergebungen nicht
auf den Unterschied der Religion, sondern, wie es bei dem militari
täglich ohne den mindesten Anstand und mit vieler Frucht geschieht,
nur auf die Rechtschaffenheit und Fähigkeit und auf ihren christlichen
und moralischen Lebenswandel Bedacht genommen werden sollte. Joseph
hatte diese erläuternden Bestimmungen ohne Zweifel sehr ernstlich ge=
meint, aber trotz derselben hing es auch in den ausschließlich weltlichen
Verhältnissen von der Einsicht und dem guten Willen der landesfürst=
lichen Behörden ab, ob ein Protestant als berechtigt oder unberechtigt
angesehen werden sollte.

Weit gefährdeter noch blieb die Stellung der Akatholiken in den
Verhältnissen, welche nicht ausschließlich weltlicher Natur waren, son=
dern Religion und Kirche unmittelbar berührten. Die Toleranzgesetz=
gebung machte es den bisher in tiefer Verborgenheit lebenden Prote=
stanten möglich, ihre Religion öffentlich zu bekennen, ohne die bisherigen
harten Verfolgungen fürchten zu müssen. Sie hatten sich zu diesem
Zwecke bei dem Wirthschaftsamte, Magistrate oder Kreisamte einzeln
zu melden; ein von dem Ordinario eigens hierzu aufgestellter geist=
licher Commissar hatte sich bestens zu befleißigen, Diejenigen, die ganz
unwissend oder in ihren Grundsätzen schwankend waren, mit guten,
sanften und überzeugenden Worten und einleuchtenden Beweisen zu
belehren und zur katholischen Religion zurückzuführen; gelang es nicht,
so ward der sich Meldende als Protestant anerkannt. Die geistlichen
Commissare übten indessen das ihnen eingeräumte Recht, mit sanften,
überzeugenden und einleuchtenden Worten den sich meldenden Protestanten
zur katholischen Religion zurückzuführen, fast überall in einem anderen
als dem vom Kaiser vorausgesetzten Sinne aus. Bis zu welcher
brutalen Rohheit sich der Fanatismus in den beschränkten Köpfen und
haßerfüllten Herzen mancher Priester steigern konnte, zeigte sich im
Fürstenthum Teschen, wo der geistliche Commissar die vor der Verhör=
commission erscheinenden Protestanten mit Mitteln widriger List und
Gewalt von ihrem „aus alten Lumpen zusammengesetzten Lehrgebäude,
dem Worte eines lasterhaften Mönches", abzubringen suchte und sie,
wenn seine Künste und Drohungen erfolglos blieben, der ewigen Ver=
dammniß, dem Teufel und der untersten Hölle überwies. So de=
müthigend die Form auch war, welche der Protestant, um als solcher

anerkannt zu werden, sich gefallen lassen mußte, sollte sie nach dem Toleranzgesetz doch nur eine vorübergehende Vergünstigung sein; denn nur bis zum 1. Januar 1783 konnte das Anerkenntniß in dieser Weise erlangt werden; alle später sich Meldenden mußten sich den sechswöchentlichen Unterricht eines katholischen Geistlichen gefallen lassen. Während dieser Prüfungszeit war ihnen jeder Umgang und jede Gemeinschaft mit einem Akatholiken verboten; kein Diener einer akatholischen Religion durfte sie besuchen, auch nicht wenn sie auf dem Sterbebette lagen, weil noch die Hoffnung übrig sei, sie bei der alleinseligmachenden Religion zu erhalten. Verharrten sie nach sechswöchentlicher Instruction bei ihrer Erklärung, so erhielten sie vom Seelsorger ein Zeugniß und auf Grund desselben von dem Kreisamte das Anerkenntniß als Protestant; „denn die Religion läßt sich nicht bezwingen", heißt es in einer Verfügung Joseph's vom 7. April 1783, „und nachdem man sechs Wochen hindurch Alles zur Zurückführung und Belehrung dieser Unglücklichen angewendet hat, muß man sie der Barmherzigkeit Gottes überlassen und ihnen den Gottesdienst in ihrer Religion frei gestatten".

Zunächst blieben indessen die Protestanten, denen ihre Gemeindeverbände und Gemeindeanstalten lange schon gewaltsam zerstört waren, dennoch verpflichtet, ihre Kinder in die katholischen Schulen zum Lesen und Schreiben zu schicken und sich in Ansehung der Taufen, Trauungen und Begräbnisse an den katholischen Seelsorger zu wenden. Wenn aber an einem und demselben Orte und dessen nächstem Umkreise hundert Familien als protestantisch anerkannt waren, so war denselben gestattet, ein Bethaus oder oratorium nebst einer Schule zu bauen, nicht allein von Lehm und Flechtwerk oder Letten, sondern wie und von welchen Materialien sie wollten; aber dieses Bethaus durfte, nach einem ausdrücklichen Befehl des Kaisers, kein Geläute, keine Glocken, keine Thürme, keinen öffentlichen Eingang von der Gasse, überhaupt Nichts haben, so eine Kirche vorstellen könnte, denn der katholischen Religion allein sollte der Vorzug des öffentlichen Religionsexercitii verbleiben, den beiden protestantischen Religionen das Privatexercitium erlaubt sein. Zu diesem Zwecke war den protestantischen Inwohnern eines Ortes, wenn selbige ihren Pastor dotiren und unterhalten wollten, die Auswahl desselben zugestanden, die Landesstelle aber hatte das Bestätigungsrecht und das Kreisamt installirte den Bestätigten in sein Amt. Der Pastor ist berechtigt, in dem Bethause, aber auch nur in diesem, den Gottesdienst auszuüben und die Sacramente zu administriren; er darf seine Glaubensverwandten, insbesondere auch die Kranken besuchen und ihnen mit dem nöthigen Unterrichte, mit Seelen= und Leibestrost beistehen; er darf die Verstorbenen zu Grabe geleiten, selbst auf dem katholischen Kirchhof. Jede Religionsübung aber außerhalb ihres Bethauses ist ihnen verboten, nur am Sterbe= bette dürfen sie das Abendmahl spenden; sie burften die Kinder ihrer Gemeinde nicht unterrichten, sobald Katholiken anwesend waren, ge= mischte Ehen nicht einsegnen, sondern die Trauung ausschließlich dem katholischen Pfarrer überlassen; sie mußten zugeben, daß die Glieder ihrer Gemeinde wenigstens einmal von dem katholischen Seelsorger auch ungerufen besucht werden, welcher dem Kranken seinen christlichen Beistand anzubieten und, falls derselbe ein Verlangen, zur katholischen Religion zurückzukehren, äußern sollte, demselben allen erforderlichen Beistand zu leisten hatte; sie durften bei Begräbnissen auf Kirchhöfen, welche nicht ausschließlich protestantisch waren, weder eine Leichenrede halten noch ein Lied singen lassen. Eine Anzahl der neugegründeten protestantischen Gemeinden wurde zusammengefaßt und unter Aufsicht und Leitung eines Superintendenten gestellt; den Augsburgischen wie den Helvetischen Confessionsverwandten der deutschen und böhmischen Erbländer ward ein Consistorium in Wien bewilligt. Die Mitglieder waren Protestanten, wurden vom Kaiser ernannt, der Präses war katholisch; beide Consistorien waren der niederösterreichischen Landes= regierung unterworfen, und übten ihre Wirksamkeit durch Vermittelung der von ihnen vorgeschlagenen und vom Kaiser bestätigten Superin= tendenten.

Zugleich mit der Zulassung protestantischer Gemeinden und eines kirchlichen Zusammenhanges derselben ward auch der Druck der ein= zelnen Protestanten erleichtert, welcher bisher auf ihnen den Katholiken gegenüber gelastet hatte. Bisher hatten sie Erbauung, christliche An= regung und Belehrung nur in den Schriften der Katholiken suchen dürfen; der Zugang zu dem Reichthum ihrer außerösterreichischen Glaubensgenossen an theologischen Werken, an geistlichen Liedern und an den vielen Kundgebungen des evangelischen Geistes, welche Trost und Halt und Stärkung sein konnten im Leben und im Sterben, war ihnen durch harte Verbote versperrt gewesen; jetzt war zunächst die Hausvisitation nach lutherischen Büchern aufgehoben, dann im Mai 1781 eine Verfügung erlassen, in welcher erklärt ward, daß nicht jedes Buch, welches an einem protestantischen Orte gedruckt oder von einem Protestanten geschrieben sei, sogleich als irrgläubig angesehen werde und die Leute, welche es besaßen, strafbar machen solle, sondern nur diejenigen Bücher, welche von der ordentlichen Censur als unstatthaft anerkannt worden wären. Ein Jahr später wurde die öffentliche Einfuhr auswärtiger lutherischer und reformirter Bibeln, Gesang- und Betbücher gestattet; „mithin kann", heißt es in der Verfügung, „bis überhaupt hierwegen was anderes beschlossen werden wird, von deren Wegnahme keine Frage mehr sein".

Die katholischen Geistlichen sollten sich der beständigen ausdrücklichen Verdammung der Protestanten auf der Kanzel enthalten und ohne alle Sticheleien predigen; sie sollten die Visitationen und das Ausfragen der Kinder und Dienstboten über die Religion der Eltern und Dienstherren unterlassen. Die Protestanten waren nicht länger gezwungen, an den Processionen und Functionen, in die sie keinen Glauben hatten, Theil zu nehmen oder, wenn sie einen gerichtlichen Eid abzulegen hatten, bei allen Heiligen zu schwören, aber sie haben nicht nur bei Processionen oder wo ihnen sonst das Hochwürdigste zu Gesichte kommt, mit abgedecktem Haupte und in einer bescheidenen Stellung dessen Vorübertragung abzuwarten, widrigenfalls sie als Störer der öffentlichen Ruhe unter Umständen selbst mit Leibesstrafen belegt werden sollen, sondern auch vor der herrschenden Religion und deren Gebräuchen alle Ehrfurcht zu bezeugen, sich bei unnachsichtlicher Bestrafung allen Religionsgesprächen in Wirthshäusern und bei Zusammenkünften zu enthalten, alles Herumschweifen, Botenausschicken und Glaubensanwerben zu unterlassen, weil die Ueberreder zum Abfalle von der katholischen Religion durch die Landesstelle als Störer der öffentlichen Ruhe nach Strenge der Gesetze zu behandeln sind.

Die Protestanten konnten gemischte Ehen eingehen, aber in derselben mußten alle Kinder einer protestantischen Mutter und alle Töchter eines protestantischen Vaters katholisch werden; nicht einmal die Uebereinkunft der Eltern konnte diese Bestimmung, welche ausdrücklich als ein Prärogativum der dominanten Religion bezeichnet ward, abändern.

Ungeachtet alles Wechsels von Gewähren und Zurücknehmen, von Rechtserweiterungen und Beschränkungen, nahmen die Protestanten dennoch eine Stellung ein, deren Erlangung sie selbst noch während der letzten Regierungsjahre Maria Theresia's in das Reich der Träume verwiesen haben würden; Joseph's großer Entschluß war es, dem allein sie diese Stellung zu verdanken hatten; die ängstliche Vorsicht des sonst so rücksichtslosen Kaisers, das Staunen, mit welchem Europa seine Toleranzgesetzgebung als ein unerhörtes Wagestück betrachtete und beachtete, machte zuerst die Härte des Druckes allgemein erkennbar, unter welchem bisher die Protestanten in Oesterreich gestanden hatten.

Das Außerordentliche der von Joseph gewährten Stellung lag nur darin, daß sie in Oesterreich, daß sie nach allen den blutigen Opfern, welche dort der Alleinherrschaft des römischen Katholicismus gebracht waren, nach allen den Anstrengungen, durch welche die Habsburger anderthalb Jahrhunderte hindurch kalt und hart evangelische Lehre und evangelisches Leben zu Boden getreten hatten, gewährt worden war. Denn an und für sich drückte sich in der Stellung, welche Joseph dem Protestantismus einräumte, weder die innere Würdigung aus, welche ihm auch der Katholicismus, sofern er nicht ausschließlich Romanismus ist, zu Theil werden lassen kann, noch die Berechtigung, welche ihm wenigstens in einem deutschen Lande und unter deutschen Katholiken möglich ist. In allen Verhältnissen des bürgerlichen und politischen Lebens blieben sie unberechtigt, wenn ihnen nicht in jedem einzelnen Fall durch besondere Dispensation ein Recht gegeben ward „aus kaiserlich königlicher Gnade und Milde", wie es in einer Verfügung ausdrücklich heißt. Zur Leitung ihres Kirchenlebens ernannte der katholische Kaiser einen katholischen Präses und sämmtliche Beisitzer der obersten Kirchenbehörde, das Consistorium; das so besetzte Consistorium wiederum ernannte die Superintendenten, und selbst der Pastor jeder einzelnen Gemeinde bedurfte ursprünglich des Kaisers, seit 1786 der obersten Landesstelle Bestätigung; bei allen Wechselbeziehungen der Protestanten und Katholiken war dafür gesorgt, daß nie vergessen werden konnte, die katholische Religion sei die Dominante, und die Anordnung, daß die Protestanten keine Kirchen, sondern nur Bethäuser haben durften, denen Alles fehlte, was ihnen das Ansehen von Kirchen geben konnte, das Verbot, den Bethäusern einen Ausgang nach der Straße zu geben, mußte bei den Protestanten oder wenigstens bei ihren katholischen Nachbarn die Meinung erwecken, daß in diesen Häusern Dinge vorgenommen würden, die das Tageslicht zu scheuen hätten, eigentlich unerlaubt seien und nur insofern sie auf Hinterhöfen, in Nebengassen heimlich vor sich gehen, geduldet werden könnten.

Statt ihr gutes Recht zu erhalten, wurden sie auf die Gnade und Milde des Kaisers und auch auf die Liebe und Gewogenheit der katholischen Unterthanen desselben angewiesen.

Joseph hatte den Protestanten eine im Vergleiche mit den vorangegangenen Zuständen erträgliche Lage bereitet und dadurch den An=

forderungen der Aufklärung und der Volkswirthschaft und seines eigenen Wohlwollens Genüge geleistet, aber er hatte dem Protestantismus keine berechtigte Stellung neben dem Katholicismus gewährt, welche die in allen deutschen und außerdeutschen Erbländern festgestellte Alleinherrschaft der katholischen Kirche hätte gefährden und zu dem Gegensatze der verschiedenen Nationalitäten den Gegensatz der verschiedenen Kirchen hätte hinzufügen und die erstrebte Einheit hätte erschweren können.

Oesterreich hatte ungeachtet der Toleranzgesetzgebung seinen katholischen Charakter bewahrt; Joseph hatte die katholische Kirche dem Protestantismus gegenüber nicht geschwächt und durch Entfernung mancher schweren Uebelstände zu stärken wenigstens beabsichtigt, aber diese katholische Kirche hatte er möglichst unabhängig von der außerösterreichischen kirchlichen Gewalt des außerösterreichischen Papstes und möglichst abhängig von der weltlichen Gewalt des österreichischen Kaisers zu stellen gesucht, dadurch dem Katholicismus die Kraft erhalten und verstärkt, welche die auseinanderstrebenden Erblande zusammenbinden half und dennoch die Centralgewalt des Kaisers auf Verhältnisse ausgedehnt, in denen bisher eine Oesterreich nicht angehörende Macht die entscheidende Wirksamkeit geübt, und zugleich in weitem Umfange den Anforderungen genügt, welche die Aufklärung für das Verhältniß des Staates zu den Kirchen, der Staatsgewalt zu den höheren und niederen Vorstehern der verschiedenen Religionsgemeinschaften stellte.

Viertes Capitel.
Joseph's II. Schulreform.

Joseph konnte sich nicht verbergen, daß alle Erfolge auf dem kirchlichen Gebiete auf das Aeußerste durch den Widerstand gefährdet wurden, welchen ihm der Clerus, wenn auch mit manchen Ausnahmen, entgegenstellte. Den Grund dieser seine Absichten durchkreuzenden Erscheinung glaubte er theils in dem gänzlichen Mangel allgemeiner und theologischer Bildung desselben, theils in den ausschließlich römischen Einflüssen zu finden, unter welchen die Geistlichen vom Knabenalter an namentlich durch Vermittelung der Orden standen. Um Abhülfe zu schaffen, wollte er einen Clerus heranziehen, der wissenschaftlich und national gebildet sei, dann werde derselbe, glaubte er, die Ansichten der weltlichen Obrigkeit über die Stellung des Staates zur Kirche, des Episkopates zum Papstthum theilen. Die Ausbildung der Klostergeistlichen war bisher den philosophischen und theologischen Schulen der Stifte und Klöster, die der Weltgeistlichen den bischöflichen Schulen überlassen worden; die durch sie erlangte theologische Bildung war eine überaus niedere gewesen; die Anforderungen, welche in der der Priesterweihe vorangehenden Prüfung gemacht wurden, waren sehr gering und beschränkten sich in manchen Landestheilen auf die nothdürftige Kenntniß einer Art von Priesterkatechismus. Die Unwissenheit des niederen Secularclerus und der meisten Orden, insbesondere der Capuciner, war bewunderungswerth. Die fähigeren Köpfe unter den jungen Theologen und der junge Adel, welchem sich die Aussicht auf eine größere kirchliche Laufbahn eröffnete, suchten eine höhere Ausbildung auf den österreichischen Universitäten oder dem collegium germanicum in Rom zu gewinnen. Auf diesen Theil der jungen Theologen, aus welchem sich die hohe Geistlichkeit ergänzte, suchte Joseph zunächst einzuwirken und sie zugänglich für seine Ansichten, zu österreichischen statt zu römischen Priestern heranwachsen zu lassen. Die Gestaltung der Universitäten als Staatsanstalten, welche schon in der früheren Regierungszeit Maria Theresia's vor sich gegangen war, machte es Joseph möglich, durch Lehrer und Lehrbücher seine Ansichten den jungen Theologen zuzuführen. Gallicaner oder doch jedenfalls geistliche und weltliche Gegner der Jesuiten nahmen deren Lehrstühle nach Aufhebung des Ordens ein; 1773 ward der vom Abte Rautenstrauch entworfene Studienplan für Theologen eingeführt, welcher die gallicanischen Grundsätze des Verfassers zur Voraussetzung hatte; der Gebrauch der nationalen Sprache statt der Kirchensprache wurde vorgeschrieben; das Kirchenrecht, welches die Stellung sowohl des Staates zur Kirche als der Bischöfe zum Papst zu behandeln hatte, wurde nicht mehr von Priestern, sondern von Weltlichen, von Juristen gelehrt; für Kirchengeschichte, Dogmatik, Pastoraltheologie wurden bestimmte, im Sinne des Kaisers abgefaßte Lehrbücher vorgeschrieben, nach denen allein gelehrt werden durfte; 1768 wurden Riegger's „Institutionen des Kirchenrechts" als Lehrbuch eingeführt, in welchem mit juristischen Gründen die Unterordnung des Papstes unter allgemeine Concilien und die enge Umgrenzung seiner Rechte dem Staate und den Bischöfen gegenüber nachgewiesen ward.

Um dem Einflusse der im Sinne des päpstlichen Stuhles wirkenden Unterrichtsanstalten in Rom, insbesondere dem dortigen collegium germanicum, welches von dem österreichischen zum geistlichen Stande bestimmten jungen Adel besucht zu werden pflegte, entgegenzutreten, war schon 1753 verfügt, daß die Theologen, welche auf österreichischen Universitäten studirt hatten, bei Verleihung von Beneficien begünstigt werden sollten; ein Hofdecret vom 12. November 1781 untersagte unbedingt die fernere Versendung erbländischer Unterthanen in das collegium germanicum, aus welcher sie als zänkische Rabulisten und Werkzeuge der Hierarchie zurückkehrten, und 1782 wurde an Stelle des collegium germanicum in Rom ein collegium in Pavia als Bildungsanstalt für die höhere Geistlichkeit Oesterreichs gegründet und durch ein sehr ausführliches Regulativ geordnet. Der Unterricht war auf sieben Jahre berechnet, umfaßte neben der Philosophie und Theologie als eigentlichen Lehrgegenstand auch allgemeine Bildung; gänzlich ausgeschlossen sollte dagegen das scholastische Getöse sein.

Gleiche Sorge wie für Ausbildung der höheren Geistlichkeit trug Joseph für die verwahrloste niedere.

Durch eine Verfügung vom 13. October 1770 wurde allen bischöflichen und Klosterschulen vorgeschrieben, die für die Universitäten gesetzlich festgestellten Lehrgrundsätze und Lehrbücher auch ihrerseits auf das Genaueste anzunehmen.

1775 wurde für die Klöster in allen Städten ein gleicher Unterrichtsplan angeordnet; als lectores durften nur solche Geistliche angestellt werden, welche an einer Universität oder einem Lyceum geprüft worden waren; die der Weihe vorangehende Prüfung erstreckte sich auch auf die Humanitätsstudien und das Kirchenrecht. 1781 ward auf das Neue eingeschärft, daß die Lehre in den Klöstern, besonders im theologischen Fache, immer die nämliche sei, welche auf den erbländischen Universitäten vorgeschrieben, und alle auf den Universitäten vorgeschriebenen Bücher und keine anderen den Schülern in den Klöstern vorgelegt würden.

Von dem Erfolge seiner Verfügungen aber war der Kaiser nicht befriedigt und entschied sich in einer Entschließung vom 11. September 1782 dahin, daß vom November 1783 an alle Winkellehren aufhören und die geistliche Jugend in den studiis auf den Universitäten und Lyceen unterrichtet werden und daselbst verbleiben sollten, bis sie zur Priesterweihe nach hinterlegtem vierundzwanzigsten Jahre gelange. In Folge dieser Entschließung wurden 1783 sämmtliche philosophischen und theologischen Schulen der Stifter und Klöster aufgehoben und an dem Orte der Universitäten und Lyceen Generalseminarien errichtet, in welchen die Jünglinge den ganzen theologischen Cursus durchmachen und dann ein Jahr in der praktischen Seelsorge geübt werden sollten. Niemand sollte in einen geistlichen Orden oder den weltgeistlichen Stand treten, der nicht sechs, später fünf Jahre in einem General= seminarium und dann entweder ein halbes Jahr in dem für jedes Bisthum angeordneten Priesterhaus, oder als Novize im Kloster zu= gebracht hatte. In den gemeinschaftlichen Pflanzschulen der Clerisei sollte vollkommene Gleichheit auch in den kleinsten Punkten sein; alle Jünglinge, mochten sie zu Weltpriestern oder Ordensgeistlichen be= stimmt sein, sollten auf gleiche Art gekleidet und verköstet werden. Die Oberaufsicht über das Seminar führte ein vom Kaiser ausge= wählter Bischof, der einen Weltgeistlichen als Director aufzustellen hatte. Das in Wien für dreihundert junge Leute errichtete General= seminar ward dem Prälaten Rautenstrauch von Braunau übergeben.

Die Einrichtung der Generalseminare war allerdings klösterlicher Art, nur junge Leute, die Geistliche werden wollten, wohnten und lebten beisammen; aber die Regierung hatte die Leitung in ihrer Hand, lenkte die Erziehung und hatte die Zöglinge unter beständiger Auf= sicht. Gleiche Lehrbücher wurden verordnet und die echten Grund= sätze sowohl in der Lehre als in der thätigen Nächstenliebe beigebracht und Anleitung zur sittlich guten Lebensart gegeben.

In dem Clerus der Zukunft hoffte Joseph einen Verbündeten zu finden in dem Kampfe für die neue Stellung des Staates zur Kirche, des Episkopates zum Papstthum; aber nicht allein auf dem kirchlichen Gebiete, sondern auch in fast allen weltlichen Verhältnissen begegnete Joseph bei allen Nationalitäten und in allen Kreisen des Volkslebens einem Widerstand, der endlich für die Gegenwart auch ihm als sehr schwer überwindlich erschien.

Auch für den Widerstand des Volkslebens suchte er den Grund in der theils mangelhaften, theils verkehrten Bildung, welche dasselbe durch Unterricht und Erziehung erhalten hatte. Eine plötzliche, ge= waltsame Umwandelung der Gesinnung und Anschauung hielt selbst er für unmöglich, aber was in der Gegenwart nicht erreicht werden konnte, wollte er für die Zukunft erreichbar machen. In dem Ein= flusse des Clerus und des Hauses auf Erziehung und Unterricht sah er die Wurzel des Widerstandes, den er erfuhr. Unterricht und Er= ziehung in allen Lebenskreisen wollte er daher allein in der Hand der

Regierung wissen; dazu wollte er Staatsschulen gründen. Die anti=
clericale Richtung derselben sollte den Einfluß des Clerus, der durch
Schulzwang gebotene Besuch der Staatsschulen sollte den Einfluß der
häuslichen Erziehung brechen.

Die Regierung sollte die Leitung des gesammten Schulwesens, des
höheren wie des niederen, in die Hand nehmen, um in allen Erb=
landen und in allen Ständen und Schichten der Bevölkerung und für
alle Bildungsstufen derselben durch Erziehung und Unterricht gleiche
Gesinnung, gleiche Anschauung in großen und kleinen Verhältnissen
des Staates, der Kirche, des socialen Lebens, der Volkswirthschaft zu
erzeugen, allen gleiche Ziele zu stellen, gleiche Gegner, die zu bekämpfen
seien, zu zeigen, und zwar dieselben, welche die zeitige Regierung hatte.
„Unsere Schulen sind", heißt es in einer 1782 zu Wien erschienenen
Schrift, „uns nur Schulen für Eingeborene, wo wir bloß lehren,
was unsere eingeborenen jungen Leute brauchen und wie sie es brauchen.
Hierzu und bloß hierzu haben wir unsere Schulen von der niedrigsten
bis zur höchsten."

Er selbst und der Kreis, welcher um ihn sich gesammelt hatte,
betrachtete es uneingedenk der alten Streitfrage, ob das Huhn früher
sei oder das Ei, als unbestreitbare Wahrheit, daß ein Volk im Wesent=
lichen das sei, wozu es durch den Unterricht und die Erziehung der
Jugend gemacht werde. Auch Maria Theresia verkannte die große Macht
nicht, welche die Leitung des Unterrichts dem, der sie in Händen hat,
über die gegenwärtigen und die kommenden Geschlechter verleiht; viele
Jahrhunderte aber vor Joseph, van Swieten und Maria Theresia
hatte bereits die katholische Kirche dieselbe Thatsache als wahr aner=
kannt und deßhalb Unterricht und Erziehung fest in ihrer Hand ge=
halten. Sie behandelte dieselben fast ausschließlich als Mittel für
ihre Zwecke, die übrigens weniger darauf gerichtet waren, bestimmte
Ziele zu erreichen, als bestimmte Ziele unerreichbar zu machen.
Vollends in Oesterreich hatte sie seit dem lange zweifelhaften, endlich
aber siegreichen Kampfe gegen die Reformation weniger das christliche
Leben des Volkes, als die Macht und die Autorität und die alleinige
Geltung der in den langjährigen Kriegen mit dem Protestantismus
verbitterten Hierarchie und des Clerus zum Ziele. Das Unterrichts=
wesen, hervorgegangen aus dem Widerstande gegen die Reformation,
sollte alle Kräfte niederhalten, welche der reformatorischen Bewegung
dienen und förderlich sein konnten, und hatte dadurch die österreichischen
Zustände des 18. Jahrhunderts erzeugen helfen.

Aus dieser Stellung wollte Joseph die Kirche verdrängen. Im protestantischen Deutschland war seit dem 17. Jahrhundert mit der Kirchengewalt zugleich auch die Anordnung und Leitung des gesammten Unterrichts in die Hand der weltlichen Obrigkeit gekommen. Eine Stellung, welche die kleineren Fürsten Deutschlands zu gewinnen vermocht hatten, mußte doch auch für das mächtige Oesterreich erreichbar sein.

Um die verschiedenen Gattungen des dem Unterthan von dem Staate zu verschaffenden Unterrichts auf das Möglichste zu vereinfachen und zu vervollkommnen, wollte Joseph die Leitung des gesammten Unterrichtswesens in die Hand eines einzigen, von ihm ernannten Beamten gelegt wissen. Die 1760 von Maria Theresia als selbstständige Hofstelle eingesetzte Studien-Hofcommission war 1778 der Hofcanzlei untergeordnet worden und erhielt 1781 auch das gesammte Volksschulenwesen wieder überwiesen, welches während der letztvorangegangenen Jahre ihr entzogen und dem Abt Felbiger zugetheilt gewesen war. Durch Handschreiben vom 29. November 1781 ernannte Joseph den Hofbibliothekar Gottfried Baron van Swieten zum Präses der Studien-Hofcommission, einen Mann, der seines Vaters Ansicht über die kirchlichen und politischen Aufgaben der Zeit sich angeeignet und mit schneidender Schärfe weiter ausgebildet hatte; den Willen und die Fähigkeit, sie rücksichtslos in Oesterreich zur Anwendung zu bringen, traute man allgemein ihm zu. Der Curie erschien er als einer ihrer gefährlichsten Feinde; Clemens XIV. hatte 1769, als er erfuhr, daß Baron van Swieten zum Gesandten in Rom bestimmt sei, die Annahme desselben verweigert, „weil es zu fürchten, daß er für die verschiedenen Ausländer, allerlei Secten und Religionen einen Mittelpunkt bilden und auf diese Weise den gefährlichen und verworfenen Grundsätzen jener träumerischen Philosophie, die in unseren Tagen einen so großen und so unglücklichen Einfluß ausübt, die schädlichste Verbreitung geben werde". — Baron van Swieten ging nun als Gesandter nach Berlin und wurde bei dem Ausbruche des bairischen Erbfolgekrieges Hofbibliothekar in Wien. Joseph glaubte in ihm den Mann zu erkennen, welcher durch seine Kenntnisse und Arbeitsamkeit das Studienwesen zu einem erwünschten Ziele bringen werde; van Swieten sollte daher in der Studien-Hofcommission nicht nur den Vorsitz führen, sondern auch die alleinige Bestimmung und Entscheidung haben; Abt Rautenstrauch und mehrere Nichtösterreicher arbeiteten unter ihm, „aber alle den Rang vor dem Baron van Swieten habende", schrieb

Joseph, „haben hinfüro eo ipso von der Erscheinung in der Studien-Hofcommission auszubleiben"; des Präses Vorstellungen und Protocolle sollen nur der böhmisch-österreichischen Hofcanzlei zur Beförderung an den Kaiser übergeben werden. Joseph selbst stellte die Grundsätze fest, nach welchen eine wohl verfaßte Instruction für den Baron van Swieten entworfen wurde.

Zunächst richtete Joseph sein Augenmerk auf die gelehrten Schulen, d. h. auf die Universitäten und Gymnasien, auf welchen die Pfarrer, Aerzte, Richter, Lehrer, Männer der Wissenschaft, Verwaltungsbeamte, die Geschäftsmänner der größeren Städte hervorgingen. Sie sollten vor Allem so erzogen und unterrichtet werden, daß sie den der Regierung feindlichen Ansichten möglichst unzugänglich gemacht und zu Verfechtern der Regierungsansichten gemacht würden. Verwaltungsbeamte, welche weder ein geistliches noch ein Lehramt bekleidet hatten, sollten den entscheidenden Einfluß auf die Anstalten haben. Die Lehrer sollten ohne Rücksicht auf Religion und Nation angestellt und das Beste aus dem an unterschiedlichen fremden Universitäten Eingeleiteten hergenommen und angewendet werden.

Die Universitäten waren schon, bevor Joseph seit dem Tode Franz' I. entscheidenden Einfluß erlangte, aus Jesuitenanstalten zu Staatsanstalten geworden; Joseph betrachtete sie nicht als wissenschaftliche Anstalten, sondern als Regierungswerkzeuge, durch welche er in den höheren und gebildeteren Schichten der Bevölkerung seine Ansichten zur Geltung bringen und die seiner Gegner verdrängen wollte. Die Einrichtungen und Formen, die aus dem alten kirchlichen Charakter der Universitäten hervorgegangen waren, wurden beseitigt; „es ist", heißt es in dem Hofdecret vom 3. Februar 1785, „in sämmtlichen Facultäten Alles fortzulassen, was einer geistlichen Feierlichkeit ähnlich sieht"; der Eid des Gehorsams gegen den päpstlichen Stuhl und nicht nur das bisher bei Promotionen und von jedem Lehrer verlangte schriftliche Glaubensbekenntniß, sondern am 3. Juni 1782 auch die Ablegung des Eides auf die unbefleckte Empfängniß wurden verboten. Gepränge bei Promotionen, die Amtszeichen des Rectors, die bei öffentlichen Feierlichkeiten gewöhnliche Tragung der fliegenden Haare und der reichen und verbrämten Mäntelchen der Rectoren und Decane wurden abgeschafft, die Gerichtsbarkeit der Universitäten aufgehoben, die deutsche Sprache für die meisten Vorlesungen an die Stelle der Kirchensprache, des Lateinischen, gesetzt, neben den hergebrachten Unterricht in der Philosophie, Theologie, Rechtswissenschaft und Medicin Vorträge über die Weltgeschichte, Gelehrtengeschichte, Erdbeschreibung und Volkswirthschaft und natürliche Dinge angeordnet. „Nichts aber muß den jungen Leuten gelehrt werden", heißt es in einem Bescheide Joseph's vom 15. December 1782, „was sie nachher sehr selten oder gar nicht zum Besten des Staates gebrauchen oder anwenden können, da die wesentlichen Studien in Universitäten nur für die Bildung der Staatsbeamten dienen." In jedem Fache und auf jeder Universität sollten den jungen Leuten dieselben Lehren und dieselben Ansichten beigebracht werden; so viel wie möglich wurden daher überall Lehrer angestellt, welche die Regierungsansichten zu den ihrigen gemacht hatten, und da sich Männer dieser Art nicht in ausreichender Zahl fanden, alle auf das Strengste verpflichtet, Nichts als den Inhalt der vorgeschriebenen und ihnen mitgetheilten Vorlesebücher den jungen Leuten vorzutragen. Um zu verhindern, daß den Oesterreichern keine andere als die Regierungslehre zugeführt würde, wurde der Besuch einer nichtösterreichischen Universität von einer besonderen Erlaubniß für jeden einzelnen Fall abhängig gemacht, und da Nichtösterreicher keine Veranlassung fanden, österreichische Universitäten zu besuchen, so war das 1782 ausgesprochene Wort verwirklicht: „Wir wollen unsere Universitäten gar nicht einrichten, um Fremde aus allen Enden der Welt zusammen zu bringen; sie sind nur Schulen für Eingeborene."

Die niederen lateinischen Schulen, wie die Gymnasien zum Gegensatze zu den Universitäten bezeichnet zu werden pflegten, hatten gleichfalls den Einfluß erfahren, welchen Joseph seit dem Tode Franz' I. in Oesterreich erhielt; als Lehrer wurden neben den Jesuiten deren Gegner, vor Allen die Augustiner und Dominicaner, herangezogen, aber dennoch behielten die Ersteren auch nach Aufhebung ihres Ordens den Unterricht zum größten Theil in ihrer Hand, da es an Männern und an Geld fehlte, um sie zu ersetzen. Der in den Jahren 1773 und 1774 lebhaft besprochene Plan, das Griechische oder die Geschichte statt der lateinischen Sprache der Kirche zum Mittelpunkt des Gymnasialunterrichts zu machen, kam nicht zur Ausführung; im Wesentlichen behielten die Gymnasien in Beziehung auf den Lehrplan wie auf die Lehrer ihren alten mönchischen Charakter. Unmittelbar indessen nachdem Joseph selbst die Regierung angetreten hatte, wurde die Umgestaltung derselben zu Staatsanstalten mit Einrichtungen, welche den herrschenden Regierungsansichten entsprachen, durchgeführt.

Auch in den Gymnasien wollte Joseph zwar die christliche Lehre und das christliche Leben nach Vorschrift der katholischen Kirche er-

halten wissen; gemeinsame Andachtspflege war angeordnet, auf monat=
liche Beichte und Communion gehalten. Jeder Schüler war zum
täglichen Besuch der Messe unter Aufsicht ihrer Professoren an allen
Sonn= und Feiertagen, außerdem zur Theilnahme am katechetischen
Unterricht verpflichtet; Jedem, der, ohne durch Krankheit verhindert zu sein,
eine Messe versäumte, ward seine Lauigkeit im Christenthum und den
Religionsübungen öffentlich in der Schule auf das Nachdrücklichste
verwiesen, und das dritte Mal der Besuch der Schule verboten.
Sämmtlichen Lehrern ward schärfest eingebunden, niemals, weder in
Schriften noch in Privatunterredungen mit den Schülern Grundsätze
zu behaupten, welche gegen die katholische Religion streiten oder das,
was sie öffentlich zu lehren angewiesen sind, umstoßen, oder anders
auslegen. Streng katholisch sollten die Gymnasien bleiben, aber nicht
länger Mönchsanstalten sein; die Klöster durften in humanioribus
nur ihre eigenen Sängerknaben unterrichten und als sie diese Be=
schränkung nicht achteten, verfügte Joseph, daß bei dem ersten weiteren
Uebertretungsfalle die ganzen lateinischen Schulen der Klöster als
wahre verderbliche Winkelschulen für allezeit zu cassiren seien. In
den weltlichen Anstalten wurden alle marianischen Sodalitäten und
Congregationen, die meisten Convicte und Seminare für die in den
Gymnasien studirende Jugend aufgehoben und deren Vermögen zu
Stipendien verwendet; alle bisher bei der lateinischen Schuljugend
üblichen gottesdienstlichen Uebungen wurden, soweit sie nicht von der
Schulordnung vorgeschrieben waren, untersagt, die Gymnasien jeder
kirchlichen Aufsicht und Leitung entzogen und auf das Strengste den
landesfürstlichen Behörden untergeben. Director eines jeden Gym=
nasiums in seinem Kreise war der Kreishauptmann, welchem ein Vice=
director zur Seite stand; viermal in jedem Jahre hatte er über jedes
Gymnasium und über jeden Lehrer an demselben der Landesstelle
schriftliche Auskunft zu geben, auf deren Grund der umständliche jähr=
liche Bericht an die Hofcanzlei in Wien erstattet ward. Durch An=
wesenheit bei den Prüfungen, durch monatliche Durchsicht eingesendeter
Schülerarbeiten, durch sonstige anständige und glaubwürdige Canäle
und durch die jährlichen versiegelten geheimen Nachrichten des Prä=
fecten hatte sich der Director über die Verfassung des ganzen Gymna=
siums und aller dabei angestellten Personen in genauester Kenntniß zu
halten, insbesondere aber sein Augenmerk auf den Präfecten zu richten,
weil dieser das Triebwerk und die Seele der Schulmaschine war und

durch seine beständige Gegenwart und beharrliche Aufsicht die gute oder üble Einrichtung des Gymnasiums bewirkte.

Die Lehrer waren an einen von der Regierung vorgeschriebenen, für alle Gymnasien gemeinsamen Unterrichtsplan gebunden, welcher den Unterrichtsgegenstand für jede Classe und für jede einzelne Stunde auf das Genaueste vorschrieb. Die Einrichtung war im Wesentlichen die althergebrachte; das Gymnasium hatte die früheren fünf Classen: in principiis, Grammatica, Syntaxi, Rhetorica und Poesi. Das Erlernen der lateinischen Sprache bildete die Hauptaufgabe in allen Classen, und ausdrücklich wurde den Lehrern eingeschärft, darauf zu sehen, daß der Knabe nicht glaube, jedes fehlerhafte Geschwätz sei das richtige Latein; in allen Classen aber ward zugleich auch Geschichte, Erdbeschreibung, Mathematik, Griechisch und Kenntniß der natürlichen Dinge, Deutsch von der Grammatica an gelehrt. „Das Vorurtheil ist nicht zu dulden", verfügte die Regierung, „als wäre es der Willkür der Lehrer überlassen, ob und wie weit sie diese Nebengegenstände neben den ordentlichen Schulbuchslehren mitnehmen wollten; dieselben müssen den Lehrern und Schülern gleich wesentlich und pflichtmäßig sein."

Ein genaues Verzeichniß der für die k. k. Gymnasien in den deutschen Erbstaaten im Auftrage der Regierung abgedruckten Schul= schriften, deren Inhalt sie ihren Schülern mitzutheilen hatten, ward bekannt gemacht: „Nachdem den Professoren", heißt es in der Bekannt= machung, „zweckmäßige Schulschriften über alle vorgeschriebenen Gegen= stände in die Hände geliefert sind, müssen die Lehrer sammt der Jugend an die vorgeschriebenen Bücher gehalten, und alle Privatschreibereien und der Mißbrauch, mittelst dessen die Professoren manchmal in Explicationen, Notaten, Supplementen, Uebersetzungen oder anderen dergleichen be= schwerlichen Schriften ihre unzeitige Gelehrsamkeit ausgekramet, die Schüler mit ihrem Eigendünkel geplaget und Ungleichförmigkeit in die Schulverfassung eingeführt haben, abgestellt werden."

Weniger Vertrauen noch, als zu den Professoren scheint die Re= gierung zu der Fügsamkeit der lateinischen Jugend gehabt zu haben; wenigstens theilte sie, weil eine gesittete, sittsame und ordentliche Jugend nothwendiger sei als eine gelehrte, allen Gymnasien ein gemeinsames, bis in die kleinste Einzelheit ausgebildetes System von Strafen zur strengsten Nachachtung mit. „Die Lehrer sollen sich der Kopfpuffer, des Stoßens und Werfens, überhaupt aller sinnlichen Strafen ent= halten, weil dieselben das Gefühl der Ehre und Schande fast gänzlich ersticken, welches doch bei jedem rechtschaffenen Staatsbürger die wich=

tigste Triebfeder sein muß." Als Ersatz für die körperliche Züchtigung wurde eine große Menge ineinandergreifender Einrichtungen angeordnet, welche sämmtlich von der Voraussetzung ausgingen, daß das erfolgreichste und einzig zulässige Erziehungsmittel in der gewaltsamen Aufstachelung des Ehrgeizes, der Furcht vor den Leuten liege, in der künstlich gesteigerten Angst vor der mißachtenden Meinung Anderer und vor der öffentlichen Schande, welche dem schuldigen Knaben durch mühsam ausgeklügelte empfindliche Demüthigungen bereitet ward. Große und kleine Medaillen wurden dem Schüler nach Maß seines Verdienstes zuerkannt, das Buch der Ehre und die Bank der Ehre sorgten dafür, daß kein gutes Werk eines Schülers unbekannt und unbelohnt blieb, indem jeder Beweis eines vorzüglichen Fleißes, jedes Beispiel der Tugend und jede rühmliche Handlung in das Buch der Ehre eingetragen und bei dem österlichen und herbstlichen Prüfungscalcül von dem Professor öffentlich und laut verkündet ward; der Rang der Schüler zueinander ward allein nach dem Verhältnisse bestimmt, in welchem sie in der Anzahl der aufgezeichneten Handlungen einander übertrafen. Vergehungen der Schüler dagegen hatten nach Verschiedenheit der in großer Menge einzeln aufgeführten Fälle die Verurtheilung zur Strafbank, zur öffentlichen Abbitte, zum Knieen am Eingang der Kirchthür zur Folge; der straffällige Jüngling mußte seine Vergehung eigenhändig vor allen seinen Mitschülern in das mit schwarzer Farbe überzogene Buch der Schande eintragen; bei der öffentlichen Prüfung ward er vom Präfecten vorgerufen und mußte zur größeren Beschämung selbst den Bericht über die Handlung vorlesen, welche er sich hatte zu Schulden kommen lassen. „Damit die Schüler gegeneinander die schuldige Achtung nicht verlieren, wird", heißt es in den Disciplinarvorschriften, „das Duheißen gänzlich verboten, indem solches mehr nach einer pöbelhaften Gemeinmachung schmeckt, als zur Befestigung der Freundschaft und Eintracht dient." —

Die Feststellung der Schuldisciplin, des Lehrplanes und der Schulbücher, die Anstellung der Lehrer und die bis in das Einzelnste gehende Ueberwachung des Unterrichts war zu einem ausschließlichen Recht der Regierung gemacht; in den einzelnen Erblanden ließ sie dasselbe durch den Präfecten, den Vicedirector, den Kreishauptmann und die Landesstelle zur Geltung bringen, und die Hofcanzlei in Wien sollte durch die zahlreich eingesendeten Berichte und Tabellen in den Stand gesetzt werden, dafür zu sorgen, daß überall in dem weitläufigen Ländergebiete der lateinischen Jugend Alles beigebracht würde, was die Re-

gierung wollte, und Nichts, was sie nicht wollte. Wie die Universi=
täten waren die Gymnasien Staatsanstalten geworden.

Gymnasien und Universitäten zogen, wenn sie wirklich wurden,
was Joseph wollte, zwar den hervorragenden, aber doch nur einen
sehr kleinen Theil der Bevölkerung in des Kaisers Richtung und zu
des Kaisers Ansicht heran; die große Menge auf dem platten Lande
wie in den Städten, die Kinder der Bauern, der Knechte und Tage=
löhner, der Krämer, Handwerker und Arbeiter, der Soldaten und
niederen Beamten wurden von den wissenschaftlichen Anstalten un=
mittelbar nicht berührt; um auch diese in seinem Sinne unterrichtet
und erzogen zu sehen, wollte Joseph den sogenannten Volksunterricht
gleichfalls aus der Hand des Clerus in die der Regierung bringen.
„Von einer guten Erziehung und Leitung in den ersten Jahren hängt",
äußerte er in einer Verfügung, „die ganze künftige Lebensart aller
Menschen und die Denkungsart ganzer Völkerschaften ab, und eine
gute Erziehung kann niemals erreicht werden, wenn nicht durch wohl=
getroffene Lehranstalten die Finsterniß der Unwissenheit aufgeklärt wird."
— Um aber, wie Sonnenfels wollte, auch in dem kleinsten Dorfe eine
Schule auf öffentliche Kosten zu gründen, reichten die Geldmittel nicht
aus, und Anstalten, welche die Regierung für den Volksunterricht, wie
die Gymnasien und Universitäten für den höheren Unterricht, sich hätte
aneignen können, fanden sich nur in sehr geringer Zahl und sehr
verwahrlostem Zustande vor. Die Regierung begnügte sich daher
bis zum Jahre 1774 mit der Anordnung einiger Anstalten zur besseren
Ausbildung künftiger Lehrer. Um diese Zeit aber wurde Maria The=
resia mit den Fortschritten bekannt, welche das Volksschulwesen in
Sagan durch die Bemühungen des Augustinerabtes Felbiger gemacht
hatte. Durch seine Berufung brachte die Kaiserin einen Mann nach
Oesterreich, der die dort herrschenden Richtungen mehrfach durchkreuzte
und eine fremdartige Erscheinung in den damaligen Bewegungen
bildete.

Die Verwendung der Volksschulen als Mittel zum Zwecke der
Hierarchie oder der zeitigen Regierungsmacht war für Felbiger ein
ungekanntes Ziel; den Kindern der unteren städtischen und ländlichen
Bevölkerung, deren Ausbildung er unverantwortlich verwahrlost fand,
wollte er angemesseneren Unterricht verschaffen, damit aus ihnen ver=
nünftige Menschen, nützliche Bürger und rechtschaffene Christen würden,
diese Aufgabe wollte er gelöst wissen; die Frage aber, ob die bessere
Volksschule von der Kirche oder dem Staate ausgehen, ob sie von geist=

lichen oder weltlichen Behörden geleitet werden solle, scheint ihn wenig berührt zu haben. Er selbst hatte in seiner Eigenschaft als Abt das Schulwesen der Stadt Sagan und der umliegenden Dörfer zu beaufsichtigen gehabt, hatte als Abt die Verbesserungen begonnen und mit seinem Prior und dem Pfarrer in dem Bezirke seines Stiftes durchgeführt und dann, auf das Kräftigste von der preußischen Regierung unterstützt, auf einen großen Theil Schlesiens ausgedehnt. Der Ortspfarrer leitete die Ortsschule; die zur Beaufsichtigung der einzelnen Schulbezirke bestimmten Schulinspectoren sollten vorwiegend aus den Erzpriestern genommen werden; im Glogauer Departement erhielt Felbiger selbst die Oberaufsicht über die Inspectoren.

Dem Mönchswesen, der Hierarchie und der Herrschaft Roms war Felbiger schwerlich stärker befreundet als Joseph, aber die christlichen Heilswahrheiten hatten in dem Augustiner eine innere Geltung gewonnen, wie sie weder von Joseph und seinen Rathgebern, noch von den damaligen Stimmführern des aufgeklärten Erziehungswesens anerkannt ward; zwar verlangte auch Sonnenfels, daß die Sorgfalt des Regenten darauf gerichtet sein müsse, daß jeder Bürger im Staate Religion habe, aber er verlangte es, weil kein Regent diesen Leitriemen entbehren könne und die Freigeisterei ihm das Mittel raube, die Bürger vollkommen zu leiten. Auch Basedow forderte Religionsunterricht, aber nur als Belehrung über den natürlichen Gottesbegriff, da die Kinder von Natur gut seien und sich leicht zu Menschenfreunden und Weltbürgern erziehen ließen. Felbiger aber stellt den Schullehrern als erste und wesentlichste Aufgabe die Arbeit an den durch das Blut Jesu Christi erkauften Seelen der Kleinen, und mahnt sie mit ernsten Worten nie ihres Berufes zu vergessen, den Kindern durch Treue und Beispiel zu helfen, sich das Blut unseres Heilandes anzueignen zum ewigen Leben; Niemand werde der Frucht des Leidens und Sterbens des Herrn theilhaftig, der ihrer nicht im Glauben und Gehorsam theilhaftig werden wolle. Von diesem Gesichtspunkte ausgehend, begehrte Felbiger von jedem Lehrer vor allem Anderen, daß er ein frommer, rechtschaffener Christ sei, und machte den Katechismus, der die christliche Lehre, wie die römisch-katholische Kirche sie festgestellt hatte, in drei auf die verschiedenen Altersstufen berechneten Bearbeitungen enthielt, zum Mittelpunkt des Volksunterrichtes; an ihm sollte Gedächtniß, Verstand und Willen der Kinder, in dem nicht von dem Schullehrer, sondern von einem besonders bestellten Katecheten ertheilten Religionsunterricht gestärkt und gebildet werden. Ausführlich hatte er seine Ansicht über den Religionsunterricht in dem 1767 herausgegebenen Buche „Christliche Grundsätze und Lebensregeln zum Unterrichte der Jugend" dargelegt und in seinen kleinen Schulschriften und Reden die Bedeutung des Religionsunterrichtes und des Pfarrers für die Schule immer auf das Neue hervorgehoben. In der Methode des Unterrichts freilich vergriff sich Felbiger in kaum glaublicher Weise, indem er das Zerrbild derselben, welches die Berliner Schulen um die Mitte des Jahrhunderts nach Hähn's Vorgang anwendeten, nicht nur aufnahm, sondern auch genauer ausbildete.

Im Jahre 1774 ward Felbiger als Generaldirector des Schulwesens von Maria Theresia berufen; bereits am 6. December desselben Jahres erließ die Kaiserin die allgemeine Schulordnung für die deutschen Normal-, Haupt- und Trivialschulen in sämmtlichen k. k. Erbländern. Die allgemeine Schulordnung hatte die Neugestaltung des gesammten Volksunterrichts zum Ziel; sie ordnete Volksschulen dreierlei Art an: eine Normalschule am Hauptorte der Provinz, Hauptschulen in allen größeren Städten und Gemeine oder Trivialschulen in den kleineren Städten, den Märkten und den Pfarrdörfern. Für jede dieser drei Arten Schulen schrieb sie die Gegenstände und die Methode des Unterrichts, die Zeit und die Zahl der Stunden und sämmtliche Schulbücher vor; sie wollte den Schulzwang allgemein durchgeführt wissen; „es sind", verordnete sie, „alle Eltern und Vormünder durch die Ortsobrigkeiten mit Nachdruck anzuhalten, ihre Kinder in die Schule zu schicken"; wohlhabende Eltern durften zwar einen Hauslehrer halten, aber auch dieser mußte von der Normalschule geprüft sein, widrigenfalls selbiger abzuschaffen und als ein Winkellehrer zu bestrafen sei. Alle diese tief in das gesammte Volksschulwesen eingreifenden Bestimmungen gingen allein von Maria Theresia, also allein von der weltlichen Obrigkeit aus, aber doch nur der Form nach, denn ihr Inhalt war von dem frommen Augustinerabt gegeben. Auch für die Zukunft wollte Felbiger die Leitung der Volksschulen, um sie weder der Regierung noch der Hierarchie als Mittel für ihre Zwecke dienen zu lassen, nicht den Staatsbehörden und nicht dem Clerus, sondern einer selbstständigen Schulobrigkeit überwiesen wissen, an welcher die Staatsbehörden, die Kirchenbehörden und die Ortsbehörden, wenn auch in ungleichem Verhältnisse, betheiligt sein sollten. In jeder Provinz ward nach der Schulordnung für die oberste Leitung eine Schulcommission errichtet, bestehend aus einigen Räthen der Landesstelle, einem Bevollmächtigten des Bischofs und dem Normaldirector;

unter der Schulcommission wurden die Hauptschulen von dem Normal=
director und einem Magistratsmitgliede, die Trivialschulen von dem
Ortspfarrer, einem Herrschaftsbeamten und einem Gemeindeaufseher
überwacht. Die Trivialschulen sollten auf Kosten der Herrschaft und
der Gemeinde angelegt, aber kein Lehrer eingesetzt werden, der nicht
von der Normalschule geprüft und von der Schulcommission sein An=
stellungsdecret erhalten hatte. Districtsweise wurden eine Anzahl
Schulen zusammengefaßt und gemeinsam von einem Oberaufseher
überwacht, als welchen die Schulcommission ein taugliches Subject
anzustellen hatte. Die Lehrer sollten den Eltern und Kindern gegen=
über erhöhtes Ansehen erhalten, daher wenigstens öffentlich mit „Herr"
und „Sie" angeredet werden, auskömmliche Einnahmen erhalten und
künftig nicht, wie oftmals bisher, Schenkwirthschaft treiben und bei
Hochzeiten oder zum Tanz aufspielen.

Als Joseph mit dem Tode der Kaiserin Maria Theresia der
Rücksichten enthoben war, welche ihm dieselbe in Beziehung auf den
Volksunterricht mehr als in anderen Verhältnissen auferlegt hatte,
wollte er sogleich die niederen Schulen als Mittel für seine Zwecke
verwenden. Mit Nachdruck wachte auch er über den Unterricht, er
suchte die Zahl der Schüler namentlich der Trivialschulen zu mehren,
verpflichtete begüterte Klöster, Musterschulen anzulegen, schärfte wieder=
holt den Schulzwang; keine Junge durfte in einem Handwerke auf=
gedungen werden, der nicht wenigstens zwei Jahre eine Schule besucht;
er erließ einen Lehrstundenplan für alle Landschulen, in welchem bis
auf die Buchstabenlerner und Buchstabirer hinab jede Thätigkeit des
Lehrers vorgeschrieben war, und bis in das Kleinste gehende Disciplinar=
vorschriften; auch die Bauernkinder in Kärnthen und Böhmen sollten
durch ein Buch der Ehre und ein Buch der Schande erzogen werden,
er ließ die Unterrichtsmethode, welche durch Felbiger eingeführt war,
bestehen, aber er gab dem gesammten Volksunterrichtswesen eine
andere Stellung. Felbiger wurde von der Leitung unmittelbar nach
Joseph's Regierungsantritt entfernt.

Der Lehrer wird vom Patron, sei es die Regierung, die Herr=
schaft, der Pfarrer oder die Gemeinde, vorgeschlagen, muß das kreis=
ämtlich adjustirte Zeugniß seiner Abrichtung dem Kreiscommissär vor=
legen, eine längere oder kürzere Zeit zur Probe lehren und wird dann
von der Landesregierung angestellt.

Der Lehrer hat zwar nur als Meßner den Pfarrer zum Vor=
gesetzten, soll jedoch aller Orten unter einer anständigen Subordination

desselben stehen; der Pfarrer selbst aber ist, so weit er in Berührung mit der Schule kommt, lediglich Beamter der Regierung; will er selbst katechisiren, so muß er bei der Normalschule den Präparandencursus durchlaufen und die Prüfung bestanden haben; Anweisungen aller Art werden ihm von den landesfürstlichen Behörden ertheilt, er soll dafür sorgen, daß die Eltern ihre Kinder zur Schule schicken und den Lehrer in Ansehen halten, aber auch, daß der Anhang zum deutschen Lesebuch, welcher die Unterthanenpflichten gegen den Staat und Monarchen enthält, gehörig von den Schullehrern benützt werde, soll nicht dulden, daß die Knaben auf dem Eise schleifen, sich zur Sommerszeit baden oder an fahrende Wagen anhängen und nicht zugeben, daß die Mädchen im Mieder, deren Nichttragung zu ihrer guten Constitution unendlich viel beiträgt, die Schule besuchen.

Die Schule mit ihrem Lehrer und der Pfarrer, so weit derselbe beide beaufsichtigt, standen unter dem Kreishauptmann; dieser leitete und überwachte die deutschen Unterrichtsanstalten seines Kreises während Joseph's früheren Regierungsjahren durch die Landdechanten, welche den Landschulen ihrer Decanie die Verordnungen der Regierung mitzutheilen, deren Ausführung zu sichern, über Fleiß, Sitten und Lehrart der Schulleute scharfe Aufsicht zu führen, Schulvisitationen vornehmen, sich Berichte von den Lehrern geben zu lassen und selbst halbjährlich dem Kreisamte Bericht zu erstatten hatten; wenn sie ihr Amt mit besonderem Eifer wahrnahmen, sollten sie dem höchsten Hofe anempfohlen und bei Verleihung von Beneficien vorzüglich berücksichtigt werden.

Die weltliche Obrigkeit mußte die aushelfende Thätigkeit der Dechanten nicht zu ersetzen, aber sie wollte verhindert wissen, daß durch dieselbe ein hierarchischer Einfluß auf den Volksunterricht geübt werde. Zu diesem Zwecke mußte jede Schule halbjährliche Berichte auch unmittelbar an das Kreisamt senden und das Kreisamt sollte bescheidene und verläßliche Leute bestellen, welche von Zeit zu Zeit anhören sollten, wie die Christenlehren von den Katecheten vorgenommen wurden. Um der Hierarchie gegenüber größere Sicherheit zu gewinnen, hatte Joseph schon 1783 die Absicht ausgesprochen, bei jedem Kreisamte einen Schulaufseher anzustellen, welcher, unmittelbar unter dem Kreishauptmann stehend, in jeder Schule des Kreises die genaue Ausführung der landesfürstlichen Anordnungen überwachen, den Prüfungen beiwohnen, die Visitationen vornehmen und die Berichte erstatten sollte. Demgemäß wurden durch Hofentschließung vom 14. September 1786 für jeden Kreis die Anstellung von Kreisvisitations-Schulcommissionen angeordnet, welche durch beständige Reisen die nöthige Localkenntniß sich verschaffen und den Vollzug der Verordnungen sichern und ihrem Kreishauptmann berichten sollten. Sämmtliche Kreishauptleute einer Provinz stellte Joseph auch in Beziehung auf die Schulsachen unter die Landesstelle, indem er die unter Maria Theresia angeordneten Schulcommissionen 1784 aufhob und deren Geschäfte der Landesstelle übertrug; die Landesstellen endlich hatten die Studienhofcommission zum Vorgesetzten, aber auch diese war schon 1778 aus einer selbstständigen Schulbehörde zu einem Bestandtheil der Hofcanzlei geworden und hatte 1781 Gottfried van Swieten zum Präses erhalten. Bis in die kleinsten Einzelnheiten wurde der Unterricht, die Disciplin sämmtlicher Volksschulen von der Centralbehörde in Wien bestimmt.

Zwar räumte die Regierung Pfarrern, Dechanten und Schulmännern eine Mitwirkung ein, aber nur als technischen Beamten, die nach ihrem Willen thätig sein mußten. Joseph hatte den gesammten Volksunterricht, welcher durch Maria Theresia der Hierarchie entzogen und einer selbstständigen Schulobrigkeit übergeben war, zu einem Geschäfte der Regierung und zu einem Mittel für deren Zwecke gemacht.

Die Erfolge, welche Joseph sich von der Umwandlung der Anstalten sowohl für wissenschaftliche Bildung, als auch für Volksunterricht versprochen hatte, wurden nicht erlangt; wissenschaftliche Leistungen der Gymnasien und Universitäten ließen sich nicht bemerken; ungeachtet der vielen Verordnungen, Drohungen und Verheißungen fehlte es überall noch an Volksschulen, ungeachtet der Normalschulen mußten Lehrer genommen werden, wie sie sich fanden, und ungeachtet des Schulzwanges wuchs eine sehr große Zahl Kinder ohne Unterricht auf. Den Mangel wissenschaftlichen Lebens hat Joseph schwerlich tief empfunden, aber er mußte auch sehen, daß das große künstlich zusammengesetzte und künstlich im Gange gehaltene Räderwerk, welches die Ansichten der Regierung in alle Schichten des Volkslebens treiben sollte, die Oesterreicher feindlich gegen die Aufklärungspläne stimmte, statt sie für dieselben zu gewinnen. Schon der allen Eltern auferlegte Zwang, ihre Kinder unterrichten zu lassen, reizte und erbitterte den eingewurzelten Gewohnheiten gegenüber, und die hierarchischen Einflüsse, welche Jahrhunderte hindurch von der Regierung gepflegt und gefördert waren, nun aber plötzlich in den Schulen jeder Art bekämpft wurden, übten eine Gewalt, stark genug, um in den Städten wie auf dem

Lande eine dem Regierungsunterrichte feindliche Stimmung zu erzeugen. Gerhard van Swieten, welcher die Universitäten und Gymnasien umgestaltete, war Jansenist; Felbiger, durch den die Volksschulen ihre neue Gestalt erhalten hatten, war zweimal in Berlin gewesen, um sich die Methode der dortigen Schulen zu Eigen zu machen. Gottfried van Swieten, welchen Joseph an die Spitze des gesammten Unterrichtswesens gestellt hatte, war von Clemens XIV. als ein Anhänger der gefährlichen und verworfenen Grundsätze jener träumerischen Philosophie bezeichnet worden, die so großen und unglücklichen Einfluß übe. Neben ihm befanden sich zwei Fremde, ein Schwabe und ein Westphale, in der Commission. Alle diese Verhältnisse waren nicht unbekannt geblieben und hatten Argwohn erzeugt, welcher dadurch verschärft ward, daß einzelne Lehrer aus dem Reiche namentlich an die Universitäten gerufen wurden und die Kinder der Protestanten zu den Schulen jeder Art zugelassen wurden. Die Schulneuerungen erschienen als nichtösterreichisch und als nichtkatholisch oder, wie man es mit einem Worte auszudrücken pflegte, als lutherisch, und riefen daher ein allgemeines Widerstreben hervor, indem sich mit der Hierarchie und deren Anhange das Haus und die Familie verband und durch häusliche Erziehung und Privatunterricht so viel wie möglich dem Regierungsunterricht der öffentlichen Schulen entgegen zu treten oder auch ganz zu entgehen suchte. Welchen Einfluß auf die Zukunft Joseph's Anstalten üben würden, ließ sich zu Joseph's Zeit noch nicht voraussehen.

Fünftes Capitel.
Die Resultate der Regierung Joseph's II.

Das halbe Jahrhundert von 1740 bis 1790 bildet, insofern nur die mächtig in alle Verhältnisse eingreifende Wirkung der großen Umgestaltungen in Betracht gezogen wird, welche in den ersten wie in den letzten Jahrzehnten dieses Zeitabschnittes sich erkennbar macht, ein einziges gegen die vorangehenden wie gegen die nachfolgenden Jahre scharf abgegrenztes Ganze; dieses Ganze aber sondert sich wieder in zwei sehr verschiedenartige Theile, sofern nicht allein die mächtige Wirkung, sondern auch die Beweggründe, die Ziele und das Wesen der Umgestaltung in das Auge gefaßt wird. Jeder dieser Theile umfaßt ein Vierteljahrhundert. In dem ersten Theile, von Maria Theresia's Regierungsantritt bis zu Franz' I. Tode, 1740 bis 1765, wurde der umbildende Gang der Regierung vorwiegend durch die Anforderungen bestimmt, welche von den besonderen Verhältnissen und Zuständen Oesterreichs gestellt wurden.

Auch der zweite Theil bildet ein zusammenhängendes Ganze, in welchem die Umgestaltung der politischen Zustände mehr und mehr durch die Anforderungen bestimmt ward, welche durch die allgemeinen Lehren der Aufklärung gestellt wurden.

Joseph's umwälzende Thätigkeit war nicht auf einige, sondern auf alle Verhältnisse und Ordnungen des kirchlichen, staatlichen, volkswirthschaftlichen und socialen Lebens gerichtet und wurde in allen Richtungen durch das dringende Bedürfniß seiner Lande, in allen durch die zudringlichen Anforderungen der Aufklärungslehre, aber auch in allen durch Joseph's Persönlichkeit bestimmt; wäre er Habsburger oder Bourbon oder Hohenzoller statt Lothringer, wäre er einer seiner jüngeren Brüder, wäre er ein Anderer gewesen, als er war, so würde Anfang, Ziel und Erfolg seiner Regierung ein anderer gewesen sein. In der Behandlung eines jeden öffentlichen Verhältnisses läßt sich der Einfluß, welchen Joseph's Persönlichkeit übte, erkennen, aber in keinem deutlicher als in dem kirchlichen.

Joseph bezweifelte die Dogmen der katholischen Kirche nicht und hat auch wohl in keiner Zeit seines Lebens Bedürfniß und Neigung gefühlt sie zu bestreiten, aber er hat, so weit sich sehen läßt, auch niemals ernste Anstrengung daran gesetzt, sich deren christlichen Gehalt anzueignen und zu einem persönlichen Gut zu machen. Keine Spuren lassen sich in seinem Leben erkennen, die darauf hinweisen, daß er mit sich selbst bis auf das Blut gerungen, den Druck nicht allein der Sünden, sondern auch der Sünde gefühlt, die Sehnsucht nach Erlösung von dem Druck getrennt und die Freudigkeit der Befreiung geahnt habe; oft hat er den Willen ausgesprochen, oft auf Mittel und Wege gesonnen, die Oesterreicher von den Hindernissen zu befreien, welche sie nach seiner Meinung abhielten, gute Christen zu werden, aber allem Anscheine nach hat er sich nicht darum gesorgt, wie er für sich selbst das gewinne, was er für Andere erstrebte. Joseph kannte die christliche Heilswahrheit und bestritt sie nicht, aber seine geistigen Be-

dürfnisse wurzelten nicht in ihr, seine Ausgangspunkte und seine
Ziele wurden nicht durch sie bestimmt, sein inneres Leben, sein Empfinden und seine Vorstellungen bewegten sich nicht in dem Kreise
christlicher Anschauungen, sondern in den Regeln, Folgerungen, Schlüssen,
Behauptungen der Aufklärungsphilosophie. Aufklärung und christliche
Heilswahrheit schließen sich freilich wechselseitig aus; aber Joseph
wollte die Aufklärung als eigenstes Besitzthum haben und die christliche Wahrheit nicht angetastet wissen, er wollte die erstere gewinnen
und die letztere nicht lassen und gerieth daher in steten Widerspruch
mit sich selbst, schwankte unentschlossen hin und her zwischen den
Traditionen seiner Jugend und den seiner späteren Ueberzeugung.

Eine Persönlichkeit solcher Art hatte nicht den Beruf, seine
Stellung als Regent der österreichischen Lande zu verwenden, um der
kirchliche Reformator für das gesunkene und entartete katholische Leben
der österreichischen Lande zu werden und wenn er gedrängt durch das
Bedürfniß des Landes und das Begehren der Aufklärung dennoch seinen
Willen und seine Gewalt auf die kirchlichen Zustände wendete, so lag
der Antrieb für ihn nicht in geistlichen, sondern in politischen, staats-
wirthschaftlichen und socialen Beweggründen; von diesen Antrieben aus
aber konnte er nicht zum Herstellen, sondern nur zum Forträumen
gelangen und er räumte fort, nicht damit er herstellen könne und soweit die Herstellung es nöthig machte, sondern nur damit die Uebelstände aufhörten zu bestehen, die Gebrechen fortgeschafft wurden: er
beseitigte was polizeilich gefährdend oder finanziell nachtheilig war, er
drängte die Disciplin und Jurisdiction der Hierarchie so weit wie
möglich zurück, weil sie sein landesfürstliches Recht einengte, er hob
Einrichtungen und Anstalten auf, verbot Gebräuche und Feierlichkeiten,
bekämpfte Sitten und Gewohnheiten, weil sie aus Mißbrauch, Irrthum, Aberglauben, Menschensatzungen hervorgegangen seien; seinem
eigenen Urtheil allein behielt er die Entscheidung über die gefährliche,
abergläubische oder mißbräuchliche Natur des auf Anordnung oder
unter Begünstigung oder mit Zulassung der Hierarchie Bestehenden
vor. Das Todte brach nicht in sich zusammen, weil es neben dem
aufkeimenden Leben keinen Raum hatte sich zu halten; nicht durch das
von jenem dringende Leben, sondern durch eine äußere und darum
fremde Gewalt ward es beseitigt.

Die Mißbräuche fielen nicht, weil sie in dem Maße fallen mußten,
in welchem die Wahrheit hergestellt ward, sondern weil Joseph sie
als Mißbräuche erkannte oder zu erkennen glaubte; ob Joseph's Blick

sich auf diesen oder jenen Mißbrauch richtete, hing daher von einem äußeren Anstoß, von Zufälligkeiten jeder Art ab; heute griff er Dieses, morgen Jenes an und wußte heute noch nicht, wie weit er morgen geführt werden würde; oftmals blieb es unverstehbar, warum er gerade diese Gebräuche, warum nicht mehr oder nicht weniger angriff, warum er Dieses bestehen ließ, wenn er Jenes beseitigte, und Dieses beseitigte, wenn er Jenes bestehen ließ; nur Entstellungen der katholischen Kirche wollte er angreifen, aber oftmals griff er als Entstellung an, was, wenn auch nicht selbst Dogma, doch Consequenz des Dogma's war, und tastete daher in dem Beseitigten zugleich die Lehre der Kirche und die Lehrgewalt der Hierarchie an, welche er doch als den Boden betrachtete, auf dem auch er stand und den er unangetastet lassen wollte.

Joseph rottete widrige und Leib und Seele, Staat und Kirche gefährdende kirchliche Zerrbilder aus, aber auch kirchliche Volksgebräuche, die vielleicht an Aberglauben streiften, aber im Wesentlichen unschuldig, von Poesie getragen und als Ueberlieferung uralter Zeiten dem Volke besonders lieb geworden waren; er bekämpfte Einrichtungen, die ausdrücklich von der Hierarchie vorgeschrieben oder gefördert oder zugelassen wurden und, schon weil sie von den Pfarrern oder Bischöfen oder Papste ausgingen, ehrwürdig erschienen.

Das religiöse Leben und mehr noch viele einzelne Aeußerungen desselben waren so fest mit Volksgebräuchen und kirchlichen Einrichtungen dieser Art verwachsen, daß Joseph, indem er dieselben beseitigte, zugleich ein Stück religiösen und nicht immer unchristlichen Volkslebens mit beseitigte, welches einen zwar nur kindlichen und unvollkommenen, oft auch von dem natürlichen Volkssinn durchdrungenen verschobenen Ausdruck, aber doch einen Ausdruck gefunden hatte und wenigstens zur Zeit nur in demselben sich zu äußern befähigt war; er durchbrach den religiösen Vorstellungskreis und verwirrte den katholischen Sinn, dem es unverständlich blieb, wie es möglich sei, daß das Eine heilig gehalten werden solle, während das Andere als Aberglaube und Mißbrauch ihm genommen ward.

Einen Ersatz für das Beseitigte vermochte Joseph nicht zu schaffen; die Kirche behielt in allen den Institutionen, welche Joseph unberührt ließ, dieselbe Gestalt, welche sie in Oesterreich nicht zu ihrem Besten während der letzten Jahrhunderte gehabt hatte; sie war, ohne irgend eine Erneuerung und Belebung zu erfahren, dieselbe Kirche, unter welcher das christliche Leben in Oesterreich stockend dahin geflossen und zu den Ausartungen geführt war, deren Beseitigung Pflicht der weltlichen Obrigkeit geworden war.

Auch in den kirchlichen Verhältnissen, in welchen Joseph der Hierarchie die Leitung abgenommen und sich selbst angeeignet hatte, wußte er die gewonnene Macht nicht zu verwenden zum Herstellen der vergessenen, zum Hervorarbeiten der verschütteten Wahrheit in Einrichtungen, Gebräuchen, Anstalten.

Es sollte nach wie vor Alles nach menschlicher Berechnung, durch menschliche Veranstaltung erreicht werden, aber sie sollte nicht die der Hierarchie, nicht die eines Ordens, sondern die des Staates oder vielmehr Joseph's sein.

Es sollte nach wie vor für die Entwickelung des Einzelnen Wille, Ansicht und Lehre einer Autorität den Gang bis in das Einzelnste vorschreiben, ihm nicht allein Kenntnisse, sondern auch Wissenschaft und Ansicht, Glaube und Empfindungen eingeübt, der Mensch ohne Spielraum für seine Persönlichkeit abgerichtet werden; aber diese Autorität sollte nicht die der Hierarchie, sondern die der Regierung sein: das Staatsregiment trat an die Stelle des Kirchenregiments, die weltliche Polizei an die Stelle der kirchlichen Zucht und konnte große Ziele nicht erreichen, große Hoffnungen und große Thaten nur unterdrücken, aber nicht schaffen.

Was die römisch-katholische Kirche nicht sein sollte und was in ihr sein sollte, hatte Joseph erkannt und den Muth gehabt, sie von ihren Entstellungen befreien zu wollen; was sie aber sein und was in ihr sein sollte, ohne ihr den Charakter als römisch-katholische Kirche zu nehmen, hatte er so wenig wie ein Anderer erkannt, und dafür, daß die christliche Kirche auch außerhalb der römisch-katholischen Kirche möglich sein könne, fehlte ihm jedes Verständniß. „Zerstreue die Nebel, das ist gut", äußerte der spätere Bischof Sailer 1785 unter dem Eindrucke der josephinischen Bestrebungen, „aber mit Hopfenstangen kannst du sie nicht zerschlagen, und wenn du kein Licht in die Nacht zu bringen vermagst, bleibt Alles dunkel, auch wenn du die Nebel hast weichen machen."

An dem Vermögen, Todtes und Entartetes zu beseitigen, und an dem Unvermögen Lebendes und Gesundes zu zeugen, mußte Joseph's Wollen und Handeln auf dem kirchlichen Gebiete scheitern, und derselbe Widerspruch sprach sich auf jedem anderen Gebiete, auf welchem Joseph's Thätigkeit sich bewegte, aus, und ließ auch auf jedem anderen Gebiete sein Wollen und Handeln scheitern. Da er an den Verhältnissen und Personen immer vor Allem die Beziehung und Bedeutung, welche sie für Oesterreichs Machtentwickelung hatten, auffaßte und für sich selbst nur, sofern er Oesterreichs Herrscher war, Glanz, Reichthum, Ehre begehrte, so konnten seine politischen Anschauungen so wenig wie seine menschlichen, niedrig oder kleinlich, sondern nur erfolglos sein.

Das Bedürfniß Oesterreichs forderte verstärkte Stellung der Centralregierung und erhöhte Geld- und Kriegsmacht; Joseph erkannte mit scharfem Blick die vielen im Laufe der Jahrhunderte aufgehäuften Hindernisse, welche sich der Lösung dieser Aufgabe entgegenstellten; Mißbräuche, Uebelstände, Ungerechtigkeiten, Unbilligkeiten, welche Anderen der eigene Vortheil oder lange Gewohnheit lieb gemacht oder doch verborgen gehalten hatte, stellten sich ihm in ihrer wahren Gestalt dar. Er beseitigte in dem Verhältniß der einzelnen Kronländer, deren Landtagen und Behörden, beseitigte in den Gemeinden, den bäuerlichen Verhältnissen, den Handwerks- und Handelsverhältnissen, beseitigte in dem Verhältniß der landesfürstlichen Beamten, in der Justiz, im Geschäftsgang, im Steuerwesen, Polizei, mit entschlossenem Durchgreifen eine nicht kleine Zahl schreiender Mißstände und Hindernisse, aber auch Einrichtungen und Verhältnisse, nur weil sie der Aufklärung als Uebelstände und Hindernisse und Vorurtheile erschienen, an sich aber unschädlich, seit Jahrhunderten mit den Lebensgewohnheiten verwachsen waren oder wenn auch durch Abgestorbenes, Krankes, Entartetes niedergedrückt, doch eine gesunde Wurzel hatten. Durch Willkür wollte er Gerechtigkeit herbeiführen. Die Polizei, Polizeigewalt und Polizeistrafen sollten die Menschen tolerant und human machen, auf staatlichen Befehl geistig gelebt werden. Neues, Lebendiges wußte die Aufklärung nicht zu schaffen, große Ziele nicht zu setzen, Keime einer bedeutenden Zukunft nicht zu legen; nicht der Reichthum, sondern die Armuth an Ideen war Joseph's Gefahr. Er hatte keine anderen Ziele, als die Aufklärung. Das dürre und ungelenke politische Machwerk der Aufklärung sollte Oesterreichs künftige Verfassung sein, das Regiertwerden aller Verhältnisse und Personen sollte die Stärke Oesterreichs begründen. Alles sollte abgemessen, Alles vorgeschrieben sein in kleinen wie in großen Verhältnissen, Alles nur Mittel, nur Werkzeug sein für den Staat, Kunst und Wissenschaft nicht weniger als der Einzelne.

Wie wenn Oesterreich eine Armee sei, sollte kein Einzelner, keine Gemeinde, keine Corporation, keine Landschaft eigenes Leben und eigene Bewegung haben, nur Theil des Ganzen sein, nur von dem Befehl des Ganzen bestimmt sein, nur das Ganze sollte wirken. Um dieses Ziel

zu erreichen, erkannte er so wenig wie eine Berechtigung und Selbst=
bestimmung der Einzelnen, eine Berechtigung der Nationalitäten und
der besonderen auf geschichtlichem Wege gewordenen Eigenthümlichkeit
eines Landes an; an die Stelle des gewordenen Verschiedenen sollte
das gemachte Gleiche treten, für Alle nur Eines gelten. Mit krank=
hafter Hast drängte Joseph den Lebensverhältnissen eine ihnen wider=
strebende, fremdartige Gestalt und Ordnung auf; Billigkeit, Rück=
sichtnahme, Schonung kannte Joseph nicht; Verschiedenheit des Standes,
der Nationalität, der Landesart galt ihm so wenig wie Verschie=
denheit der Bildung. Was die französische Gesetzgebung nach der
ungeheueren revolutionären Umwälzung bis zu einem gewissen Grade
später in Frankreich durchsetzte, erreichte Joseph nach der in ruhigem
Gange sich bewegenden Regierung Maria Theresia's nicht; seinen durch=
greifendsten Befehlen stellten sich zähe der alten Zeit entgegen. Nicht
allein im Finanzwesen wird eine gewohnte Last leichter getragen, als
die neu eingeführte ungewohnte, wenn auch minder schwere. Die Eigen=
thümlichkeiten der Stämme, der Länder und Landestheile, der Unmuth, die
Bitterkeit der aus ihrer hergebrachten Ruhe aufgestörten Einzelnen,
die vis enertiae eines großen Theiles der Beamten, der offene und
versteckte Widerstand des Pfarrers jeder Gemeinde auf dem Lande,
im Gebirge, jedes starrsinnigen Mönches der aufgehobenen Klöster,
der Groll jedes in seiner in der Geschichte von Jahrhunderten wur=
zelnden Stellung bedrohten Grundherrn oder durch barbarische Strafen
in seiner Standesehre gekränkten Grafen und Fürsten, Obristen und
Hofraths, arbeiteten ihm bewußt und unbewußt entgegen; trotz der
kaiserlichen Gebote blieb Manches stillschweigend und unbemerkt un=
ausgeführt ein Befehl auf dem Papier, über Anderes wurden heftige
Klagen laut, bittere Beschwerden geführt, Widerstand der Durch=
führung entgegengesetzt; überrascht stand Joseph den nicht geahnten
Hemmungen gegenüber, erstaunt sah er, daß Alles ihm widerstrebte;
in manchen Fällen gab er unwillig nach, nahm zurück, änderte, er=
klärte, beschränkte, erweiterte, und ermuthigte dadurch zum fortgesetzten
Widerstand; in anderen Fällen wurde er durch den Widerstand nur
hartnäckiger, wollte gewaltsam erzwingen, den bösen Willen brechen,
durch Strafen niederwerfen, und machte den Widerstand hier ver=
stockter, dort erbitterter, immer aber erfolgreicher.

Je länger der Kampf dauerte, je älter der Kaiser, um so
gereizter wurde er, aber auch um so unsicherer und ermüdeter. Er
wurde nicht nur mit allen Anderen, sondern auch mit sich selbst

in Kampf verwickelt. Die vielen Verordnungen durchkreuzten und widersprachen sich, ließen sich deßhalb oft auch bei dem besten Willen nicht durchführen; die äußeren Verhältnisse, namentlich der Türkenkrieg, die Unzufriedenheit im Heere und in der Hauptstadt, die Krankheit des Kaisers traten lähmend hinzu. Zwar wurden in den deutsch-slavischen Erblanden nicht wie in Ungarn durch das Patent vom 30. Januar 1790 Verwaltung und Rechtspflege auf den Stand, den sie vor dem Regierungsantritt des Kaisers gehabt, oder wie in den Niederlanden durch das Edict vom 25. November 1789 der alte Stand der Dinge zurückgeführt; aber in Tyrol wurden doch die Conscription und die kirchlichen Neuerungen aufgehoben, in Böhmen die Durchführung der Anordnungen über das Steuer- und Zehntwesen ausdrücklich unterbrochen und in allen Erblanden die Strenge aufgegeben, mit welcher Joseph früher die Durchführung seiner Anordnungen hatte in das Leben führen wollen; alte Uebelstände, Mißbräuche dauerten im Leben in vollem Umfange oder theilweise fort, in manchen Erblanden mehr, in anderen weniger, obgleich sie in den Gesetzen aufgehoben waren; die neuen Einrichtungen waren zuweilen gewaltsam dem Leben aufgedrängt, zuweilen nur in einzelnen Beziehungen, zuweilen gar nicht zur Wirklichkeit geworden; Weniges war, wie es gewesen, und Alles war in Frage gestellt; nur Weniges ganz zerstört, aber Nichts ganz vollendet. In buntem Gemenge lagen Trümmer des Alten und Anfänge des Neuen, Schutt der vorigen Jahrhunderte und Bausteine zu einem gehofften politischen Leben der Zukunft durcheinander, und auf zerklüftetem Boden kämpften, zwar nicht wie in den Niederlanden und voraussichtlich bald auch in Ungarn, der offene Aufstand, aber heftig erregt die zähen Anhänger altüberlieferter, in Gewohnheit fest wurzelnder Lebensverhältnisse und Rechtsordnungen gegen die rücksichtslos andrängenden, auf das Machtbedürfniß Oesterreichs, die Forderung einer aufgeklärten Vernunft und die erleuchtete Persönlichkeit des Kaisers sich berufenden Verfechter des von den zahllosen Decreten und Patenten gewaltsam erstrebten, aber nicht erreichten Neuen. Nur darin stimmten Alle überein, daß Niemand sich befriedigt fühlte, Niemand sich der bestehenden Zustände, in welchen er sich befand, freute, Jeder aus ihnen, obschon nach verschiedenen Seiten, herausdrängte und das Gefühl behaglicher Sicherheit verschwunden war.

Inmitten dieser Zersetzung aller Verhältnisse, dieser allgemeinen Gährung und Verwirrung und dieses Kampfes der Meinungen starb Joseph am 20. Februar 1790 und hinterließ seinem Nachfolger ein

Reich, welches zwar denselben Länderbestand und dieselben Nationalitäten wie zur Zeit der Kaiserin Maria Theresia umfaßte, aber dennoch ein wesentlich anderes war, und weder wie der Staat Carl's VI. von Maria Theresia, noch wie der Staat Maria Theresia's von Joseph regiert werden konnte.

Viertes Buch.
Oesterreich und das deutsche Reich.

Erstes Capitel.
Territoriale Parteien vor Ausbruch des Revolutionskrieges.

Die politische Kraft und Größe des deutschen Reiches während jener Zeiten, in denen sein Haupt als deutscher König die ganze Nation unter seinem Scepter vereinte und als römischer Kaiser an der Spitze Europa's und der ganzen Christenheit stand, lebte noch in dunklen Ueberlieferungen im 18. Jahrhundert fort, und die Namen für die politischen Institutionen, durch welche Deutschland auch jetzt noch als Ganzes erscheinen sollte, waren dieselben wie in den Zeiten vergangener Größe. Auch im 18. Jahrhundert wurden deutsche Könige und römische Kaiser gewählt und gekrönt, ein Reichstag war in Regensburg versammelt, Reichsgerichte handhabten in Wien und Wetzlar das Recht und ein Reichsheer sollte Deutschlands Kraft nach Außen offenbaren. Aber die Wirklichkeit war stärker als die Erinnerungen, die Sachen stärker als die Namen. Deutschland hatte in Wahrheit den Reichscharakter verloren und war seit Max I. Zeiten mehr und mehr zu einer Conföderation der fast unabhängigen Territorialstaaten geworden. Der Kaiser war ungeachtet seines alten an großen Erinnerungen reichen Namens jetzt Haupt einer Conföderation. Der Reichstag war zu einem Congresse der Gesandten und das Reichsheer zu einer Verbindung der Contingente conföderirter Staaten geworden.

Seitdem das Reich vor Allem als eine politische Form auftrat, in welcher sich der Zusammenhang der fast unabhängigen Territorialstaaten aussprach, erschienen als Glieder der Reichsconföderation nur die Reichsstände. Nicht von der Nation, sondern von den Territorien und deren Regierungen wurde Verfassung, Haltung und Leben des Reiches bestimmt. An Gegensätzen der Ansichten des Wollens und Nichtwollens, des Thuns und Lassens, um dem Allen offenbaren Verfalle des Reichszusammenhanges entgegenzutreten, fehlte es unter den Regierungen nicht, und aus diesen Gegensätzen konnten Parteien hervorgehen, welche nicht Parteien der deutschen Nation, sondern der deutschen Reichsstände waren.

Die Nation aber, obschon sie in eine Vielzahl verschiedener Staaten zersplittert war, hatte die Sehnsucht nicht verloren, ihre nationale Einheit auch als politische Einheit gestaltet zu sehen. Das deutsche Reich hatte einstmals dieser Sehnsucht volle Befriedigung gewährt, und die Macht alter großer Erinnerungen hielt Herz und Sinn des Volkes an dasselbe gebunden. Für die Gegenwart hatte das Reich zwar aufgehört, Ausdruck der nationalen Einheit zu sein; aber abgesehen von dem im Reiche sich darstellenden Zusammenhange der Staaten, in welche sie vertheilt war, erschien die Nation überhaupt nicht als ein politisches Ganzes. Sofern die Nation daher überhaupt politische Einheit sein wollte, mußte sie zu dem Reiche halten, mußte es aus seinem tiefen Verfalle erhoben und zu dem gestaltet wünschen, was es noch nicht war. Ansichten und Gedanken, Hoffnungen und Befürchtungen bewegten die Nation in Beziehung auf das Reich; auch in der Nation blieben Gegensätze nicht aus, auch aus ihnen konnten Parteien hervorgehen, welche aber nicht Parteien der deutschen Reichsstände, sondern der deutschen Nation waren. Da die territorialen Parteien das Reich als Zusammenhang der deutschen Staaten, die nationalen Parteien als politischen Ausdruck für die nationale Einheit auffaßten, fielen die territorialen und nationalen Parteien nicht zusammen. Jede derselben hatte vielmehr ihre besondere Geschichte und ihren besonderen Verlauf.

Das Reich war seit Jahrhunderten Conföderation der deutschen Territorien, aber diese Conföderation wurzelte in einer tausendjährigen Geschichte, wurde getragen von dem Einheitsbewußtsein der Nation und gefördert von dem Ergänzungsbedürfniß der Territorien. Die

Reichsverfassung erkannte es an, daß das Reich nicht allein als Mittel für Zwecke bestehe, sondern sein Ziel in sich selbst trage, daß es auf innerer Nothwendigkeit, nicht auf Vertrag, nicht auf dem Willen der Conföderirten ruhe, denn sie setzte die Unauflöslichkeit des Reiches voraus, betrachtete Jeden, der gegen das Reich handelte, als National= verräther und bestrafte ihn als Reichsverräther. Auch die Reichsstände, wenn sie in Reichsangelegenheiten verhandelten, gingen in Allem, was sie sagten, stets von der gleichen Voraussetzung aus; aber in ihrem thatsächlichen Verhalten ließen sie sich nur durch Rücksicht auf den eigenen Vortheil, nicht durch die Macht und Größe des Reiches leiten Sie behandelten seit Jahrhunderten das Reich, wie wenn es seiner selbst wegen keinen Anspruch auf Dasein hätte, sondern nur als Mittel für ihre Zwecke; sie handelten nicht als Glieder eines großen politischen Ganzen, dessen Kraft und Größe zugleich ihre eigene Kraft und Größe sei; und was sie dem Reiche gaben, glaubten sie sich selbst zu entziehen. Lange schon hatten sie sich gewöhnt, die Reichsconföde= ration als eine völkerrechtliche Allianz zu betrachten, die ohne Leben und Bedeutung an sich selbst nur Mittel ist und nur einen Werth hat, sofern sie politischen Vortheil gewährt, der nur so viel gegeben und geleistet wird als nöthig ist, damit sie diesen Vortheil gewährt, und der man ohne großen Schmerz den Rücken kehrt, wenn sie nicht mehr gewährt, was man von ihr erwartete.

Alle Territorien, die geistlichen wie die weltlichen, die königlichen wie die gräflichen, behandelten das Reich nur als Mittel für ihre Zwecke, und die Gegensätze, welche sich unter den Territorien in Be= ziehung auf das Reich fanden, hatten ihren Grund darin, daß die verschiedenen Territorien je nach Größe, Lage und Stellung das Reich als Mittel zu verschiedenen, oft entgegengesetzten Zwecken gebrauchen und daher auch verschieden gestaltet und bald diese, bald jene Seite desselben ausgebildet und gestärkt sehen wollten.

Weil Oesterreich ein Anderes wie Preußen, und die vielen abge= storbenen Territorien, die den Anspruch auf Fortdauer längst verloren hatten, ein Anderes wie die lebensfähigen Territorien vom Reiche für ihre besonderen Zwecke begehrten, wollte Jeder von ihnen das Reich auch verschieden gestaltet wissen.

Oesterreich und Preußen erschienen zwar innerhalb der deutschen Verfassung nur als Stände des heiligen römischen Reiches; in Regens= burg hatten sie Sitz und Stimme, in der Reichsmatrikel waren ihre Beiträge zum Römermonat wie zum Heere veranschlagt. Der Träger der Habsburgischen Macht galt dem deutschen Reiche nur als Herzog von Burgund und gefürsteter Graf von Tyrol und Erzherzog von Oesterreich, der (mit vielen hohen Vorrechten begnadigt) des jedesmaligen Kaisers allergeheimster Rath sein und ihm bei dem Krönungsmahle den ersten Trunk aus einem silbernen Becher reichen sollte. Den König von Preußen kannte das Reich nur als Kurfürst und Erzkämmerer, welcher dem neugewählten Kaiser das Scepter vortrug und ihm das Becken darreichte zum Waschen der Hände. Aber die Höfe von Wien und Berlin, welche nach dem Reichsrechte und nach der Reichssprache nur als Glieder der deutschen Reichsconföderation betrachtet und behandelt wurden, waren jeder für sich politisch bedeutender als das Ganze, dessen Glieder sie hießen, und beide waren europäische Mächte geworden, während das Reich in den europäischen Verhältnissen schon lange nicht mehr zählte.

Oesterreich und Preußen hatten zwar die europäische Stellung, durch welche sie sich von allen übrigen Territorien unterschieden, gemeinsam, aber diese Stellung selbst ruhte auf so entgegengesetzten Grundlagen, daß ein Gegensatz zwischen beiden Staaten nicht ausbleiben konnte. Die Kraft, welche Oesterreich zur europäischen Macht erhoben hatte, war die Kraft des Werdens, fortgesetzt durch eine vielhundertjährige Geschichte; so große kriegerische Erfolge Oesterreich auch in seiner Geschichte aufzuweisen hat, hatten Verhältnisse und Ereignisse doch größeren Antheil an seiner Machtstellung, als Thaten; es war sich der Macht, durch die es geworden, was es war, bewußt und hatte scheue Achtung vor ihr; es trug Bedenken, in das Gewordene einzugreifen und an die Stelle des politischen Werdens politische Thaten zu setzen; es fühlte sich sicher und wiegte sich in dem Gefühle angeerbter Größe. Oesterreich war ein alter Staat, fest hineingewachsen in den Gang der europäischen Geschichte, reich an politischer Erfahrung und diplomatischen Ueberlieferungen, vorsichtig und ruhig, aber nicht frei von greisenhaften Beimischungen; schlau, berechnend, frischen Bewegungen und neuen Thaten abgeneigt; arm an großen Persönlichkeiten, vor Allem in dem aussterbenden Habsburgischen Fürstenhaus.

Preußen dagegen hatte seine europäische Stellung durch Thaten, durch großes und kühnes Handeln, durch bedeutende Persönlichkeiten, vor Allem seines Herrscherhauses in raschem Fluge erobert. Seine europäische Geschichte hatte nicht vor dem großen Kurfürsten begonnen; es hatte sich in den Zusammenhang der europäischen Staaten als

Macht hineingefügt, ward anerkannt von Europa, aber widerwillig und wie eine fremdartige, störende Erscheinung; der Raum für seine europäische Wirksamkeit war noch nicht abgegrenzt, überall kreuzte es die Bahnen der alten Staaten, überall gab es Zusammenstöße mit altberechtigten Ansprüchen. Preußen selbst hatte sich noch nicht eingelebt in seine neue Stellung, ohne überlieferte europäische Erfahrung fühlte es sich unsicher, wich bald verlegen vor der vornehmen europäischen Staatenaristokratie bei Seite und drängte bald wie besorgt, nicht als ebenbürtig angesehen zu werden, weit über die Grenzen der gewonnenen Stellung hinaus. Auf seiner Geschichte konnte es nicht ruhen, sondern mußte sich Geschichte schaffen, mußte kühn handeln; seine Zukunft war auf seine Thaten gestellt; es wurde nicht, wie Oesterreich, von sich selbst getragen, sondern bedurfte, um zu bleiben, was es war, bedeutender Persönlichkeiten. Wohl hatte es wie Oesterreich mit den Waffen gesiegt und sich Bahn gebrochen, aber durch den Druck äußerer Macht allein herrschen zu wollen, war es nicht stark genug und hatte ein zu junges, frisches Leben. Es ließ sich durchdringen von den Bewegungen der Reformation, sie wurden ein mächtiger Hebel seiner politischen Größe; Preußen ward der protestantische Staat des Continents, und wie sein großer König nicht allein als König herrschen, sondern auch durch seinen Geist im Reiche des Geistes Einfluß zu üben trachtete, lag in dem Staate ein ähnliches Streben.

Da beide deutschen Großmächte, um ihre europäische Stellung zu behaupten, die Kräfte Deutschlands in Anspruch nahmen, wollte Oesterreich die Herrschaft über Deutschland, welche es hatte, nicht aufgeben und Preußen einen politischen Einfluß, den es nicht besessen hatte, gewinnen, und durch das Ringen um den entscheidenden Einfluß auf Deutschland mußte der tief in der Entstehungsgeschichte beider Staaten liegende Gegensatz zu einem feindlichen werden. Oesterreich glaubte von Preußen verdrängt zu sein, während Preußen sich doch nur an eine leere Stelle gesetzt hatte. Ein Kämpfen und Ringen um die erste Stellung in Deutschland war in der Natur der Dinge begründet und die Feindschaft Oesterreichs gegen den aufstrebenden Nachbar zu einem Grundzuge der Politik des Wiener Hofes geworden, welche unabhängig vom Wechsel der leitenden Staatsmänner von einem Jahrzehnt dem anderen überliefert ward.

Für die Politik des Wiener Hofes am Ende des 18. Jahrhunderts war freilich nicht wie ehedem der Katholicismus die bestimmende Kraft;

ein gewisses Widerstreben vielmehr gegen die Hierarchie gehörte beinahe zum Hergebrachten und in den Kreisen der Großen wie in der Handels- und Gelehrtenwelt waren der Männer nicht wenige, welche mit einem geheimen, sich vor sich selbst verbergenden Verlangen nach dem Protestantismus hinüberblickten; seine positive Seite zwar war nicht gekannt und hätte vielleicht auch wenig Anziehungskraft geübt, aber seine negativen Elemente schienen so manches Beengende und Unbequeme beseitigt und für die auch in Oesterreich hochgepriesene Aufklärung die Wege gebahnt zu haben. Der Gegensatz indessen, in welchem sich Oesterreich gegen die Reformation seit deren Eintreten in die Weltgeschichte befunden hatte, ließ sich rückwärts so wenig durch das Fehlen eines lebendigen Katholicismus, wie durch die Gelüste mancher Einzelnen nach den verbotenen Gütern vernichten. Die Stellung vielmehr zu Deutschland und Europa und die Gestaltung des eigenen Inneren, welche Oesterreich unter wesentlicher Vermittelung seines entschiedenen und nachhaltigen Auftretens für die alte Kirche gegen die Reformation eingenommen hatte, überdauerte den längst erloschenen Glaubenseifer, welchem sie ihren ersten Ursprung verdankte. Mit tiefem Widerwillen blickte der österreichische Staatsmann auf die Thatsache der Reformation, und die in Oesterreich herkömmlich gewordene Auffassung der Reformationsgeschichte war nicht geeignet, denselben zu beseitigen. Der Gang der Geschichte, sagte man, hatte dem Hause Habsburg den Anspruch gegeben, nicht allein als Kaiser, sondern auch als Herrscher Deutschland unter sich zu vereinen. In dem Augenblicke aber, in welchem der größte Kaiser, welchen das Haus Habsburg erzeugt hatte, durch den Besitz einer früher unbekannten Macht im Begriffe war den Anspruch zu verwirklichen, warf eine unglückliche Neuerung in der Religion ihre Feuerbrände hinaus in das Volk. Der Zerfall des deutschen Volkes, der grausame Bauernaufstand und die Empörung der Stände waren ihre ersten Früchte.

Da die Hartnäckigkeit der neuen Partei und die Aufhetzung der Fremden die Versuche die Einheit wieder herzustellen vergeblich machte, so trat für jeden Fürsten des Hauses Habsburg die natürliche Verpflichtung ein, die unversöhnlichen Feinde seines Hauses, seines Staates und seiner Religion zu bekämpfen. Die Kaiser durften den trotzigen Forderungen der Empörer die Rechte ihrer Kaiser- und Königskrone nicht opfern, sie mußten den Aufruhr strafen, und es gab kein anderes Mittel als Gewalt, um die fanatischen Eiferer der neuen Lehre unschädlich zu machen. So entstand die Reihe bürgerlicher Kriege, welche Deutschlands Eingeweide zerrissen, und der Friede, welcher sie beendete, verewigte den unheilvollsten Zustand. Zwei Parteien trennten fortan Deutschland, hielten den Kaiser in einer beständigen Ohnmacht und setzten ihn für alle Zeit außer Stand, den vollen Gebrauch von seinen Kräften zu machen. Zwar kühlte sich im Laufe der Zeit der Fanatismus der Neuerer ab, so daß es ihnen möglich wurde, gehorsame Unterthanen und verträgliche Nachbarn zu sein, aber hierin liegt für den Kaiser von Oesterreich kein Grund, zu vergessen, daß ihre geschichtlich begründeten Ansprüche auf die Beherrschung Deutschlands durch das Entstehen und durch das Bestehen des Protestantismus unerfüllt blieben.

Das Haus Oesterreich ist sich, wie es nicht anders sein durfte, stets seines Gegensatzes zu dem Protestantismus bewußt gewesen, es war immer römisch-katholisch und eiferte für die Erhaltung des Glaubens. Gegen das Eindringen der Neuerungen von Außen hatte sich Oesterreich durch Abschließung von Deutschland gesichert und sorgsam darüber gewacht, daß nicht durch den Fürwitz der Schulhalter oder Bücherschreiber des Inlandes verführerische Lehren verbreitet wurden. So war es gelungen, Oesterreich frei von den Religionszwisten zu machen, die das übrige Deutschland zerrütteten. Wenn aber ein Regentenstamm Jahrhunderte dieselben Grundsätze befolgt hat, so entfernt sich ein einzelner Regent nie von diesen Grundsätzen, ohne sich oder seinen Nachkommen Gefahren zu bereiten. Als Max II. sich vom Glauben seiner Väter abneigte und sich nicht um das Schicksal der katholischen Religion bekümmerte, führte er einen solchen Zustand der Dinge herbei, daß innerer Aufruhr unausbleiblich war. Als Joseph II. sich nicht damit begnügte, durch Verbesserung des Religionsunterrichtes, durch Aufhebung der Klöster und Befreiung der geistlichen Angelegenheiten von fremdem Einflusse die katholische Kirche nutzbarer für die menschliche Gesellschaft zu machen, sondern die für Oesterreich nothwendige Stellung dem Protestantismus gegenüber locker zu machen begann, war Verwirrung und Unsicherheit der Staatsverhältnisse die unausbleibliche Folge.

Die österreichischen Staatsmänner, welche von Jugend auf unter Einfluß dieser Ansichten gestanden hatten, mußten Oesterreich als den natürlichen Gegner der deutschen Staaten auffassen, welche ihre Stellung nach Außen und ihre Gestaltung im Inneren wesentlich durch die bildende Kraft des Protestantismus nur gewonnen hatten. Preußen aber war nicht nur ein protestantischer Staat, sondern war der protestantische Staat des Continents. Durch Preußen hatten die Oesterreichs Stellung gefährdenden Kräfte des Protestantismus einen politischen Einheitspunkt erhalten, und der alte Reichscanzler von Strahlendorf hatte recht gesehen, als er 1609 seinen Kaiser darauf aufmerksam machte, daß jeder Ketzer an dem brandenburgischen Hause kräftiglich hänge, und der Kurfürst von Brandenburg, auf welchen alle Hoffnung und aller Trost der Abtrünnigen nunmehr gestellt sei, könne wohl der werden, so von den Lutherischen und Calvinischen längst gewünscht und erwartet worden sei.

Das Königreich Preußen hatte das Mißtrauen und die Eifersucht Oesterreichs als eine Erbschaft vom Kurfürstenthum Brandenburg erhalten. Besorgt hatte das Haus Habsburg schon ein Jahrhundert vor Friedrich II. bemerkt, wie der große Kurfürst in den mannigfachsten Wendungen die eigene Erhebung als unverrücktes Ziel verfolgte und wie die churbrandenburgischen Gesandten die Sachen in aller Stille zu ihrem Vortheile zu leiten wußten. Sobald die Königswürde des Kurfürsten Friedrich anerkannt war, sprach warnend Eugen: man müsse behutsam mit dem neuen Könige umgehen, denn wer sich einmal die eigene Vergrößerung in den Kopf gesetzt habe, werde es nie wieder gut und aufrichtig mit seinen Nachbarn meinen. Bald nahm man in Wien nicht ohne Befremdung wahr, daß das junge Königthum sofort eine gleiche Behandlung mit den alten königlichen Häusern selbst von dem Kaiserhofe in Anspruch nehme. „Der König ist empfindlich", schrieb Seckendorf 1726 seinem Kaiser, „weil derselbe eine solche Hoheit und solchen Respect im Kopfe hat, daß man in diesen Stücken ihn nicht touchiren muß, maßen er seine Jalousie nicht bergen kann, wo man ihn geringer als andere Könige tractiren wolle." Nicht einmal die Leitung des vielerfahrenen Kaiserhofes wollte sich das junge in großen Geschäften noch unerfahrene und ungeübte Königthum gefallen lassen. Keine Mühen und keine Ausgaben hatte der Wiener Hof gespart, um Friedrich Wilhelm I. nicht sich selbst und seiner ungestümen Gemüthsart zu überlassen, und dennoch mußte Seckendorf 1732 schreiben: man mache sich von des Königs Gemüth eine ganz falsche Idee, wenn man glaube, er könne von Jemand, wer es auch sei in der Welt, regiert werden. Unwillig betrachtete man in Wien die Eigenwilligkeit des wohlgerüsteten Nachbarn. Er wolle, hieß es, von der ihm als Reichsfürsten vorgesetzten hohen Obrigkeit des Kaisers nichts wissen. Wenn ihn der Reichshofrath wegen seiner gewaltsamen Eingriffe verurtheile, so sage er, der Reichshofrath wolle ihn um Land und Leute bringen, ihm seine landesfürstlichen Rechte entreißen und die Unterthanen über ihn erheben, so daß sie den schuldigen Respect verlören.

Die Erhebung Preußens zu einer deutschen Macht mit europäischem Charakter, welche Oesterreich bisher nur als möglich für eine ferne Zukunft geahnt hatte, wurde durch Friedrich den Großen verwirklicht. Die kühnen Unternehmungen eines genievollen und glücklichen Usurpators gaben, so hieß es in Wien, dem durch die Reformation hervorgerufenen Bruche eine neue Consistenz. Aus einem siebenjährigen bürgerlichen Kriege erhob sich eine mit dem Oberhaupte des Reiches offenbar rivalisirende Macht; sie vernichtete nicht allein innerhalb ihres eigenen Gebietes das kaiserliche Ansehen, sondern machte auch jeden Versuch, eine gesetzliche Einheit unter die zerfallenden Reichsglieder zu bringen, vergeblich, indem sie Alles eifrig beförderte, was den Riß vergrößern konnte. Wohl hatte der Verlust von Schlesien einen Stachel im Herzen Oesterreichs zurückgelassen, welcher dadurch seine Schärfe nicht verlor, daß Preußen das neue Besitzthum nicht durch listige Künste erschlichen, sondern durch Kraft und Geist sich angeeignet hatte. Tiefer aber als das verlorene Land schmerzte die verlorene Stellung zu Deutschland. Oesterreich fühlte, daß es aufgehört habe Deutschlands Haupt zu sein, nicht allein weil Preußen sich an Heeresmacht und europäischer Bedeutung als ein wenn auch schwächerer Gleiche neben das alte Kaiserhaus gestellt, sondern auch weil zum politischen Gefühl der Nation Preußen in einem näheren Verhältniß als Oesterreich stand. Während der alte Stamm der Habsburger erloschen war und das neue in Deutschland wenig bekannte Geschlecht der Lothringer Oesterreich beherrschte, während der Name Kaiser Max' I., des letzten Habsburgers, der zum deutschen Gemüthe Zugang gefunden hatte, nur noch durch wenige erblassende Sagen dem Volke bekannt war, ertönten in Dorf und Stadt des ganzen Deutschlands die Lieder, welche die Thaten Friedrich's besangen, und das Bild des großen Königs schmückte die Stube des Bauern und des Bürgers. Wie wenn Friedrich nicht ein König in Deutschland, sondern der König von Deutschland wäre, glaubten alle Deutschen Theil an seinem Ruhme und seiner Größe zu haben. Durch Friedrich getragen, erwachte zum ersten Mal seit langer Zeit das Bewußtsein, auch eine Nation unter den Nationen Europa's zu sein.

Wie dem Volke Friedrich näher stand als Carl VI. oder Franz I. oder Maria Theresia und Joseph, so stand den deutschen Landesherren der werdende preußische Staat näher als das österreichische Reich. Das Princip der Einheit, welches in Preußen hervorgetreten war, versprach, indem es alle im Staate liegenden Kräfte in der Hand des Fürsten sammelte, ein Gewicht und eine Macht, wie sie bisher kein deutscher Staat besessen hatte. Es ließ sich im Voraus wissen und wurde bald durch die Erfahrung gelehrt, daß sich die deutschen Staaten diesem Principe zuneigen würden, dessen weitere Entwickelung eine große unberechenbare Zukunft ahnen ließ, und es mußte Oesterreich sich sagen, daß es, weil ihm unbedingt unmöglich sei, dieses Princip zu dem seines politischen Lebens zu machen, der politischen Entwickelung der deutschen Staaten in demselben Grade ferner treten würde, als das Princip der Staatseinheit von Preußen aus die übrigen deutschen Staaten durchdrang.

Begründet und fast als Nothwendigkeit konnte es bei dem allgemein herrschenden Charakter der damaligen Politik erscheinen, daß die gegenseitige Bekämpfung wesentlich in versteckten Anfeindungen, in kleinlichem Mißtrauen und erbitterter Eifersucht hervortrat. Der Wiener Hof indessen, welchem das Dasein Preußens als europäische Macht beinahe wie eine Verschuldung Preußens erschien, mußte um so mehr in jedem Versuche des jungen Staates, sich Geltung zu verschaffen, nur einen ungerechtfertigten Angriff auf das Kaiserhaus erblicken. Empfindlich fühlte er sich verletzt und zurückgestoßen, wenn er auf jedem Schritt und Tritt dem unruhigen Nachbarn begegnete, der ihm überall Schwierigkeiten bereitete.

Als nach dem Tode des Kurfürsten von Baiern Max Joseph Oesterreich kraft gründlichen Anspruchs einen Theil des Nachlasses forderte, mit den Erben sich verständigt und die Eintauschung sämmtlicher noch übrigen bairischen Besitzungen gegen die Niederlande besprochen hatte, störte der König von Preußen die friedliche Einigung, warf sich zum Vermittler auf, und im Frieden von Teschen mußte Oesterreich seine Beute fahren lassen, allen seinen Ansprüchen mit Ausnahme derer auf das Innviertel entsagen.

Als Joseph nach jener Zusammenkunft mit Catharina in Cherson den Versuch zur Zerstückelung der Türkei machte und der Krieg begann, wurde sein Nachfolger durch Preußens Auftreten genöthigt, die Erhaltung des status quo als Sieg zu betrachten.

Zwei Mächte, welche europäische Ziele zu verfolgen und europäische Aufgaben zu lösen hatten, besaß das Reich zu seinen Gliedern, und diese beiden Mächte standen in einem durch die Natur der Dinge begründeten, in der Geschichte groß gewordenen und durch Leidenschaft verschärften feindlichem Gegensatz zu einander. Jeder von ihnen wollte die Kräfte, welche das Reich besaß, gebrauchen zu seinen besonderen Zwecken, jeder von ihnen ein Mittel, die europäische Stellung zu bewahren und zu verstärken und eine Waffe, um den Anderen zu bekämpfen, finden. Da das deutsche Reich aber eine verschiedene Gestaltung haben mußte, je nachdem es Oesterreich oder Preußen als eine geeignete Waffe dienen sollte, so wollte Oesterreich es in der einen, Preußen in der anderen Weise gestaltet wissen; die Stellung beider zum Reiche war eine wesentlich verschiedene.

Der Oesterreich genannte politische Ländervereiu, der nach Nationalität, Geschichte und Culturstufe die verschiedenartigsten Bestandtheile aufwies, war schon seit Jahrhunderten als große europäische Macht in der Geschichte aufgetreten. In Oesterreich erschien der deutsche Territorialstaat nicht wie das genus in der species, Baiern, Sachsen oder Hannover zu einem besonderen Dasein verkörpert; nicht allein durch den Umfang seiner Macht unterschied es sich von Baiern, Sachsen, Hannover und jedem deutschen Territorium; es war seiner Zusammensetzung und Geschichte, seinen Aufgaben und Interessen nach ein politisches Ganze von wesentlich anderer Art, es war, ungeachtet des geistigen Uebergewichts seiner deutschen Elemente, nicht deutscher Territorialstaat, sondern österreichisches Kaiserthum, obschon es den kaiserlichen Namen noch nicht führte. Nicht durch deutsche, sondern durch österreichisch-europäische Interessen ward der Gang seiner Regierung und seiner Geschichte bestimmt. Die entgegengesetzten Elemente, welche in demselben Reiche zusammengebunden waren, drohten, wenn sie geistig beengt und ihres Gegensatzes sich bewußt wurden, auseinander und widereinander zu gehen und forderten die gemeinsame Regierung zu großer Vorsicht auf. Bewegungslosigkeit der inneren Verhältnisse und Entfernung geistig erregender Einwirkungen von Außen wollten die österreichischen Staatsmänner und schlossen deßhalb ihr Land insbesondere gegen Deutschland geistig ab, wohl fühlend, daß Oesterreich, einmal kräftig vom deutschen Leben ergriffen, aufhören werde das Oesterreich zu sein, welches der Gang der Dinge geschichtlich hingestellt hatte; alle die großen geistigen Kämpfe, deren Durchkämpfung die Aufgabe und das eigentliche Leben der deutschen Nation ausmachte, berührten Oesterreich nicht, seitdem es ihm gelungen war, die Bewegungen der Reformation in seinen Landen zu ersticken. Oesterreich sollte nicht deutsch werden und ward es nicht; ohne

Rücksicht auf den Zusammenhang mit Deutschland ging es vom Anfange seiner Geschichte an seinen eigenen Weg, aber es bedurfte Deutschlands als eines festen Rückhalts gegen seine eigenen nichtdeutschen Bestandtheile, gegen die Slavenreiche wie gegen den Muhamedanismus und für seine europäische Stellung überhaupt. Ohne dem nationalen deutschen Leben Einfluß zu gestatten und dem Reichszusammenhang sich einzuordnen, strebte Oesterreich Deutschland zu benutzen, also wie ein Fremder über Deutschland zu herrschen. Die deutsche Nation, deren Geschichte darauf beruht hat, daß die großen Stämme, aus deren Verschmelzung sie entstanden war, mit gleicher Kraft neben einander fortlebten und keiner ein dauerndes Uebergewicht des anderen zuließ, sollte nun der Herrschaft nicht eines deutschen Stammes, sondern eines Reiches, welches, um zu bleiben was es war, nicht deutsch sein konnte, unterworfen werden. Die Handhabe für Oesterreich zur Erreichung dieses Zieles lag vor Allem in der deutschen Königswürde.

Oesterreich war zu europäisch, um einen anderen deutschen Fürsten als Kaiser über sich anzuerkennen, und war zu stark, um zum Anerkenntniß genöthigt werden zu können. Selbst an Land und Leuten war es im 18. Jahrhundert bedeutend stärker als das gesammte deutsche Reich nach Abzug des österreichischen und burgundischen Kreises. Die Wahl eines Kaisers aus einem anderen als dem Habsburgischen Hause würde sogleich auch der Form nach die Loslösung Oesterreichs und das Auseinanderfallen des Reiches zur Folge gehabt haben. Seit der Mitte des 15. Jahrhunderts verblieb daher die römische Kaiserkrone den Erzherzögen Oesterreichs, und Oesterreich gewöhnte sich dieselbe als ihm von Rechtswegen zustehend und die Wahl nur als eine Form zu betrachten. Statt des verfassungsmäßigen Wahlkönigs hatte das Reich thatsächlich einen Erbkönig erhalten und zwar einen Erbkönig, der nicht vom Reichsinteresse, sondern vom europäisch-österreichischen geleitet war.

Zugleich aber war das Reich rechtlich und thatsächlich aus einem monarchischen Lehnsreiche zu einer Conföderation fast unabhängiger Staaten geworden und hatte, da es durch die Geschichte mehrerer Jahrhunderte die Möglichkeit verloren hatte, sich auf das Neue als Lehnsverbindung oder als Staat zu gestalten, die politische Aufgabe erhalten, sich durch Ausbildung der conföderativen Institutionen und durch Beseitigung aller einer anderen politischen Gestaltung angehörenden Formen in der durch die Geschichte und Nationalität ihm zugeführten conföderativen Einheit zu stärken. Jedem Versuche aber, diese Aufgabe zu lösen, stand Oesterreich feindlich entgegen. Je gesunder und kraftvoller das Reich als Conföderation sich entwickelte, um so mehr mußte die Stellung des deutschen Königs in den Hintergrund treten. Oesterreich aber, der Königskrone sicher, wollte diese möglichst stärken, um durch sie Oesterreich zum Beherrscher Deutschlands zu machen. Während es eifrig die monarchische Form des Reiches verfocht und das Namenkönigthum zu einem wirklichen Königthum zu machen suchte, trat es schon seit Friedrich's III. und Max' I. Zeiten jedem Versuche der Reichsstände, conföderative Institutionen zu schaffen und zu kräftigen, mit aller Macht entgegen. Die Gewalt der Dinge aufzuheben vermochte es freilich nicht; die Gefahr, Deutschland zu einer österreichischen Monarchie zu machen, war durch das Eintreten der Reformation und das Hervortreten Preußens beseitigt, aber die gesunde Entwickelung der Conföderation zu verhindern war es stark genug. Drei und ein halbes Jahrhundert hindurch standen Habsburger als römische Kaiser und deutsche Könige an der Spitze des Reiches, und während dieser langen Zeit ward Oesterreich stärker und stärker und Deutschland schwächer und schwächer. Während es deutsche Territorien, namentlich Baiern, sich einzuverleiben und seine Prinzen auf die deutschen Bischofsstühle zu bringen und dadurch auf Kosten des Reiches seine Hausmacht zu vergrößern suchte, that es keine Schritte, um den fortschreitenden Verfall der Geld- und Kriegsmacht der Conföderation aufzuhalten. Wenn der Reichstag, der einzige Vertreter des conföderativen Princips, den Versuch machte, sich zu einem kräftigen Entschlusse zu ermannen, wußte Oesterreich mit Geschick Vorfragen über Stimmrecht, Rang, Confession in die Verhandlungen hineinzuwerfen und den Beschluß zu verhindern, und als Joseph II., bald nachdem er Kaiser geworden war, großen Sinn für die Verbesserung der Justiz zeigte, sorgte er mit Erfolg für den Reichshofrath, die einzige Reichsconstitution, welche königliche Institution war, erlaubte sich aber zu gleicher Zeit Eingriffe auf Eingriffe in die Rechte des conföderativen Reichskammergerichts und gab deutlich zu erkennen, daß er auch dieses Gericht aus einem conföderativen in ein königliches verwandeln wollte.

Oesterreich hatte im Laufe mehrerer Jahrhunderte die Erfahrung gemacht, daß es zu schwach sei, um Deutschland unter dieser oder jener Form in ein österreichisches Erbland zu verwandeln, aber es hielt im eigenen Interesse daran fest, die Conföderation ohnmächtig zu erhalten, um sie beherrschen und gebrauchen zu können. Oesterreich wollte daher, daß die Reichsconstitutionen unverändert bleiben sollten wie sie waren, denn sie hatten ihre Unfähigkeit zu kräftigem conföderativen Auftreten bewährt; Oesterreich wollte auch die völlig abgestorbenen Reichsstände gegen jede Gefährdung in Schutz genommen wissen, denn die Last der vielen todten Glieder hinderte die lebendigen, sich zu einer kräftigen conföderativen Einheit zusammen zu schließen.

Das Reich sollte bleiben was es war und wie es war, um Oesterreich gegenüber ohnmächtig zu sein, dahin ging Oesterreichs Politik, die nicht allein in der Persönlichkeit der österreichischen Fürsten und Minister, sondern in der Geschichte und in dem Interesse Oesterreichs begründet war.

Durch das Entstehen Oesterreichs wäre jede selbstständige Bewegung Deutschlands unmöglich geworden, wenn nicht Preußen ihm gegenüber sich als deutsche Großmacht emporgearbeitet hätte.

Preußen bedurfte, um seine seit Friedrich dem Großen eingenommene Stellung in Europa behaupten zu können, wenigstens nicht weniger als Oesterreich eines entscheidenden Einflusses auf Deutschland; für seine Zwecke wollte Preußen wie Oesterreich die deutschen Kräfte verwenden, aber während Deutschland, wenn es durch Oesterreich bestimmt ward, einer großartigen, in sich berechtigten, aber Deutschland fremden und dessen selbstständigen nationaler Entwickelung feindlichen Macht dienen würde, nahm Preußens Auftreten Deutschland keine Kraft, keine selbstständige Bewegung, keine Macht, keinen Entschluß; denn Preußen stand nicht nur selbst inmitten des deutschen nationalen Lebens, sondern sein Leben machte zum nicht geringen Theil das deutsche nationale Leben aus. Ohne Oesterreich konnte deutsches Leben neuen Aufschwung nehmen, ohne Preußen war es nicht zu denken. Alle geistigen Kämpfe, alles innere Drängen und Arbeiten der Nation, gegen welches Oesterreich sich abgesperrt hatte, erfüllte Preußen mit gleicher Kraft wie das übrige Deutschland; es gab keine nationale Gefahr, keine nationale Furcht und Hoffnung, die es nicht zugleich auch für Preußen gewesen wäre. Preußens Dasein verhinderte es, daß das deutsche Reich österreichisch ward und daß die deutsche Nation ihr innerstes Leben, daß sie ihre großen Arbeiten in Wissenschaft, Kunst und Religion dem politischen Bedürfniß Oesterreichs und der Vorsicht und Furcht der Regierung desselben opfern mußte. Die ersten Regungen politischen Selbstgefühls, welche seit Jahrhunderten zuerst wieder in der Nation auftauchten, hatten ihren Ursprung in dem Auftreten Friedrich's des Großen. Preußen hatte die Nationalität neu belebt und gestärkt, es war ein deutscher Staat, so deutsch, wie überhaupt nur ein Staat sich fand, und es war unter den deutschen Staaten nicht allein der stärkste und lebensvollste, weil es seinen großen Kurfürsten und seinen großen König, sein gesammtes Fürstenhaus und seine gesammte Geschichte hinter sich hatte, sondern auch der einzige, welcher zugleich europäische Macht war. Diesem Staate gebührte die Führung Deutschlands, sie mußte naturgemäß und ohne weiteres Zuthun ihm wie von selbst zufallen. Je freier Deutschland sich bewegte, je selbstständiger und lebensvoller sich die Conföderation seiner Staaten gestaltete, um so sicherer fiel die Führung in Preußens Hand.

Oesterreich aber stand, um seine Herrschaft über Deutschland zu sichern, argwöhnisch der nationalen Bewegung Deutschlands und der selbstständigen Entfaltung der conföderativen Einheitsform entgegen und bekämpfte eifersüchtig den leitenden Einfluß Preußens. Preußen stritt gegen die monarchische Anmaßung des deutschen Königthums, in welchem Oesterreich seine beste Handhabe für die Beherrschung Deutschlands sah, und es wollte die Belebung des conföderativen Princips, welches die Führung Deutschlands in seine Hand bringen mußte. Weil eine lebendige deutsche Conföderation in seinem Interesse lag, wollte es weder die erstarrten Formen, noch die zahllosen todten Glieder der bestehenden Reichsconföderation, in deren unangetasteten Erhaltung Oesterreich seine Stärke, weil Deutschlands Schwäche sah.

Die Lage der Dinge während der Regierung des großen Königs und der ersten Jahre der Regierung Friedrich Wilhelm's II. war nicht der Art, daß sie den Gedanken an die Beseitigung der todten Reichsformen und der todten Glieder und an die Gründung einer Conföderation der lebenskräftigen Territorien auf neuen Grundlagen und unter frischen Formen in Preußen entstehen lassen konnte.

Aber wohl konnte im preußischen Cabinete der Gedanke entstehen, die alten herkömmlichen Glieder und Formen des Reiches, ungeachtet ihres unangetasteten Fortbestandes, nicht länger als den Hebel zu behandeln, durch welchen die gemeinsamen deutschen Angelegenheiten in Bewegung zu setzen wären, sondern diesen dort zu suchen, wo er wirklich lag, in der Verständigung nämlich mit den lebenskräftigen Regierungen. Es mochten dann immerhin auch die abgelebtesten geistlichen und weltlichen Territorien, Grafen, Abteien, Ritter,

Städte des Reiches ihr Schattendasein fortschleppen und durch ihre Gesandten zu Regensburg in endlosen Verhandlungen über die Angelegenheiten des Reiches berathen, die wirkliche Entscheidung und Entschließung lag nicht in Regensburg, sondern dort, wo Preußen mit den lebendigen Regierungen, sei es auch zunächst in den losesten, nur völkerrechtlichen Formen verkehrte. Dem Gange der Geschichte konnte es überlassen bleiben zu bestimmen, wann das Scheindasein der alten Reichsconstitution auch der Form nach erlöschen und die Verbindung der kräftigen Territorien unter Preußens Führung auch der Form nach als deutsche Conföderation sich gestalten werde.

In dem Zustande des Reiches und seiner Institute und in der Geschichte und Stellung Preußens war der Anstoß zu dieser Richtung gegeben. Die vieljährigen Unionsbestrebungen und insbesondere der Fürstenbund von 1785 gingen aus derselben hervor. Mit den mächtigsten und zuverlässigsten Reichsständen wollte Friedrich der Große in nähere und dauernde Verbindung treten; die Glieder derselben sollten sich auf diplomatischem Wege untereinander verständigen und ihre Gesandten in Regensburg anweisen, der getroffenen Uebereinkunft gemäß zu stimmen. In Deutschland wollte Preußen seine Kraft finden, nicht durch dessen formale Beherrschung, sondern durch seinen Einfluß auf dessen verbundene mächtigste Regierungen. Der Reichstag sollte ungeändert bestehen bleiben und, indem er das auch nach der alten Verfassung zulässige Mittel ward, die Uebereinkunft der verbundenen Fürsten zu Reichsschlüssen zu erheben, das Mittel werden, Oesterreichs Herrschaft über Deutschland zu brechen, den deutschen Angelegenheiten selbstständige Bewegung zu geben und Preußens Einfluß auf dieselbe zu stärken.

Die deutschen Reichsstände standen darin Oesterreich und Preußen gleich, daß sie, ohne Herz und Sinn für das Reich als selbstständiges politisches Ganze, dasselbe nur als Mittel für ihre besonderen Zwecke benutzen wollten; aber sie unterschieden sich dadurch von den beiden großen Staaten, daß keiner unter ihnen wie Oesterreich oder Preußen versuchen konnte, nach eigenem Willen das Reich zu leiten, zu gestalten und zu gebrauchen. Die meisten erkannten, daß ihnen, wenn Oesterreich und Preußen in einem Reichsverhältniß einig waren, nichts übrig blieb, als sich zu fügen und, wenn die beiden großen Mächte uneinig waren, sich der Stellung anzuschließen, welche Oesterreich oder Preußen annahm.

Die sehr große Mehrzahl der Reichsstände hatte den inneren An=

spruch auf Fortdauer ihrer politischen Unabhängigkeit lange schon verloren und war sich bewußt, daß jede Aenderung, jede Bewegung, jedes frische Leben in den Verhältnissen des Reiches sie beseitigen werde. In Oesterreichs Kaiserthum, welches die alten Verhältnisse, Formen und Glieder des Reiches gerade deren Ohnmacht wegen möglichst erhalten wollte, suchten sie daher die einzige Bürgschaft für die eigene Fortdauer. Aus den Reichsrittern, den Reichsstädten, Reichsgrafen, Reichsabteien, kleinen weltlichen Reichsfürsten und mit wenigen Ausnahmen auch den Bischöfen und Erzbischöfen setzte sich eine kaiserliche Partei, d. h. der österreichische Anhang, zusammen. Nicht allein ihrer Stimme auf dem Reichstage, sondern auch ihres guten Willens, ihres Redens und Handelns im österreichischen Interesse war Oesterreich sicher; Widerstreben zeigten sie nur, wenn Oesterreich Geld oder Truppen verlangte.

Die lebensfähigen Territorien fühlten sich dagegen auch ohne ängstliche Sorge für unverrückbare Erhaltung der alten Reichsformen in ihrem Fortbestande sicher, sie waren, da sie ihre Kräfte nicht in Oesterreichs Interesse verbraucht wissen wollten, den kaiserlichen Ansprüchen abgeneigt und hätten am liebsten die Sorge für die Reichsangelegenheiten den größeren Reichsständen gemeinsam überwiesen und trafen in dieser conföderativen Richtung mit der Reichspolitik Preußens zusammen. Aus den größeren und lebensfähigeren Reichsständen setzte sich die conföderative, d. h. preußische Partei zusammen. Auch sie war wenig geneigt, für conföderative Zwecke viel zu geben und zu thun, und war gegen die conföderative Leitung Preußens argwöhnischer als die kleinen und abgestorbenen Reichsstände gegen die kaiserliche Herrschaft Oesterreichs. Es bedurfte so außerordentlicher Schritte wie Joseph II. sie that, um Baiern in seinen Besitz zu bringen und sich zum Herrn des Reichstages zu machen, bevor die mächtigeren Reichsstände zu dem Entschlusse kamen, sich im Fürstenbunde unter Preußens Leitung zu stellen.

Bald diese, bald jene Gedanken zur Kräftigung Deutschlands tauchten in dem Kreise der Verbündeten auf und verschwanden wieder. Bald sollte der allein nach Oesterreichs Willen sprechende Reichshofrath aufgehoben, bald ganz Deutschland gegen Oesterreich vereint werden, bald der Reichstag eine neue Stellung und neues Recht gegen Oesterreich erhalten, bald durch Gesandte der Glieder des Fürstenbundes eine Art von Gegenreichstag gebildet werden. So erfolglos alle diese Pläne auch blieben, zeigten sie doch die Neigung der conföderativen Partei, die Conföderation lebendiger unter Preußens Leitung auszubilden.

Aber neben der kaiserlichen Partei Oesterreichs und der conföderativen Partei Preußens zeigte sich doch auch bald hier, bald dort unter den größeren Reichsständen eine Neigung, beiden großen Staaten gegenüber eine selbstständige Stellung einzunehmen und als souveräne Staaten zu völkerrechtlichen Allianzen verbunden eine von beiden unabhängige Politik zu verfolgen. Hessen-Kassel beabsichtigte zu diesem Zwecke eine Union der mächtigeren Stände, ohne Oesterreich und ohne Preußen, die geistlichen Landesherren dachten an eine Union unter sich unter dem Schutze Frankreichs. Der Gedanke, sich durch Anlehnung an eine fremde europäische Macht eine Stellung Preußen und Oesterreich gegenüber zu verschaffen, war auch manchen weltlichen Landesherren lange schon geläufig; seiner Lage und seiner Geschichte nach war es vor Allem Baiern, welches in dieser Beziehung in Betracht kommt.

Ein starkes, kräftiges Baiern war Bedürfniß für Deutschland vor Allem, weil Baierns Bestand Oesterreich verhinderte, den Süden Deutschlands abzureißen und österreichisch zu machen. Baiern aber wollte sich nicht damit begnügen, als starkes deutsches Reichsland dazustehen.

Zu bedeutend, um ohne Ansprüche zu sein, zu ohnmächtig, um dieselben durchzuführen, hatte es sich Jahrhunderte hindurch unruhig aber vergeblich bemüht, selbstständig in Europa zu werden, und durch seine ganze neuere Geschichte zieht sich das Streben hindurch, an die Spitze der deutschen Angelegenheiten zu kommen. Zur Reformationszeit wollte Herzog Wilhelm IV. (1508 bis 1550) zu diesem Zwecke die pfälzische Kur, Böhmen, die deutsche Königskrone gewinnen, war mit den protestantischen Reichsständen gegen den Kaiser und mit dem Kaiser gegen die protestantischen Reichsstände verbunden. Zur Zeit des dreißigjährigen Krieges setzte Herzog Max (1597 bis 1651) alle Kraft daran, die Leitung des Kampfes gegen die Protestanten Oesterreich aus der Hand zu nehmen, er rief 1609 den katholischen Bund ins Leben, um sich an die Spitze zu stellen, er löste ihn auf, als Oesterreich Führer desselben werden wollte, und gründete ihn neu, als er der Leitung sicher zu sein glaubte.

Kurfürst Max Emanuel (1679 bis 1726) wollte die spanischen Niederlande und auch die spanische Königskrone für sein Haus gewinnen, um sich zu einer europäischen Macht zu erheben.

Kurfürst Carl Albrecht (1726 bis 1745) suchte, damit Oesterreich den Wittelsbachern zufalle, seinen achtjährigen Sohn mit der achtzehnjährigen Maria Theresia zu vermählen, gedachte dann wenigstens Böhmen und Oberösterreich zu erhalten und trug wirklich zwei Jahre hindurch den Namen eines römischen Kaisers. Deutschland aber war zu stark, um sich von einem Stamme und einem Fürstenhause, welche den großen national=deutschen Bewegungen schroff entgegentraten, führen zu lassen; alle Versuche der bairischen Fürsten scheiterten einer nach dem anderen; Herzog Max hinterließ sein Land verwüstet und entkräftet durch den dreißigjährigen Krieg, Kurfürst Max Emanuel ward als Reichsverräther von der Acht getroffen, Carl Albrecht mußte an demselben Tage, an welchem er zum Kaiser gewählt ward, seine Hauptstadt den feindlichen österreichischen Truppen überlassen und als Flüchtling hierhin und dorthin ziehen.

Baiern hatte keinen Beruf zur Leitung Deutschlands, aber es sah den Grund, aus welchem jeder Versuch, dieselbe dennoch zu gewinnen, mißlang, nicht in sich, sondern ausschließlich in der Stellung der Habsburger Macht. Seit den Tagen der Reformation sich in gleicher Richtung mit Oesterreich bewegend, wollten die Kurfürsten als Führer des deutschen Katholicismus eine politische Stellung gewinnen und suchten was ihnen an Macht abging dadurch zu ersetzen, daß sie die österreichisch=katholische Richtung bis zur Verzerrung überboten. Die Stellung aber, welche Baiern gewinnen sollte, wollte Oesterreich nicht verlieren, sondern wo möglich in Europa, jeden Falles aber in Deutschland einziger Hort des Katholicismus bleiben und den politischen Einfluß, welchen die kirchliche Schutzherrschaft verlieh, mit keinem Fürsten, auch nicht mit einem bairischen theilen. Oesterreich war zu vorsichtig, um sich der verdächtigen Zudringlichkeit des kurfürstlichen Hofes, durch welche derselbe zuweilen den Gegner gewinnen wollte, jemals dauernd hinzugeben, und es war zu stark, um auch in Zeiten schwerer europäischer Verwickelungen durch Baierns rücksichtsloses Benutzen derselben überwältigt werden zu können. Wirkliche Gefahr hatte Oesterreich nur unter außerordentlichen Umständen von Baiern zu fürchten, aber halb verachtend und halb eifersüchtig sah es in dem unruhigen und unbequemen Nachbar doch jeder Zeit einen politischen Nebenbuhler, welcher in möglichst engen Schranken gehalten werden müsse. Das Gebiet desselben breitete sich überdieß so hindernd und zugleich so verlockend an der Westgrenze der Habsburgischen Lande aus, daß der kaiserliche Hof Jahrhunderte hindurch mit List und mit

Gewalt bemüht war, Baiern Stück um Stück zu gewinnen, die eigene Macht durch das ganze südliche Deutschland vorzuschieben, eine möglichst ununterbrochene Verbindung des österreichischen Hauptlandes mit den österreichischen Niederlanden herzustellen und auf diesem Wege ein mitteleuropäisches Reich zu gründen, welches vom schwarzen Meere bis zum atlantischen Ocean reichte.

In der ersten Hälfte des 18. Jahrhunderts hatte Oesterreich zweimal, zuerst 1704 im spanischen, dann 1742 im österreichischen Erbfolgekriege, Baierns mit Waffengewalt sich bemächtigt, und nur durch den Schutz der großen europäischen Politik, 1745 vor Allem durch Friedrich den Großen, erhielten die Kurfürsten ihr Land zurück; als aber 1777 der bairische Zweig des Wittelsbacher Hauses ausstarb, nahm Maria Theresia fast die Hälfte der Lande in Anspruch, setzte sich zum Theil in Besitz und behielt, als sie durch Friedrich den Großen genöthigt ward, im Teschener Frieden 1779 die gemachte Beute wieder herauszugeben, doch das Innviertel zurück. Fünf Jahre später schlug Kaiser Joseph, um das lange verfolgte Ziel zu erlangen, den Weg der Unterhandlungen ein; mit Rußlands und Frankreichs Zustimmung versprach ihm der kinderlose Carl Theodor sein ganzes Land gegen die österreichischen Niederlande, welches er unter dem Namen eines Königreiches Burgund erhalten sollte, abzutreten. Wiederum war es Friedrich der Große, welcher durch Gründung des Fürstenbundes 1785 Baiern vor dem Geschicke bewahrte, eine österreichische Provinz zu werden.

Während Baiern durch Oesterreich in seinem Fortbestand bedroht war, blieb es von dem unruhigen Streben nach einer hervorragenden politischen Stellung erfüllt und empfand aus beiden Gründen das Bedürfniß der Anlehnung an einen Staat, dessen Einfluß und Macht ihm die eigene Schwäche ersetzen konnte. Rücksicht auf Reich und Nation, denen es sich entfremdet hatte, konnte Baiern nicht abhalten, den umfassendsten Gebrauch von dem Bündnißrechte mit außerdeutschen Höfen zu machen, welches der westphälische Friede den Reichsständen gegeben hatte. Frankreich war zwar nicht minder mächtig als Oesterreich und auch nicht minder geneigt seine Macht zu vergrößern, aber es war weniger gefährlich für Baiern. Denn Frankreich hatte, da es nicht wie Oesterreich in Baiern einen politischen Nebenbuhler sah, keinen Grund, dasselbe schwächen zu wollen, und es konnte, so lange nicht alle europäischen Verhältnisse von Grund aus umgewälzt waren, an keine Erweiterung seiner Grenzen durch bairische Landestheile den-

fen. Nicht die territoriale Besitznahme, sondern die politische Beherr=
schung Baierns erstrebte Frankreich. Ein französisches Vorland gegen
Oesterreich wollte es aus Baiern machen und zugleich eine politische
Handhabe, um durch die Wittelsbacher Stimmen auf dem Reichstage
Einfluß in den deutschen Verhältnissen zu gewinnen. Baiern zu ver=
größern und zu stärken war daher Frankreichs Aufgabe; je stärker
Baiern war, um so brauchbarer ward es als Werkzeug, und über
ein Baiern, welches ohne und gegen Deutschland eine politische Rolle
zu spielen den Willen hatte, war Frankreich immer der Herrschaft
sicher.

Baiern war bereit, sich die Beherrschung, die aus der Verbindung
mit Frankreich folgte, gefallen zu lassen, denn um diesen Preis war
nicht nur sein Territorialbestand gegen Oesterreichs Begehrlichkeit ge=
sichert, sondern auch die Möglichkeit gegeben, von der Erwerbung
Böhmens, Tyrols und der kleinen süddeutschen Territorien zu träumen,
und dann war die Hoffnung, in großen Verhältnissen genannt zu wer=
den, ihrer Erfüllung nahe.

Schon Kurfürst Ferdinand Maria (1651 bis 1679) war, als 1674
der Reichskrieg gegen Frankreich begann, in naher Verbindung mit
Ludwig XIV. geblieben, hatte die Stellung seiner Truppen zur Reichs=
armee verweigert und als Vermittler zwischen Oesterreich und Frank=
reich eine europäische Stellung einzunehmen gesucht. Sein Nachfolger
Max Emanuel (1679 bis 1726) wurde Oesterreichs erbittertster Feind,
als er den Verdacht faßte, daß der Wiener Hof nicht ohne Antheil
an dem Tode des Kurprinzen sei, welcher die spanische Krone an das
Kurhaus bringen sollte. Von Frankreich ließ er sich die spanischen
Niederlande, Schwaben, Franken, die deutsche Königskrone versprechen,
nahm gewaltsam die Reichslande Ulm, Memmingen, Neuburg in Besitz,
erklärte 1703 Oesterreich den Krieg und führte denselben mit Frank=
reich gegen das deutsche Reich. Vierzig Jahre später war Baiern
wiederum mit Frankreich gegen Deutschland verbunden, als Kurfürst
Carl Albrecht (1726 bis 1745) nach dem Tode Kaiser Carl's VI. die
Habsburgischen Länder erben und römischer Kaiser werden wollte.
Der geheime Vertrag zu Nymphenburg (1741) hatte die Zerstückelung
Oesterreichs zum Ziel; Baiern sollte Oberösterreich, Böhmen, Tyrol,
die Kaiserkrone erhalten und versprach dagegen die Städte und Län=
der nicht wieder zu fordern, welche Frankreich am Rhein besetzt
haben würde. Vereinigt mit französischen Truppen begann der Kur=
fürst den Krieg.

Zweimal in einem halben Jahrhundert hatte Baiern seine gesammte Zukunft auf den Kampf gegen Oesterreich und Deutschland gestellt und sich einem Reichsfeinde angeschlossen, nicht wie einstmals die protestantischen Reichsstände, um die Kirche des Landes vor dem Untergange zu retten, sondern um aus einem selbstständigen Gliede Deutschlands zu einer unabhängigen Macht Europa's zu werden. Die Folgen dieses Strebens wurden in ihrer ganzen Widernatürlichkeit zur Zeit der Subsidienverträge von 1740 bis 1762 offenbar. Im österreichischen Successionskriege hatte der bairische Hof den Reiz fremden Geldes durch die von Frankreich gezahlten Subsidien kennen gelernt. Als Kurfürst Max Joseph I. 1745 mit Oesterreich den Frieden zu Füßen schloß, wollte er die Geldunterstützung nicht entbehren, welche er bisher von Oesterreichs Feind erhalten hatte, und ließ sich daher vom Wiener Hof versprechen, ihm wiederum Subsidien von irgend einer europäischen Macht verschaffen zu wollen. Holland suchte Soldaten, Oesterreich beschwichtigte das Schamgefühl des Kurfürsten, dieselben Truppen jetzt gegen Frankreich zu vermiethen, auf dessen Seite sie kaum ein Jahr zuvor gefochten hatten. Noch im Laufe des Jahres 1746 ward der Subsidienvertrag mit den Seemächten abgeschlossen, welcher dem Kurfürsten jährlich 240,000 Gulden eintrug. Nach dem Aachener Frieden (1748) verkaufte Max Joseph die noch in Holland befindlichen bairischen Kriegsvölker, den Mann zu vier- und zwanzig Gulden, an Oesterreich. „Es bleibt hierbei", sagt der Vertrag vom 24. Januar 1749, „Ihro k. k. Majestät ganz freigestellt, nach allergnädigstem Gefallen und nach Erforderniß des Dienstes die übernehmenden Leute in verschiedene dero Regimenter zu vertheilen." Zugleich sah sich Baiern, noch ehe der erste Vertrag mit den Seemächten abgelaufen war, nach neuen Subsidien um und schwankte zwischen den Seemächten und Frankreich. Am Münchener Hofe kämpften Weiber für die Seemächte und Weiber für Frankreich. „Aus den zu München habenden Grundsätzen, von allen Seiten Geld und Subsidien zu ziehen", schrieb 1750 der kaiserliche Gesandte, „macht man kein Geheimniß mehr und man hat keine andere Absicht bei den derartigen Handlungen, als die Verbesserung der Finanzen und die Vermehrung der Einkünfte." — Im Jahre 1750 schloß Baiern wirklich den zweiten Subsidienvertrag mit den Seemächten, welche ihm auf sechs Jahre jährlich 440,000 Gulden gegen Ablieferung von 6000 Mann zahlten. Als auch dieser Vertrag zu Ende ging, erbot sich Frankreich an der Stelle seiner Feinde die nächsten Jahre jährlich 360,000 Gulden an Baiern zu entrichten. Baiern ging schon im Juli 1756 auf dieses Anerbieten ein und übernahm unbedenklich die schimpfliche Verpflichtung: auf dem Reichs- und Kreistage niemals gegen das Interesse von Frankreich und dessen Alliirten zu stimmen; seine Gesandten anzuweisen, sich in allen wichtigen Angelegenheiten mit den französischen Bevollmächtigten zu benehmen; mit keiner fremden Macht irgend einen Vertrag oder eine Verbindlichkeit ohne Wissen und Zugeständniß des französischen Hofes einzugehen, und bei der bevorstehenden Königswahl seine Stimme nicht abzugeben, ohne sich zuvor mit Frankreich verständigt zu haben.

Im Laufe von sechszehn Jahren hatte Baiern demnach zwei Subsidienverträge mit Frankreich und zwei Subsidienverträge mit dessen Feinden geschlossen. Seit 1762 fielen zwar Verbindungen dieser Art mit dem Auslande fort, aber einen eigenen Willen in europäischen Verhältnissen hatte Baiern dennoch nicht; steuerlos trieb es hin und her, dem Anstoße jeder auswärtigen Bewegung hingegeben. Gelassen und theilnahmlos sah Carl Theodor zu, als Preußen, Rußland und Frankreich sich bemühten, ihm Oesterreich gegenüber sein Land zu erhalten, gelassen empfing er dasselbe aus ihrer Hand.

Von Deutschland entfremdet, von Oesterreich bedroht, an Frankreich hinangedrängt, trat Baiern in den großen politischen und militärischen Kampf hinein, den das gesammte alte Europa gegen das revolutionäre Frankreich unternahm.

Das Reich, von keinem Reichsstand seiner selbst wegen gepflegt, von jedem für besondere Zwecke möglichst ausgebeutet, hatte in solchem Grade Leben und Kraft verloren, daß es auch unfähig geworden war, den einzelnen Territorien für deren besondere Zwecke ein beachtenswerthes Mittel zu sein und Theilnahme einzuflößen.

Alle deutschen Territorien, mochten sie zu der kaiserlichen Partei Oesterreichs, oder zu der conföderativen Partei Preußens, oder zu der souveränitätssüchtigen Sonderbundspartei gehören, traten in die Bewegungen der Revolution von 1789 hinein ohne Herz und Sinn für einen lebendigen Zusammenhang Deutschlands und hatten, wenn sie ihre besonderen Zwecke auf anderem Wege wie dem des Reiches leichter erreichbar sahen, wenig Bedenken zu überwinden, die bestehende Reichsverfassung gleichgültig dem Untergange preiszugeben.

Zweites Capitel.
Territoriale Parteien nach Ausbruch des Krieges 1792—1803.

Noch einmal trat Deutschland als deutsches Reich in Europa auf, als es den drohenden Angriffen des revolutionären Frankreichs gegenüber zu den Waffen griff. Die beiden deutschen Großmächte hatten bereits 1792 vereinigt den Krieg begonnen, und im März 1793 sprach auch der Reichstag zu Regensburg den Kriegsentschluß aus. Preußen trat durch den Baseler Frieden (5. April 1795) vom Kampfe zurück und mit ihm, unmittelbar darauf, das ganze nördliche Deutschland; Oesterreich schloß am 19. October 1797 den Frieden zu Campo Formio. Das deutsche Reich blieb noch im Kriegszustande, erhielt aber einen Waffenstillstand, während dessen eine Reichsdeputation zu Rastadt die von Frankreich geforderte und von Oesterreich und Preußen nicht verweigerte Abtretung aller auf dem linken Rheinufer gelegenen deutschen Territorien feststellen sollte. Bevor die Abtretung förmlich ausgesprochen war, begann Oesterreich 1799 den Krieg gegen Frankreich auf das Neue; das Reich war zwar dem Namen nach an demselben betheiligt, aber Preußen und alle Reichsstände Norddeutschlands leisteten keine und die süddeutschen Landesherren nur geringe Kriegshülfe. Der Friede von Lüneville, welchen Oesterreich am 9. Februar 1801 für sich und zugleich für das Reich schloß, setzte den Rhein als Grenze zwischen Frankreich und Deutschland fest und bestimmte, daß die weltlichen Fürsten, welche Besitzungen auf dem linken Rheinufer verloren, vom deutschen Reiche entschädigt werden sollten. Um die Entschädigung zu vermitteln, trat eine außerordentliche Reichsdeputation in Regensburg zusammen, sie nahm mit einigen wenigen Ausnahmen allen geistlichen Landesherren ihre Territorien und allen Reichsstädten ihre Unabhängigkeit und vertheilte die so gewonnenen Lande nach Gunst oder Ungunst Frankreichs und Rußlands unter die weltlichen Fürsten.

Obschon nun das Reich diesen Krieg mit führte, war doch keines seiner Glieder für die gefährdete Ehre und Grenze des Reiches, sondern aus anderen Gründen in die Waffen getreten.

Während des Jahrzehntes von 1792 bis 1803, an dessen Schluß

das Reich sein Gebiet am linken Rheinufer verlor und die Reichs=
verfassung durch Beseitigung der geistlichen Landesherren und der
Reichsstädte aufhörte zu sein was sie bisher gewesen war, ward die
Stellung der drei territorialen Parteigruppen, welche sich in Beziehung
auf das Reich gebildet hatten, zu einer durchaus anderen.

I.
Die Conföderationspartei Preußens.

Die Persönlichkeit Friedrich Wilhelm's II. allein war es gewesen,
welche Preußen 1792 in den Krieg gegen Frankreich geführt hatte.
Die liebenswürdige, edel angelegte Natur des Königs war zwar durch
sinnliche Lust geknechtet, war entstellt und verwüstet. Seit Jahren
hatte der König jeden sittlichen Zügel abgeworfen; mit den Mahnungen
seines Gewissens und den Züchtigungen seines christlichen Bewußtseins
suchte er mehr und mehr sich durch Hingabe an abergläubische Ver=
irrungen und durch gesetzliches, gerichtliches und polizeiliches Auftreten
für die Erhaltung der kirchlichen Dogmen in seinen Ländern abzu=
finden; tief gesunkene Weiber und niedrige Menschen benutzten klug
seine niedrigen Seiten und wußten in politischen wie in persönlichen
Verhältnissen mit gemeiner Schlauheit ihn zu lenken und ihm den
Glauben zu lassen, daß er allein nach eigenem Willen handele. Den
männlichen Ernst, die Fähigkeit zur Arbeit und Anstrengung, die Kraft,
einen Willen männlich festzuhalten und einen bedeutenden Entschluß
nachhaltig durchzuführen, hatte er verloren, aber Trümmer seiner edlen
Natur hatte er dennoch gerettet. Ihm blieb nicht allein die Furcht=
losigkeit und Unerschrockenheit der Hohenzollern in der Schlacht, son=
dern auch die Fähigkeit, sich großherzigen Eindrücken rasch hinzugeben
und ihnen ohne Berechnung des Gewinnes und Vortheils augenblicklich
zu folgen; seine hohe Gestalt, sein starker Körperbau, seine edele
Haltung verkündeten inmitten entnervender, ungezügelter Sinnlichkeit
den königlichen Krieger. Wie der Ritter des Mittelalters für Ritter=
ehre, war der König für Königsehre sich und das Seine einzusetzen
bereit; als nun in Frankreich in Ludwig XVI. zugleich das europäische
Königthum entehrt und gefährdet erschien, fühlte sich Friedrich
Wilhelm II. berufen, in die Schranken zu treten; er wollte, als er
sich 1792 zum Kriege entschloß, keinen Gewinn für Preußen; für die
Idee des Königthums und für den an Ehre, Freiheit und Leben be=

drohten französischen König zog er in das Feld; als aber die Schlaffheit der Rüstung und der Führung und die schwankende, mißtrauische Unterstützung Oesterreichs den unglücklichen Verlauf des Feldzuges in der Champagne herbeigeführt hatte, war der ritterliche Eifer des Königs abgekühlt. Einflüsse verschiedenartiger Natur gewannen Geltung, die politischen Entschlüsse gingen nicht mehr allein und oft gar nicht vom Könige aus, die Forderungen dessen, was die preußische Politik begehrte, machten sich geltend, aber auch niedrige Berechnungen kleinlicher Menschen nach augenblicklichem Gewinn gewannen die Oberhand und führten eine Stellung Preußens zum deutschen Reiche herbei, die verschieden von seiner früheren war.

Weil bei dem Beginn des Krieges gegen Frankreich die Rücksicht auf das Interesse des Reiches und das alte Streben, seinen Einfluß und seine Macht über das Reich zu verstärken, unbeachtet und außer jeder politischen Berechnung geblieben war, hatte das Bündniß Preußens mit Oesterreich, mit welchem jenes seit länger als einem Jahrhundert über den vorwiegenden Einfluß in Deutschland gerungen hatte, möglich werden können.

Es war aber nicht ein Bündniß des Reichsstandes, Kurfürsten von Brandenburg mit dem deutschen König, sondern des Königs von Preußen mit dem Erzherzog von Oesterreich und König von Ungarn. In Beziehung auf die Stellung zu Deutschland blieb, wenn auch verdeckt, der alte Gegensatz, weniger bei dem König, als bei den Ministern. Sie wollten Preußens Stellung in und durch Deutschland erstarken.

Bei dem Beginne des Krieges und während desselben trat aber die Bedeutungslosigkeit der Reichsstände für Preußen hervor. Sie hatten keinen Sinn für das Reich, keinen für Deutschland, konnten daher auch nicht dienen als Partei für Deutschland.

Die Reichsstände, aus denen sich die Partei Preußens und der von ihm seit den Zeiten des Fürstenbundes erstrebten Conföderation zusammensetzte, gehörten der Natur der Sache nach der Zahl der größeren und mittleren weltlichen Fürsten an. Sie saßen, da Baiern und Württemberg mehr und mehr ihren eigenen Weg gingen, im nördlichen Deutschland. Abgesehen von Kursachsen und Kurbraunschweig traten mit irgend einer politischen Bedeutung im niedersächsischen Kreise die Herzoge von Mecklenburg und Braunschweig, im obersächsischen die Herzoge von Sachsen und Anhalt, im oberrheinischen die hessischen und nassauischen Fürsten hervor.

Als 1792 Preußen mit Oesterreich und 1793 auch das Reich den Krieg gegen Frankreich begann, zeigten alle diese Herren sich wenig geneigt, aus Rücksicht auf ihr Verhältniß zu Preußen für Deutschland, weder als Reichsstände, noch als Glieder des preußischen Bündnisses oder der conföderativen Partei wirkliche Anstrengungen zu machen und Opfer zu bringen. Der Landgraf von Hessen-Kassel, welcher fast allein einige Regimenter tüchtiger Truppen besaß, wollte dieselben wohl ausrücken lassen, aber nur gegen das Versprechen der Kurwürde und eine zuvor verglichene billige Entschädigung an Geld, und erklärte 1793, außer Stande zu sein die Kosten des Fuhrwesens, der Feldbäckerei für das von ihm begehrte Contingent u. f. w. aufzubringen, wenn ihm nicht eine Geldunterstützung gezahlt werde. Der Landgraf von Hessen-Darmstadt verweigerte 1792 das von einem kleinen Heerhaufen Custine's bedrohte Mainz schützen zu helfen, weil er sich nicht mit den Franzosen überwerfen wollte, und brachte, als dasselbe gefallen war, sich und seinen Hof eiligst nach Gießen in Sicherheit; das Weilburger Contingent zog, als es Ernst in Mainz wurde, ohne weiteres nach Hause, weil es ja doch nicht hergekommen sei, um sich für die Mainzer todtschießen zu lassen.

Auch die beiden großen norddeutschen Reichsstände Hannover und Kursachsen waren, als der Krieg gegen Frankreich ausbrach, wenig geneigt, Preußens politische Stellung zu verstärken.

Kursachsen sprach sich auf dem Reichstage für gütliche Vermittelung mit Frankreich aus, und auf der Zusammenkunft der gekrönten Häupter von Oesterreich und Preußen zu Pillnitz am 23. August 1791 machte König August nur den Wirth, wich aber jedem Andrängen Preußens zu näherer Verbindung vorsichtig aus. Auch als der Reichskrieg erklärt war, stellte es nur zögernd seine 6000 Mann unter den Befehl des Herzogs von Braunschweig. Kurbraunschweig war schon zur Zeit der Stiftung des Fürstenbundes nur mit äußerster Vorsicht auf eine nähere Verbindung mit Preußen eingegangen; in den auswärtigen Verhältnissen durch die Politik Englands bestimmt, war es zwar dem Kriege gegen Frankreich geneigt, aber es wollte eine selbstständige Stellung in demselben bewahren. Am 31. März 1793 sprach es sich dahin aus, daß seine Truppen, da es zur Bildung einer Reichsarmee noch nicht gekommen sei, nach Holland gehen und dort ein eigenes Corps bilden würden; welchen Sinn diese Erklärung hatte, zeigte sich bald, indem 15 Bataillons, 16 Escadrons und 2 Divisionen Artillerie, zusammen etwa 13000 Mann, in englischen Sold gegeben und zum englischen Dienst verpflichtet, die Truppenstellungen an das Reich aber mit Geld abgekauft wurden. Die tapferen Waffenthaten der kleinen Armee in Flandern geschahen im englischen Solde; zuerst ward Scharnhorst's Name in Menin glänzend genannt. Die Herzoge von Sachsen, von Braunschweig, von Anhalt und Mecklenburg zahlten zwar ihre Steuermonate als Beitrag zum Reichskriege vollständig, was schon als seltene Ausnahme von der Regel gelten mußte, aber durch solche Zahlungen ward das Ansehen Preußens als Haupt einer politischen Partei so wenig gestützt, daß Lucchesini mit Recht aussprechen konnte: „Die Hülfe des heiligen römischen Reiches ist so viel wie Null. Dieser berühmte Fürstenbund war nichts als eine politische Vogelscheuche, er hat einen Augenblick die Leute erschreckt; aber je näher man ihm kam, desto mehr überzeugte man sich, daß er weder Körper noch Bewegung hatte." —

Als in Friedrich Wilhelm II. der Eifer für die Erhaltung der europäischen Königsidee erkaltete, traten die Männer sofort stärker hervor, welche Gegner des Bündnisses waren. Es hatte solche von Anfang an am Hofe und im Cabinete, in den Anhängern der überlieferten Politik Friedrich's des Großen, namentlich in dem Grafen Herzberg, Prinz Heinrich und dem Herzog von Braunschweig und neben ihnen Haugwitz, Lucchesini, Manstein gehabt. Ihr Andrängen erhielt verstärktes Gewicht durch den unglücklichen Ausgang des ersten Feldzuges, durch die Berufung des preußenfeindlichen Thugut an die Spitze der österreichischen Angelegenheiten, durch die an Unmöglichkeit grenzende Schwierigkeit, die Kosten neuer Feldzüge aufzubringen, und die zur dritten Theilung führenden Bewegungen in Polen, welche Preußens ganze Kraft im Osten, also Ruhe im Westen begehrten. Die Verbindung mit Oesterreich lockerte sich mehr und mehr; gegenseitiger Argwohn und Schadenfreude, welche selbst den Truppen sich mittheilten, machten gemeinsames Handeln fast unmöglich; das Bündniß zwischen Oesterreich und Preußen war im Sommer 1794 schon der Auflösung nahe. Preußen aber nahm deßhalb nicht den Gedanken, die deutschen Staaten unter seiner Leitung Oesterreich gegenüber zu conföderiren, wieder auf, welcher während des Bündnisses mit Oesterreich geruht hatte. Es hatte wenig Reiz, sich mit den matten, widerwilligen und schwankenden Reichsständen geistlichen und weltlichen Standes zu verbinden; in den eingetretenen großen Verhältnissen schienen sie niemals zuverlässige Glieder einer Conföderation werden zu können, sondern sichere Beute der keck Zugreifenden werden zu müssen;

fast nothwendig forderten sie die Nachbarn zur Eroberungspolitik heraus.

Der Wille, sich durch Eroberung in Deutschland zu verstärken, hatte in Friedrich dem Großen seit der Besitznahme Schlesiens geruht.

Selbst als Kaiser Joseph 1778, um sich Baierns bemächtigen zu können, auf eine Vertheilung Deutschlands zwischen Oesterreich und Preußen hindeutete, ließ Preußen sich nicht verlocken. Seit den Zeiten des Fürstenbundes (1785) wurde die nie außer Acht gelassene Verstärkung Preußens in Deutschland lediglich durch Verstärkung seines politischen Einflusses erstrebt. Der Grund für das Aufgeben der Eroberungspolitik in Deutschland lag indessen weder in der Zuneigung zu der bestehenden Reichsverfassung, noch in der Achtung vor dem Besitzstande der einzelnen Reichsstände; Preußen hätte seinen Ursprung verleugnen müssen, wenn es sich durch das Reich und dessen abgestorbene Zustände hätte gebunden fühlen sollen; es war groß geworden zwar zur Stärkung Deutschlands, aber durch Zersetzung der Reichsverfassung, und wußte, daß die Rücksicht auf die Reichsverfassung zugleich Rücksicht auf die Erhaltung der österreichischen Macht sei. Preußen dürfe in Deutschland nicht erobern, äußerten damals preußische Staatsmänner, weil dann Oesterreich unausbleiblich ein Gleiches thun werde und auf solchem Wege wahrscheinlich Oesterreich, aber gewiß nicht Preußen zu einem ruhigen Besitz gelangen werde.

Als aber mit den Siegen der französischen Revolution die alte europäische Ordnung sich löste und eine auf Krieg und Eroberung gestellte Zeit begann, regte der Gang, welchen der 1792 begonnene Krieg in seinem weiteren Verlaufe nahm, in den preußischen Staatsmännern mehr und mehr den Gedanken an, nicht allein durch politischen Einfluß auf Deutschland, sondern auch durch Eroberungen in Deutschland Preußens Macht zu verstärken.

Oesterreichs Argwohn und Eifersucht während des Coalitionskrieges hatten einen solchen Grad erreicht, daß der Wiener Hof, um Preußen an jeder Vergrößerung zu verhindern, damals vielleicht selbst auf die eigene Vergrößerung verzichtet hätte. Die Verbindung mit Oesterreich konnte nur dazu führen, die in sich unhaltbaren Reichsstände und ihre erstorbenen großen und kleinen Glieder noch länger zu erhalten. Frankreich dagegen hatte jede Scheu vor Verletzung der Rechte Anderer abgeworfen und war auf die Vergrößerung durch Raub angewiesen; es sah überdieß in Preußen gegen Oesterreich einen natürlichen Verbündeten, dessen Stärkung ihm Gewinn trage. Eine Annäherung Preußens an Frankreich schien große Erfolge haben zu können, während der Krieg gegen Frankreich nur Schwächung für Preußen herbeiführte. Ein Friede aber, welchen Preußen, während Oesterreich und das Reich im Kriege verharrte, mit Frankreich schloß, war unter den damaligen Umständen mehr als Friede, war schon ein halbes Bündniß, denn Frankreich wollte in Deutschland erobern, und zwar auch deutsche Landestheile, die unter Preußens Herrschaft standen; Preußen konnte es durch keine Friedensunterhandlungen verhindern, sondern mußte die Abtretungen zugestehen, und wenn es nicht selbst Schaden leiden wollte, sich durch gutes Einverständniß mit Frankreich Entschädigung in Deutschland verschaffen, woraus Vergrößerung in Deutschland mit Frankreichs Hülfe sich leicht ergab.

Der am 5. April 1795 zu Basel geschlossene Friede und die darauf folgenden Verträge gaben die frühere Politik Preußens, die deutschen Reichsstände unter Preußens Leitung zu conföderiren, nicht völlig auf, indem alle Reichsstände, welche sich um Preußen sammeln wollten, gegen die französischen Angriffe gesichert sein und mit Preußen eine Neutralitätsstellung einnehmen sollten.

Hardenberg hatte nicht ohne Anstrengung das Zugeständniß von Frankreich erlangt, daß alle Reichsstände des rechten Rheinufers nicht feindlich behandelt werden durften, die Preußens Vermittelung in Anspruch nehmen wollten. Zu diesem Zwecke sollte eine Demarcationslinie gezogen und alle hinter dieser Linie gelegenen Länder von Frankreich als neutral angesehen werden. Sie sollte das ganze nördliche Deutschland den Kriegsgefahren entziehen.

Dankbar und unbedenklich ließen sich die Reichsstädte, die Reichsgrafen, die geistlichen und weltlichen Fürsten, welche von der Demarcationslinie umschlossen wurden, den Schutz Preußens gefallen, welcher sie den Anstrengungen und Gefahren des Krieges entrückte.

Es bliebe, schrieb der Herzog von Braunschweig, um der Willkür eines unaufhaltsamen Feindes zu entgehen, nichts übrig, als mit demselben in Sonderverhandlungen zu treten; Hessen-Cassel benutzte die preußische Vermittelung, um am 28. August zu Basel einen Separatfrieden mit Frankreich zu schließen; die hannover'schen Truppen hatte Wallmoden bereits im Anfang des Jahres 1795, um sie zu retten, von Holland in das Münster'sche zurückziehen müssen, und nach einigem Zögern schloß sich Hannover dem Baseler Frieden an. Der Kurfürst von Sachsen gedachte von dem Baseler Frieden für sich keinen

Gebrauch zu machen und ließ seine Truppen unter dem Befehl der österreichischen Generale. Als aber am 20. September 1795 Pichegru Mannheim besetzte und das rechte Rheinufer bedrohte, rief der Kurfürst seine Truppen zurück, da bei dem schnellen Vordringen der Franzosen die eigenen Staaten in Gefahr seien; noch einmal kehrten sie im Frühsommer 1796 unter den Befehl des Erzherzogs Carl zurück; als aber Moreau und Jourdan nach Franken vordrangen, rief der Kurfürst seine Truppen zurück und schloß am 13. August 1796 Waffenstillstand und Neutralitätsvertrag mit der französischen Republik.

Im Sommer 1796 hatte das ganze nördliche Deutschland sich Preußen angeschlossen; ihm allein verdankten die Reichsstände von Norddeutschland die gesicherte Stellung, die sie einnahmen. Preußen hatte einen Kreis von Reichsständen so zahlreich und so nahe sich verbunden und seinem Einflusse untergeordnet, wie früher nie.

Aber diese Gemeinschaft, an deren Spitze der Nachfolger Friedrich's des Großen stand, war keine Verbindung zu gemeinsamen Thaten, sondern zur gemeinsamen Thatlosigkeit, und gewährte, da unter allen Großmächten Preußen am wenigsten ertragen konnte, inmitten allgemeiner und gewaltiger europäischer Bewegung ein Führer zur Thatlosigkeit und Vertreter schlaffer Ohnmacht zu sein, wenig Aussicht, der Anfang einer politischen Partei zu werden, auf deren Leitung Preußen seine politische Stellung gründen konnte, und soweit die durch den Baseler Frieden und die Demarcationslinie hervorgerufene Verbindung Aussicht auf eine Zukunft hatte, konnte sie doch nicht als eine Partei auftreten, welche als deutsche Conföderation sich gestalten oder in irgend einer anderen Weise eine bestimmte Form der politischen Gestaltung Deutschlands in seiner Einheit erstreben und erreichen konnte. Denn der Baseler Verbindung stand das ganze südliche Deutschland und insbesondere Baiern und Württemberg gänzlich fern; sie umfaßte nur die Städte, die geistlichen und weltlichen Herren Norddeutschlands; sie hatte auch keine Beziehung zu Deutschland als Ganzes, gab vielmehr dasselbe preis, indem alle ihre Glieder ihre Truppen von der Reichsarmee zurückzogen, einseitig Frieden schlossen und den Verlust der deutschen Lande des linken Rheinufers stillschweigend voraussetzten. Die Baseler Verbindung trug keinen deutschen Charakter; weil ihre Glieder als einzelne, weil Hannover, Münster, Cassel u. s. w. nicht von den Kriegsunruhen berührt werden sollten, hatten sie sich Preußens Vermittelung gefallen lassen und sich unter seiner schützenden Führung verbunden.

Die frühere Conföderationspolitik und Conföderationspartei Preußens war während des ersten Coalitionskrieges und vor Allem in dem Baseler Frieden sehr in den Hintergrund getreten. Dagegen trat die Neigung zu einer Eroberungspolitik Preußens nicht allein in Polen, sondern auch in Deutschland sehr bemerkbar hervor. Schon 1792, als Ansbach und Baireuth durch Uebereinkunft an Preußen fielen, hatte Preußen sehr unzweideutige, wenn auch zunächst noch vergebliche Versuche gemacht, seine Landeshoheit über eingeschlossene oder benachbarte kleinere Territorien, reichsritterliche Besitzungen und Reichsstädte mit Gewalt auszudehnen. In den geheimen Artikeln des Baseler Friedens ließ es sich für jeden Verlust auf dem linken Rheinufer volle Entschädigung versprechen, die nur durch Eroberung in Deutschland gegeben werden konnte. „Ich halte", schrieb Hardenberg einen Tag nach Abschluß des Friedens, „den Frieden für vortheilhaft, weil wir, im Falle Frankreich das linke Rheinufer behält, nichts verlieren, sondern durch die zugesicherte Gebietsentschädigung eine gute Entschädigung erhalten."

Ein Jahr nachdem Preußen dieses Versprechen sich hatte geben lassen, nahm es im Sommer 1796 die 1792 vorläufig wieder aufgegebenen Versuche, sich in Franken zu vergrößern, wieder auf. Lang ward beauftragt, zum allenfallsigen Gebrauch Denkschriften auszuarbeiten über alle preußischen Prätensionstitel, wovon sich Nachrichten fanden.

„Ich mußte", schrieb der Ritter v. Lang, „durch besondere Ausführungen gegen einzelne Rittergüter, besonders aus den alten Landbüchern Materialien zu neuer Feuerung bieten, welches aus dem Journal des Staatsarchives der Fürstenthümer in Franken reichlich hervorprasselte. Die ausgedehntesten Ansprüche gegen das Hochstift Eichstädt, die fränkische Reichsritterschaft und die Reichsstadt Nürnberg wurden erhoben und von gewaltsamen Besitzergreifungen begleitet; die Nürnberger Vorstädte wurden durch preußische Regimenter besetzt, eichstädt'sche Landsassen, ritterschaftliche Beamte zur Huldigung gezwungen."

Um dieselbe Zeit gab Preußen dem Andrängen Frankreichs nach, sich durch näheren Anschluß an Frankreich unter dem Namen von Entschädigung reiche Vergrößerung in Deutschland zu verschaffen. Der geheime Vertrag vom 5. August 1796 ward zwischen Frankreich und Preußen geschlossen. Preußen willigte ausdrücklich in die Abtretung des linken Rheinufers und in die Säcularisation der geistlichen Terri=

torien und deren Vertheilung als Entschädigung unter die weltlichen Fürsten ein und nahm für sich den größten Theil, das Bisthum Münster und was sonst, um die Entschädigung für die auf dem linken Rheinufer abgetretenen Landestheile Preußens vollständig zu machen, am schicklichsten scheinen mochte, in Anspruch; ein Gegenstand, über welchen sich beide Mächte freundschaftlich einverstehen werden.

Die nächsten Jahre zeigten Preußen unthätig; schwankend und unentschlossen sah es dem großen europäischen Kriege von 1799 und 1800 zu.

Der zehnjährige Kampf zwischen Deutschland und Frankreich von 1792 bis 1802 hatte dahin geführt, daß auch Preußen die Eroberung eines großen Theiles Deutschlands durch Frankreich gut hieß, und daß Preußen sich durch Beraubung eines Theiles der Reichsstände vergrößerte.

Statt auf Deutschland politischen Einfluß zu üben, hatte Preußen norddeutsche Länder zu erobern und sich einzuverleiben die Richtung erhalten.

Indem Preußens Neigung, sich durch Beraubung seiner schwächeren Mitstände zu vergrößern, mit jedem Jahre stärker und erfolgreicher geworden war, gab es in demselben Grade das Streben, die deutschen Landesherren unter seinen politischen Einfluß zu sammeln auf. Der Staat, welcher mit Frankreichs Hülfe sich durch die Lande seiner Mitstände vergrößerte, mußte ihr Vertrauen verlieren, konnte nicht die Mitstände als Führer und Leiter ihrer Conföderation unter sich sammeln. Die frühere Conföderationspolitik war der Eroberungspolitik gewichen.

Preußen wußte wohl, daß, wenn es erobern wollte, es nur durch Frankreich erobern konnte; es stand jetzt jedenfalls Frankreich näher als Oesterreich, und unmittelbar nach dem Lüneviller Frieden bemühte es sich eifrig mit Frankreichs Hülfe deutsche Territorien an sich zu bringen, bald wollte es die Bisthümer Würzburg und Lemberg, bald Münster, Paderborn, Osnabrück, Hildesheim, das Eichsfeld, Erfurt, Nürnberg, Eichstädt.

Während die Reichsdeputation in Regensburg über die Entschädigung der Fürsten, welche auf dem linken Rheinufer Land und Leute verloren hatten, verhandelten, sicherte der am 22. Mai 1802 mit Frankreich geschlossene geheime Vertrag ihm einen Theil dieser Länder und ermächtigte es, dieselben sofort in Besitz zu nehmen. Am 3. August besetzte Preußen die Lande, nahm die Huldigung an und begann zu organisiren, obschon der Reichsdeputationsschluß erst zum Reichsgesetz erhoben ward. Für einen Verlust von 48 Quadratmeilen hatte Preußen unter dem Namen von Entschädigung 230 Quadratmeilen gewonnen.

Dieselbe Neigung, sich auf Kosten des Reiches und dessen schwache Glieder zu vergrößern, welche in Preußen lebte, lebte auch in seinen Anhängern und führte bei manchem zum Ziel; Hannover erreichte durch den Reichsdeputationsschluß Osnabrück, Braunschweig Gandersheim und Helmstädt, Cassel eine Anzahl Mainzischer Aemter, Darmstadt außer einer bedeutenden Zahl Mainzischer Aemter das ganze Herzogthum Westphalen u. s. w., selbst Mecklenburg ging nicht ganz leer aus.

Indem Preußen sich durch Eroberungen vom Reiche vergrößern wollte und indem es Frankreich Eroberungen zugestand, selbst Theile des Reiches eroberte, hatte es in einem entscheidenden Verhältnisse aufgehört, das deutsche Reich als Ganzes und sich als ein von dessen Wohl und Wehe bedingtes Glied zu betrachten. Politische Parteien aber können nur von denen gebildet werden, die sich als Glieder des Ganzen ansehen, für und auf welches die Partei Wirksamkeit üben will. So lange Preußen glaubte, sich selbst nicht nur nicht zu schaden, sondern zu stärken, indem es das deutsche Reich und Deutschland selbst berauben und zersetzen half, konnte es für Deutschland keine Partei, also auch nicht eine Conföderationspartei bilden und noch weniger als Haupt leiten.

Die Conföderationspartei Preußens existirte 1803 nicht mehr und konnte nicht mehr existiren. Jeder Versuch, sie noch als vorhanden zu betrachten, war bewußte oder unbewußte Täuschung.

II.
Die kaiserliche Partei Oesterreichs.

Die geistlichen und alle schwächeren Reichsstände waren, da sie in jeder Aenderung der bestehenden Reichsverfassung Gefährdung des eigenen Fortbestandes erblicken mußten, lange gewohnt, sich dem unruhigen Auftreten Preußens gegenüber an Oesterreich, als dem herkömmlichen Träger der deutschen Königskrone und dem natürlichen Erhalter der Reichsformen anzuschließen. Das gewaltsame und willkürliche Umsichgreifen Joseph's II. hatte allerdings namentlich die größeren geistlichen Fürsten stutzig gemacht und von Oesterreich entfernt, aber Joseph II. war 1790 gestorben und Leopold und nach ihm Franz schienen in die überlieferte, jede Aenderung scheuende, österreichische Politik einzulenken, und eine Gefahr, weit größer als Joseph's Auftreten sie hatte bringen können, war in Frankreich entstanden. Seit den Beschlüssen der französischen Versammlung in der Nacht vom 4. August 1789 vernichtete Frankreich immer rücksichtsloser die tractatmäßig begründeten Rechte der deutschen Reichsstände in dem durch den westphälischen Frieden abgetretenen Elsaß und in den drei lothringischen Bisthümern, nahm ihnen ihr Recht auf Zinsen und Frohnden, auf Jagd und Zoll, auf Steuern und Regale und belegte die geistlichen Güter mit Beschlag. Die größeren und kleineren Prälaten und Aebte, die Grafen und kleinen Fürsten, die Reichsstädte und Reichsritter ahnten mit richtigem politischen Gefühl in den Beschlüssen den Anfang einer weiter schreitenden und auch sie in ihrem Bestande bedrohenden Bewegung. Mit dem Anfange des Jahres 1791 machten sie ihrer Unruhe auf dem Reichstage in Regensburg Luft und begehrten ein entschlossenes Auftreten des Kaisers. Der Reichstag hatte sich lange entwöhnt über Gegenstände von irgend einer Bedeutung zu berathen und zu beschließen. Der kurmainzische Gesandte war beauftragt, mit starker Sprache vorzugehen; Kurcöln forderte, daß das Reich das Elsaß und die lothringischen Bisthümer zurückfordern, die Einfuhr aller französischen Waaren verbieten, die Verbreiter der demokratischen Grundsätze mit Leibes- und Lebensstrafen belegen sollte; ob Frankreich sofort mit einem Reichskriege zu überziehen sei überließ es dem Ermessen kaiserlicher Majestät und der mächtigeren Reichsstände; die Bischöfe von Speier, Straßburg und Augsburg schlossen sich Mainz und Worms an, als diese erklärten, es müßten, wenn Frankreich auf seiner früheren Meinung bestehe, solche Mittel ergriffen werden, welche der Würde und Ehre eines ansehnlichen Reiches angemessen seien; Hildesheim deutete sehr verständlich auf den Krieg hin, wenn Frankreich auf ernstliche und standhafte Vorstellungen nicht Folge leistete.

Es schien, als ob jetzt, wie in früheren Zeiten öfterer, der Anstoß zur Wahrung der Ehre und Sicherheit des Reiches von den geistlichen Fürsten ausgehen sollte. Preußen war willig. Der Augenblick für ein großes Auftreten des deutschen Königs und römischen Kaisers schien gekommen. Der Augenblick schien gekommen, in welchem Oesterreich die kaiserliche Partei Deutschlands unter sich sammeln und als Führer in einem großen, für die Sicherheit und Ehre des Reiches begonnenen

Kriege die schlaffen und widerstrebenden Reichsstände mit sich fort=
reißen und eine Stellung zum Reiche sich gewinnen konnte, wie sie
von ihm lange erstrebt, aber nie erreicht war. Der Kaiser aber war
mit der muthigen Sprache der Reichsstände, welche die wesentliche
Stütze seiner Partei ausmachten, nicht einverstanden.

„Wir von Gottes Gnaden erwählter römischer Kaiser, allzeit
Mehrer des Reiches in Germanien, König u. f. w." nannten sich noch
Leopold II. und Franz II. Viel Ehre, wenig Rechte und noch weniger
Macht war dem deutschen Könige verblieben. Der Erzherzog von
Oesterreich und König von Ungarn liebte es zwar, sich in dem Glanze
der alten Krone zu sonnen, deren Rechte auszudehnen und deren Macht
zu verstärken; aber der Pflichten, welche die Kaiserstellung auferlegte,
war er sich wenig bewußt und nahm sie nur in Worten, nicht in
Thaten wahr. Leopold und Franz sprachen als deutsche Könige und
handelten als Erzherzöge von Oesterreich und Könige von Ungarn.
Leopold begehrte von Ludwig XVI. Herstellung des früheren Zustandes
vom December 1790. Gedrängt von den zunächst durch die Gewalt=
maßregeln Frankreichs Betroffenen, hatte er im April 1791 Ver=
handlungen darüber auf dem Reichstage veranlaßt; aber er wollte
doch höchstens, daß der Reichstag den Wunsch ausspreche, der Kaiser
möge durch nachdrückliche Vorstellungen am französischen Hofe bessere
Entschließungen erwirken; er nöthigte im Juli den Reichstag, die Ver=
handlungen, die drohend zu werden schienen, nicht zu beschleunigen, son=
dern mit bedächtigem Rathe zu behandeln, und machte im December
neue Versuche bei Ludwig XVI. Der König Deutschlands wollte
keinen Schritt des Reichstages für das mißhandelte Reich, welcher zu
ernsten Verwickelungen mit Frankreich führen konnte; die kriegerische
Sprache der geistlichen Herren ließ ihn unberührt, denn er erkannte,
daß hinter diesen tönenden Worten keine Thaten standen, sondern daß
sie leerer, nichtssagender Schall seien; er wollte keinen Krieg mit
Frankreich und gab das zu Pillnitz im August 1791 und in der nach=
folgenden Zeit deutlich zu erkennen.

Das Hausinteresse Oesterreichs, welches keinen Krieg im Westen
wollte, um im Osten seine Stellung zu befestigen, wurde durch das
Auftreten Friedrich Wilhelm's II. gefördert, der durch sein Einstehen
für das französische Königthum seine politische und militärische Thätig=
keit, indem sie für den von ihm gewünschten Kampf im Westen in
Anspruch genommen wurden, im Osten schwächte und dort Oesterreich
freie Hand ließ. Leopold hatte von diesem Gesichtspunkt aus über

Preußens Drängen zum Kriege sich gefreut und hatte mit dem Berliner Hofe verhandelt, wie wenn der Ausbruch eines Krieges mit Frankreich wahrscheinlich und nahe sei, sich selbst zu nichts verpflichtet und jeden entscheidenden Schritt sorgsam vermieden.

Als Kaiser und deutscher König fühlte Leopold sich nicht und die Gefährdung des Reiches war für ihn kein Grund zum Kriege, aber Leopold wollte die europäischen Verwickelungen und die schwierige Lage des Reiches benutzen, um als österreichischer Erzherzog sein Hausinteresse im Osten zu fördern, indem er den alten Nebenbuhler im Westen beschäftigte, die Möglichkeit eines Krieges mit Frankreich zeigte.

Das revolutionäre Frankreich aber machte dieses diplomatische Spiel zu nichte, es wollte Krieg seit dem Herbste 1791 und erklärte denselben wenige Wochen nachdem Franz II. seinem am 1. März 1792 gestorbenen Vater auf dem Throne gefolgt war.

Wie ohnmächtig die Stellung des Kaisers zum Reichstag, wie gering sein Einfluß auf die alte kaiserliche Partei, sofern es auf Thun und nicht auf Reden ankam, war, zeigte sich bald nach dem Beginne des Krieges; der Kaiser begehrte, daß der Reichstag den Krieg als Reichskrieg betrachten solle, aber auch als die Franzosen im October 1792 Speier und Worms, dann Mainz und Frankfurt weggenommen und gebrandschatzt und gleich darauf ihre Plünderungszüge auch auf die Wetterau und die Lahngegend ausgedehnt hatten, konnte der Reichstag sich noch nicht zur Kriegserklärung entschließen; schmachvoll that sich kund, wie leer die Reden der geistlichen Reichsstände für die Ehre und Sicherheit des Reichstages in Regensburg gewesen waren. Als der französische Heerhaufen Mainz zu bedrohen schien, entfloh der Kurfürst eiligst nach Würzburg; der Rhein war mit Fahrzeugen bedeckt, welche Domherren und Heiligenbilder, Maitressen, Minister und wie man sagte auch Generale rheinabwärts in Sicherheit bringen sollten. Als nach solchen Vorgängen Mainz sich dem fliegenden Corps hatte ergeben müssen, floh der Kurfürst von Trier eiligst aus Coblenz nach Bonn, der Bischof von Würzburg, der Fürstabt von Fulda riefen nach Hülfe, in Bamberg sogar ward gepackt.

Als endlich gegen Ende März 1793 der Reichstag wirklich den Kriegsentschluß ausgesprochen hatte, vermochte Oesterreich dennoch nicht seine alten Anhänger zu ernstem Auftreten, zu Geldopfern und Truppenstellungen zu bewegen. Die meisten geistlichen Landesherren, Reichsstädte, Grafen und kleinen Fürsten stellten ihr Contingent nicht auf, der Kurfürst von Cöln war auf das Unangenehmste durch die gefähr-

liche Zumuthung berührt, an der Vertheidigung des Reiches thätigen
Theil zu nehmen, die Reichsstadt Cöln hatte schon früher erklärt, daß
sie neutral bleiben müsse, da der Krieg für sie allzu gefährlich sei,
Hamburg wollte sich durch den Krieg nicht in seinem Handel mit
Frankreich stören lassen, selbst Kriegsbedürfnisse führte es dem Feinde
zu. Die wirklich erscheinenden Truppen waren mit sehr wenigen Aus=
nahmen, wie namentlich des braven Münster'schen Bataillons und des
Trier'schen Jägerbataillons, völlig unbrauchbar. Von den einundfünfzig
Reichsstädten hatten bis 1795 nur achtzehn ihren Antheil an den
Kriegskosten gezahlt, unter den Reichsgrafen und Reichsprälaten waren
die meisten ganz oder zum großen Theil mit ihrem Beitrag rück=
ständig, selbst Bamberg, Würzburg, Eichstädt, Münster hatten ihrer
Pflicht noch nicht genügt.

Die kaiserliche Partei Oesterreichs war, soweit es nicht auf Reden,
sondern auf Thun ankam, durchaus ohnmächtig und nichtig, Oester=
reich bewegte sich mehr und mehr, ohne irgend eine Rücksicht auf sie
oder auf die kaiserliche Stellung seines Fürsten zu nehmen.

Der Krieg von 1792 bis 1797 hat in einzelnen Jahren glänzende
Waffenthaten des österreichischen Heeres aufzuweisen, aber für das
deutsche Reich, dessen Kaiser er war, trat während der ganzen Dauer
desselben Franz II. nicht auf, sondern nur für sein Hausinteresse.
Schon nach dem ersten schlaff und wie wider Willen geführten Feld=
zuge von 1792 wollte Oesterreich 1793 für sich Eroberungen machen;
es dachte an französisch Hennegau und französisch Flandern, an Elsaß,
Lothringen und dessen drei Reichsstifte; als ihm 1794 der Krieg mit
Frankreich beschwerlich ward, war es ohne Rücksicht auf seine Kaiser=
stellung geneigt, die österreichischen Niederlande und bald auch das linke
Rheinufer preiszugeben, um im österreichischen Hausinteresse An=
theil an der polnischen Theilung zu nehmen, Preußens Vergrößerung
zu hindern und in Baiern für sich selbst Erwerbungen zu machen;
schon 1795 waren Gerüchte geheimer Verständigung mit Frankreich
verbreitet. Zwar wendete Oesterreich sich der Coalition wieder zu
und hielt an derselben auch nach Preußens Rücktritt im April 1795
fest, mit eindringlichen Worten forderte es im November 1795 vom
Reichstage kräftige Hülfe, aber selbst bei den Gliedern seiner eigenen
Partei ohne erheblichen Erfolg, und als im Juli 1796 die franzö=
sischen Truppen siegreich in Schwaben vordrangen, zogen die Truppen
der schwäbischen Kreisstände sich vom Kampfe zurück und auch die
Anhänger Oesterreichs in Schwaben suchten von Frankreich Schonung

mit schweren Opfern zu erkaufen. Durch die Uebereinkunft vom 25. Juli 1796 sagten ihnen die Franzosen gegen freien Durchzug, freie Verpflegung, große Lieferungen und Geld, Sicherheit der Person und des Eigenthums zu. Entschlossen trat Erzherzog Carl diesem Abfalle entgegen, er behandelte den schwäbischen Kreis als feindliches Land, richtete seine Kanonen auf die Reichstruppen und ließ sie entwaffnen.

Oesterreichs Anhänger hatten ihren kaiserlichen Führer verlassen, aber nicht weniger hatte Oesterreich seine kaiserliche Stellung, das Reich und seine alten Anhänger aufgegeben, und der Gang der Ereignisse zeigte deutlich, daß der Wiener Hof 1795 bei der Coalition geblieben war, nicht um als Kaiser das Reich zu schützen, sondern um für Oesterreich die bedeutenden englischen Subsidien und die Aussicht auf Erwerbungen in Polen und Baiern nicht zu verlieren. Schon 1795 hatten österreichische Schriftsteller ungescheut ausgesprochen: der kaiserliche Hof würde die gemachten Eroberungen als seine eigene Sache ansehen und sich darüber mit Frankreich verständigen, und wenn der Kaiser dann einwillige, daß Frankreich seine Grenze bis an den Rhein ausdehne und wenn er dann Mainz noch dazu hergäbe, welche Hindernisse könnte er finden, wenn er eine gerechte Entschädigung in dem Reiche nähme? Daß diese Worte den Sinn des Wiener Cabinets aussprachen, zeigte sich, sobald es zu Friedensverhandlungen kam: in den Vorverhandlungen zu Leoben im April und in dem Frieden zu Campo Formio am 19. October 1797.

Zu Leoben ward im April 1797 die Beraubung des Reiches durch den Verlust des linken Rheinufers, aber die Verstärkung Oesterreichs auf Kosten Dritter ausgemacht; was zu Leoben vorläufig ausgesprochen war, ward im Frieden zu Campo Formio am 19. October 1797 festgestellt. Franz hatte das Reich, dessen Kaiser er war, preisgegeben. Oesterreich bot die Hand zur Abtretung des größten Theiles der Rheinlande, zur Zersetzung der alten Reichsverfassung durch die Beseitigung der geistlichen Territorien und deutete auf weitere Vergrößerungen Frankreichs hin, wenn nur auch Oesterreich in gleichem Maße vergrößert werde, Salzburg und einen Theil Baierns zugesagt erhielt und Preußen sich nicht vergrößern dürfe.

Nicht königlicher, sondern unköniglicher ward Oesterreichs deutsche Stellung dadurch, daß es, während es in Thaten das Reich preisgab, in Worten auch jetzt noch die Stelle des Kaisers und Schützers des Reiches spielte, im Leobener Vertrage die Integrität des Reiches aussprach und sich von dem Reichstage für diese kaiserliche Fürsorge für das Reich in feierlichen Worten danken ließ.

Der Rastadter Congreß 1797 offenbarte die unkönigliche Stellung Oesterreichs in noch hellerem Lichte. Am 1. November 1797 forderte der Kaiser die Reichsstände auf: dem großen Erhaltungsgesetze der Einheit und Gesammtheit des Reiches unverrückt treu zu bleiben und den Frieden des Reiches auf der Basis der Integrität des Reiches und seiner Verfassung herbeizuführen. In denselben Wochen versprach derselbe Kaiser gegen die Aussicht auf Einräumung des venetianischen Gebietes für Oesterreich, durch Zurückziehung seiner Truppen aus dem Westen des Reiches, durch Räumung der Festungen, durch Uebergabe von Mainz an die Franzosen und durch sie ausdrückliche Ermächtigung, nöthigenfalls mit Gewalt Besitz zu ergreifen, das Reich wehrlos den Franzosen zu überlassen. Der Kaiser zog wirklich seine Truppen zurück, am 28. December kam Mainz, gleich darauf Mannheim in den Besitz der Franzosen, das ganze linke Rheinufer wurde als französisches Land behandelt und eingerichtet, und in geheimen Verhandlungen zu Selz versuchte Oesterreich für sich von Frankreich Stücke von Baiern, Mantua, venetianischen Landestheilen, Graubündten, Weltlin zugetheilt zu erhalten. Als Oesterreich in Rastadt und Selz nicht von Frankreich erlangte, was es für sich begehrte, näherte es sich Rußland und England auf das Neue und begann den Krieg, aber wiederum nicht als Kaiser für das Reich, sondern als Oesterreich für eigene Vergrößerungen. Seine ersten Siege wollte es nicht für die Gewinnung des verlorenen linken Rheinufers, sondern für Festsetzung Oesterreichs in Italien und Baiern, für Gewinnung Piemonts benutzen. Im Frieden von Lüneville (9. Februar 1801) trat es in seines und des Reiches Namen alles Land links vom Rheine, 1100 Quadratmeilen, dreiundeinhalb Millionen Seelen umfassend, an Frankreich ab und versprach die Festungen längs des rechten Rheinufers nicht wieder herzustellen; sich selbst aber und den weltlichen Fürsten bedang es Entschädigung aus. Sein Kaiser hatte Deutschland als europäische Entschädigungsmasse hingestellt und den Ländertausch im dynastischen Interesse sanctionirt.

Von seinem Kaiser hatte das Reich zu fordern, daß, nachdem die Abtretung einmal ausgesprochen war, er die festgestellte Entschädigung der auf dem linken Rheinufer verlierenden weltlichen Fürsten mit dem Reichstage bewerkstellige. Der Reichstag selbst sprach in seinem Gutachten vom 30. April 1801 diese Forderung aus, indem er den

Kaiser um die Einleitung ersuchte und dem Reichstage die Begutachtung vorbehielt; der Kaiser wies in seiner Antwort vom 26. Juni darauf hin, daß mit Frankreich über die Entschädigung verhandelt werden müsse, begehrte dann im September eine außerordentliche Reichsdeputation, stellte in Worten als Schützer der Reichsverfassung und Reichsstände sich hin und suchte zugleich das östliche Baiern an sich zu bringen. Der deutsche König ging jedes Einflusses auf die Entschädigung verlustig. Bonaparte und Alexander kamen über die Entschädigung überein und Frankreich und Rußland legten der Reichsdeputation bei deren Eröffnung am 24. August 1802 den von ihnen festgestellten Entschädigungsplan vor mit dem Gebote, binnen zwei Monaten müsse das ganze Entschädigungsgeschäft beendet sein.

Zwar versuchte Oesterreich wiederholt, um den Plan vortheilhafter für sich zu stellen, in die Verhandlungen einzugreifen, aber umsonst, es mußte sich dem französischen und russischen Gebote fügen und dem Reichsdeputationsbeschluß seine Genehmigung ertheilen.

Den alten Anhängern Oesterreichs war mehr und mehr gewiß geworden, daß sie von ihrem kaiserlichen Führer preisgegeben seien.

Es waren vor Allem die geistlichen Territorien, welche sich bedroht sahen; in sich auf das Aeußerste verkommen, jeder Kraft, sich aus sich selbst zu erhalten, längst beraubt, waren sie dem Untergange verfallen. Wie der Geier auf den letzten Athemzug der sicheren Beute, warteten die größeren und kleineren Landesherren mit gierigem Auge auf den Todesaugenblick der geistlichen Gebiete, um ihren Antheil am Raube nicht zu versäumen. Vom Reiche Anstrengungen für ihre Erhaltung zu erwarten, hatten die Bischöfe und Aebte, die Domherren und der Stiftsadel jeden inneren Anspruch verloren, die durch ihre Haltung in Regensburg wie im Felde gezeigt hatten, daß sie lange schon aufgehört hatten als Glieder des Reiches zu fühlen und zu handeln und nur an sich, an ihre Schätze und Freuden dachten. Von Oesterreich allein, das in ihnen Preußen gegenüber eine Stütze für seine kaiserliche Stellung gesucht hatte, waren sie Unterstützung zu erwarten berechtigt, aber der Kaiser hatte schon im Frieden von Campo Formio das Erzstift Salzburg für sich selbst sich ausbedungen und verständlich genug auf die Säcularisation auch anderer geistlicher Territorien hingewiesen.

Jeden Zweifel darüber, daß der Kaiser die geistlichen Staaten aufgegeben habe, hob der Kaiser durch den Artikel 7 des Lüneviller

Friedens, und der Reichsdeputationsschluß vom 25. Februar 1803 strich bis auf einige unerhebliche Ausnahmen die geistlichen Territorien aus der Geschichte aus.

Neben den geistlichen Territorien bildeten die Reichsstädte die zweite Hauptgruppe, aus welcher sich die kaiserliche Partei Oesterreichs zusammensetzte; sie waren ihrer großen Mehrzahl nach nicht weniger erstorben und nicht weniger hülflos, obschon aus anderen Gründen als die geistlichen Territorien. Auch sie sahen in der Entschädigungsbestimmung des Friedens von Campo Formio die Wahrscheinlichkeit ihres Unterganges, und mit dem Rufe um Schutz wendeten sich die schwäbischen wie die fränkischen Reichsstädte zur Zeit des Rastadter Congresses an den Kaiser, aber sie fanden noch weniger Geneigtheit als die geistlichen Reichsstände. Vielmehr bot der Kaiser im Juni 1801 Baiern die Reichsstädte Augsburg, Ulm, Memmingen, Kempten und fünfzehn andere an, wenn es dafür seine östlichen Landestheile an Oesterreich überlassen wollte.

Von ihrem Kaiser verlassen, wendeten manche Städte sich, um Schutz zu finden, nach Paris; Nürnberg, Hamburg, Bremen gingen Napoleon durch eigene Gesandtschaften an, aber auch dieser Schritt rettete sie nicht; auch die Reichsstädte löschte bis auf sechs der Reichsdeputations-Hauptschluß aus.

Die Reichsritter, die Reichsgrafen und kleinen Fürsten, welche die dritte Gruppe der kaiserlichen Partei Oesterreichs bildeten, blieben durch den Reichsdeputations-Hauptschluß zwar noch verschont, aber sie für sich allein waren nur eine Last, keine Stärkung des Kaisers; in Schwaben und Franken hatte auch sie Oesterreich Baiern angeboten, und jedenfalls waren ihre Tage gezählt.

Die alten Anhänger der kaiserlichen Partei Oesterreichs, waren vernichtet bis „auf ein Kleines zu einem Gedächtniß".

Franz II. hatte seine Stellung als deutscher König preisgegeben, indem er während des gewaltsam erregten Jahrzehnts von 1792 bis 1803 die Leitung und Führung des Reiches weder im Kriege noch im Frieden zu behaupten vermochte, und auch für die Zukunft die Handhaben des kaiserlichen Einflusses preisgegeben, die burgundischen und schwäbischen Besitzungen abgetreten und die Stifte, Abteien und Städte des Reiches weltlichen Landesherren zur Beute überlassen hatte. Oesterreich hatte sich auf sich selbst zurückgezogen; sein Land und sein Haus inmitten der Zersetzung des deutschen Reiches zu erhalten und zu stärken, war sein einziges Streben; Baiern hat es gewollt, ganz oder zum Theil, und neben den venetianischen Ländern hatte es die Bisthümer Brixen, Trient wirklich genommen, ja keinen Anstand genommen, sich auf Kosten des Reiches mit dem alten Erzstift Salzburg und dem Breisgau schadlos zu halten, selbst für die außerhalb Deutschlands regierenden Glieder seines Hauses Toscana und Modena, welche ihr Land verloren.

Wenn Oesterreich selbst sein römisches Kaiserthum aufgegeben hatte, so konnte der Wirklichkeit nach 1803 von einer kaiserlichen Partei Oesterreichs unter den deutschen Territorien nicht mehr die Rede sein.

Vom Kaiserthum war 1803 nur noch der Name und von der kaiserlichen Partei auch dieser nicht mehr vorhanden.

III.
Die Sonderbundspartei der mittleren Territorien.

Die Gründe, aus welchen Preußen und Oesterreich den Krieg gegen Frankreich begonnen und das deutsche Reich in denselben hineingezogen hatten, waren nicht geeignet, die Reichsstände zur Kampfesfreudigkeit, zu Anstrengungen und Opfern zu begeistern. Nicht für das Reich, nicht für Deutschland war der Kampf eröffnet und die Herzöge, Fürsten und Grafen sahen in ihrer europäisch ohnmächtigen Stellung keinen Beruf, sich an Preußens Auftreten für die Idee des Königthums zu betheiligen, und Oesterreichs Absichten, durch den Krieg sein Hausinteresse zu fördern, machte den alten Argwohn stark. Da indessen Frankreichs innere Zustände 1792 und 1793 so feindlich gegen jede obrigkeitliche Gewalt waren, daß sie die deutschen Fürsten nicht zum Anschluß verleiten konnten und zu wenig furchtbar nach außen, um sie zu demselben zu zwingen, so schlossen sich die Reichsstände, sobald es gewiß war, daß sie nicht neutral bleiben konnten, sondern für eine der beiden kriegführenden Parteien entscheiden mußten, an Preußen und Oesterreich an, aber nicht auf Grund eines großen und freien politischen Entschlusses, sondern weil ihnen der Anschluß an Preußen und Oesterreich als das kleinste von zwei Uebeln erschien. Als im Fortgange des Krieges Preußen und Oesterreich zerfielen, der Krieg unglücklich ward, als Frankreich im Innern eine starke obrigkeitliche Gewalt wieder gewann, welche die revolutionären Gefahren zu vermindern schien, als von Frankreichs Feindschaft Untergang, von Frankreichs Freundschaft Gewinn zu erwarten war, trat an die deutschen

Reichsstände die Versuchung zur Entfernung von Deutschland und zur Annäherung an Frankreich heran, obschon nicht für alle, und nicht für alle in gleichem Grade. Die geistlichen Herren freilich wußten, daß sie von Frankreich nichts zu hoffen hatten und die Landesherren des nördlichen und östlichen Deutschlands hatten zunächst noch nichts Großes von Frankreich zu fürchten oder zu hoffen; der unmittelbar und ununterbrochen wirkende Druck des preußischen Nachbarstaates war noch stärker als der politische Einfluß Frankreichs und band sie an die preußische Politik; Hannover überdieß hatte einen Kurfürsten, der als König von England den Weltkampf mit Frankreich ausgefochten hatte. Aber die südwestlichen weltlichen Herren sahen ihre Gebiete den französischen Heeren offen liegen und wußten lange, daß Frankreich ihre Freundschaft nicht nur mit Schonung, sondern auch mit Gewinn zu lohnen bereit sei.

Unter den südwestlichen Herren war es vor Allem Baiern, welches durch seine Größe, seine inneren Zustände und durch seine ganze Vorgeschichte dahin gedrängt ward, die erste Rolle in der Entwickelung der Verbindung des Südwestens mit Frankreich zu spielen.

1. Baiern.

Kurfürst Carl Theodor war, als der Krieg begann, nahe mit Oesterreich verbunden, um durch dasselbe Vortheile für seine natürlichen Kinder zu erlangen; Graf Lehrbach, der österreichische Gesandte, regierte in München; vermählte sich doch sogar einige Jahre später (1795) der einundsiebenzigjährige Kurfürst mit der neunzehnjährigen österreichischen Prinzessin Marie Leopoldine. Zuneigung zu den neuen Bewegungen und den neuen Personen in Paris hatte weder Carl Theodor noch sein Hof. Als sich seit dem Frühjahr 1791 der Krieg Oesterreichs und Preußens gegen Frankreich vorbereitete, neigte er sich den Verbündeten zu; aber von einem großen männlichen Entschluß, sich und die Kräfte seines Landes für die Erhaltung der alten europäischen Ordnung und für die Ehre und Sicherheit des deutschen Reiches einzusetzen, war er weit entfernt. Als Frankreich 1792 den Krieg gegen Oesterreich erklärt hatte, sprach der Münchener Hof in zaghaften Worten den Wunsch aus, mit Frankreich in gutem Vernehmen zu bleiben; von einer Coalition gegen Frankreich wisse man nichts, äußerte er, nur für den Fall eines Angriffs auf das Reich müsse der Kurfürst als Reichsstand an Vertheidigungsanstalten denken. Aber auch zu diesen fehlte der Muth. In Regensburg erklärte der kurfürstliche Gesandte, daß sein Herr Rücksichten gegen Frankreich zu nehmen habe und sich durch kriegerische Rüstungen der größten Gefahr aussetzen werde. In Jülich ließ (1792) der bairische Commandant die kaiserlichen Truppen nicht durchmarschiren, in Düsseldorf suchte die bairische Regierung die Anlegung von Magazinen für das deutsche Heer zu verhindern, bitter klagte im Januar 1793 der preußische Oberst Kinkel, daß die bairische Regierung französische Officiere und Spione ungehindert in die Festung Mannheim aus- und eingehen ließe und mit den Franzosen über Getreide und Vieh Lieferungsverträge gegen Assignaten schließen lasse. Durch Verhandlungen mit den französischen Generalen suchte sich der Kurfürst möglichst sicher zu stellen und wollte auch, als im April 1793 der Reichskrieg beschlossen war, nur unter noch zu verabredenden annehmlichen Bedingungen sein Contingent zum Reichsheere stellen. Vom Kaiser mit derben Worten auf seine Pflicht als Reichsstand verwiesen und von Lucchesini stark gedrängt, ließ er zwar seine Truppen aufbrechen, fand aber in der Stimmung seines Landes einen Vorwand, so wenig wie möglich zu thun; Vorstellungen des landschaftlichen Ausschusses (1794) und Tumulte in München (1795) sprachen die Unzufriedenheit über die Verbindung mit Oesterreich und Deutschland aus. Schon im September 1794 gab Baiern auf dem Reichstage den Wunsch nach Frieden offen kund; 1795 übergaben bairische Generale trotz des Widerspruchs einiger tapferen österreichischen Compagnien das feste Düsseldorf mit dreihundertdreiundfünfzig Geschützen, zehntausend Gewehren und ansehnlichen Vorräthen den Franzosen, und im September 1795 ging durch schmählichen Verrath des Commandeurs Freiherrn v. Belderbusch auch Mannheim verloren.

Als Moreau sich 1796 dem Lech näherte, rief der Kurfürst sofort sein Contingent zurück und floh mit seinem Hofe nach Sachsen. Von München aus begaben sich Fürst Taxis und die Grafen Arco und Seinsheim in das französische Lager nach Pfaffenhofen und schlossen dort, während die französischen Truppen bereits in Folge der Niederlagen bei Amberg und Würzburg im vollen Rückzuge waren, den Vertrag vom 7. September, welcher den Baiern gegen schwere Opfer Waffenstillstand von dem fliehenden Feinde verschaffte. Als das französische Heer über den Rhein zurückgehen mußte, versagte der alte Kurfürst diesem Vertrage freilich seine Genehmigung.

Die Versuche des Kurfürsten, Oesterreich zufrieden zu stellen ohne Frankreich zu erzürnen, führten dahin, daß Oesterreich und Frankreich sich in den geheimen Artikeln des Friedens von Campo Formio über die Abtretung des noch bairischen rechten Innufers an Oesterreich verständigten.

Der Friede war von kurzer Dauer; bevor aber der Krieg der zweiten Coalition begann, starb Carl Theodor am 16. Februar 1799.

Nach Außen hatte Baiern die Möglichkeit, sich selbst zu bestimmen, verloren und war ein Spielball fremder Höfe geworden. Die Entfremdung von Deutschland, die Feindschaft gegen Oesterreich und die langjährigen Verbindungen mit Frankreich riefen die Meinung hervor, daß nur in dem Anschluß an die gewaltig auftretende Macht des letzteren Staates Rettung zu finden sei.

Die Furcht, durch eine Annäherung an Frankreich den Kaiser Paul zu erbittern und diesen geneigt zu machen, die Absichten Oesterreichs auf Baiern mit den Waffen zu unterstützen, hielt den neuen Kurfürsten Max Joseph zunächst noch an der neuen Coalition gegen Frankreich fest; er stellte sein Reichscontingent, schloß einen Freundschaftsvertrag mit Rußland am 1. October 1799 zu Gatschina, mit England einen Subsidienvertrag am 16. März 1800 zu München über Stellung von zwölftausend Mann, und erhielt von Rußland Garantie seiner Lande gegen Minderung und erzwungenen Tausch.

Am 27. Juni 1800 besetzten die Franzosen München, stürmten am 7. Juli Landshut, besetzten Ingolstadt in Folge Capitulation der Oesterreicher. Der Kurfürst floh nach Amberg, dann nach Baireuth, sein ganzes Land war den französischen Truppen preisgegeben, ward geplündert und unerhört von den gierigen französischen Generalen gebrandschatzt. Am 9. Februar 1801 ward der Friede von Lüneville geschlossen, in welchem Baiern die längst von Frankreich besetzten Lande des linken Rheinufers und die noch übrigen Theile der Pfalz auf dem rechten Ufer abtreten mußte und Ingolstadt nur mit geplündertem Zeughaus und auf bairische Kosten geschleiften Wällen zurückerhielt.

Zwanzig Jahre hindurch hatte der Wiener Hof Alles aufgeboten gehabt, um die Nachfolge in Baiern zu nehmen oder zu schmälern. Als der rechtmäßige Erbe dennoch durch Preußen und Frankreich das Kurfürstenthum erhielt, ward er sofort durch Oesterreich in den Krieg desselben gegen Frankreich gezogen; der Wiener Hof hatte ihn in demselben weder schützen können, noch schützen wollen, und hatte im Frieden seinem Verbündeten neue Verluste zugefügt und nur eine schwankende Aussicht auf Entschädigung verschafft und hatte wenige Monate nach geschlossenem Frieden neue Versuche gemacht, Baiern zur Abtretung alles Landes östlich vom Raab und östlich vom Inn, ja von der Isar zu drängen, und ihm überlassen, sich dafür durch Wegnahme von Reichsstädten und geistlichen Territorien schadlos zu halten. Um Baiern gegen Oesterreich zu schützen und Entschädigung für seine Abtretungen zu erlangen, schickte Montgelas nun Herrn von Cetto zur selbstständigen Verhandlung nach Paris und schloß den Vertrag vom 24. August 1801 mit Frankreich; in demselben sprach die Republik die Ueberzeugung aus, daß es ihr Interesse sei die Schwächung Baierns zu verhindern, und verpflichtete sich, für die Abtretungen auf dem linken Rheinufer Entschädigung in Deutschland zu verschaffen. Der erste Schritt war gethan, um Baiern auf Kosten Deutschlands durch Frankreich nicht nur zu erhalten, sondern auch zu vergrößern. Vergeblich war nun das Bemühen Oesterreichs, das östliche Baiern zu gewinnen. Frankreichs Wille entschied dahin, daß Baiern in dem Reichsdeputations-Hauptschluß vom 25. Februar 1803 die bairischen Besitzungen behielt und für die Abtretung der rheinpfälzischen Länder nicht nur Entschädigung, sondern auch Vergrößerung erhielt.

Indem Baiern gelöst vom Reiche, ohne Preußen und gegen Oesterreich als selbstständige Macht Verträge mit Frankreich schloß und sich durch Frankreichs Protection nicht allein sicherte, sondern auch vergrößerte, ward es der Stützpunkt für die Machtstellung, welche Frankreich innerhalb Deutschlands erstrebte. Aber Baiern stand nicht allein; sehr erkennbar vielmehr trat eine Gruppe von Winkelstaaten hervor, mit welchen Frankreich sich in Deutschland umgab, um sein politisches Machtgebiet, nachdem es seine territorialen Grenzen bis zum Rhein erweitert hatte, bis tief in das Herz von Deutschland auszudehnen.

2. Württemberg.

Württemberg hatte im Reiche und dessen Geschichte nicht wie Baiern eine hervorragende Stellung eingenommen. Wohl hatte der Herzog von Württemberg und Teck und Graf von Mömpelgard in dem Fürstencollegium zwei Stimmen, eine Stimme in der schwäbischen und Antheil an zwei Stimmen der fränkischen Grafenbank, er war belehnt mit der Reichssturmfahne und hatte Mund und Feder in den Versammlungen des schwäbischen Kreises, aber eingreifenden Einfluß auf den Gang der Reichsgeschichte hatte er außer in den kirchlichen Verhältnissen nie geübt.

Es hatte mit Baiern die Gefahr der Nachbarschaft Oesterreichs, welches gegen den evangelischen Reichsstand noch rücksichtsloser als gegen Baiern verfuhr. Zweimal hatte es das Herzogthum während des 16. und 17. Jahrhunderts für sich in Besitz genommen und nur gezwungen wieder herausgegeben; tiefes Mißtrauen gegen Oesterreich war in Württemberg zurückgeblieben. Auf Preußen war Württemberg hingewiesen, aber da Friedrich der Große wiederholt gegen die harte Willkür Herzog Carl's mit Entschiedenheit aufgetreten war, so hatte sich zwar nicht im Volke, aber in der herzoglichen Regierung Argwohn und Entfremdung gebildet. Das Reich war dem Herzog Carl unbequem geworden, seitdem es seiner Willkür im Innern seines Landes auf Anrufen der Landschaft entgegengetreten war, und auch die württembergische Regierung war sich bewußt, daß sie um den Preis innerer Abhängigkeit stets des Beistandes Frankreichs sicher sei.

Als die Revolution in Frankreich ausgebrochen war, konnte eine Natur wie Herzog Carl keine Neigung fühlen, sich der Revolutionsbewegung zu nähern; er besaß außer Mömpelgart neun Herrschaften, die vom französischen Gebiete umschlossen waren, und sah sich empfindlich verletzt durch die Beschlüsse von 1789, welche diese wie die anderen deutschen Gebiete gleicher Lage trafen. Im Mai 1791 erließ er eine Verordnung gegen französische Emissäre und aufwieglerische Schriften; im Juli errichtete er eine Censurbehörde für die politischen Blätter und reichte am 29. Juli 1791 eine Beschwerde bei dem Regensburger Reichstag über die französischen Rechtsverletzungen in seinen überrheinischen Besitzungen ein und erklärte sich zur Theilnahme an den gemeinsamen Maßregeln gegen Frankreich bereit, rüstete sein Contingent und ließ es 1793 zu den schwäbischen Kreistruppen stoßen; aber Ernst war es ihm nicht. Er beschränkte sich auf nothdürftige Erfüllung der reichsständischen Pflichten, vermied jede Theilnahme an der Thätigkeit der Ausgewanderten und suchte durch die entgegenstehenden Gefahren hindurchzuschlüpfen. Die Legion des Herzogs Carl war, bemerkt Wollzogen, eigentlich mehr eine Spielerei als ein ernstliches Soldatenwesen. Als Herzog Carl am 24. October 1793 starb, trat sein sonst schwächerer Nachfolger Ludwig in dieser Angelegenheit mit großer Kraft auf; der strenge Katholik verabscheute in der Revolution vor Allem den Feind der Kirche und erblickte in dem Kampf gegen sie den Kampf für die Kirche. Er drängte die schwäbischen Stände, ihre Contingente vollzählig zu stellen, wollte eine Landmiliz von 40000 Mann aufgestellt wissen, hob im eigenen Lande wiederholt Recruten aus, verstärkte Hohentwiel und ließ patriotische Gaben zur Kriegsrüstung sammeln. Er sei, erklärte er am 2. Januar 1794 dem Kaiser, bereit alle Kräfte und Hülfsquellen seines Landes zur Abwendung der drohenden Gefahren aufzubieten und auch für seine eigene Gefahr bereit, jedes Opfer zu bringen; — eher werde er sich, sprach er 1795 aus, unter dem Schutte seiner Residenz begraben lassen, als mit den Franzosen Frieden machen. Am 20. Mai 1795 starb er plötzlich, und sein Nachfolger Friedrich Eugen (1795—1797) hatte Nichts im Auge, als sich durch den Kriegsdruck und die Kriegsgefahr, mochte sie von Frankreich oder Oesterreich ausgehen, möglichst ungefährdet hindurchzubringen, sah nichts als die Gefahr, die nach dem Basler Frieden für Württemberg in dem Anschlusse an Oesterreich und dem Kampfe gegen Frankreich lag. Im September 1795 verhandelte er einseitig mit Frankreich über Waffenstillstand; als gleich darauf die Oesterreicher bei Würzburg siegten, Clairfait den General Jourdan über den Rhein zurückschlug, Mainz entsetzte, näherte sich der Herzog Oesterreich; als im Feldzuge von 1796 Moreau im Juni Schwaben bedrohte, zeigte er am 23. Juni dem Kaiser an, daß ihm, falls die französische Uebermacht sich nähere, nichts übrig bleibe, als ein accommodement mit Frankreich zu treffen. Als die Franzosen vordrangen, ließ der Herzog im Juli seine Truppen ohne Schwertstreich vom Kniebis zurückziehen. Am 17. Juli schlossen seine Bevollmächtigten Waffenstillstand, am 7. August Frieden mit Frankreich, er entließ aber gleich darauf, als die Oesterreicher siegten und sich näherten, seinen Minister Wollwarth, welcher den Frieden geschlossen hatte, und schickte Gesandte nach Wien, um sich bei dem Kaiser zu entschuldigen.

3. Baden.

Schwächer noch als das Herzogthum Württemberg war die Markgrafschaft Baden, obschon 1771 Baden-Durlach und Baden-Baden unter Markgraf Carl Friedrich vereinigt waren; aber Carl Friedrich hatte sich geneigt gezeigt, in den allgemein deutschen Verhältnissen sich geltend zu machen. Schon 1783 hatte er eine Union der mittleren Reichsstände zum Schutze gegen Oesterreich angeregt, welche sich an Preußen, Frankreich und Rußland lehnen sollte; 1785 war er dem Fürstenbunde beigetreten gegen Oesterreich; noch im Herbste 1794 hatte der Markgraf in einer Zusammenkunft mit dem Landgrafen zu Hessen-Cassel in Wilhelmsbad eine Verbindung der Fürsten zur gemeinsamen Vertheidigung gegen Frankreich betrieben; als aber Baden sich dem Einrücken französischer Truppen ausgesetzt sah, erkaufte es sich ohne Rücksicht seiner Stellung zum Reiche am 25. Juli 1796 Sicherheit der Personen und des Eigenthums von den Franzosen und schloß einige Wochen später als Württemberg, im August Frieden mit Frankreich als unabhängige Macht. In diesen Friedensschlüssen versprachen Württemberg und Baden, selbst wenn sie als Mitglieder des deutschen Reiches dazu aufgefordert würden, keiner mit Frankreich im Kriege begriffenen Macht Hülfe zu leisten; Beide traten ihre Besitzungen auf dem linken Rheinufer ab und ließen sich von Frankreich Vergrößerung durch gutgelegene säcularisirte geistliche Lande versprechen.

Die Haltung, welche nun beide Fürsten im weiteren Verlaufe des Krieges einnahmen, entsprach dieser Stellung als selbstständige unter Frankreichs Schutz stehende Mächte.

In der Reichsdeputation zu Rastadt trug Baden ausdrücklich auf die Abtretung des linken Rheinufers an und wollte zugleich mit Darmstadt, daß den Franzosen ein besonderer Dank für ihre großmüthige Haltung in Rastadt ausgesprochen werde.

In Württemberg hatte am 22. December 1797 Herzog Friedrich die Regierung angetreten und ausgesprochen, daß er dem von seinem Vater geschlossenen Frieden treu bleiben wolle. Als aber im März 1799 der Krieg zwischen Oesterreich und Frankreich auf das Neue ausbrach, war es für das zwischen beiden mächtigen Gegnern liegende schwache Württemberg nicht möglich, neutral zu bleiben; auch die Energie und Klugheit, welche er besaß, trieb den Herzog, in der gewaltigen Zeit mit unter den Handelnden zu sein, sich Achtung zu gewinnen und Vortheil für sich aus dem Streite zu ziehen; er wollte über ein tüchtiges Kriegsheer und über Geld jeden Falles verfügen können und mußte zu diesem Zwecke den Widerstand seiner Stände besiegen; dazu konnte er den Beistand des Reichshofrathes, also des guten Willens des Kaisers, nicht entbehren. Er schloß sich Oesterreich an und ward in seinem Anschlusse verstärkt durch den ihm innewohnenden Widerwillen gegen die Republik und durch das anfängliche Glück der österreichischen Waffen; in der Verbindung mit Oesterreich sah er das Mittel, die Republik in Frankreich und zugleich seine eigene Landschaft zu bekämpfen. Nach einigen Monaten werde es, meinte des Königs Minister Graf Zeppelin, der König von Frankreich schwerlich übel nehmen, daß Württemberg den Frieden mit der Republik nicht gehalten habe. Als aber im April 1800 die republikanische Armee den Rhein überschritt und Schwaben überschwemmte, der Herzog nach Erlangen entflohen, Hohentwiel ohne Schwertstreich übergeben war, erkannte der Herzog, daß nicht durch Oesterreich, sondern durch Frankreich Vieles zu verlieren und Vieles zu gewinnen sei, und er säumte nicht, durch einen vertrauten Gesandten in Paris Vorbereitungen zu treffen, um die Gunst des Mächtigen zu gewinnen.

In Frankreich hatte Bonaparte schon seit dem December 1799 als erster Consul die Gewalt in seine Hand gebracht. Preußen wolle, hieß es nun, die deutschen Fürsten bevormunden, Oesterreich wolle, um sein altes Uebergewicht zu behaupten, die Zerstückelung Deutsch= lands erhalten, Napoleon aber begehre in den größeren Reichsständen ein Gegengewicht gegen Oesterreich sich zu schaffen und wolle sie auf Kosten der kleineren Reichsstände verstärken. Er sei der Mann, das, was er wolle, auch durchzuführen; an ihn müßten die südwestlichen großen Landesherren sich halten; der Zeitpunkt sei gekommen, in welchem Süddeutschland durch sein Interesse gedrängt werde zu einer allem bisherigen Herkommen entgegenstehenden politischen Stellung.

Von der französischen Republik hatte sich der Herzog von Würt= temberg und der Markgraf von Baden die Aussicht auf Vergrößerung eröffnen lassen; sie suchten daher, als nach dem Lüneviller Frieden die Vertheilung der geistlichen Gebiete und der Reichsstädte vor sich gehen sollte, nicht bei der Reichsdeputation in Regensburg, sondern in Paris sich ihren Theil an der Beute zu verschaffen. Neben dem bairischen Abgesandten Herrn v. Cetto, der gleiche Zwecke verfolgte, fanden sich im Frühjahr und Sommer 1801 Herr v. Normann für Württemberg, Herr v. Reizenstein für Baden in Paris ein. Zu gleichem Zwecke waren Herr v. Gagern für Nassau, Oberst Pappen= heim für Darmstadt angelangt; mit Künsten aller Art, grobe Be= stechungen nicht ausgenommen, suchte ein Jeder seine Zwecke zu fördern.

Als am 11. October 1801 Frankreichs Wille, in Gemeinschaft mit Rußland die Vertheilung der deutschen Entschädigungslande vorzu= nehmen, in einem geheimen Vertrage mit Rußland förmlich ausge= sprochen ward, wurde in demselben bereits eine Vergrößerung Baierns, Württembergs und Badens verheißen.

Im Frühjahr 1802 sagte darauf Napoleon Baiern, Baden, Württemberg und Hessen durch Verträge mit ihnen ihre Vergrößerung zu und erlangte durch Uebereinkunft mit Rußland dessen Genehmigung hierzu.

Nicht weil sie sich an Kaiser und Reich angeschlossen, sondern weil sie sich von ihm getrennt hatten, nicht weil sie sich auf Oesterreich und Preußen, sondern weil sie sich auf Frankreich stützten, nicht weil das Reich, sondern weil Frankreich im Südwesten Deutschlands die Gründung von Mittelmächten in seinem Interesse fand, nicht durch die dem Namen nach mit dem Entschädigungsgeschäft beauftragte Reichsdeputation, sondern durch die Gunst Napoleon's wurden Baiern, Württemberg, Baden und Hessen-Darmstadt zu einer politischen Bedeutung und selbst zu einer territorialen Macht erhoben, wie sie früher nie gehabt hatten. Württemberg, Baden und Hessen-Cassel erhielten die Kurwürde. Baiern gewann durch Vergrößerung und mehr noch durch Lage der neu erworbenen Länder, wie Würzburg, Bamberg, Augsburg, die Grundlage einer neuen politischen Entwickelung; Baden ward um mehr als 200000 Einwohner, Württemberg um 100000 Einwohner, Darmstadt um etwa 100 Quadratmeilen verstärkt, auch Nassau nicht unbedeutend vergrößert.

Es waren im Südwesten Deutschlands eine Anzahl Mittelmächte gegründet, welche thatsächlich, wenn auch noch nicht rechtlich gelöst vom Reichsverbande, unabhängig von Oesterreich und Preußen, aber abhängig von Frankreich eine eigene politische Rolle spielen wollten.

Das Reich hatte der Form nach den zehnjährigen Kampf gegen Frankreich überlebt, aber das deutsche Reich, welches vom Mittelalter ausgebildet und vom westphälischen Frieden wenigstens in Resten erhalten war, bestand nach dem Reichsdeputations-Beschluß von 1803 nicht mehr. Beinahe die Hälfte der früher selbstständigen Glieder des Reiches hatten ihre Selbstständigkeit verloren und waren zu Bestandtheilen anderer Staaten geworden, und diese untergegangenen früheren Selbstständigkeiten waren die einzigen gewesen, welche bis dahin den dynastischen Interessen der landesherrlichen Familien gegenüber das städtische und das kirchliche Princip im Reiche vertreten hatten. Mit Untergang der Reichsstädte und der geistlichen Territorien war das Reich aus einem Zusammenhange fürstlicher, kirchlicher und städtischer Interessen und Mächte zu einer Verbindung größerer und kleinerer fürstlicher Familien geworden, von denen die Größeren stärker und eben deßhalb die Schwächeren noch schwächer geworden waren. Der Zug der Dinge, welcher seit Jahrhunderten dahin drängte, die zahllosen politischen Selbstständigkeiten aller Art in eine kleine Zahl größerer Staaten zusammenzuziehen, hatte die nicht dynastischen Territorien vernichtet und wurde an der Beseitigung der kleineren dynastischen Territorien auch nicht mehr wie bisher durch die alle Glieder des Reiches in gleicher Weise schützende Einheitsgewalt des Reiches: Kaiser und Reichstag, aufgehalten; der Kaiser hatte sich ohnmächtig nach Innen wie nach Außen gezeigt und nun auch eine seiner wesentlichen Stützen, die Bischöfe, Aebte und Städte, verloren; das alte Kaiserthum hatte im letzten Jahrzehnt nur noch kaiserlich gesprochen, aber stets österreichisch gehandelt.

Der Reichstag hatte seine alte Unfähigkeit, Entschlüsse zu fassen und durchzuführen, auf das Neue gezeigt und sich als die Institution bewährt, durch welche die das Reich zersetzende Uneinigkeit seiner Glieder zu einem vollen und verfassungsmäßigen Ausdruck gelangte. Unthätig hatte er der Entziehung des linken Rheinufers, unthätig der Vernichtung der Reichsstädte und geistlichen Gebiete zugesehen und nicht einmal die Vertheilung derselben unter die weltlichen Landesherren zu ordnen vermocht. Durch den ihm anbefohlenen Reichsdeputations-Schluß war er des Collegiums der Reichsstädte und der geistlichen Bank beraubt und zu einem Werkzeug einiger großen deutschen Mächte und vor Allem Frankreichs geworden.

Als Reichsinstitution bestand er als wirkliche Macht so wenig wie das Kaiserthum. Nicht allein das alte Reich, sondern auch jenes Deutschland, dessen politische Form das Reich war, hatte aufgehört, bestimmenden Einfluß auf die deutschen Fürsten zu üben. Deutschland sah seine alte Form dem Untergange verfallen, eine neue wußte Niemand und hoffte Niemand. Alle deutschen Staaten, Oesterreich und Preußen an der Spitze, hatten gehandelt, wie wenn es so wenig ein Deutschland wie ein Reich gebe; Jeder hatte es für einen Gewinn gehalten, wenn Deutschland verlor, falls nur der einzelne Staat sich vergrößerte.

Die deutschen Fürstenhäuser hatten das Reich und hatten Deutschland als gemeinsamen Zweck verloren; es besaß für sie keinen Werth mehr. Wenn aber der Gegenstand gemeinsamen Strebens fehlte, so konnten die Landesherren auch nicht, je nachdem sie die eine oder die andere Seite desselben Objectes vorzugsweise ausbilden oder auf diesem oder jenem Wege dasselbe Ziel erreichen wollten, sich in verschiedene Gruppen sondern. Deutsche politische Parteien konnten unter den deutschen Landesherren nicht bestehen ohne deutsches Reich und ohne Deutschland. Jedes Fürstenhaus stand für sich allein, Jedes wollte nur sich allein. Die kaiserliche Partei Oesterreichs ebenso wie die Conföderationspartei Preußens hatten ihre Bedeutung, ja ihren

Sinn verloren. Oesterreich wie Preußen strebten nur als europäische Mächte für ihre europäische Stellung. Die untergeordneten Glieder ihrer früheren Partei hatten ihre politische Selbstständigkeit eingebüßt oder sahen den Verlust in nächster Zukunft vorliegen, sie wollten nichts als einen Schützer, der ihren politischen Fortbestand fristen konnte. Auch die südwestlichen Territorien, welche die Sonderbunds=richtung lange schon betrieben hatten, standen unter einander in keiner anderen Gemeinschaft als der, daß der Eine wie der Andere franzö=sische Gunst erstrebte, um durch dieselbe sich zu vergrößern.

Oesterreich, Preußen und die südwestlichen Staaten standen, seit=dem sie nicht mehr als Glieder des Reiches fühlten und handelten, unter einander der Wirklichkeit nach nur noch in einem völkerrechtlichen Verhältnisse.

Die Vergrößerung, welche den zugreifenden Mächten aus der Theilung Polens erwachsen war, stand Allen frisch im Gedächtniß. Daß Deutschland vertheilt werden würde, schien gewiß, daß Frankreich und Rußland nicht Zuschauer bleiben würden, sehr wahrscheinlich. Das Streben Oesterreichs, Preußens und der südwestlichen Staatengruppe war auf einen möglichst großen Antheil an der Beute gerichtet. Nicht für, sondern gegen Deutschland kämpften seine noch lebenskräftigen Bestandtheile. Politische Parteien für Deutschland gab es nicht mehr, sondern nur drei Mächte, die sich in Deutschland theilen wollten; aber in Deutschland standen Oesterreich, Preußen und die südwestliche Staatengruppe bereit, um sich Einer auf Kosten des Anderen und Alle auf Kosten des Reiches zu vergrößern. Die nächsten, auf den Deputationshauptschluß von 1803 folgenden Jahre brachten diese Stellung der deutschen Fürstenhäuser in Thaten an das Licht.

Drittes Capitel.
Territoriale Parteien bei Auflösung des Reiches 1803—1807.

I.
Die Stellung der deutschen Sonderbundsstaaten zu Deutschland.

Aus dem Zusammenwirken gemeinsamer Nationalität, gemeinsamer Oertlichkeit und gemeinsamer Geschichte war Deutschland zu Deutsch=

land geworden. Es war nicht allein eine innere Zusammengehörigkeit, sondern eine innere Einheit, welche wirklich eine Seele, ein Leben hatte. Der Körper dieser Seele war das Reich gewesen; es hatte der inneren Einheit einen Ausdruck verschafft, hatte die Einheit gepflegt und nach Innen wie nach Außen vertreten.

Wenn auch diese Form der inneren Einheit nach dem Reichsdeputations=Schluß von 1803 dem Namen nach noch bestand, noch ein Kaiser und in Trümmern auch der Reichsstand noch existirte, so war doch in Kaiser und Reich auch die letzte Regung das Gefühl erloschen, berufen zu sein, die Einheit Deutschlands zu vertreten.

Als der Herzog von Enghien in der Nacht vom Reichsgebiete gewaltsam fortgerissen und gleich darauf in Form Rechtens ermordet ward, als napoleonische Truppen mitten im Frieden das deutsche Kurland Hannover besetzten, regierten und aussogen, wagten weder Kaiser noch Reichstag auch nur einen Laut des Grimmes gegen den Rechtsbruch. Deutschland hatte keinen politischen Ausdruck seiner Einheit mehr, nur der inhaltslose Name Kaiser und Reichstag erinnerte noch daran, daß es einst im Mittelalter einen Pfleger und Vertreter gehabt habe; aber die nationale, örtliche und geschichtliche Zusammengehörigkeit, die innere Einheit Deutschlands war, weil sie ihres politischen Ausdrucks und ihres Vertreters beraubt war, nicht verschwunden und war einer Pflege bedürftig.

Die Mittel und Wege, sie ihm zu verschaffen, lagen in dem Sonderinteresse der einzelnen deutschen Staaten.

Seitdem Oesterreich, Preußen und die südwestlichen Staaten sich nicht mehr als Glieder des Reiches betrachteten, hatten sie keinen Grund, in der Stärkung des Ganzen des Reiches die eigene Stärkung zu sehen; aber so viele Gründe der Eifersucht, des Argwohnes, der Gewinnsucht sie auch aus einander hielten, hatte doch Jeder dasselbe Interesse, Deutschland nicht von Rußland und Frankreich abhängig werden zu lassen, um nicht selbst in Abhängigkeit zu gerathen. Deutschlands Unabhängigkeit aber konnte nur durch ein Zusammenwirken der einzelnen deutschen Staaten erhalten werden. Ein Zusammenwirken, ein gemeinsames Auftreten, zwar nicht mehr als Reichsconföderation, aber doch als völkerrechtliche Allianz war jedem deutschen Staate in seinem Einzelinteresse geboten. Daß in irgend einem Grade noch eine die einzelnen Territorien zusammenführende, ihre Interessen vermittelnde, ausgleichende Macht noch während der letzten Jahrhunderte, selbst in den alten abgestorbenen Reichsformen, gelegen hatte, zeigte sich darin, daß die Territorien, als 1803 die letzte Rücksicht auf das der Form nach noch bestehende Reich abgeworfen war, die Dynastien nur noch feindlich sich einander gegenüber standen und den Gewinn des Anderen als eigene Beraubung empfanden, Deutschland nur als Theilungsgegenstand betrachteten und behandelten. Die Sucht der einzelnen deutschen Staaten oder ihrer Dynastien, ein möglichst großes Stück an sich zu reißen, trat so ausschließlich hervor, daß das Interesse, welches jeder Einzelne an der Unabhängigkeit Deutschlands von Frankreich und Rußland hatte, darüber völlig vergessen ward. Die Folgen dieser Stellung der deutschen Staaten zeigten sich im Krieg Oesterreichs von 1805, in der Stiftung des Rheinbundes, im Krieg Preußens von 1806.

Gegensätze der deutschen Staaten während des Krieges von Oesterreich 1805.

Als Oesterreich in den Krieg von 1805 hineingeführt war, erkannten seine Staatsmänner wohl das Bedürfniß, die Mitwirkung der deutschen Staaten zum Kriege zu gewinnen, nicht nur um dadurch die Kriegsmacht gegen Frankreich zu verstärken, sondern auch um in den deutschen Verbündeten ein Gegengewicht gegen den Druck der großen europäischen Verbündeten, namentlich Rußlands, zu finden. Auf die südwestliche Staatengruppe und auf Preußen wendete sich der Blick der österreichischen Staatsmänner. An eine Mitwirkung des Reiches dachte Oesterreich nicht mehr, das Reich war nicht mehr in Wahrheit vorhanden.

Die südwestliche Staatengruppe, die Gebiete von Baiern, Württemberg und Baden mußten der Schauplatz werden, auf welchem die französischen und österreichischen Heere zunächst sich bekämpften; dieser Länder, ihrer festen Orte und Truppen sich zu versichern, war daher die nächstliegende Aufgabe, aber eine Aufgabe, deren Lösung mit großen Schwierigkeiten verbunden war. Neutral zwar konnten die südwestlichen deutschen Staaten nicht bleiben; jeder Krieg zwischen Oesterreich und Frankreich ließ die Gebiete von Baiern, Württemberg und Baden als das natürliche Schlachtfeld diesseits der Alpen erscheinen; die Schwäche der eigenen Kriegsmittel und die Stärke Oesterreichs und Frankreichs machte es den drei Landesherren unmöglich, sich und ihr Land gegen die großen Heere zu verschließen; sie mußten sich für Oesterreich oder für Frankreich entscheiden. Oesterreichs und Preußens

Haltung während der Kriege und der Verhandlungen, die zu dem Reichsdeputations-Schluß führten, hatten das Vertrauen auf deren Willen und Kraft, die schwächeren Reichsstände zu schützen, erschüttert, und ihr feiges Stillschweigen bei dem Einbruch französischer Truppen in das badische Gebiet, um den Herzog von Enghien fortzuführen, hatte den letzten Rest des Vertrauens genommen. Oesterreich und Preußen hätten, wurde laut geklagt, sich und ihre Stellung gesichert und deßhalb kein Gefühl dafür, wenn andere Reichsstände mitten im Frieden von Frankreich wie Feindesland behandelt würden. Der Rhein sei nur noch dem Namen nach die Grenze gegen Frankreich; französische Truppen waren in Hannover wie in Baden eingebrochen, französische Befehle legten unter dem Namen von Anleihen oder Verpflegungsgeldern willkürlich Steuern auf; kein deutscher Fürst sei seit Abführung des Herzogs von Enghien in der Nähe der französischen Grenze seiner persönlichen Sicherheit, seiner Freiheit und seines Lebens sicher. Oesterreich und Preußen wollten oder konnten gegen Frankreich keine Sicherheit geben.

Beide hatten sich beeifert, Napoleon freudig in seiner neuen Kaiserwürde zu begrüßen, ihn in ihrer Mitte aufgenommen und dadurch anerkannt, daß seine Macht für alle Zukunft fest und tief begründet sei.

Dienstbar sei man gegen Frankreich; es sei daher das Richtige, sich freiwillig in das, was doch nothwendig sei, zu fügen, sich Napoleon anzuschließen und dadurch die Dienstbarkeit wenigstens zum Mittel für Sicherung und Vergrößerung des Gebietes zu machen.

Frankreich kam der Neigung der südwestlichen deutschen Landesherren bereitwillig entgegen. Baierns, Württembergs und Badens Bedeutung für Frankreich waren in dem letzten Jahrzehnt gestiegen; je stärker sie waren, um so geeigneter waren sie, wenn sie anhänglich an Frankreich waren, den ersten feindlichen Anprall Oesterreichs gegen Frankreich aufzufangen und Oesterreich den Rheinübergang zu erschweren, Frankreich aber zu erleichtern. Napoleon hatte, während es seine Feindschaft als furchtbar erscheinen ließ, zugleich keine Mittel gespart, die Vortheile seiner Gunst ins helle Licht zu stellen, und Talleyrand verstand es, den benachbarten deutschen Landesherren neben der Furcht auch tiefe Ehrerbietung und Vertrauen zu dem neuen Kaiser der Franzosen einzuflößen; er machte darauf aufmerksam, daß Napoleon allein es gewesen sei, welcher den Widerstand Oesterreichs und Preußens gegen die Vergrößerung der südwestlichen deutschen Staaten überwunden hatte, und daß er allein es sei, welcher das Interesse, den Willen und die Macht habe, dieselben gegen den Neid und die Gewalt der deutschen Großmächte in ihrem Besitzstand zu erhalten, und dieselben noch vergrößern könne. Der Kurfürst Erzcanzler Freiherr v. Dalberg war der eifrige Vermittler, um diesen Ansichten bei den Fürsten Geltung und Eingang zu verschaffen.

Als nun Oesterreich ernster und ernster an einen neuen Krieg mit Frankreich dachte, war, je genauer das damalige Wiener Cabinet in München und Stuttgart und Carlsruhe gekannt ward, um so weniger zu glauben, daß es Napoleon's Heere aufhalten oder, wenn es sie aufhalten und besiegen würde, der Sieg nicht die südwestdeutschen Staaten schmälern würde. Gesteigert ward das Bedenken der Höfe durch Preußens Haltung, welche nicht auf einen Kampf gegen Napoleon, vielleicht auf ein Bündniß mit ihm und wenigstens auf Neutralität schließen ließ.

Der Wiener Hof hatte das durch die politische Lage als Nothwendigkeit gebotene tiefe Geheimniß auf das Strengste bewahrt und keinen Schritt thun können, die südwestlichen Höfe zu gewinnen; nicht einmal darüber waren diese beruhigt, ob Oesterreich ihren Besitzstand im Falle des Sieges anerkennen wolle. Erst als seine Heere aufgebrochen und bereit waren, die österreichische Grenze zu überschreiten, wendete es sich an dieselben.

Von Baiern hatte Oesterreich kein Entgegenkommen zu erwarten; seit einem Jahrhundert hatte dieses die verschiedensten Wege versucht, um Baiern ganz oder zum Theil zu einer österreichischen Provinz zu machen, das jetzt in Baiern herrschende Fürstenhaus hatte es auf geraden und auf krummen Wegen um die Succession zu bringen gesucht und noch in den Friedensverhandlungen von Campo Formio und Lüneville das Land als Beute zu gewinnen gestrebt. Der Wiener Hof mußte sich sagen, daß Baiern von Niemand mehr als von Oesterreich zu fürchten durch lange Erfahrung gelernt habe und nur gezwungen auf eine Verbindung mit Oesterreich eingehen werde. Von diesem Gefühl geleitet, hatte Oesterreich jede Unterhandlung mit dem kurfürstlichen Hofe unterlassen und schickte erst, als die österreichische Armee hart an der bairischen Grenze stand, den Fürsten Carl Schwarzenberg nach München, um angesichts der einrückenden Truppen Baiern zum Anschlusse zu zwingen. Der kurfürstliche Hof hatte seit Mitte Sommer 1805 die Gefahr eines Krieges zwischen Oesterreich und Frankreich vor Augen gehabt; auf seinem Gebiet mußte aller Wahrscheinlichkeit nach) der Zusammenstoß erfolgen, neutral konnte es nicht bleiben, es mußte Oesterreichs Fahnen folgen oder sie bekämpfen.

Der Mann, welcher damals Baiern leitete, Montgelas, hatte nur das eine Ziel im Auge, Baiern aus einem deutschen Territorium zu einer europäischen Macht zu erheben; nicht durch Oesterreich, nur gegen Oesterreich, nicht gegen Frankreich, sondern nur mit Frankreich war dieses Ziel zu erreichen. Napoleon hatte das alte französische Interesse, Baiern zu stärken, um es als Avantgarde gegen Oesterreich und als Handhabe zur Beherrschung der deutschen Verhältnisse zu benutzen, und hatte die Mittel in der Hand, eine zu starke Vergrößerung Baierns zu verhindern, die es verführen konnte, auch Frankreich gegenüber sich selbstständig zu zeigen.

1. Baiern 1803—1807.

Der deutschen Nation wie dem deutschen Reiche seit Jahrhunderten entfremdet, hielt kein Gefühl für deutsche Ehre und deutsche Selbstständigkeit Baiern ab, sich unbedingt und ausschließlich dem Manne hinzugeben, der Deutschland klein, aber Baiern groß, wenn auch nur als sein Werkzeug groß machen wollte. Die neuere Zersetzung aller Reichsverhältnisse, die Gleichgültigkeit Oesterreichs und Preußens gegen Deutschland und der feindliche Argwohn derselben gegen einander hob über jede Bedenklichkeit hinweg, im Kriege wie im Frieden unter dem Namen eines Verbündeten Napoleon's begünstigtes und gehobenes Werkzeug zu werden. Der bairische Hof zeigte schon im Sommer 1805 sich geneigt, sich Napoleon anzuschließen, von welchem es als Feind Alles zu fürchten, als Freund Vieles zu hoffen hatte.

Da der Einmarsch des österreichischen Heeres früher als der des französischen in Aussicht stand, traf der Hof Vorbereitung, sich und seine Truppen, wenn derselbe erfolgte, der Ueberwältigung durch dieselben zu entziehen. Schon Mitte August wurden die Vorbereitungen des Hofes zur Uebersiedelung von München nach Würzburg getroffen, und am 24. August ward im tiefsten Geheimniß der Vertrag mit Napoleon abgeschlossen, durch welchen Napoleon versprach, Baiern in angemessener Weise zu vergrößern, und die bairischen Truppen unter den französischen Oberbefehl gestellt wurden.

Als daher am 6. September 1805 Fürst Schwarzenberg in München erschien, um Baiern zur Allianz mit Oesterreich zu bestimmen, hatte der bairische Hof bereits seine Entscheidung getroffen. Fürst

Schwarzenberg überbrachte ein eigenhändiges Schreiben des Kaisers Franz; das in demselben enthaltene Versprechen, daß er nie seine Entschädigungsabsichten auf den kleinsten Theil des kurfürstlichen Gebietes, sei es als Erwerbung oder als Tausch, richten würde, konnte nach den während eines Jahrhunderts gemachten Erfahrungen keinen Glauben verlangen und keine Aenderung in dem gefaßten Entschluß des bairischen Hofes hervorrufen; aber die zugleich in dem Schreiben ausgesprochene Drohung, daß der Kaiser sich gezwungen sehe, alle Mittel, die in seiner Macht ständen, anzuwenden, um die geforderte Vereinigung der kurfürstlichen Truppen mit den österreichischen herbeizuführen, erfüllte, da das österreichische Heer in nächster Nähe, das französische aber noch in der Ferne stand, den bairischen Hof mit Furcht, welche verstärkt ward durch die mündliche Aeußerung Schwarzenberg's, daß die bairischen Truppen sofort und zwar nicht als Armee, sondern in kleine Abtheilungen aufgelöst, dem österreichischen Heere einverleibt werden müßten. Selbst das Wort Entwaffnung für den Fall des Widerstrebens ließ Schwarzenberg fallen; der kurfürstliche Hof suchte bis zur Ankunft des französischen Heeres Zeit zu gewinnen.

Am 8. September schrieb der Kurfürst eigenhändig an den Kaiser: „Ich habe an diesem Morgen meinen Minister beauftragt, einen Vertrag mit dem Fürsten Schwarzenberg abzuschließen, nach welchem ich meine Truppen mit denen Ew. Majestät vereinigen werde." In demselben Schreiben aber bat der Kurfürst, die wirkliche Vereinigung noch aufschieben zu dürfen. „Gestatten Ew. kaiserliche Majestät", sagte er, „daß ich mich an Ihr väterliches Herz wende. Mein Sohn, der Kurprinz, befindet sich in diesem Augenblicke im südlichen Frankreich; wenn ich genöthigt werde, meine Truppen gegen Frankreich marschiren zu lassen, so ist mein Kind verloren; bleibe ich hingegen ruhig in meinen Staaten, so habe ich Zeit, ihn zurückkommen zu lassen. Kniefällig flehe ich daher, mir die Neutralität zu bewilligen. Ich wage es, mein geheiligtes Wort zu verpfänden, daß meine Truppen die Operationen Ihrer Armee in Nichts hindern werden, und ich schwöre, daß, wenn dieselbe gezwungen werden sollte, sich zurückzuziehen, ich nichts gegen sie unternehmen werde. Ein Vater, der schrecklichen Verzweiflung preisgegeben, ist es, der um Gnade zu Gunsten seines Sohnes bittet." — Mit diesem Schreiben ward General Rogarola am 8. September nach Wien geschickt, und wenige Stunden darauf verließ der Kurfürst Nymphenburg, eilte nach Würzburg und befahl, daß seine sämmtlichen Truppen nach Franken, wo er Bernadotte, welcher bereits von der bairischen Allianz unterrichtet war, erwarten konnte, marschiren sollten. Daß Abreise des Kurfürsten und Abmarsch der Truppen im vorbedachten Plane war, unterlag nie einem Zweifel; jetzt ist es aus Napoleon's Memoiren bekannt geworden, daß um eben diese Zeit der Kurprinz, der nicht in Frankreich, sondern in Lausanne war, den Befehl erhielt, unverzüglich nach Lyon zu gehen, ohne Zweifel nur, um seinen Aufenthalt in Frankreich als trügerischen Vorwand für die Bitte um Neutralität gebrauchen zu können. „Das ist wieder ein Stück Montgelas'scher Diplomatie", rief der Kurprinz aus, als er den Befehl erhielt.

Die österreichischen Truppen hatten bereits am 8. September den Uebergang über den Inn begonnen, besetzten am 14ten München und durchzogen das Land in seiner ganzen Breite.

Am 23. September wurde die bereits am 24. August festgestellte Vereinigung der bairischen Truppen mit dem französischen Heere im Einzelnen verabredet. Der bairische General Duroy vereinigte sich am 5. October mit Bernadotte und zog mit diesem dem französischen Haupttheere zu und am 12. October in München ein, begleitet von pomphaften Proclamationen Napoleon's. Ein Gewebe von Unwahrheit, von Lug und Trug hatte die erste Waffenvereinigung Baierns mit Napoleon begleitet und für ganz Süddeutschland das Beispiel gegeben, Deutsche gegen Deutsche auftreten zu sehen.

„Was in Baiern geschah", schrieb Gentz am 18. September, „war durchaus unvermeidlich; das Betragen des Kurfürsten, wie zu erwarten, armselig und heimtückisch."

„Der Herr Kurfürst", hieß es in der Wiener Hofzeitung vom 16. October, „ward untreu an seinem als Mann und Fürst gegebenen Wort, untreu an seinem Volke und seinem Kaiser, an Deutschlands und Europa's Sicherheit und Wohl."

Wohl könne, antwortete darauf die Augsburger Allgemeine Zeitung, der Kurfürst dem Publikum eine Probe von der Wortbrüchigkeit seines Kaisers geben, wenn er ein eigenhändiges Schreiben desselben vom Jahre 1800 bekannt machen wolle, worin er ihm für die Dienste dankt, die er seiner Armee durch zweimalige Rettung derselben geleistet habe, und ihm feierlichst die engste unverbrüchlichste Freundschaft gelobte, zu deren Bestätigung er kurz darnach zu Lüneville Baiern verlangte.

2. Württemberg.

So wenig wie auf Baiern, konnte Oesterreich im Kampfe gegen Frankreich auf Württemberg zählen; auch der Herzog von Württemberg hatte bereits seit 1796 als selbstständige Macht mit Frankreich verhandelt und durch Frankreichs Gunst Vergrößerung und die Kurwürde erhalten und bis 1805 durch ununterbrochene Verhandlungen mit Napoleon ein Mehreres, noch weitere Erwerbungen vorzubereiten, versucht. Von Oesterreich hatte es nicht die leiseste Andeutung über den bevorstehenden Krieg erhalten, bis im Anfang September 1805 der österreichische Geschäftsträger in Stuttgart, v. Schraut, in schroffer Form die Frage stellte, ob Württemberg wirklich gewillt sei, seine Truppen Napoleon zur Verfügung zu stellen; auf die von Württemberg in Regensburg gestellte Gegenfrage, welche Absicht Oesterreich in Süddeutschland habe, erfolgte auch jetzt keine Antwort, bis endlich Ende September, nachdem die französischen Truppen den Rhein bereits überschritten hatten, ein österreichischer Abgesandter, Herr v. Steinherr, dem Kurfürsten erklärte: der Kaiser sei augenblicklich nicht in der Lage, Württemberg zu schützen, und müsse es dem Kurfürsten anheim geben, die angemessenen Maßregeln für des Landes Beste zu treffen.

Napoleon seinerseits ergriff die geeigneten Mittel, den Kurfürsten zu dem Entschlusse, sich fest mit Frankreich zu verbinden, zu drängen. Am 1. October 1805 mußte Ney, als der Gouverneur von Stuttgart, v. Hügel, gegen den Einmarsch in die Residenz protestirte, die Kanonen auf die Thore richten, die Stadt durch eine bedeutende Truppenmasse besetzen und gewaltsam Requisitionen ausschreiben. Nachdem dem Kurfürsten durch diese Mittel die Schrecken französischer Feindschaft hinreichend fühlbar gemacht waren, erschien Napoleon am 2. October in Ludwigsburg und drängte am folgenden Tage in einer langen Unterhaltung unter vier Augen auf den Kurfürsten ein.

Durch Napoleon und gegen Oesterreich hatte Württemberg seit 1803 eine neue Stellung gewonnen; diese erhalten und verstärken konnte es nur durch dieselbe Macht, welche sie ihm begründet hatte. Der Mann, in dem sich die französische Tendenz verkörperte, stand dem Kurfürsten nun Auge in Auge gegenüber. Bei großen Weltbegebenheiten müsse Jedermann, sagte er demselben, Partei ergreifen; der Kurfürst sei offenbar der klügste und kräftigste Fürst Deutschlands, und Württemberg für seinen Geist zu klein; es müsse ihm daher ein größeres Reich und eine Königskrone werden, und dazu wolle er ihm verhelfen. Aber auch an harten Drohungen ließ Napoleon es nicht fehlen. „Wer nicht mit mir ist, der ist wider mich", sagte er dem Kurfürsten. „Wenn ich mich dem Kaiser widersetzt hätte", sprach einige Tage später der Kurfürst selbst aus, „so würde mein Land als eroberte Provinz behandelt, meine Staaten zertrümmert worden sein, und mein Kurhaus müßte von der Barmherzigkeit anderer Höfe leben." — Als nach einer fast fünfstündigen Unterredung der Kurfürst erschöpft das Zimmer verließ, versicherte er sogleich, daß ihm seit Friedrich II. Niemand von solcher Beredtsamkeit vorgekommen sei.

Von jetzt an schloß sich der König nicht nur, sich zu vergrößern, an Frankreich an, sondern auch, weil er in Napoleon den Mann bewunderte, der die Welt nur als ein Mittel ansah, die eigene Kraft daran zu erproben, die politischen Formen, wo er sie fand, zusammenbrach und nur auf sich selbst gestützt, die Menschen und die Staaten beherrschte. Sofort schloß er einen Allianzvertrag mit Napoleon ab, stellte 10000 Mann zum französischen Heer und erklärte Oesterreich den Krieg. —

So wenig wie die Stellung Baierns und Württembergs, blieb die Badens zweifelhaft. Auf das Empfindlichste war zwar der badische Hof durch die gewaltsame Abführung des Herzogs von Enghien aus dem badischen Asyl gekränkt; als aber der Kurfürst den Regensburger Reichstag am 2. Juli 1804 dringend ersucht hatte, die Angelegenheit auf sich beruhen zu lassen, und dann als er Ende September 1804 dem Kaiser, der sich am Rhein in seiner neuen Kaiserwürde bewundern ließ, in Mainz persönlich aufwartete, versicherte ihn Talleyrand des Schutzes und der Gunst Napoleon's; er warnte ihn zugleich vor den Einflüsterungen Oesterreichs, den Rathgebungen Preußens und den hinterlistigen Anschlägen englischer Sendlinge, erinnerte an den großen Gewinn, den Baden durch Napoleon gemacht, und deutete auf die Vortheile hin, die ihm aus Napoleon's Großmuth zu Theil werden würden. Die unmittelbare Nähe der französischen Grenze, der Mangel aller Vertheidigungsmittel, die Gewißheit, bei der ersten Weigerung sein Land zu verlieren, ließ, als der Krieg wieder ausbrach, dem Großherzoge keine Wahl; selbst der russische Geschäftsträger in Carlsruhe erkannte das an. Als am 1. October 1805 Napoleon von Straßburg nach Ettlingen sich begab, hatten sich die badischen Prinzen dort zu seiner Begrüßung eingefunden, und der Allianzvertrag zwischen Frankreich und Baden ward geschlossen, kraft dessen Baden seine Truppen zur Bekriegung Oesterreichs bereit machen mußte.

Auf solchen Wegen war es dahin gekommen, daß in den ersten Tagen des October die bedeutendsten Staaten der südwestlichen Staatengruppe mit Frankreich vereinigt Oesterreich gegenüberstanden.

„Der Kaiser Napoleon hat", erklärte eine französische Note vom 30. September, „nur das Ziel im Auge, die Unabhängigkeit des deutschen Reiches herzustellen und die Fürsten gegen die Gewaltthaten des Hauses Oesterreich zu schützen."

Höhnend schrieb der Moniteur: „Baiern, Württemberg und Baden haben gemeinschaftliche Sache mit Frankreich gemacht; es wird ihnen dadurch neuer Glanz erwachsen."

II.

Oesterreich und Preußen.

Baierns, Württembergs und Badens Verbindung mit Napoleon war nicht ohne großen Nachtheil für Oesterreich und dessen Verbündete, aber die Bedeutung der drei südwestlichen deutschen Staaten lag doch ausschließlich in ihrer räumlichen Lage; wenn ihre Lande im Osten statt im Westen, oder im Norden statt im Süden gelegen wären, so würde Oesterreich wenig Grund gehabt haben, sich um sie zu bemühen. Preußen aber war eine Macht, die nicht allein durch ihre Lage, sondern mehr noch durch ihr Heer und ihr politisches Gewicht zählte. Wenn Preußen sich, wie Baiern und Württemberg, mit Napoleon verband, so war der Sieg des Letzteren fast gewiß; wenn es neutral blieb, war der Ausgang des Krieges sehr unsicher; wenn es seine Kraft wirklich und lebendig in den Kampf der Alliirten gegen Napoleon einsetzte, so war dessen Besiegung wahrscheinlich. Oesterreich und dessen Verbündete waren durch die Lage der Dinge gedrängt, Preußens Theilnahme selbst um hohen Preis zu gewinnen.

Der Entschluß, durch ein aufrichtiges und warmes Entgegenkommen Preußens Theilnahme am Kriege gegen Napoleon zu erstreben, war für Oesterreich nicht leicht. „Es bleibt", schrieb im Herbste 1804 ein österreichischer Staatsmann, „eine der schwersten, politischen Aufgaben, eine gründliche und dauerhafte Verbindung zwischen den beiden deutschen Hauptmächten zu stiften." — Die Mauer durchbrechen, auch nur zu wollen, setzte eine großartige freie Auffassung der Gegenwart in den österreichischen Staatsmännern voraus.

Ein Mann lebte in Wien, welcher die Fähigkeit besaß, eine solche

Auffassung geltend zu machen. Dieser Mann war Gentz. Er sah in der treuen Verbindung zwischen Oesterreich und Preußen Deutschlands letzte und gleichsam sterbende Hoffnung und eines der letzten noch übrigen Mittel zur Aufrechterhaltung der Unabhängigkeit von Europa und zur Abwendung einer Sündfluth von Uebeln, die mit jedem Tage furchtbarer ausbricht; „es giebt", schrieb er im September 1804, „von dem Augenblicke an, in welchem Oesterreich und Preußen auf Einer Linie stehen und sich nach Einer Richtung bewegen, nirgends in Deutschland ein abgesondertes Interesse mehr. Unter die Flügel dieses mächtigen Bundes würden sich sogleich und ohne Widerrede alle großen und kleinen Fürsten begeben, die Gutgesinnten mit Ueberzeugung und Liebe, die Unpatriotischen aus Furcht. Was von der Verfassung noch aus dem letzten Schiffbruche geborgen ward, wäre für die Dauer dieser Verbindung fixirt, und was ferner geändert werden müßte, würde nach Grundsätzen der Gerechtigkeit und der allgemeinen Wohlfahrt, nicht nach den schimpflichen Vorschriften französischer oder russischer Unterhändler und Ländermäkler geändert. Aber die wohlthätigste aller Wirkungen dieser Allianz wäre die vollständige und radicale Reform, die sie im ganzen politischen System von Europa, in den Machtverhältnissen aller bedeutenden Staaten zu Stande bringen würde." — In kraftvoller Sprache führt er in seiner Denkschrift dann weiter aus, „daß die vereinigten Kräfte von Deutschland beträchtlich genug seien, um gegen Frankreich in die Schranken zu treten, die Unabhängigkeit Hollands und der Schweiz herzustellen und der Vereinigung zwischen Rußland und Frankreich ein immerwährendes Hinderniß entgegenzustellen".

Gentz arbeitete angestrengt daran, seiner Ueberzeugung Geltung zu verschaffen; die österreichischen und die preußischen Staatsmänner sollten diesen großen Gegenstand als wahre Deutsche, nicht als kleinliche Provinzialisten von diesseits oder jenseits der böhmischen Berge betrachten und behandeln; es sei jetzt nicht die Frage, wieviel Schritte von der einen oder der andern Seite gethan werden müssen, um in dem Punkte zusammenzutreffen, wo die gemeinschaftliche Rettung liege. Im Angesichte solcher Gefahren, die ohne Unterlaß Beide bestürmten, würde der der Weiseste sein, der das Vergangene am vollkommensten vergesse. „Alles was ich hier sage, predige, versuche und unternehme", schrieb er im November 1804, „ist jetzt auf die Nothwendigkeit der Allianz gerichtet, und auch in meiner Correspondenz mit den englischen Ministern ist das jetzt mein einziges Ziel, und wenn

England über kurz oder lang Schritte thut, um die beiden deutschen Hauptmächte einander zu nähern, so dürfen sie annehmen, daß ich durch meine Darstellungen, Aufforderungen und Ermahnungen nicht wenig dazu beigetragen habe."

In Wien indessen hatten seine Anstrengungen wenig Erfolg; alte und neue Feindschaft gegen Preußen beherrschte das Wiener Cabinet zu übermächtig; Preußens Haltung seit dem Basler Frieden sei so unwürdig, daß eine Annäherung nicht möglich sei. „Wie eine eherne Mauer haben sich", schrieb Gentz, „Mißtrauen, Eifersucht und Erbitterung, haben sich streitende Interessen, feindselige Politik, blutige Kriege und offene oder versteckte Befehdungen eines halben Jahrhunderts zwischen diese beiden Mächte gethürmt."

Der Wiener Hof, umringt von Gefahren und Schrecknissen, von allen Seiten geängstigt, gedemüthigt und bedroht, that keinen Schritt, um eine Verbindung mit Preußen auch nur vorzubereiten; vielmehr ging Oesterreich bereitwillig auf den Plan Rußlands ein, Preußen in eine Lage zu bringen, durch welche es gewaltsam genöthigt ward, wider Willen seine Truppen zu dem Coalitionsheere stoßen zu lassen. Schon im November 1804 hatte Oesterreich mit Rußland verabredet, für den Fall eines Krieges gegen Napoleon ein russisches Beobachtungsheer gegen Preußen aufzustellen; am 11. April 1805 verpflichteten sich Rußland und England, jede Macht als feindlich zu behandeln, welche ihnen Hindernisse in den Weg legte; am 9. August trat Oesterreich förmlich bei.

Verstärkt war Oesterreich in seiner Abneigung gegen eine Annäherung an Preußen durch die Aeußerungen des Herrn v. Wintzingerode, der als russischer Unterhändler über Berlin im Mai 1805 in Wien anlangte und in der heftigsten Art über Preußen sich äußerte; es sei, sagte er, absolut unmöglich, Preußen zu gewinnen; es bleibe nichts übrig, als es durch Drohungen und Gewalt zu zwingen; bereitwillig gingen Mack und Collenbach auf diesen Gedanken ein. „Nous saurons bien trouver les moyens". sagten sie übermüthig. Kein Versuch ward gemacht, auf die persönliche, sehr günstige Gesinnung des Königs von Preußen einzuwirken, persönliche Zusammenkünfte der Souveräne, unmittelbare Correspondenz, Missionen der Erzherzöge wurden vom Minister hintertrieben. „Im Lande ward", schrieb Gentz am 12. August 1805, „die Allianz mit Preußen als einziger Weg zu Heil und Rettung immer mehr und mehr populär, aber das Ministerium wird sich ihr bis auf das Letzte widersetzen." — „Ohne

Preußen kann nun einmal", schrieb Gentz noch am 27. August 1805, "nichts Rechtschaffenes gegen Frankreich ausgeführt werden, und so lange der hiesige Hof nicht ernstliche Schritte thut, um Preußen zu gewinnen (noch geschah kein einziger), ist an ein wahres und großes System durchaus nicht zu denken." — "Wäre jener ausschweifende, jener rasende Plan", schrieb er etwas später, "den ich seit zwei Jahren in allen Gestaltungen und Umwandlungen bekämpfe, wäre der Plan, Preußen durch Rußland zwingen zu lassen, nie gefaßt oder wäre er früher aufgegeben worden, wer weiß, wie die Sachen jetzt schon ständen." —

Erst in dem Augenblicke, in welchem der Krieg beginnen sollte, schickte der Wiener Hof (am 6. September) den General Meerveldt nach Berlin, um den König zu gewinnen; je größer die Gefahr ward, um so eifriger wurden die Bemühungen; als die Schmach von Ulm und ihre nächsten Folgen in Wien bekannt wurden, ward in Preußen die einzige Rettung erblickt.

"Jetzt schreien wir Hülfe, Hülfe", schrieb Gentz am 24. October 1805, "vor drei Monaten wollten die Stockfische von keinem Schritt, um Preußen zu gewinnen, etwas wissen." — Nun ging Erzherzog Anton nach Berlin ab, um die demüthigen (zu demüthigen) Bitten, wie Gentz schrieb, zu überbringen. "Ich bin nicht Einer von denen", schrieb Gentz am 8. November, "die jetzt keine andere Politik kennen als das Geschrei: ,Kommt denn Preußen nicht bald?'— aber der König von Preußen ist jetzt im eigentlichsten Verstande der Schiedsrichter über Leben und Tod von Europa. Wenn er auch nur wankt, so geht Alles zu Grunde, und diesmal gewiß, ohne je wieder aufzustehen."

Wie Oesterreich in diesen Tagen großer Gefahr, wurde auch Preußen in seiner politischen Haltung allein durch sein besonderes und nächstes Interesse bestimmt; aber während in Oesterreich Alles für den Krieg gegen Napoleon sprach, und das starke und unzweifelhafte Interesse dennoch weder die Zaghaftigkeit der Regierung, noch die Abneigung der Regierung überwinden konnte, war in Preußen, sofern es von Oesterreich nur auf sein besonderstes und nächstes Interesse sah, Manches, was von dem Kriege gegen Napoleon abmahnte und daher Preußen noch zweifelhafter wie Oesterreich machte gegen eine Verbindung der beiden deutschen Großmächte, und den Staatsmännern, welche in einer Verbindung mit Napoleon oder doch in einer Neutralität das Heil Preußens sahen, einen sehr bedeutenden Einfluß gab. Während aber Oesterreich sich in seiner Stellung zu Preußen nur durch seine Abneigung gegen Preußen bestimmen ließ, ward Preußen in seiner Stellung zu Oesterreich damals fast ausschließlich durch die Art, wie der Berliner Hof die europäische Lage betrachtete, bestimmt, und diese war wesentlich abhängig von dem bunten Durcheinander und Widereinander, das in der Umgebung des Königs herrschte.

Als Meervelbt in der zweiten Woche des September 1805 in Berlin eintraf, war der unmittelbare Ausbruch des Krieges bereits entschieden. Wenn der Berliner Hof durch die Drohungen und Schmeicheleien Rußlands, welche dieses den Drohungen und lockenden Schmeicheleien Napoleon's entgegenstellte, nicht bewogen war, gegen Napoleon aufzutreten, so war wenig Aussicht vorhanden, daß er durch die im letzten Augenblicke erfolgenden Bemühungen Oesterreichs anderen Sinnes werden würde. Theilnahmlos wollte Preußen dem herannahenden großen Kampf zusehen, der Europa in zwei Theile sonderte und einander gegenüberstellte; erzürnt trat es jedem gegenüber, der es nöthigen wollte, aus der Theilnahmlosigkeit herauszutreten. Keine Rücksicht auf Deutschland, keine Rücksicht auf Oesterreich, keine Spur des Gefühls, daß durch das Zusammengehen mit Oesterreich der Bestand Deutschlands, Oesterreichs und dadurch auch der eigene bedingt sei, wirkte auf die preußische Handlungsweise ein.

Fünftes Buch.
Die politischen Parteien in Oesterreich zur Zeit der Kriege gegen Napoleon 1805—1809.

Erstes Capitel.
Gentz und sein Kreis.

Es wird immer ein Unglück für die deusche Nation bleiben, daß sie sich nicht mit ganzer Freude und nicht mit ganzem Stolze einen so außerordentlichen Mann wie Gentz aneignen darf. Hätte ihm ein seinem großen politischen Berufe entsprechendes Maß sittlichen Ernstes und geistiger Tiefe inne gewohnt, so würde er für alle Zeiten unter den Ersten und Größten, die aus dem deutschen Volke hervorgegangen sind, zählen. Seine Stellung zu den inneren politischen Fragen würde einen anderen Charakter getragen haben; bekämpft hätte er auch dann werden müssen, aber er würde zu einem nationalen Gute der Deutschen geworden sein. So aber wie er war, mischt sich der staunenden Bewunderung vor der Größe seines politischen Geistes Schmerz und Beschämung darüber bei, daß das Gefäß, in welches eine solche Fülle der Gaben sich ergossen hatte, zu gering war, um den Reichthum zu fassen.

Friedrich Gentz war 1764 zu Breslau geboren, war unter einfach bürgerlichen Verhältnissen in seiner Vaterstadt und in Berlin groß geworden und hatte in Frankfurt und Königsberg studirt, wo ihm durch Kant die wie es scheint erste starke geistige Anregung zu Theil geworden war. Einundzwanzig Jahre alt kehrte er nach Berlin zurück und ward als Geheimsecretär bei dem Generaldirectorium angestellt. Während er langsam die knappe Beamtenlaufbahn bis zum Kriegsrath in die Höhe stieg, tauchte er anderthalb Jahrzehnte hindurch tief in das verderbte Genußleben unter, zu welchem die Hauptstadt unter Friedrich Wilhelm II. hinabgesunken war. Schwelgerischen Genüssen keiner Art konnte und wollte er sich entziehen; wenn sinnliches Gelüste ihn nicht trieb, verführte ihn Eitelkeit, es den Vornehmen und Großen gleich zu thun. In seinen Neigungen auch zu edleren Weibern wechselnd, gab er sich zugleich den Theaterschönheiten hin und überließ sich widerstandslos allen Ausschweifungen des damaligen Berlin. Verheiratet und wieder geschieden, in drückende Schulden gerathen, von Gläubigern gedrängt, ohne Aussicht sich frei zu machen und unfähig dem Schwelgen zu entsagen, befand er sich in einer Lage, in welcher schon Tausende reich begabter Menschen untergegangen sind. Das bis in das reife Mannesalter fortgesetzte sittlich zerrüttete Jugendleben muß auch bei Gentz der Ausdruck innerer Haltlosigkeit und kann nicht ohne Nachwirkung für seine ganze innere Stellung gewesen sein, aber ein untergegangener Mensch war er nicht. In keinem Zeitpunkte seines Lebens ging ihm die Empfänglichkeit für Großes, das Eindringende der Forschung, die unglaubliche Arbeitskraft, nie die freie Herrschaft über die Fülle gründlicher Kenntnisse, über den Reichthum großer Erfahrungen, nie die Gewandtheit des Geistes, die bewundernswürdige Schärfe der Beobachtung verloren. Seine Bemerkungen über Johannes v. Müller's Werke aus dem Jahre 1826, sein Journal der Arbeiten und Lectüren von 1826 und 1827 würden allein schon mit Staunen darüber erfüllen, was und wie er noch im späten Alter mitten in dem Drange großer Geschäfte zu lesen vermochte. Sein ganzes Leben hindurch bewahrte er die Fähigkeit, auch im Gegner das Bedeutende und Ehrenwerthe zu verstehen; in Görres z. B., der ihm eine durch und durch unheimliche Erscheinung war, hat er Talent und Charakter offen und bewundernd anerkannt, und noch im Greisenalter war er unbefangen genug, um Heine's Person und politische Gesinnung zu vergessen und sich der poetischen Ursprünglichkeit so mancher Lieder dieser reichen Dichternatur zu freuen. „Eine gewisse Zahl derselben wirkt auf mich mit unbeschreiblichem Zauber", schrieb er noch 1830; „ich kann mich darin vertiefen und versenken und bade mich stundenlang in diesen melancholisch-süßen Gewässern." — Wahres, menschliches Wohlwollen blieb dem Greise wie dem Jüngling eigen; persönlich zu hassen, persönlich zu verletzen, zu verfolgen war ihm fremd; treu hielt er Verhältnisse fest, durch welche er einmal innerlich berührt worden war. Mitten in den Aengsten der Tage von Austerlitz suchte er sorgsam seinen alten Vater zu beruhigen; hinaufgehoben zu dem Glanze einer europäischen Stellung blieb er in liebevollem Verkehr mit seinen Schwestern; in dem ungeheuersten Andrange großer Geschäfte vor Wiederausbruch des Krieges im August 1813 besaß er Geduld und Treue genug, um die vielen kleinen Ansprüche aller Art, welche Rahel Levin vergangener Tage gedenkend an ihn machte, freundlich aufzunehmen und zu befriedigen, und gewiß mit vollem Rechte kann Prokesch-Osten behaupten, daß Gentz auch nach dreißigjähriger Trennung eine alte Freundin, die durch Jahre und Kummer alles Glanzes beraubt sich hülfesuchend ihm genaht hätte, mit der Wärme des Jünglings getröstet haben würde.

Die Kraft dieser menschlich guten und schönen Eigenschaften wurde indessen dadurch wieder gebrochen, daß Gentz nicht allein den Ernst und die Festigkeit des Mannes, sondern auch die eigentlich männliche Natur überhaupt entbehrte. Beobachtend, verstehend, combinirend, darstellend in selten erreichtem Grade hat er schöpferische Kraft nicht besessen.

„Sie sind", schrieb er selbst einmal an Rahel Levin, „ein unendlich producirendes, ich bin ein unendlich empfangendes Wesen; Sie sind ein großer Mann, ich bin das erste aller Weiber, die je gelebt haben. Das weiß ich, wäre ich ein physisches Weib geworden, ich hätte den Erdkreis vor meine Füße gebracht. Nie habe ich etwas erfunden, nie etwas gedichtet, nie etwas gemacht; bemerken Sie diese Sonderbarkeit: aus mir allein ziehe ich nicht den lumpigsten Funken heraus; ich bin unelectrischer als Metall, aber eben darum ein Ableiter der Electricität wie kein Anderer; meine Empfänglichkeit ist ganz ohne Grenzen." — Ihn bewegte nicht die Naturgewalt mächtiger männlicher Leidenschaften, die Alles wagt und einsetzt, um im Sturme den Genuß zu erobern; nicht die rauschende Lust des Weins ward ihm gefährlich, sondern ein lecker bereitetes Mahl; nicht großartige Pracht, nicht dauernder Besitz hat ihn gereizt; wo der Schall des Flügelhorns, das Bellen der Hunde, das Knallen der Gewehre in der Einsamkeit und Stille der Wälder dem alten Reichsritter das Herz erfreute, hat sich schwerlich jemals Gentz' Phantasie ergangen; aber zierliche Möbel, Parfüms, gallonirte Bediente und verschiedene Sorten seines Papiers waren noch für den fünfzigjährigen Mann ein Gegenstand der Sorge und des Strebens; kein männlich=großartiger, kein conservativer Zug lag seiner Genußsucht zum Grunde, sondern weibisch=kleinliche Ueppigkeit und das revolutionäre Princip des eiligen Verbrauchs. Der physische Muth des Mannes fehlte ihm gänzlich; krankhaft ward er durch Furcht vor Naturgefahren, vor Waffengeräusch, vor einem finster oder auch nur entschlossen aus= sehenden Männergesicht geängstigt. Ohne eine Anwandlung von Scham gestand er den Mangel männlicher Eigenschaften und den Ueberfluß an weiblichen Schwächen zu; ja in Briefen, in denen er wie in denen an Rahel glaubte sich gehen lassen zu dürfen, trug er selbst mit einem gewissen Behagen die niederen Seiten seines Wesens zur Schau. „Niemand ist so schmeichelbar als ich", schrieb er einmal; „ich bitte Sie, mir bald wieder zu schreiben und bald wieder himmlisch zu schmeicheln. Ihre Schmeicheleien sind ein wahres, wollüstiges Seelenbad, aus dem man erquickt und gestärkt hervorgeht."

Gefährlicher noch als das Unmännliche in seiner Natur mußte für ihn die Gleichgültigkeit gegen Alles werden, was nicht diesem Leben angehört; mit seinem ganzen Sein, mit seinem Schaffen und Wirken, seinen Leiden und Freuden gehörte Gentz dieser Erde an; Fürchten, welches in die Tiefe, und Hoffen, welches in die Höhe ging, hat ihn wohl nur wenig berührt. Das Ewige besprach er gelegent= lich; aber eine Macht, die sein inneres und äußeres Leben bestimmte, eine Macht, deren Gegenwart er sich bewußt war, ist es ihm, soweit sich erkennen läßt, weder als christlicher Glaube noch als Sittengesetz gewesen. Tage entsetzlicher Leere, Stimmungen der Oede, der Ver= zweiflung kamen inmitten großer Geschäfte und angestrengtester Arbeit über ihn, wenn der Reiz des Irdischen zeitweise seine Kraft verlor. Schon im Frühjahr 1814, als Dank und Freude über die Befreiung vom fremden Joch ganz Deutschland erwärmte und die Spannung des Kampfes gegen Napoleon einer frohen Zuversicht gewichen war, schrieb er die grauenhaften Worte: „Ich bin durch nichts entzückt, viel= mehr sehr kalt, blasirt, höhnisch, von der Narrheit fast aller Anderen und meiner eigenen, nicht Weisheit, aber Hellsichtigkeit, Durch=, Tief= und Scharfsichtigkeit mehr als erlaubt ist durchdrungen und innerlich quasi teuflisch erfreut, daß die sogenannten großen Sachen zuletzt solch ein lächerliches Ende nehmen. Das ist ungefähr meine Stimmung, nun denken Sie sich gewiß das Uebrige hinzu." — „Ich möchte Ihnen", schrieb er einige Tage später, „die Gestalt zeigen, welche meine Welt=

verachtung und mein Egoismus jetzt angenommen hat. Ich beschäftige mich, sobald ich nur die Feder wegwerfen darf, mit Nichts als mit der Einrichtung meiner Stuben und studire ohne Unterlaß, wie ich mir nur immer mehr Geld zu Meubles, Parfüms und jedem Raffinement des sogenannten Luxus verschaffen kann. Mein Appetit zum Essen ist leider dahin; in diesem Zweige treibe ich bloß noch das Frühstück mit einigem Interesse. Lesen möchte ich manchmal sehr gerne; ich weiß aber auf der Welt kein Buch mehr, das Reiz für mich hätte. Dabei bin ich doch nicht mißvergnügt als nur immer, insofern ich mich krank fühle. Stände man mir nur für die Gesundheit, ich triebe dieß Leben gern noch dreißig Jahre. Denn das weiß ich einmal, daß es nie Langeweile für mich geben kann, die einzige Klippe, woran der vollkommenste Lebensgenuß scheitert." — Auch später, obschon rastlos in europäischen Verhältnissen arbeitend, verfiel er wieder und immer wieder der Qual eines verödeten inneren Lebens. „Ich besinne mich wenig, sehr wenig auf mich selbst", schrieb er 1825, „und das zwar erstens, weil es mir nicht gelingen würde, wenn ich es auch wollte. Die Vergangenheit schwimmt nur noch vor meinen Augen. Zweitens aber, weil ich keinen Trieb, keine Lust dazu habe. Ich bin und ich war zu allen Zeiten an die Gegenwart gebannt, und obgleich alle Leidenschaften, ja bis auf einen gewissen Grad alle Unruhe des Begehrens und Genießens in mir sich gelegt hat, so ist doch der Zauber der Gegenwart immer noch zu mächtig. Das Vergangene kommt mir vor, als wenn es mir nicht gehört hätte, und vor der Zukunft habe ich ein wahres Grauen, hauptsächlich, außer ihrer Unverständlichkeit, weil sie an den Tod grenzt, womit ich mich, wie Sie wissen, nie gerne beschäftigte." — „Ich fühle", schrieb er 1827, „daß ich alt und älter werde. Das Leben hat fast allen Reiz für mich verloren und sterben mag ich doch auch nicht, weil die Existenz nach dem Tode, wie es auch immer damit stehen mag, mich noch viel weniger reizt. Ich glaube, die Menschen und die Dinge nie so klar gesehen zu haben als jetzt, und doch ist Alles leer, matt und abgespannt um mich her und in mir." — „Lectüre und Studium bieten mir keine Ressource mehr dar", schrieb er 1831; „theils halten mich die currenten Geschäfte, die einen großen Theil meiner Zeit anfüllen, so wenig Freude ich auch daran finde, daran ab; theils halte ich es nicht mehr der Mühe werth, etwas Positives zu lernen, da es nichts Festes mehr gibt, und ich rings um mich her nichts mehr erblicke als, wie Werther sagt: ein ewig verschlingendes, ewig wiederkäuendes Ungeheuer. Speculative Meditationen aber und selbst die beste Poesie ziehen mich bloß in melancholische Grillen und würden mich zuletzt um das bischen Verstand bringen, das mir in meinem großen Bankerutt noch geblieben ist." — Als nach der Juli=Revolution der ergraute Staatsmann bekannte, daß er der neuen Gestaltung der Dinge täglich fremder werde, daß seine Rolle ausgespielt und die Frucht vierzigjähriger Arbeit wie verloren sei, als Unzufriedenheit mit sich selbst und mit der Welt ihn quälte, da suchte er, siebenundsechzig Jahre alt, neue Jugend, neues Leben und neue Frische in der wärmsten, innigsten Hingebung an eine berühmte Tänzerin. „Bei ihr vergesse ich manchmal Kummer, Alter und Tod", schrieb er, „ich betrachte sie wie ein Geschenk des Himmels, wie eine Frühlingsblume, die mir mitten unter Eisfeldern und Gräbern blüht." — Diesem Glücke hingegeben, einem unaussprechlichen, dem einzigen, welches er nach seiner eigenen Aeußerung aus dem großen Schiffbruche gerettet, starb Gentz am 9. Juni 1832.

Gentz war kein kleinerer Mensch als Millionen Andere, die sich in jedem Stande, in jeder Lebenslage finden, aber seine Kleinheit trat seinen großen politischen Gaben gegenüber in ein grelleres Licht, als es bei der Menge, die nichts ist wie klein, der Fall sein kann. Das Maß indessen seiner politischen Kraft war andererseits auch so außerordentlich, daß Jeder, der die Macht des Geistes, welche Gentz in die Schriften und Briefe seiner größten Zeit von 1800 bis 1813 ausgeströmt hat, auf sich wirken läßt, noch heute überwältigt werden und die Kleinheit des Menschen über das Gewaltige des politischen Mannes vergessen wird. Während Niebuhr und Stein durch ihre sittliche Größe jeden politischen Schritt, den sie thaten, adelten, ward umgekehrt in Gentz der ganze Mensch durch die ihm innewohnende politische Kraft weit hinaus über sich selbst gehoben.

Die Schärfe und Feinheit der Beobachtung, der tief in die Verhältnisse des politischen Menschenlebens dringende Blick des geborenen Staatsmannes war ihm zu Theil geworden; gewandt und sicher erfaßte sein Auge, wie Profesch=Osten einmal sich ausdrückt, den kaum zu haschenden lebendigen Stoff. Maß zu halten war seinem Geiste auch in den bewegtesten Zeiten innere Nothwendigkeit; selten nur stellte sich ihm das Mögliche als unmöglich und wohl nie das Unmögliche als möglich dar. Tausend Dinge, aus denen politische Anfänger ein Geheimniß machen, behandelte er mit Offenheit oder Gleichgültigkeit, sprach freimüthig, oft stark über sie, und dennoch konnte er mit aller Wahrheit schreiben: „Ich sage jeder Zeit nur, was ich sagen will, und weiß alle Mal, was ich sagen soll." Die französische Sprache handhabte er mit vollendeter Meisterhaft, die englische beherrschte er zum mündlichen und schriftlichen Gebrauch. Eine Fülle gründlicher, historischer, staatswirthschaftlicher und politischer Kenntnisse stand ihm zu Gebote, und ernste Forschungen hatten schon den Jüngling tief in die einzige lebendige Verfassung hineingeführt, welche sich noch in Europa fand; sein Verständniß der britischen Finanzen erfüllte britische Staatsmänner mit Bewunderung. Dann führte ihm in einer Zeit großer geschichtlichen Begebenheiten seine österreichisch-europäische Stellung einen Reichthum der Erfahrungen zu, wie sie nur sehr selten ein einzelnes Menschenleben umfaßt; jeder Tag brachte neue bedeutende Fragen, die er bearbeiten, jeder Tag verwickelte Aufgaben, die er lösen, schwierige Verhältnisse, die er entwirren sollte; die ersten Staatsmänner Europa's gingen mit ihm auf dem Fuße der Gleichheit um. Dem gewaltigen Drängen und Arbeiten aller politischen Kräfte seines Geistes war schon von seinem achtundzwanzigsten Jahre an in dem Gegensatze zur Revolution ein bestimmtes, fest umgrenztes Ziel gegeben, welches jedes Abirren, jede Zersplitterung ausschloß und den ganzen Menschen ergriff und ausfüllte. „Bei Ihnen ist", schrieb Gentz einmal an Rühle v. Lilienstern, „die Beschäftigung mit der Politik größtentheils Spiel und Speculation; bei mir ist sie durchaus grimmiger Ernst. Sie treiben die Sache mit dem Verstande, ich mehr noch als mit diesem, mit dem Gemüthe." — Getragen und gehoben von dem Bewußtsein seines großen Berufes kannte Gentz in der Ausübung desselben keine Furcht; die physische Zaghaftigkeit hielt ihn zwar fern von den Schlachtfeldern und von dem Getümmel der Hauptquartiere, aber auch in dem schwersten Unglücke verließ ihn keinen Augenblick politische Ruhe, politischer Muth und feurige Kühnheit; ohne Ansehen der Person machte er den Schwankenden, Zaudernden, Abirrenden gegenüber rücksichtslos seine Ueberzeugung geltend; ohne Scheu vor dem Hohn, der Verleumdung, dem Grimme des Feindes erhob er immer auf das Neue die Waffen zur Bekämpfung der französischen Herrschaft.

Ein Mann solcher Art trug seine politische Vollmacht und den Beruf, auf die Geschichte Europa's einzuwirken, in sich selbst. Sobald er durch den Gegensatz zur französischen Revolution eine feste Richtung erhalten hatte, gab er 1793 eine Uebersetzung von Burke's Betrachtungen über die französische Revolution heraus, und schon in der an schlagenden Wahrheiten reichen Vorrede zu diesem Werke sprach der junge, achtundzwanzigjährige Mann seine eigene politische Stellung bestimmt und unumwunden aus.

Die mißvergnügte, rastlos neuerungssüchtige Stimmung, welche seit der Mitte des Jahrhunderts in allen europäischen Ländern herrschte, war nur wenig mit den bestehenden Zuständen und mit den Verhältnissen des wirklichen Lebens beschäftigt. Politische Bilder, welche die Phantasie entwarf, politische Forderungen, welche der Verstand aus willkürlichen obersten Sätzen zog, erfüllten die Gemüther, und die Revolution von 1789 war der Versuch, das wirkliche Leben den Bildern der Phantasie, den Sätzen des Verstandes entsprechend mit eilendem Ungestüm umzugestalten. Diesen Zustand der Dinge faßte Gentz mit einer für den damaligen Augenblick bewundernswürdigen Schärfe des Blickes ins Auge. „Ganze Nationen verabscheuen", so schrieb er, „ihren bürgerlichen Zustand und stürzen mit aller Wuth entzügelter Leidenschaften einem Neuen entgegen, sehen in wildem Enthusiasmus hinter sich und neben sich nichts als Elend und Nacht, vor sich nichts als heiteres Glück und helles Licht. Eine Sammlung täuschender Maximen, welchen die Völker ihre Wiedergeburt, die Individuen nur neue Wohlfahrt zu danken haben sollen, ist politisches credo für die ganze revolutionsdurstige Welt geworden; der gemeinste, ungeübteste Verstand wiegt sich in dem Traum politischer Allwissenheit; alltägliche Bescheidenheit schließt dem Laien den Mund, wenn der Kunstverständige über Jurisprudenz oder Arzneiwissenschaft spricht, aber sobald von Staatsverfassungen die Rede ist, wird Jeder ein Adept. Eine Gesellschaft seichter Köpfe gibt mit einer Vermessenheit und einem Stolze, dessen noch nie ein Fürst sich schuldig gemacht hat, dem erstaunten Europa den Maßstab der Menschenbeurtheilung, die Theorie der Staaten und die Grundgesetze aller bürgerlichen Verbindung, und will als allgemeiner Gesetzgeber anerkannt sein. Alles, was bisher in den Augen des Menschen Werth hatte, soll für Tand gehalten, Alles, wobei sich Millionen glücklich fanden, als Grille und Verderbniß ausgerottet werden; Alles soll fortan Ein Reich, Ein Volk, Ein Glaube und Eine Sprache sein. Statt mühsamer Regierungssysteme, von Weisheit und Erfahrung langsam zusammengetragen, sollen Freiheit und Gleichheit den Scepter der Welt in ihre Hände nehmen, und die Tyrannen der Erde sollen mit allen ihren alten Bundesgenossen, mit Religion, Wissenschaft und Künsten, wenn sie sich nicht in ein ganz neues Gewand schmiegen wollen, in der Nacht einer ewigen Vergessenheit wandern. Die Grille einer allein

seligmachenden Kirche, nachdem man sie in der Religion von der Erde
vertrieben hat, soll in der Politik wieder auferstehen und alle Kraft
eines freien Ideenganges lähmen; für Posse und Betrug soll Alles
erklärt werden, was nicht aus einigen Lieblingsvorstellungen abge=
leitet wird."

Die Schwierigkeiten eines erfolgreichen Kampfes gegen die Stimmung,
welche damals die Welt beherrschte, verbarg Gentz sich nicht. „Eine
Sammlung von Ideen", schrieb er, „die außerhalb des Bezirkes der
Wirklichkeit umherschweift, ist kein greifbarer Feind; was gar nicht zu
realisiren ist, ist gar nicht zu widerlegen; was nie existirte, ist keinem
Tadel unterworfen; keine Kritik kann Worte unsinnig, Bilder über=
trieben, Figuren abgeschmackt finden, wenn sie etwas bezeichnen, dem
noch nie ein Zeichen adäquat war." — Aber dennoch nahm er ent=
schlossen den Kampf auf. „Der Denkende, der Redliche", schrieb er,
„ist es sich selbst und ist es der Welt schuldig zu reden, wenngleich
unter Millionen nur Einer auf seine Stimme hört; er ist es be=
sonders dem kleinen Haufen von Freunden der Mäßigung, der
Ordnung und des Friedens schuldig, welche dieses stürmische Jahr=
hundert (zu einer Zeit, wo die Regierung der Welt in die Hände der
Unmündigen, der Marktschreier oder der Bösewichte zu sinken beginnt)
noch hier und da wie einzelne Sterne an einem umwölkten Himmel
zählt. Es ist nöthiger als je, daß er ihnen ein schwaches Signal
gebe, um ihren sterbenden Muth zu beleben. Während die Thorheit
in Horden geht, ihr Feldgeschrei von einem Lande zum Anderen er=
tönt und nichts als Philosophie, Menschenrecht und Menschenliebe auf
ihren Panieren prangt, sind die Anhänger wahrer Philanthropie und
bescheidener Weltweisheit zerstreut, getrennt, ohne Berührungspunkte.
Mit keinem Parteizeichen geziert, durch keine Parteinahmen charakte=
risirt, kommen sie oft in Gefahr einander zu verkennen und schwächen
die gemeinschaftliche Sache, indem sie im Getümmel der Schlacht die
Waffen, welche den Feind bekriegen sollten, ohne es zu wissen, gegen
den Bruder richten." —

Das Recht der Wirklichkeit, der gegebenen politischen Zustände
und Verhältnisse zur Geltung gegen die Tyrannei der Worte, der
Sätze des Verstandes und der Bilder der Phantasie zu bringen, war
der Entschluß des achtundzwanzigjährigen jungen Mannes, und dieser
Entschluß setzt im Jahre 1792, selbst wenn er nichts gewesen wäre
als Entschluß, ein solches Maß geistiger Kühnheit und Kraft, wie es
der Mensch überhaupt nur haben kann, voraus und bezeichnet, indem

er der Wegweiser für eine Reihe bedeutender Männer in dem Kampfe gegen die Revolution geworden ist, den Anfangspunkt einer neuen politischen Richtung in Deutschland. Gentz verkannte die Wahrheit, daß die Worte, Sätze und Bilder der Revolution nur deßhalb ihre ungeheure, weltzertrümmernde Bedeutung gewinnen konnten, weil das Bedürfniß des wirklichen Lebens über die Zustände, wie sie bestanden, hinausdrängte; das war der Fehler seines Lebens, welcher ihn selbst und minder bedeutende Männer nach ihm zu schweren Verirrungen geführt hat; aber die Wahrheit, welche seiner Stellung zur Revolution innewohnt, ward durch jenen Fehler nicht minder wahr, und sie zu vertreten, war er wie kein Anderer befähigt und berufen.

In Berlin schon hatte Gentz einen europäischen Namen gewonnen und war seit dem Ende des Jahres 1799 in die durch Geburt, Reichthum und Geist glänzenden Kreise der Hauptstadt als ein Gleicher aufgenommen und in ihnen heimisch geworden. Mit den Prinzen Louis und August, mit dem Fürsten und der Fürstin Radziwill, mit fast allen preußischen Ministern und fremden Diplomaten stand er in nahem ununterbrochenen Verkehr; Stein, Wilhelm v. Humboldt, Hardenberg, Stadion erkannten seine außerordentliche Begabung und traten ihm nahe; seine äußere Stellung aber war die niedere eines Kriegsrathes mit karger Besoldung geblieben und gab ihm keine Aussicht zu dem Eintritte in große Geschäfte. Schon zu Thugut's Zeit hatte er dagegen die Aufmerksamkeit des Wiener Hofes erregt, und als nach dem Lüneviller Frieden Graf Philipp Stadion Gesandter in Berlin geworden war, erhielt er durch dessen Vermittelung den Antrag, in kaiserliche Dienste zu treten. Ueber die Gründe, die ihn zur Annahme dieses Antrages bewogen, spricht Gentz selbst sich in einem an den König gerichteten Schreiben in folgender Weise aus: „Die beschränkte Sphäre von Dienstgeschäften, die man mir angewiesen hatte und die weder meinem Bestreben nach Thätigkeit, noch den Gegenständen und der Richtung meiner Studien, noch selbst — ich darf es wohl sagen — den Ansprüchen, zu welchen mein Eifer für das Gute und meine Fähigkeiten mich berechtigten, angemessen war; die Disharmonie, die schon dieser einzige Umstand, verbunden mit der Ueberzeugung, daß ich nie eine günstigere Dienstlaufbahn zu erwarten hatte, in meiner ganzen bürgerlichen Existenz unterhielt; der Vorzug, den ich eben deßhalb meinem Verhältnisse als Schriftsteller, woraus ich nichts als Ruhm, Vortheil und Annehmlichkeit aller Art schöpfte, nothwendig einräumen mußte; endlich selbst meine häuslichen Umstände: —

Alles fordert mich auf, einem Antrage Gehör zu geben, den meine Vernunft von allen Seiten billigt." — Nach einem mehrmonatlichen Aufenthalt in England, wo die größte Auszeichnung jeder Art ihm zu Theil ward, siedelte Gentz als fast vierzigjähriger Mann nach Wien über und wurde als Hofrath im außerordentlichen Dienst in die Staatscanzlei eingeführt.

Durch den Wechsel seines Aufenthalts und seines Fürsten war Gentz indessen kein Oesterreicher und am wenigsten ein verblendeter Oesterreicher geworden: ohne Bedenken deckte er auch Fremden gegenüber in Worten schneidender Schärfe die Schäden seines neuen Vaterlandes auf; aber eben so wenig gehörte er dem Staate, den er verlassen hatte, an. Preußens Erscheinen als europäischer Staat betrachtete er als europäisches Unglück; Friedrich den Großen nannte er: „le plus grand et le plus immoral des hommes de son temps", und klagt ihn als den Urheber alles Unglücks vor Welt und Nachwelt an; Berlin verwünschte er und stieß einen Ruf höhnender Verwunderung aus, als Johannes v. Müller ihm Vorliebe für Preußen vorgeworfen hatte. Mit seinem Herzen gehörte Gentz damals überhaupt keinem einzelnen Staate an und konnte keinem einzelnen Staate angehören, seitdem ihm die große politische Aufgabe deutlich geworden war, zu deren Mitlösung er sich berufen fühlte. „Ich werde", schrieb er bei seinem Uebertritte aus Preußen nach Oesterreich, „fernerhin wie bisher, und stände eine Welt von Feinden gegen mich auf, die Grundsätze vertheidigen, mit denen allein die Staaten bestehen, und die Grundsätze ohne Unterlaß bekämpfen, bei denen sich kein Recht, keine Ordnung, keine unabhängige Existenz der Nationen, kein politisches System, mithin zuletzt keine bürgerliche Gesellschaft denken läßt." —

Der Feind aber, in dessen Bändigung das große, Europa gesetzte Ziel lag, hatte um die Zeit, in welcher Gentz sich nach Wien verpflanzte, eine neue Gestalt gewonnen, indem die französische Revolution sich als französisches Kaiserthum gestaltete. Die tief eingreifende Bedeutung dieses neuen Wendepunktes der Geschichte hob Gentz in einer Denkschrift hervor, welche er am 6. Juni 1804 dem Grafen Cobenzl überreichte, als demselben die Entscheidung der Frage vorlag, ob Napoleon als Kaiser anzuerkennen sei oder nicht. „Durch das Princip, welches ihr zum Grunde liegt", heißt es in dieser Denkschrift, „unterscheidet sich die französische Revolution von allen Revolutionen, welche die Geschichte kennt. Jedem Volke spricht sie das unveräußerliche Recht zu, sich, so oft die eigene Wohlfahrt es zu fordern scheint, gegen seinen Herrscher zu empören, Gesetze, Einrichtungen, Verfassung zu vernichten, ein Neues an die Stelle des Alten zu setzen und den Herrscher, der sich nicht fügen will, zu verjagen, zu richten und zu strafen. Dieses Princip, das der Volkssouveränität, hat sich in allen infernalen Gestaltungen, welche die Revolution durchlaufen, erhalten; alle politischen Gewalten, die sich seit 1789 in Frankreich erhoben, ruhen auf diesem Grundsatz. Die europäischen Mächte konnten und mußten mit den revolutionären Gewalten in Verhältniß treten, aber sie durften es nur, indem sie dieselben als nur thatsächlich bestehend behandelten, ohne deren Recht zu untersuchen oder anzuerkennen. Von dem Augenblicke an aber, in welchem Napoleon's Durst nach Größe, sein unersättlicher Ehrgeiz und seine colossale Verwegenheit, die thatsächliche Gewalt als ein Recht begründet und anerkannt wissen will, hat die ganze Stellung Europa's zu Frankreich sich geändert. Wenn die europäischen Mächte ihm nachgeben, ist das Fundament alles politischen Rechts unter die Füße getreten, der Zauber der Majestät für immer vernichtet und die Revolution geheiligt und jeder verwegene Verbrecher kann jedem Könige sagen: In zehn Jahren werde ich an Deiner Stelle sein." —

Als Napoleon's Kaiserthum dennoch anerkannt worden war, blickte Gentz mit Entsetzen auf die Zukunft Europa's. Vor seinem Auge erhob sich Frankreich in grauenvoller Größe und mit ihm eine Sündfluth von Uebeln. Er sah eine colossale Uebermacht sich gründen, die mit der Allgewalt der Willkür ihren regellosen Willen zum alleinigen Gebieter Europa's machen wollte. Er sah in rastlosem Fortschritt den Tag sich nahen, an welchem auch die letzte Hoffnung Europa's, sich in seiner Unabhängigkeit zu behaupten, verschwunden, und jeder Staat und jedes Volk bereit sein würde, sich mit Allem, was eine selbstständige Verfassung Erwünschtes und Rühmliches hat, in den Schlund einer ungeheuren Monarchie zu stürzen. Auf dem Grabe geschlachteter Völker erblickte er eine Weltherrschaft aufsteigen, die, nachdem sie Throne und Würden gestürzt, Gesetze und Staatsformen zerschlagen hatte, Elend von jeglicher Gestalt in ihrem nächtlichen Gefolge mit sich führen werde. Ihm graute vor dem Ungeheuer, das künftig Europa heißen werde, und den vermessenen Mann von gigantischem Ehrgeize, der alles dieses herbeigeführt, hielt er nur für groß, weil dessen Gegner klein, und nur für furchtbar, weil dessen Gegner in feiger Furcht verzagten.

Wie in Berlin betrachtete Gentz auch in Wien sich als ein Werkzeug der Geschichte zur Bekämpfung der Revolution; aber seitdem dieselbe durch das Erscheinen Napoleon's statt der anarchischen die despotische Form angenommen hatte, war die Natur des Kampfes und Gentz' Stellung zu demselben eine andere geworden. Nur Krieg und zwar Krieg auf Leben und auf Tod gab Aussicht auf Erfolg. Das Wagniß des verzweifelten Todeskampfes zur Rettung einer untergehenden Welt hielt Gentz für die gemeinschaftlichste aller gemeinschaftlichen Sachen; die Drangsale eines einzelnen Staates, eines einzelnen regierenden Hauses hatten für ihn gegenüber der Rettung Europa's wenig Gewicht; jeden Verlust der österreichischen Monarchie an Land oder Einkünften betrachtete er als ein nur untergeordnetes Uebel, und so lange er noch von Preußen für Europa hoffte, war ihm eine Niederlage der preußischen Armee ein Gedanke, gegen den ihm der, daß die Franzosen in Wien einzögen, süß und lieblich vorkam. Als das Princip seines Lebens bezeichnet er das Streben, alle Streitkräfte, über welche Europa gebieten könne, zu concentriren, nannte sich den Streiter für eine geheiligte Sache und verurtheilte alle Halben, alle Schwankenden unerbittlich als Bösewichter und als Verräther an der Rettung Europa's. „Hätte ich zu entscheiden", schrieb er schon 1804, „so würde mein Entschluß nicht zweifelhaft sein; ich würde mich der Barmherzigkeit Gottes empfehlen und den Krieg beginnen. Die Ewigkeit selbst, sie sei nun Ruhe oder Bewegung, hat nichts Größeres aufzuweisen als einen Kampf um die Freiheit und Würde der Welt." —

Mit einer solchen Auffassung der Lage Europa's und mit einem solchen Bewußtsein der eigenen Bedeutung hatte Gentz freilich nicht Kriegsrath im Generaldirectorium zu Berlin bleiben können; aber eben so wenig gab die untergeordnete Stellung eines k. k. Hofrathes in der Staatscanzlei zu Wien dem Feuer und der Kraft seines Geistes einen irgend ausreichenden Raum. Wenn die sittliche Reinheit des Menschen den außerordentlichen Gaben des Staatsmannes entsprochen hätte, so würde er ein Minister der auswärtigen Angelegenheiten oder ein Gesandter gewesen sein, wie ihn die Geschichte nur selten hervorbringt, und wenn er auch nur, wie so viele Andere, die Möglichkeit gehabt hätte, aus eigenen Mitteln den Aufwand seines üppigen Lebens zu bestreiten, so wäre seine sittliche Schwäche kein Hinderniß für ihn gewesen, hoch über die Menge derer hervorzuragen, welche die Staaten in den Verhältnissen nach Außen zu vertreten pflegen; aber Gentz

17*

hatte weder die Kraft, sich die Genüsse der großen Welt zu versagen, noch die Möglichkeit, sie sich aus eigenen Mitteln zu verschaffen, und gerieth dadurch in Verwickelungen, welche nicht ohne Einfluß auf seine äußere politische Stellung blieben. Niemand freilich, der von Gentz auch nur einige seiner Schriften gelesen hat, wird es für möglich halten, daß ein Mann so wie er reden, schreiben und handeln kann, der nicht von der wahrsten, kraftvollsten und feurigsten eigenen Ueberzeugung getrieben wird. Die nichtswürdige Verleumdung, Gentz sei käuflich gewesen und habe als bezahlter Helfershelfer ohne, ja wider eigene Ueberzeugung gekämpft, ist zuerst von Bonaparte ausgesprochen und in späterer Zeit von der Bosheit oder Verblendung derer wiederholt, die sich den politischen Feind nicht anders als geleitet von niedrigen Beweggründen vorstellen können. Berge von Gold würden Gentz nicht vermocht haben, für die Revolution oder für Napoleon aufzutreten; aber Gentz nahm von Privatleuten und von Regierungen, zu denen er in keinem Amtsverhältnisse stand, Geld dafür, daß er seine innerste Ueberzeugung aussprach und die großartigsten Gaben seines Geistes verwendete. Oesterreich konnte einen Mann, der sich nicht schämte, das zu thun, auf keine Stelle setzen, welche ihn zu der selbstständigen Leitung auswärtiger Angelegenheiten als Minister oder als Gesandter berechtigte; von seinem Eintritte in den österreichischen Dienst bis zu seinem Tode bekleidete Gentz nur die für ihn untergeordnete Stellung eines k. k. Hofrathes; aber dennoch fühlte er sich dem Dienste des gesammten nichtnapoleonischen Europa's geweiht, sofern es die Waffen gegen den Todfeind erheben wollte, und mußte, um seinem inneren Berufe zu genügen, die europäische Wirksamkeit, welche das Amt ihm nicht gab, außeramtlich üben. In Wien selbst sicherte ihm der Zauber seiner Persönlichkeit, durch welche er Männer wie Frauen an sich fesselte, einen Einfluß auf alle Kreise, in denen er sich bewegte.

Gentz hatte die angeborene Gabe des Umgangs durch Uebung in den höchsten Kreisen und geistigsten Umgebungen bis zur Vollendung ausgebildet; der Wohlklang seiner Stimme, die hinreißende Rede, die Wärme des Ausdrucks, die Sicherheit und die liebenswürdige Anmuth des Auftretens sind Allen, die ihn kannten, unvergeßlich, und wurden ihm Mittel, politisch zu wirken. „Wenig Deutsche vom gelehrten Stand", sagt er selbst einmal, „berühren die höheren Stände, das ganze frivole Gewühl der sogenannten guten Gesellschaft, und was doch auch nicht zu verachten ist, das Ausland, in so vielen Punkten als ich. Wenn ich also auch selbst nichts producirte, so bin ich doch unleugbar einer von denen, durch welche viel gewirkt werden kann." — Wien selbst aber und der Einfluß, den seine persönliche Erscheinung übte, genügte ihm nicht; nach allen Punkten des kriegsfähigen Europa hin richtete er die Macht seines Wortes, welches in sonst kaum erreichter Durchsichtigkeit die Gedanken und Gefühle des Schreibers dem Leser erscheinen und in das eigene Herz hinüberströmen ließ. An den Kaiser von Rußland und an Ludwig XVIII., an Gustav IV. von Schweden und an den Herzog von Orleans, an den Prinzen Louis von Preußen und an den Erzherzog Johann von Oesterreich, an den Herzog von Weimar und an den Prinzen von Wales, an Pitt und Hardenberg, an Stadion und Czartoriski, an die meisten hervorragenden Staatsmänner Europa's sendete er in fast unbegreiflicher Zahl Briefe und Denkschriften, die überall als Wegweiser in der Verwirrung, als Stärkung in der Noth aufgenommen wurden.

Das Maß seiner Kraft aber war zu groß, um sich an dem Einfluß auf Einzelne genügen zu lassen. Die Nation freilich war ihm damals, wie zu jeder Zeit seines Lebens, eine fremdartige, unheimliche und darum unzugängliche Macht; aber die Summe aller politisch gebildeten und erfahrenen Männer stellte sich ihm als ein Ganzes dar, welches mit Einem Schlage durch Eine Schrift überzeugt, erregt und zum Handeln entflammt werden könne. „Es ist ausgemacht", hatte er 1799 an v. Müller geschrieben, „daß wir den Franzosen viel zu wenig Kraft und Kunst des Wortes entgegensetzen. Allerdings können respectable Regierungen sich nicht darauf einlassen, unaufhörlich mit Gaukelspielern zu kämpfen, deren ganze Weisheit in Declamationen besteht. Aber wir reden gar zu wenig und geben die verführte Welt den schändlichsten Lügen und den rasendsten Ausschweifungen ihrer immer bereiten Schreiber preis." — Schon in Berlin hatte er auch auf diesem Wege durch die Uebersetzung von Burke, durch eine Reihe politischer Abhandlungen und durch die Herausgabe seines historischen Journals eine europäische Wirksamkeit geübt, und als er von Wien aus 1806 in Petersburg die authentische Darstellung des Verhältnisses zwischen England und Spanien und das Fragment aus der neuesten Geschichte des politischen Gleichgewichts drucken ließ, übte er durch beide Schriften, vor Allem aber durch die zweite, einen Einfluß aus, wie vor ihm und nach ihm kein politischer Schriftsteller in Deutschland vermocht hat. Um die Wahrheit, welche er erkannt und ergriffen hatte, auf weite Kreise wirken zu lassen, stand ihm die ganze Macht zu Gebote, deren die deutsche Sprache fähig ist. In unwiderstehlicher Bündigkeit rollt sie dahin, wenn er durch den ineinander gefügten Bau treffender Gründe überzeugen will; in Stolz und Würde erhebt sie sich, wenn er dem übermüthigen Sieger das gekränkte Recht vor Augen stellt; warmer Glanz ist über ihr ausgebreitet, so oft er sich an das Gefühl des Lesers wendet, und wenn es galt, das Ungewitter zu überschreien, so fehlte auch ihm die Stimme des Donners nicht. Unübertroffen an echter Schönheit und erschütternder Kraft steht seine nach dem Preßburger Frieden geschriebene Vorrede zu dem Fragmente aus der neuesten Geschichte des politischen Gleichgewichts da. Gentz ist, darüber kann kein Zweifel sein, der erste und größte politische Schriftsteller, den Deutschland jemals gehabt hat; demungeachtet aber bleibt auch in Anwendung auf ihn das Wort, welches er selbst einmal ausspricht, wahr: „Niemand kann auch mit dem höchsten Talente etwas Größeres ausdrücken, als in ihm ist."

Den Wiener Hof zum entschlossenen Auftreten gegen Napoleon zu drängen, war die Aufgabe, welche Gentz sich gestellt hatte; um dieselbe zu lösen, hatte er sich eng an den englischen Gesandten Sir Arthur Paget angeschlossen; „er war", wie er selbst einmal schreibt, „in beständiger Verbindung mit demselben und von jeder Gelegenheit unterrichtet, die sichere Mittheilungen von Wien nach London bringen konnte". Kräftig wurden Beide unterstützt durch den Freiherrn v. Armfeldt, welcher damals den schwedischen Gesandtschaftsposten in Wien bekleidete. Seit Jahren schon sahen die europäischen Höfe auf den bedeutenden Mann; wo er auftrat, gewann der mit Narben bedeckte Soldat von glänzendem Muthe, der Liebling der Frauen, der offene geistvolle Mensch, sprudelnd von Witz und Leben, sich die Herzen der Menschen. Treu kämpfte er für sein dem Untergange verfallenes Königshaus und war ein unversöhnlicher Feind Napoleon's; er würde diesem noch viel furchtbarer gewesen sein, wenn nicht ungebändigte Leidenschaft und grenzenloser Leichtsinn den großartig angelegten Mann so vielfach hin= und hergeworfen hätten. Johannes v. Müller, welcher bereits seit 1792 in österreichischen Diensten stand, war von Gentz, als dieser nach Wien gekommen war, anfangs etwas vernachlässigt. „Sie wissen", schrieb sich entschuldigend Gentz im Mai 1803 an ihn, „daß es gewiß nicht Gleichgültigkeit ist, was mich abhält, Sie öfter zu sehen; aber Sie wissen auch, wie sich in dieser Welt die menschlichen Verhältnisse sonderbar und willkürlich bestimmen, so daß man sich sammt seiner Zeit und seinen Kräften oft in Gesellschaften und

Verbindungen verflochten findet, die man weniger zu schätzen Ursache hat als manche andere, die aber diese anderen und besseren nach und nach, man weiß kaum wie, verdrängen. Das ist buchstäblich meine Geschichte mit Ihnen und die einzige Erklärung über unseren wenigen Umgang miteinander, da doch so große und interessante Berührungspunkte zwischen uns sind." — Bald indessen standen beide Männer in nahem Verkehr, und auch als Müller im Sommer 1804 sich von Wien nach Berlin gewendet hatte, galt er fortdauernd als eifriger Verbündeter. „Es läßt sich", schrieb Gentz einmal an ihn, „nicht berechnen, was wir, zumal seitdem der Eine in Berlin, der Andere in Wien postirt ist, durch treue Gemeinthätigkeit Gutes stiften können." —

Den Freunden: Gentz, Paget, Armfeldt, Müller und dem mit ihnen verbundenen, in den Wiener Verhältnissen sehr gut unterrichteten bairischen Gesandten Gravenreuth und dessen Legationssecretär Arnhold v. Mieg, schloß der österreichische General Graf Meerveldt, ein geborener Westphale, sich an. Den besten Kopf in der ganzen Armee nannte ihn Gentz und einen der ersten Negotiateure seiner Zeit. Den Männern schlossen sich eine Zahl einflußreicher Frauen, vor Allem Russinnen, an; in den Salons der Fürstin Dolgorucki fand sich die vornehme, kriegslustige Welt zusammen. Eine Frau von vielem Geiste, von größtem Ton, nennt Gentz die Fürstin, liebenswürdig, zu Hause an allen europäischen Höfen und von einer bis zur Wuth gehenden Leidenschaft für die Politik. Bedeutender noch war die Gräfin Lanckoronska, von Gentz als Inbegriff aller weiblicher und vieler männlicher Vollkommenheiten bezeichnet und auch von Stein wegen ihres tiefen Gefühls für das Edle und Große, wegen ihrer ruhigen Besonnenheit, Liebenswürdigkeit und Einfachheit hoch verehrt; „sie hat", schrieb er, „in allen Krisen einen Adel und eine Reinheit des Charakters gezeigt, die über jedes Lob erhaben sind, und ich werde ihre Bekanntschaft unter die glücklichsten Ereignisse meines Lebens zählen". —

Mit gespannter Erwartung sah dieser ganze durch Rang, Stellung und Geist seiner Mitglieder hervorragende Kreis von Männern und Frauen auf den Bruder des Kaisers, den jugendlichen Erzherzog Johann, hin und zweifelte nicht, in ihm einen warmen Verbündeten zu finden.

Erzherzog Johann war schon in frühen Jahren dem europäischen Interesse, welches Gentz erfüllte, nicht fremd und war, anders wie dieser, stolz auf Oesterreich und dessen Herrscherhaus; aber der Ausgangspunkt seines jugendlich warmen und frischen politischen Lebens lag nicht in Europa und nicht in Oesterreich, sondern in der Alpenwelt und deren Geschick. Auf den Knaben schon hatten die kaum gesehenen Alpen einen tiefen Eindruck gemacht, der sich mit reinster, liebenswürdiger Kindlichkeit in seinen seit dem Jahre 1799 geschriebenen Briefen wiederspiegelt. Es war nicht die Schweiz, nicht Tyrol, nicht Salzburg oder Kärnthen, welche das junge Gemüth fesselten, sondern die große Gebirgsnatur überhaupt und der Menschenschlag, den sie erzeugt. Ein Alpenbewohner war ihm gleichbedeutend mit einem braven, redlichen, zuverlässigen Mann; Alles war ihm lieb, was sich auf die Alpen bezog. Er freute sich der Schriften, welche die Thaten der Schweizer, der Tyroler priesen, der neu erhaltenen Kupferstiche, welche einen Alpensee oder einen Gletscher oder Wasserfall darstellten, der Karten, welche Aufschluß über ein ihm noch nicht bekanntes Thal gaben. Er durcharbeitete emsig trockene Beschreibungen der Alpenthiere und Alpenpflanzen und suchte sich die Familiennamen in den kleinen Cantonen möglichst vollständig einzuprägen. Lebhaft erregte den siebzehnjährigen Jüngling die erste Aufführung der Johanna v. Montfaucon. „Man sieht in diesem Schauspiel Alpen", schrieb er, „und hört den Kuhreigen; was mich aber am meisten freute, ist das Lob der Alpenvölker und ihrer Redlichkeit und Treue; auch ein Gefecht kommt vor, in welchem Bauern die Soldaten schlagen; ach warum war das nur im Schauspielhause." — Er schickte an Johannes v. Müller eine Eintrittskarte zur zweiten Aufführung und drängte den Coadjutor Dalberg, dieselbe auch zu besuchen. Das politische Unglück der Schweizer ging ihm tief zu Herzen; „ach schaffen Sie nur Trost für das arme Land", schrieb er 1799. „Dürfte ich mich doch schlagen für die braven Schweizer", rief er bald darauf. „Im Schweizeralmanach habe ich", heißt es in einem anderen Briefe an Johannes Müller, „die Sage gefunden, daß in der Seelisberger Höhle drei Tells schlafend liegen, um im Augenblicke großer Noth aufzuwachen und die Schweiz zu befreien; wären doch wir beide auch in der Zahl dieser drei." —

Durch das ganze Jünglingsleben des Erzherzogs geht ein frischer, jugendlich warmer Zug; offen und empfänglich gab er allen edlen Eindrücken sich hin, er lebte ein Leben der Phantasie und des Gefühls; die Zukunft spiegelte sich ihm vor als eine Welt voll Thaten und wollte nicht schnell genug für seine Ungeduld kommen; lebhaft äußerte er seine Empfindungen und sprach seine Urtheile mit kindlicher Unbefangenheit aus; die Schriften, die er las, wirkten fast ausnahmslos anregend auf seinen unabgestumpften Geist; bald lösen sie ihm viele Zweifel, die er gehabt, bald erfüllen sie ihn mit Zorn oder Bewunderung; wenn ihm entschlossene, kühne Männer erwähnt werden, ruft er aus: „wie schade, daß ich sie nicht persönlich kenne"; nach 1806, als er Herder's Lied gelesen hatte, fragte er: „Warum kann unser Jahrhundert nicht einen solchen Mann hervorbringen?" Mochten gute oder schlechte Nachrichten vom Kriegsschauplatze einlaufen, immer blieb sein Endwunsch: „Könnte ich mich doch auch schlagen für mein Vaterland!" „Den ganzen Tag grunzen jetzt", schrieb er 1799, „eine Menge Leute in der Umgebung meiner Brüder über die Lage der Dinge und geben Alles verloren; ich verzweifle nicht und werde auch dann nicht verzweifeln, wenn die Franzosen vor den Thoren von Wien stehen; könnte ich das nur bald der Armee beweisen." —

Dem lebendigen Knaben, der freie, selbstständige Bewegung an Anderen liebte und für sich begehrte, gab der Boden, auf welchem er sich befand, keinen Raum zu einer gesunden, den Anforderungen seiner eigenen Natur entsprechenden Entwickelung.

Im Jahre 1782 zu Florenz geboren, kam er, als sein Vater Leopold dem Kaiser Joseph auf dem Throne gefolgt war, kaum neun Jahr alt, nach Wien; in der kaiserlichen Burg ward er groß, und statt des Vaters, der schon 1792 starb, lernte er von dem zehnten Jahre an seinen vierzehn Jahre alten Bruder Franz als Kaiser und Familienhaupt ehren und mehr noch fürchten. Niemals nannte er ihn in seinen Briefen Bruder, selten Kaiser, sondern fast immer maître und erwähnt seiner stets mit scheuer Zurückhaltung.

Als erster Minister des Kaisers regierte von 1793 bis Ende 1800, also gerade in der Zeit, in welcher der Erzherzog vom Kinde zum Jüngling heranwuchs, Baron v. Thugut fast unumschränkt den Hof wie den Staat; er fürchtete die Prinzen des Hauses; selbstständige Charaktere erschienen ihm ohne Weiteres als gefährliche Charaktere; Einschüchterung, Beargwohnung, Verdächtigung betrachtete er als das Mittel, durch welches Menschen geleitet und regiert werden müßten. Die Umgebung des jungen Erzherzogs gehörte der Anschauungsweise Thugut's an, die oberste Leitung der Erziehung lag in der Hand des alten Feldmarschall-Lieutenants Freiherrn v. Hager, der noch unter Eugen gedient, gegen die Türken und Friedrich den Großen gefochten, dann aber viele Jahre nur im Hofdienst zugebracht hatte. Mit großem

Ernste ward der Erzherzog zur Erlernung des militärischen Dienstes angehalten. „Ich muß jetzt", schrieb er 1799, „alle Tage Morgens von vier bis acht und Abends von sechs bis acht Uhr exercieren." „Sie werden", heißt es in einem andern Briefe, „über mein Gekritzel erstaunen, aber ich komme eben aus der Reitbahn, wo ich eine halbe Stunde auf dem nassen Sande stehen mußte, um zu sehen, wie Cavalleriepferde bepackt werden; Hände und Füße sind durchfroren. Mehr als je werde ich beschäftigt, um den Dienst eines Corporals zu erlernen, und man hat mir die angenehme Hoffnung gemacht, daß das noch einige Jahre so fortdauern werde; Sie können sich denken, was mir das für eine Freude ist." —

Abgesehen vielleicht von den streng militärischen Wissenschaften war der Unterricht, welchen der Erzherzog erhielt, allen Andeutungen nach sehr gering und in keinem Falle den geistigen Bedürfnissen und dem lebhaften Bildungstriebe des heranwachsenden Knaben entsprechend, der ein Mehreres begehrte, als die ihm zugetheilten Capitäne geben konnten und durften. In dieser wenig anregenden und befriedigenden Umgebung mußte Johannes v. Müller wohl eine außerordentliche Erscheinung sein. Wann und in welcher Weise der junge Prinz mit ihm bekannt ward, läßt sich nicht ersehen; in ein nahes Verhältniß zu ihm trat er wohl gewiß nicht vor dem Ende des Jahres 1798. Von diesem Zeitpunkt an gab er sich dem Manne, in welchem ihn nicht nur der geborene Schweizer, sondern auch der bewunderte Geschichtschreiber der Schweiz anzog, mit voller, kindlicher Offenheit hin. Er nannte ihn seinen lieben Freund und sah ihn, so oft die Umstände es erlaubten. Wenn er ihn nicht sehen durfte, ließ er sich Briefe, Berichte, Denkschriften, welche Müller durch seine über die Schweiz und ganz Deutschland verbreiteten politischen Verbindungen erhalten hatte, mittheilen und sich von ihm mit dem Leben, dem Charakter und der Befähigung bedeutender Männer der Gegenwart bekannt machen. Auch an eigenen Aufsätzen und Denkschriften versuchte sich der Erzherzog, die er an Müller mit der Bitte, sie durchzusehen und zu verbessern, sandte. „Nun habe ich Zeit", schrieb er ihm einmal, „bis zum nächsten Donnerstag, um wieder Etwas für Sie auszuarbeiten, da ich für die letzten Tage des Carneval von allen meinen Stunden befreit bin." — Auch mit anderen hervorragenden Männern suchte er zu verkehren, so oft sich Gelegenheit bot; „nur deßhalb bedauere ich das Ende des Carnevals und der Bälle", heißt es in einem seiner Briefe, „weil mir jetzt die einzige Gelegenheit genommen ist, mit meinen Bekanntschaften zusammenzukommen." Im Frühjahr 1799 war es vor Allem der Freiherr v. Dalberg, welcher den Erzherzog anzog. Immer auf das Neue sprach er seine Freude aus, wenn er ihn gesehen und gesprochen hatte. Müller sah mit Bewunderung auf den strebenden jungen Prinzen hin. „Ich liebe den vortrefflichen Jüngling achtungsvoll auf das Zärtlichste, ganz wie einen anderen Freund", schrieb er im Januar 1799 an Bonstetten. „Meine Historie kann er fast auswendig, die Geographie unserer Thäler weiß er besser als der Schultheiß Steiger; nichts Schönes, Wahres, Edles ist ihm fremd, und er hat ein Herz und einen Muth, wie ich sie zum Glück der Völker allen Königen wünschte." —

Die Selbstständigkeit, mit welcher der Erzherzog sich zu bilden und zu entwickeln suchte, mußte einen Hof, wie der Wiener damals war, und eine Regierung wie die Thugut's mit Mißtrauen erfüllen und zur argwöhnischen Ueberwachung des lebendigen jungen Prinzen führen. „Wir werden uns sobald nicht sehen können", schrieb der Erzherzog einmal an Müller, „denn immer sind Spürengel in der Nähe." — „Kommen Sie erst morgen", schrieb er ein anderes Mal, „denn heute ist die Luft nicht rein." — „Zu meiner großen Freude habe ich", äußerte er um dieselbe Zeit, „den Cardinal Herzan gesehen, aber ich konnte ihm nichts von meiner traurigen Lage sagen, weil mir die Spürengel nicht von der Seite wichen, die jedes Wort benutzen, um mich anzuschwärzen und mir Verdrießlichkeiten zu bereiten; bitten Sie ihn sich meiner anzunehmen; wenn sich irgend eine Gelegenheit findet, werde ich selbst mich ihm gewiß eröffnen." —

In sehr frühen Jahren schon ahnte der Erzherzog die schwierige Stellung, in der sich die Prinzen des Hauses befanden. „Man sagt", schrieb er 1799, „daß der Prinz von Württemberg zu der Zusammenkunft des Kaisers von Rußland mit dem Könige von Preußen gehen werde; wenn aber diese Sendung so bedeutend ist, warum wird dann nicht Einer der Brüder des Kaisers geschickt, er würde doch wenigstens durch seinen Charakter Achtung einflößen; aber man hat uns immer ein Verbrechen daraus gemacht, daß wir einen Charakter haben, der sich nicht biegen läßt und auch unter widerwärtigen Umständen derselbe bleibt." — Eine ungünstige Stimmung gegen ein Ministerium, durch welches er zu leiden hatte, war die fast nothwendige Folge. „Von unserem Ministerium hört man nichts, weder Gutes noch Böses", äußerte er einmal; „das ist ein Beweis dafür, daß es weder Kraft noch Verschlagenheit besitzt, sondern, um die Wahrheit zu sagen, herz=

lich schwach ist." — Selbst ein gewisses Mißtrauen gegen die alte Ordnung der Dinge überhaupt, welche Thugut vertrat, machte sich in dem Erzherzog bemerkbar. „Gestern hatte ich", schreibt er, „eine lange politische Unterhaltung mit dem Abt von St. Gallen; ich fand in ihm den redlichen und braven Schweizer, aber eigensinnig wie ein Kutschpferd versessen auf die Herstellung der alten Verfassung, in welcher er das einzige Rettungsmittel für die Schweizer sieht." —

Durch eine offene Bitte oder durch ungestüme Geradheit seine Lage zu verändern, konnte der Erzherzog nicht erwarten; aber an dem Hofe seines kaiserlichen Bruders sah er, wie Alle, die demselben angehörten, wie selbst Geistliche und Weiber, Grafen und Kammerdiener ihre Zwecke zu erreichen wußten, indem sie miteinander und gegeneinander intriguirten; verschmähte doch der mächtige Thugut dem Hofe gegen= über solche Künste nicht. Früh schon entwickelte auch der junge Erz= herzog Neigung und Geschick, sich durch List und Schlauheit dem Drucke der Gewalt, der auf ihm lastete, zu entziehen, um die Wünsche, die er hatte, zu erreichen; er studirte seine Umgebungen und wußte, was den begleitenden Officieren gegenüber zu wagen war; „man muß be= hutsam sein", meinte er, „und Alles, was die Menschen thun, beobachten, um dann mit Sicherheit arbeiten zu können". — Wenn ein Zu= sammentreffen günstiger Umstände ihm gestatteten, Müller zu sehen, so versäumte er nicht leicht, diesen in Kenntniß zu setzen, ob dem Officier, welcher gerade den Dienst hatte, zu trauen sei oder nicht; wenn er nicht sprechen konnte, schrieb er und machte sichere Gelegen= heit zur Beförderung seiner Briefe ausfindig. Sich aus Wien ent= fernen und zu der Armee gehen zu dürfen, war seit dem Sommer 1799 das Ziel aller seiner Wünsche. „Die französischen Heere ziehen in größter Schnelligkeit heran", schrieb er um diese Zeit; „ich aber werde wohl in Wien ruhig das Exercieren fort lernen müssen." — Er sann auf immer neue Schritte, die ihm in seinem Vorhaben förderlich sein konnten; bald nahm er sich vor, zu temporisiren und Niemandes Eifersucht zu erwecken, bald benutzte er einflußreiche Freunde, welche Wien besuchten, um den Kaiser und Thugut günstig zu stimmen. An dem einen Tage glaubte er sich nahe, an dem andern wieder fern vom Ziel. „Ich war heute Morgen, Sie wissen schon wo", schrieb er einmal; „Baron Hager hat wirklich als Freund für mich gesprochen und der Andere den Kaiser bereits in Kenntniß gesetzt; dieser hat errathen, was ich wollte, und me fit dire, d'être guts Muths. Kinski ist noch ein großes Hinderniß; an C. hat er versprochen, für mich zu sein, aber nichts von Baron Thugut gesagt; so kann ich noch immer nicht klar sehen und hoffe von der Vorsehung, daß sie zu meinen Gunsten entscheiden werde." —

Die Entscheidung erfolgte im Herbste 1800, aber in anderer Weise, wie der Erzherzog erwartet hatte; der Kaiser übertrug im September dem Jünglinge, der wenige Monate zuvor in dem Bepacken der Cavalleriepferde unterrichtet war, das Obercommando der Armee in Deutschland, stellte ihn aber zugleich unter den Befehl des Feld= marschall=Lieutenant Lauer. Es ist kein Grund, die Wahrheit der be= stimmten Angabe zu bezweifeln, daß ein kaiserliches Handschreiben dem Erzherzog anbefohlen habe, dem Baron Lauer in Jedem und Allem unbedingt zu folgen, dessen Anordnungen nie die Unterschrift zu ver= sagen und über dieses ganze Verhältniß das tiefste Stillschweigen zu beobachten. „Man weiß nicht, was man denken soll", schrieb der Erzherzog, „Sie verstehen mich; jeden Falles kann ich nur die Güte Sr. Majestät des Kaisers preisen, welcher mich nicht nur zum Be= fehlshaber seiner Truppen machte, sondern mir auch die Uniform des Feldzeugmeisters gab." —

Die entscheidende Niederlage der Oesterreicher bei Hohenlinden am 3. December 1800 fiel freilich nicht dem achtzehnjährigen Prinzen zur Last; aber dennoch haftete sie an seinem Namen, weil er Ober= feldherr hieß. Noch im December gab er das kurze Scheincommando ab und kehrte nach Wien zurück. Unmittelbar nach geschlossenem Frieden ward er zum Generaldirector des Genie= und Fortifications= wesens ernannt und bald durch eigene Neigung und äußeren Antrieb dahin geführt, die Aufgabe seiner neuen Stellung fast ausschließlich in der Befestigung der Alpen zu suchen.

Schon während der Waffenstillstandswochen vor der Schlacht von Hohenlinden hatte der Erzherzog zum ersten Mal Tyrol gesehen und der beschneiten Bergspitzen, der weiten Thäler und mächtigen Firner sich jugendlich gefreut. Der Ernst des Augenblickes aber ließ bald andere Seiten Tyrols wie. die seiner großen Natur in den Vorder= grund treten. Schon in jenen Tagen hatte Chasteler, welcher eine Brigade in Tyrol befehligte, den Erzherzog dringend auf die mili= tärische Wichtigkeit Tyrols aufmerksam gemacht; der Wiederanfang des Krieges und die Schlacht bei Hohenlinden hatten indessen den Prinzen damals verhindert, näher auf diese Frage einzugehen. Chasteler aber ruhte nicht; im April 1801 kam er persönlich nach Wien und legte dem neu ernannten Director des Fortificationswesens eine Denk=

schrift vor, in welcher die Gestaltung Tyrols zu einer einzigen großen Citadelle für die österreichische Monarchie warm befürwortet und die Ausführbarkeit des Gedankens durch einen bis ins Einzelne ausgearbeiteten Plan nachgewiesen ward. Mit Begeisterung ergriff der Prinz den ihm nahe gebrachten Gedanken und machte die Verwirklichung desselben zu seiner nächsten eigentlichen Lebensaufgabe. Chasteler selbst verließ zwar Wien und ging auf längeren Urlaub nach seiner belgischen Heimat; die immer neue Anregung seiner Pläne für Tyrol hatte er aber dem Baron v. Hormayr übertragen, der im September 1801 nach Wien kam, eine Anstellung im geheimen Staatsarchiv erhielt und dem Erzherzog sehr warm durch Johannes v. Müller empfohlen war. Bereits im Herbste 1801 erlangte der Erzherzog die Erlaubniß zu einer militärischen Bereisung Tyrols, auf welcher er den viele Jahre später ausgeführten Plan zur Befestigung der Eisack und des oberen Inn entwarf und eine große Zahl militärischer Aufnahmen machen ließ; in den nächstfolgenden Jahren dehnte er die militärischen Vorarbeiten auch auf andere Theile der österreichischen Alpen aus, und 1804 durchforschte er während der vier Sommermonate die Pässe und Gebirge des italienischen Oesterreichs. Viele hervorragende Männer der Alpen kannten ihn persönlich, auf den Scheibenschießen, bei den Volksfesten bewegte er sich unter der Menge; die Begeisterung des kühnen, raschen jungen Kaisersohnes für das Gebirge blieb den Gebirgsbewohnern nicht unbekannt, in Tyrol und Salzburg, in Kärnthen und Steyermark wurde sein Name mit Liebe und Freude genannt. „Alle Schweizer betrachteten ihn", äußerte sich Gentz einmal, „als ihren natürlichen Beschützer." In demselben Grade, in welchem seine auf eigene Anschauung und ernste Studien gegründete Kenntniß der Alpenländer zunahm, wuchs auch seine Liebe für dieselben. „Ich könnte", schrieb er einmal, „den Großherzog von Salzburg beneiden um seine Thäler; Toscana, welches er verlor, ist wohl ein schönes Land und hat gute Menschen, aber hätte ich das Pinzgau und das Zillerthal, so tauschte ich nicht mit Toscana." — Naturwissenschaftliche, geschichtliche und künstlerische Arbeiten nahmen ihn neben den militärischen in Anspruch; er begann zu sammeln, ließ die Archive durchforschen und Abschriften nehmen, ließ, um Zeichnungen und Messungen zu erhalten, begabte junge Männer reisen und traf Vorbereitungen aller Art zu einem umfassenden Werke über die Alpenthäler Oesterreichs und über Charakter, Sitten und Gebräuche ihrer Bewohner.

Während der Erzherzog, sobald er von dem Drucke seiner früheren Aufseher befreit war, sich in frischem Aufschwunge einem geistigen Leben hingab, wurde ihm zugleich das Auge für die Auffassung großer politischer Verhältnisse eröffnet. Als Gentz in den ersten Monaten 1803 nach Wien gekommen war, mußte er auf den Jüngling eine unwiderstehliche Anziehungskraft üben. Zwar konnte dieser nicht wie Gentz Oesterreich und jeden anderen Staat nur als ein Mittel betrachten, um die alte Ordnung Europa's gegen die Revolution und deren nunmehrigen Träger aufrecht zu erhalten; aber die Großartigkeit, mit welcher Gentz die Politik behandelte, sein entschlossener Haß gegen den Besieger Oesterreichs und sein Drängen zum muthigen Auftreten zogen den Jüngling an und hielten ihn fest. Bald fand er sich durchaus unter den politischen Einfluß des überlegenen Mannes gestellt. Am 6. September 1804 hatte Gentz dem Erzherzog ein sehr ausführliches Memoire über die damalige politische Lage der österreichischen Monarchie vorgelegt. Dieses Memoire und die Denkschrift, welche Gentz am 6. Juni über die Nichtanerkennung des Kaisertitels Napoleon's geschrieben hatte, waren es, welche die politische Stellung des Erzherzogs in jener Zeit bestimmten; aber der zweiundzwanzigjährige junge Mann hatte einen großen Zusammenhang politischer Gedanken mit solcher Kraft sich angeeignet, daß er dieselben so frei beherrschte und verwendete, wie wenn sie seine eigene Schöpfung, sein ursprüngliches Eigenthum gewesen wären. In einem Briefe an Johannes v. Müller vom 8. December 1804, der einige Monate zuvor nach Berlin gegangen war, legte der Erzherzog sehr ausführlich seine Ansichten über die politische Aufgabe Oesterreichs dar.

„Ich bin", heißt es in diesem Briefe, „gut deutsch, deutsch mit Leib und Seele und habe seit dem Einfalle der Franzosen in die Schweiz im Jahre 1796 mit großem Schmerze die Fortschritte derselben zu einem Ziele gesehen, welches sich jetzt Allen erkennbar als Universalmonarchie zeigt. Alle Staaten, die Frankreich nahe liegen, zuerst die kleinen, dann auch die größeren, haben dasselbe Schicksal zu erwarten, wenn die unglückselige Unentschlossenheit der europäischen Regierungen nicht aufhört, welche Napoleon bald durch Drohungen, bald durch Verheißungen zu erhalten versteht. Oesterreich, Preußen und Rußland sind, abgesehen von England, die Mächte, welche sich Frankreich entgegenstellen könnten; alle übrigen Staaten des Continents hängen von ihnen ab. Keine dieser drei Mächte ist für sich allein stark genug, um Frankreich wieder auf seine alten Grenzen zurück=

zuzuführen und das Gleichgewicht Europa's herzustellen, ohne welches dauernder Friede unmöglich ist. Dennoch hat jede der drei Mächte während des letzten Jahrzehntes ein politisches System verfolgt, welches dem der Anderen entgegen war; jede ließ über ihr nächstes eigenes Interesse die Sicherheit Europa's außer Acht. Die Uneinigkeit der beiden großen deutschen Monarchien wurde eifrig von Frankreich genährt, denn es wußte wohl, daß Rußland zu entfernt ist, um einen wesentlichen Einfluß üben zu können, so lange Oesterreich und Preußen in Unthätigkeit verharren. Diese beiden großen Nachbarstaaten theilen, indem sich ihre Länder von der Ostsee bis zum adriatischen Meere erstrecken, Europa in zwei Hälften, halten Rußland und Frankreich auseinander und scheinen durch die Natur bestimmt, ein Damm zu sein gegen die Gelüste nach einer Universalmonarchie, welche in Petersburg wie in Paris auftauchen können. Jetzt ist es Frankreich, welches Europa bedroht; aber es könnte die Zeit kommen, in welcher die Gefahr von Rußland ausginge, und dann werden Oesterreich und Preußen die Aufgabe haben, dem ehrgeizigen Streben auch nach dieser Seite hin gemeinschaftlich ein Ziel zu setzen. Oesterreich und Preußen haben einander nöthig; sie beide sind es allein, welche der Welt ihre Ruhe wiedergeben können, und eine offene, rücksichtslose und wahre Vereinigung beider wird von der gegenwärtigen Lage Europa's gefordert. Der eigentliche Grund ihres bisherigen gegenseitigen Mißtrauens war die Sucht, sich zu vergrößern. Die Grundlage jeder Vereinigung der beiden Höfe muß das wechselseitige Versprechen sein, keine neuen Erwerbungen machen zu wollen; Oesterreich zumal bedarf keiner Erweiterung seiner alten Grenzen; es besitzt so viele noch unbenutzte Hülfsquellen, daß es sich neue Provinzen in seinem eigenen Innern erobern kann. Wenn der widerwärtige Argwohn zwischen Wien und Berlin und die niedrige Freude des Einen an den Unfällen des Andern beseitigt werden kann, ist Alles gewonnen. Jetzt gilt es, nur die nächsten großen Aufgaben ins Auge zu fassen: die Befreiung Italiens bis zu den Alpen, die Herstellung Sardiniens, die Unabhängigkeit Hollands und der Schweiz, die Räumung aller deutschen Länder wenigstens bis zum Rhein müssen das wesentliche Ziel der Vereinigung Oesterreichs und Preußens bilden. Wenn Rußland mit Schweden und Dänemark diese Forderungen unterstützt und endlich einmal Alle dasselbe sagen und ihren Worten durch Armeen Nachdruck geben, so wird Frankreich wahrscheinlich sogleich geschmeidig werden, und wenig Blut wird fließen. Wenn es aber nicht nachgeben wollte, nun wohlan, dann muß das Schwert gezogen werden und die Franzosen werden lernen, was die deutsche Nation ist und kann, wenn sie nur will und einig ist. Sobald es die Ehre meiner Nation gilt, werde ich der Erste sein, der vom Kriege spricht. Zeit aber ist nicht zu verlieren, und Verzögerung des Planes gilt dem Aufgeben gleich; denn sollte Preußen vor dessen Verwirklichung mit Frankreich zerfallen, so wird Oesterreich ruhiger Zuschauer des Krieges sein, und ebenso auch umgekehrt. Daß Verhandlungen zwischen den Cabinetten zum Ziele führen werden, ist nicht wahrscheinlich; wohl können einzelne Minister sich inmitten der Politik unseres Jahrhunderts einen geraden, offenen Sinn bewahrt haben; aber im Allgemeinen mißtraue ich diesen Herren und fürchte, daß an ihrem Argwohn und an ihren Mißtrauensartikeln jede wirkliche Vereinigung scheitern wird. Der einzige zum Ziele führende Weg scheint mir in einer persönlichen Annäherung der Souveräne selbst zu liegen. Tag und Nacht beschäftigt mich dieser Gedanke, und ich rede davon, soweit die Vorsicht es erlaubt, aber viele alte Vorurtheile, viele elende Gegengründe sind noch zu überwinden; nur der Gedanke tröstet mich, daß die Höfe endlich mit oder wider Willen durch den Drang der Ereignisse zu einander gebracht werden müssen." „Wie sehr wünschte ich", schloß der Erzherzog seinen Brief, „Sie bald zu sehen und bei dieser Gelegenheit einen König, der allgemein den Ruf der Redlichkeit und Gerechtigkeit hat, und eine Armee kennen zu lernen, die unter dem großen Friedrich an Siege gewöhnt, unser Lehrmeister in der Kriegskunst geworden ist." — „Ich habe gesprochen", schrieb er einige Monate später, „ich habe gebeten und jeden möglichen Schritt gethan, um meinen Ansichten Eingang zu verschaffen; man erkannte die Wahrheit dessen, was ich sagte, an, aber Sie kennen unsere Langsamkeit; es ist zum Verzweifeln, man überlegt und prüft, und ich fürchte, der günstige Augenblick ist schon vorbei. Nirgend sieht man Vorbereitungen; man läßt die Sachen wie in den ruhigsten Zeiten gehen und bereitet dadurch dem Feinde den glücklichsten Erfolg, wenn er den Krieg unerwartet beginnt, und das Alles nur aus der Furcht, Verdacht in Frankreich zu erregen; bald wird man nicht mehr die geringste Veränderung im Innern ohne die Zustimmung Napoleon's zu machen wagen und bringt sich dadurch in Abhängigkeit von einem Staate, dem man die Spitze bieten könnte, wenn Kraft und Festigkeit den Cabinetten der Gegenwart innewohnte. Mich versetzen alle diese Dinge in die düsterste Stimmung; ich sehe eines der schönsten Reiche Europa's untergehen, dessen Fall den der Nachbarreiche nach sich ziehen muß; ich spreche aus, was ich denke, aber Sie kennen Wien und Sie kennen die Abgeschiedenheit meiner Stellung." —

Ein Kreis politisch bedeutender Männer hatte sich während der nächsten Jahre nach dem Lüneviller Frieden in Wien zusammengefunden, welcher für Oesterreich fremdartig und vielleicht nicht unbedenklich, jedenfalls aber für die an der Spitze der Regierung stehenden Minister sehr unbequem war. An politischer Begabung, an politischer Kühnheit und an auswärtigen Verbindungen stand demselben damals kein zweiter in der Residenz gleich; der eigene Bruder des Kaisers gehörte ihm an; er nahm trotz seiner jugendlichen Ungeduld eine durchaus reine und edle Stellung ein, aber den meisten andern hervorragenden Mitgliedern wie Gentz, Faßbender, Armfeldt, Johannes v. Müller fehlte doch der innere Halt und die sittliche Zuverlässigkeit, welche auch dem politischen Gegner Vertrauen hätte abzwingen können; fremde Gesandte, russische Fürstinnen hatten sich angeschlossen, einzelne österreichische Officiere höheren Ranges standen ihm nicht ferne. Unabhängig vom Kaiser bewegte sich der ganze Kreis, und die Minister des Kaisers betrachtete er als Feinde und schätzte sie gering. Sprach doch selbst Erzherzog Johann in einem vertrauten Briefe unbedenklich aus, daß sich Niemand wundern könne, wenn Männer, welche in einer versteckten, argwöhnischen und zweideutigen Politik grau geworden wären, endlich selbst den Charakter ihrer Politik annähmen. Gentz vor Allen kannte keine Rücksicht. Eine furchtbare Erscheinung war mit dem Auftreten Dieses in der österreichischen Hof- und Staatscanzlei aufgegangen. Seine Verbindungen in London und Petersburg gaben ihm eine Machtstellung, die nicht in Oesterreich wurzelte und ihn von Oesterreich unabhängig machte. In Oesterreich sah er damals nur ein Mittel zu europäischen Zwecken und hatte den Willen, es als Mittel rücksichtslos zu gebrauchen; kein Zweifel tauchte darüber in ihm auf, daß sein europäischer Beruf ihn berechtigte, das österreichische Dienstverhältniß außer Acht zu lassen und mit allen ihm zu Gebote stehenden Mitteln an dem Sturze der Minister zu arbeiten, die seinen Plänen entgegenstanden. „Ich weiß sehr wohl", schrieb er 1804 an Müller, „daß, so lange das jetzige Ministerium besteht, an keine große und entscheidende Maßregel zu denken ist; aber die Zeiten können und die Zeiten werden sich ändern." — „Das jetzige Ministerium scheint", schrieb er in demselben Jahre an den Erzherzog Johann, „die Nothwendigkeit schleuniger Hülfe und einer schleunigen Veränderung des

Systems noch nicht einmal zu ahnen; es lebt von Jahr zu Jahr in strafbarer Unthätigkeit fort und überläßt sich, gleich als wenn man Alles gethan und der Staat in Sicherheit wäre, dem Schlummer der Trägheit, giebt diese gewissenlose Gleichgültigkeit noch gar für eine weise und durchdachte Politik, für ein von den Umständen vorgezeichnetes und ihnen angemessenes Verfahren aus und verschreit die, die solchen Wahnsinn nicht theilen, als Phantasten und Friedensstörer." Die Minister, auf welche diese Angriffe gerichtet waren, kannten wohl schwerlich diese einzelnen Aeußerungen, aber gewiß die Stimmung, aus welcher sie hervorgingen, und betrachteten mit Furcht und Argwohn den Kreis, welcher unter den Augen des Kaisers eine Politik verfolgen wollte, die nicht von der Haus-, Hof- und Staatscanzlei vorgeschrieben war. Zunächst strebten sie, den jungen Erzherzog den Einflüssen Müller's zu entziehen; Tag für Tag wurden dem Geschichtsschreiber so viele kleine Widerwärtigkeiten und Hindernisse bereitet, daß er sich im Sommer 1804 entschloß, Wien zu verlassen und nach Berlin zu gehen. „Gewisse Leute verdrehen, mißdeuten Alles", schrieb er von dort aus an Gentz; „Sie wissen, daß ich nicht wider, sondern für die höchsten Interessen des österreichischen Hofes bin und doch werde ich feindlich behandelt; man verbietet auch was ich noch nicht geschrieben habe. Gut, ich werde auf die Ueberzeugung gebracht, daß zwischen Staat und Ministerium ein großer Unterschied ist und man dem Staate oft am besten dient, indem man die Minister bekämpft; sie wollen es nicht anders; so sei es." — Den eigentlichen Feind aber hatten Colloredo, Cobenzl und Collenbach sehr richtig in Gentz erkannt und wollten den Gang der österreichischen Politik nicht durch dessen außerösterreichische Macht bestimmen lassen. Vermittelst des herkömmlichen Dienstganges seiner Meister zu werden, war nicht möglich; seiner Gaben mochte man nicht entbehren, aber mit argwöhnischem Mißtrauen ward er beobachtet und behandelt. Schon bei seiner ersten Ankunft in Wien hat Graf Stadion Gentz vor den Angriffen, die seiner warteten, gewarnt. „Nicht im Anfange Ihres Aufenthaltes wird man", schrieb er ihm, „die Minen gegen Sie springen lassen; Eifersucht und Neid rechnen zu richtig, um ihre Pfeile gegen Sie in einem Zeitpunkte abzuschießen, in welchem die Neuheit Ihres Ruhmes Ihnen noch als Schild dient. Aber später, wenn man sich gewöhnt hat, Sie alle Tage zu sehen, Sie im Hausrocke zu beobachten, und Ihre Stärke und Schwäche kennt, gilt es Acht zu haben und keine Blößen zu geben." — Bald genug war Gentz von Neidern

und Aufmerkern jedes Ranges und Standes umringt, welche dem
Fremdling und Emporkömmling seine Stellung zu untergraben suchten.
Dem Kaiser war schon der Schriftsteller in Gentz unangenehm; das
sybaritische Leben desselben widerte ihn an; lange vermied er es, den
neuen Diener auch nur zu sehen. Die Minister theilten ihm nur mit,
was sie ihm nicht verbergen konnten; von den Verhandlungen in
Petersburg während des Sommers 1804 ward ihm nur die dürftigste
Kenntniß zu Theil; mit Beobachtern war er umstellt, die Briefe, die
er erhielt und absandte, wurden erbrochen. „Vielleicht möchte die
Post", schrieb er einmal an Müller, „nicht immer zu unserer Corre=
spondenz geeignet sein, obgleich mir in vielen Fällen auch gar nichts
daran gelegen sein wird, den hiesigen Beobachtern preiszugeben,
was ich einem Manne von Ihrer Art von Zeit zu Zeit sagen mag;
aber es giebt ja der Privatgelegenheiten genug." —

Gentz war sich der Gefahren seiner Stellung bewußt und sah mit
Hoffnung auf den Erzherzog Johann. „Ach, wenn der Erzherzog frei
oder, besser, wenn er mächtig wäre", schrieb er einmal; aber auch der
Erzherzog ward, weil seine jugendlich frische Kraft den alten Formen=
bau des Reiches zu gefährden schien, mit noch ängstlicherem Argwohn,
als überhaupt in der kaiserlichen Familie Herkommen war, überwacht.
Der General=Geniedirector konnte nicht erwarten, die geforderten Acten=
stücke vom Kriegsarchiv zu erhalten; der Bruder des Kaisers durfte
nicht wagen, Briefe auf die Post zu geben, in denen nicht jeder Aus=
druck überlegt war; er mußte, wenn er seinem Herzen Luft machen
wollte, außerordentliche Gelegenheiten abwarten, und freute sich auf Kotze=
bue's Ankunft in Wien, weil er durch dessen Vermittelung einen Brief
sicher an Müller befördern konnte. Schmerzlich fühlte der Erzherzog
seine Stellung; „dürfte ich sprechen, um zu wirken", schrieb er ein=
mal; „aber Sie kennen Wien, meine Stellung und die Verhältnisse,
in denen ich mich hier befinde". — Mit berechneter Vorsicht hielt er
sich scheinbar von dem politischen Getriebe Wiens zurück und mußte
in List und Verschlossenheit sich üben. „Seit einem Jahre schon habe
ich es mir zur Pflicht gemacht", schrieb er im December 1804, „mich
in mich selbst zurückzuziehen und meine ernste Haltung streng zu be=
wahren. Ich spreche mich über nichts aus, beobachte aber alle Er=
eignisse und alle Schritte, um für alle möglichen Fälle mich vorzu=
bereiten und im Stande zu sein, meinem Herrn und meinem Vater=
lande die reinste Treue und Anhänglichkeit zu beweisen. Jedes Aufsehen
vermeide ich; nur Wenige wissen, wie ich denke und die gegenwärtige

Lage ansehe; man ist zweifelhaft darüber, ob ich Frieden oder Krieg will, ob ich für oder gegen Frankreich bin." —

Ob der politische Kreis, dessen Hoffnung der Erzherzog und dessen Mittelpunkt Gentz war, sich und seine selbstständige Stellung und freie Bewegung dem ängstlich wachenden Mißtrauen des Kaisers und der Minister gegenüber behaupten werde, mußte zweifelhaft erscheinen; wenn es ihm gelang, sich zu erhalten, so war es allerdings sehr wahrscheinlich, daß die Oesterreich angehörenden Mitglieder desselben künftig Aufmerksamkeit und Thätigkeit auch den inneren Verhältnissen ihres Landes zuwenden und den Versuch machen würden, sie durch entschlossenes Eingreifen mit neuem, frischem Leben zu durchdringen, aber damals in den Jahren zwischen dem Lüneviller und dem Preßburger Frieden findet sich nicht die leiseste Andeutung, welche die Absicht oder auch nur die Neigung kund gethan hätte, den inneren Zustand Oesterreichs zu beleben und die politische Ordnung im Ganzen oder im Einzelnen umzugestalten. Der politische Kreis jener bedeutenden Männer konnte, ja mußte vielleicht sich, wenn er fortbestand, zur politischen Partei ausbilden; aber er war noch nicht politische Partei, weil er überhaupt in keiner Beziehung zu dem politischen Leben und zu der Verfassung seines Landes stand, sondern nur das entschlossene Auftreten Oesterreichs gegen Napoleon und die Beseitigung des Ministeriums, weil es dasselbe unmöglich machte, erstrebte.

Der Erreichung auch dieses ausschließlich in den Verhältnissen nach Außen liegenden Zieles standen bedeutende Schwierigkeiten entgegen. Die Mittel, über welche die drei eng verbundenen Minister durch den hergebrachten Dienstmechanismus und das Getriebe des Hof- und Adelslebens geboten, waren sehr groß; schwerer zu überwinden aber als der Widerstand der Minister war die Stellung, welche Erzherzog Carl den zum Kriege drängenden Männern gegenüber einnahm.

Zweites Capitel.
Die Kämpfe der politischen Kreise Wiens im Jahre 1805.

I.
Die Stellung des Cabinets zu Gentz und Erzherzog Carl.

Den rücksichtslosen und herausfordernden Schritten Napoleon's gegenüber, welche sich von Monat zu Monat wiederholten, gelangte weder der Kaiser noch Graf Cobenzl zu einem großen festen Entschluß. Der Wiener Hof ließ sich zaghaft Napoleon's Auftreten als gebietender Herr in der Schweiz, in Italien und auf dem Regensburger Reichsdeputations-Tage gefallen, erkannte den gefährlichen Feind als Kaiser der Franzosen an und zeigte auch nicht von Ferne den männlichen Willen, demselben die Linie zu bestimmen, deren Ueberschreiten die Erklärung des Krieges unvermeidlich nach sich ziehen würde. Eben so wenig aber hatte Graf Cobenzl die Kraft, das kriegerische Andrängen fremder, Napoleon feindlicher Höfe mit der entschiedenen Erklärung zurückzuweisen und bestimmt auszusprechen, daß Oesterreichs Lage ihm einen dauernden Frieden mit Frankreich zur politischen Nothwendigkeit mache.

England hatte den Seekampf gegen Napoleon seit dem Mai 1803 wieder begonnen, Kaiser Alexander sich zuerst fremd, dann feindlich gezeigt und im Spätsommer 1804 den diplomatischen Verkehr mit Frankreich abgebrochen. Von London und vorzüglich von Petersburg aus wurde Oesterreich stärker und stärker gedrängt, sich den kriegerischen Plänen anzuschließen. Graf Cobenzl hatte den Petersburger Hof während eines fast zwanzigjährigen Aufenthalts an demselben, fürchtend verehren gelernt; schwankend, ob Krieg gegen Napoleon oder Zerfall mit Rußland und England größere Schrecken mit sich führe, ging er, um Rußland zum Freund und Napoleon nicht zum Feinde zu haben, auf die Forderungen des russisch-englischen, aber zugleich auch auf die des französischen Hofes ein. Während Graf Philipp Cobenzl, ein naher Verwandter des Ministers, in Paris als österreichischer Gesandte über die Erhaltung des Friedens verhandelte, erhielt Graf Stadion, der seit 1803 Gesandter in Petersburg war, die Weisung, jeder Entfremdung des russischen Hofes durch einiges

Eingehen auf dessen kriegerische Stimmung entgegenzuarbeiten. Graf Stadion faßte, seiner persönlichen Ueberzeugung gemäß, diese Weisung als eine Ermächtigung auf, die engste Verbindung Oesterreichs mit Rußland für den nicht unwahrscheinlichen Fall des Krieges vorzubereiten. Die Folge der von ihm angenommenen Haltung war, daß im November 1804 eine Defensivallianz geschlossen ward. Napoleon gegenüber hielt der österreichische Hof den Vertrag auf das Aeußerste geheim und versäumte keine Gelegenheit, um seine Absicht kundzuthun, den Frieden mit Frankreich unter allen Umständen erhalten zu wollen. Napoleon's Erklärung aber vom 31. December 1804 über die neue Gestaltung der italienischen Republik und seine brutale Behandlung des österreichischen Gesandten ließen keinen Zweifel, daß Oesterreich für Napoleon aufgehört habe, ein selbstständiges Reich zu sein. Zugleich hielt der russische Hof Oesterreich an der energischen Sprache seines Gesandten fest. „So viel ist gewiß", schreibt Gentz, „daß Cobenzl ungefähr zu Anfang Februar 1805 entdeckt haben muß, daß er sich so hineinnegotiirt hatte, daß es ihm schwer sein würde, wieder zurückzugehen." Der Augenblick dieser Entdeckung war der, in welchem Cobenzl anfing, an die Wahrscheinlichkeit eines unvermeidlichen Krieges zu denken. — Dieser Wahrscheinlichkeit gegenüber hielt Graf Cobenzl, um Rußlands Vertrauen nicht zu verlieren, einige Anordnungen im Innern für nöthig, welche darauf hinwiesen, daß Rußland für den Fall eines Krieges in dem österreichischen Hof einen nicht unvorbereiteten Verbündeten finden werde. Da Erzherzog Carl als der entschiedenste Gegner des Krieges bekannt war, so schien seine Entfernung ein sicheres Mittel zu sein, das Vertrauen Rußlands zu gewinnen. Nun ließ sich der Rücktritt des Erzherzogs dem Kaiser als eine politische Nothwendigkeit darstellen, und begierig ergriff Graf Cobenzl diese Gelegenheit, um den Einfluß des gefürchteten und gehaßten Gegners zu beseitigen. „Der Kaiser fühlte längst eine geheime Erbitterung über alle die verwegenen Schritte", bemerkt Gentz, „die Bonaparte sich erlaubte; aber er durfte sie nicht laut werden lassen, weil man ihm immer gleich entgegen rief: ‚keine Armee, kein Geld, kein Credit‘." Der Entschluß, das Kriegsdepartement zu reformiren, zu welchem doch am Ende der Wunsch, Duca bei Seite zu schaffen, das Meiste beigetragen zu haben scheint, war die wohlthätige Krisis, die eine neue Laufbahn eröffnet hat. Schon im Sommer 1804 hatte sich das Gerücht verbreitet, daß der Erzherzog von den Geschäften zurücktreten werde, und Graf Cobenzl sah sich nach einem Mann um,

welcher denselben ersetzen, das Heer rüsten und für den Fall eines
Krieges führen könne. Baron Carl von Mack, damals ein Mann
von zweiundfünfzig Jahren, war ein geborener Franke, von niederer
Herkunft und hatte sich durch persönliche Tapferkeit und ein ungewöhnliches militärisches Organisationstalent von unten an bis zu
den höchsten Graden hinaufgedient; Lascy und Loudon hatten ihn geschätzt, und auch seine Gegner erkannten seine Redlichkeit und Ehrlichkeit,
wie seine Tapferkeit und Begabung an. Aber seine Feldzugsentwürfe
und seine Ausführung derselben waren ohne Ausnahme die Vorboten
schwerer Niederlagen gewesen. 1793 hatte er die geheimen Verhandlungen des Herzogs von Coburg mit Dümouriez geführt, 1794 als
Chef vom Generalstabe des Herzogs den unglücklichen Feldzugsplan
gegen Holland entworfen, 1798 das neapolitanische Heer gegen Rom
geführt, nach dessen Auflösung sich in das französische Lager geflüchtet,
dann der Kriegsgefangenschaft sich in zweideutiger Weise entzogen und
nach Oesterreich zurückbegeben.

Graf Cobenzl sah in ihm einen außerordentlichen, auch den größten
Aufgaben gewachsenen Mann und wußte, daß das britische Ministerium
ihn für den einzigen wirklichen Feldherrn Oesterreichs hielt; im
Februar 1805 trat er in einen geheimen Briefwechsel mit demselben,
und schnell nahmen nun die Dinge ihren weiteren Verlauf. Der
Erzherzog mußte das Präsidium des Hofkriegsrathes niederlegen und
am 27. März zeigte die Wiener Zeitung die eingetretenen Ver-
änderungen mit folgenden Worten an: „Se. Königliche Hoheit, der
Erzherzog Carl, Höchstwelcher seit dem Jahre 1801 mit der edelsten
Aufopferung und dem rastlosesten Eifer neben den so höchst wichtigen
Geschäften eines Kriegs- und Marineministers zugleich auch die unmittelbare Leitung des Hofkriegsrathes auf sich genommen und in
die verschiedenen Verwaltungszweige desselben wesentliche Verbesserungen
gebracht hatten, haben nunmehr Sr. Majestät dem Kaiser zu der unmittelbaren Leitung der eigentlichen Hofkriegsraths-Geschäfte den
Grafen Baillet la Tour vorgeschlagen. Se. Majestät der Kaiser
haben diesen Vorschlag zwar genehmigt, allein zugleich sich fortdauernd
den einsichtsvollen, erleuchteten Rath Sr. Königlichen Hoheit auch in
Beziehung auf die unmittelbare Geschäftsführung des Hofkriegsrathes
vorbehalten." —

Zugleich mit dem Erzherzog sahen sich die hervorragendsten
Männer seiner Umgebung bei Seite geschoben. Nur die subordinirten
Geschäftsführer im Kriegsministerium blieben, und auch den Grafen

Grünne wagte Coblenz nicht dem Erzherzog zu nehmen. Faßbender dagegen ward entfernt, zwar so schonend und in so wenig auffallender Weise, daß selbst in Wien nicht Viele davon erfuhren; aber entfernt war der den Ministern gefährliche Mann dennoch und bewegte sich fortan in einem unruhigen Ruhstand. Der Generalquartiermeister Duca erhielt seinen Aufenthalt in Serbien als Commandant von Temeswar angewiesen, und der in die geheimsten Verhandlungen eingeweihte Obrist Graf Bubna verlor seine Stellung im Kriegsministerium.

Männer, die zum großen Theil als Gegner des Erzherzogs und als Werkzeuge des Grafen Cobenzl bekannt waren, nahmen die erledigten Stellen ein.

Als Präsident des Hofkriegsrathes ward am 9. April 1805 Graf Baillet la Tour, ein alter, hitziger Wallone, eingeführt; er sagte zwar bei Begrüßung des Collegiums, daß es sein höchster Ruhm sein werde, die ganz vollendeten Theile des Werkes, welches der Erzherzog gebaut, immer mehr zu consolidiren und die bereits begonnenen Einleitungen zu vollführen; in Wahrheit aber hatte er nur das Geschäft zu figuriren und zu unterschreiben, denn die wirkliche Vollziehung und die gesammte Besorgung der Geschäfte im Einzelnen leitete der durch kaiserliches Handbillet vom 18. März zum Hofkriegsraths-Vicepräsidenten ernannte Fürst Carl zu Schwarzenberg. Kriegs- und Marineminister war der Erzherzog geblieben, aber Mack trat an Duca's Stelle. Nie hatte der Erzherzog Mack geliebt, nie ihm getraut; als er nun das Präsidium im Hofkriegsrathe verlor und zugleich diesen Mann als Generalquartiermeister zur Seite gesetzt erhielt, war das Uebergewicht des Grafen Cobenzl über den Bruder des Kaisers vorläufig entschieden.

„Die Art", bemerkt Gentz, „wie diese Revolution ausgeführt wurde, war wie Alles, was hier geschieht, ungeschickt, plump, dumm, verkehrt. Es gab auch dabei Symptome genug, die auf großes Unglück deuteten, aber sie ist, so weit als sie reicht, ohne allen Zweifel wohlthätig gewesen. Des Erzherzogs Macht ist beschränkt, und das allein halte ich für ein außerordentliches Glück. Der Erzherzog hat das große und schätzbare Talent, auf dem Schlachtfelde fast immer das Rechte zu treffen; übrigens wird er von den schlechtesten Menschen geleitet und tyrannisirt. Er scheut den Krieg in einem Grade, den man nicht glaublich finden würde, wenn man nicht täglich die stärksten Beweise davon erhielte; er hätte dem Kriege unter allen Umständen widerstrebt, selbst wenn die Franzosen Venedig gefordert und Tyrol genommen hätten. Die Verminderung seiner Macht ist der erste und vielleicht der entscheidendste Gewinn bei der ganzen Veränderung." — Rücksichtsloser noch sprach sich Gentz über die Entfernung des bisherigen Generalquartiermeisters aus. „Die Monarchie ist", schrieb er, „von Duca erlöst, — ein höchst bedeutender Umstand; mit Duca, dem der Erzherzog bis auf den letzten Augenblick die Stange hielt, waren wir ohne Rettung verloren; es übersteigt alle Begriffe, was dieser Bube gethan hat, um die Armee zu desorganisiren." — Auch mit der Wahl der Männer, welche an die Stelle des Erherzogs und dessen Anhänger traten, zeigte sich Gentz zufrieden. „Man muß bei dem Fürsten Schwarzenberg", schrieb er, „Charakter und Ideengröße und Kühnheit und Unternehmungsgeist nicht suchen; aber unendliche Thätigkeit, Gewissenhaftigkeit, Rechtlichkeit und ein gewisses, wenngleich nur gemeines, doch festes und sicheres Ehrgefühl darf Niemand ihm absprechen." — Höher schlug Gentz die Bedeutung des neuen Generalquartiermeisters an. „Mack ist", schrieb er, „kein großer Mann, wie Viele irrig glauben, aber er besitzt ausnehmende Talente zur Organisation, einen sehr richtigen Blick, Ordnung und Methode in Behandlung großer Geschäfte und rastlose Thätigkeit. Da wo er jetzt steht, ist er der Erste nicht bloß in Oesterreich, sondern, wie ich glaube, überall; als Generalquartiermeister thut er es Jedem zuvor, nur bewahre der Himmel, daß er je weiter gehe; jetzt hat er offenbar das Heft in Händen und wird es, da er äußerst vorsichtig zu Werke geht und mit dem Kaiser und allen Ministern gut steht, wahrscheinlich lange behalten." —

Die militärische Stellung und Wirksamkeit des Erzherzogs war gebrochen; er mußte sein kaum begonnenes Werk aufgeben, und die Aussicht war verschwunden, daß sich um ihn eine politische Partei bilden und die Erneuerung des militärischen und dann auch des allgemeinen politischen Lebens als Ziel verfolgen werde. Von dem Versuche aber, seiner Ueberzeugung, daß Oesterreichs Fortbestand von der Erhaltung des Friedens abhängig sei, Geltung zu verschaffen, ließ der Erzherzog auch jetzt nicht ab. Mündlich und schriftlich stellte er dem Kaiser die Unmöglichkeit des Krieges bei jeder Gelegenheit dar und stand mit seinen Ansichten keineswegs allein in Wien.

Wie zu allen Zeiten, in denen eine schwache, unentschlossene Regierung zwischen Krieg und Frieden eine Wahl zu treffen hat, erfüllte bange Sorge damals auch in Oesterreich viele Gemüther. Unter den bedeutenderen Generalen war außer Meerveldt kaum Einer, welcher den Ausbruch des Krieges nicht als ein großes Unglück betrachtet hätte; Fürst Carl Schwarzenberg, Fürst Johann Lichtenstein wollten entschieden den Frieden, und Mack erklärte, wenn man nur einige Sicherheit erhalte, daß Napoleon nicht Alles fordern werde, müsse man den gegenwärtigen Zustand ertragen. Am Hofe, in den Kreisen des großen Adels ging das Leben, wie wenn Nichts sich vorbereite, seinen hergebrachten Gang; die nächste Jagd und die Vorzüge eines neuen Pferdes waren für die täglich sich wiederholende Unterhaltung Gegenstände von gleicher Wichtigkeit wie der schlechte Stand der Finanzen und die Hungersnoth in Böhmen. Die arbeitenden Classen waren gedrückt durch die Folgen der Mißernbte des Jahres 1804; der Kornmangel, der sich in ganz Deutschland zeigte, traf die österreichischen Länder am schwersten; in den gebirgigen Theilen Böhmens litten die Spinner und Weber wirkliche Hungersnoth; an manchen Orten, und im Juli 1805 auch in Wien, vor Allem in der Vorstadt Mariahilf, konnten wilde Zusammenrottungen nur mit gewaffneter Hand und nicht ohne Blut zu vergießen bezwungen werden. Ein Krieg, welcher Störungen des Verkehrs, große Aufkäufe für das Heer und neue Abgaben zur Folge haben mußte, erschien den mit der Noth des Tages kämpfenden Menschen als ein Schreckensbild, welches sie mit Furcht und Zagen erfüllte.

Die inneren Verhältnisse Oesterreichs und seine gefahrvolle europäische Lage hätten auch einer kraftvolleren Regierung als das damalige Wiener Cabinet die Zulässigkeit eines Krieges gegen Napoleon zweifelhaft machen können, und Graf Cobenzl wollte sich in keinem Falle die Möglichkeit, den Kampf zu vermeiden, abschneiden; bis Ende August sprach er in allen Noten, welche er in Paris überreichen ließ, die Erhaltung des Friedens als den einzigen und festen Willen des Wiener Hofes aus; „aber man rechnet", bemerkte später Gentz, „bei Raisonnements über das System und die Maßregeln der Cabinette immer viel zu wenig auf den überwiegenden und entscheidenden Einfluß, den der persönliche Wille des Fürsten, selbst des schwächsten, auf den Gang der Angelegenheiten hat". Kaum war Mack vier Wochen in Wien, als der Kaiser die Möglichkeit, eine disponible Armee zu besitzen, zu fühlen anfing, und kaum hatte Mack zwei oder drei Monate im Stillen und mit äußerster Behutsamkeit und merkwürdiger Klugheit operirt, als dem Kaiser der Muth wuchs. Die Gegner der Energie bemerkten die von Tage zu Tage steigende Veränderung, und da sie Hofmänner waren und ihre Stellen lieb hatten, so erkannten sie bei Zeiten, daß nun weiter nichts übrig blieb, als in die Wünsche des Kaisers einzustimmen.

Die Anstrengungen des Erzherzogs Carl, den Frieden zu erhalten, wurden von Woche zu Woche erfolgloser; um seinem unbequemen Einflusse auch durch die Mittel der höhern Polizei entgegentreten zu können, war an die Stelle des früheren ihm ergebenen Polizeichefs der Residenz, Hofrath Ley, schon im März ein entschiedener Gegner desselben, Staatsrath Stahl, gesetzt; seit dem Juni legte der Kaiser die Denkschriften seines Bruders kalt bei Seite und gab auf dessen mündliche Auseinandersetzungen keine Antwort. Zugleich hatte das ungestüme Andringen Rußlands den Grafen Cobenzl von einem Schritte zum andern geführt. Als in der ersten Hälfte des April der russische Gesandte kräftige Waffenrüstungen verlangte, erhielt Mack den Befehl, das Heer möglichst schnell in Kriegsbereitschaft zu setzen. Mit größtem Eifer und, wie auch seine Gegner zugestanden, mit bewundernswürdigem Geschick führte Mack diesen Befehl aus. „Man könnte", schrieb zwar mit giftigem Hohne Heinrich von Bülow, „Vieles sagen von der Vortrefflichkeit der österreichischen Armee, wie sie so regenerirt sei; ganz neu geborene Kaskets, neuverzinnte Pfannen, nächtliche Märsche, gewaltige Gewaltmärsche und vieles Andere, woraus man den künftigen Sieg voraussehen könnte." — Gewiß indessen blieb es, daß Mack dem Kaiser schon im Mai ein äußerlich kriegstüchtiges Heer zur Verfügung stellte. Kaiser Alexander aber begnügte sich mit diesen Kriegsvorbereitungen Oesterreichs nicht, sondern begehrte feste, bindende Zusagen. In der zweiten Hälfte des Mai langte als sein Bevollmächtigter Herr von Wintzingerode in Wien an und trug eine Haltung geflissentlich zur Schau, welche in den diplomatischen Kreisen die Ansicht erwecken mußte, daß zwischen dem Petersburger und dem Wiener Hofe bereits volles Einverständniß herrsche und es sich nur noch um die formelle Abschließung des Allianzvertrages handele. Graf Cobenzl blieb diesem Auftreten des russischen Bevollmächtigten gegenüber nur die Wahl zwischen einem entschiedenen Bruch mit Rußland oder einem entschiedenen Eingehen auf dessen kriegerische Wünsche. Bestürzt über die am 4. Juni ausgesprochene rücksichtslose Vereinigung Genua's mit Frankreich wagte der Wiener Hof nicht, sich Rußland zu entfremden. Colloredo, Cobenzl und Mack traten täglich zu Conferenzen mit Wintzingerode zusammen, theilten ihm die neue Einrichtung und Vertheilung der Armee mit und machten aus dieser Vertraulichkeit kein Geheimniß. Weiter und weiter wurden sie durch diese nahe Verbin=

dung in die Kriegspläne Rußlands hineingezogen, bis endlich das Protokoll der Conferenz vom 16. Juli die Stärke der beiderseitigen Heere und den Zeitpunkt, in welchem die Feindseligkeiten beginnen sollten, in förmlicher Weise festsetzte. Während Oesterreich nun auch in Verhandlungen mit England trat und am 9. August seinen Beitritt zu dem am 11. April zwischen Rußland und England geschlossenen Bund gegen Napoleon aussprach, beobachtete es zugleich in dem völkerrechtlichen Verkehr mit Frankreich eine Haltung, aus welcher die sichere Zuversicht der Fortdauer des Friedens geschlossen werden mußte. Auf eine herausfordernde Note Talleyrand's vom 24. Juli gab Graf Cobenzl noch am 5. August eine Antwort, in welcher auch die leiseste Andeutung auf die Möglichkeit eines Krieges fehlte. Als aber Napoleon's Antwort vom 13. und 15. August nur die Wahl zwischen Krieg gegen ihn oder offenem Bruch mit Rußland und England ließ, erschien am 28. August in Wien die Verordnung, welche das ganze Heer auf den Kriegsfuß setzte. Die Verordnung in der Hand, begab sich Herr von Rochefoucauld zum Grafen Cobenzl und eröffnete die Unterredung mit den Worten: „Vous voulez donc la guerre; eh bien vous l'aurez"; am 14. September forderte er seine Pässe: der Krieg war entschieden.

Als nächste Folge der langen zwischen Krieg und Frieden unentschlossen schwankenden Haltung des Ministeriums zeigte sich die Thatsache, daß der Kaiser, als der Feldzug eröffnet werden sollte, weder der nöthigen Geldkräfte sicher, noch über die Wahl des Feldherrn entschieden war. Oesterreich konnte ohne englische Subsidien keinen Krieg führen, England aber war bereits seit 1803 wieder in offenem Kampfe mit Napoleon, und Graf Cobenzl glaubte daher, um Napoleon nicht zu reizen, jede unmittelbare Verhandlung mit dem britischen Hofe, so lange der Friede nicht unmöglich geworden war, vermeiden zu müssen; die Subsidienfrage ward nicht erledigt, und in dem Augenblicke, in welchem der Feldzug eröffnet werden sollte, war Cobenzl genöthigt, dem englischen Gesandten Sir Arthur Paget die demüthigende Erklärung abzugeben, daß der Kaiser sich ganz auf die Großmuth des Königs von Großbritannien verlassen müsse. Gefahrvoller noch als die finanzielle Abhängigkeit von dem guten Willen der Verbündeten war die Thatsache, daß im Angesichte des furchtbaren Feindes die Wahl des Feldherrn, welcher ihm entgegentreten sollte, den Stimmungen und Einflüssen des Augenblickes anheimfiel. „Es ist klar", meinte Gentz, „daß man weder dem Erzherzog Johann, noch dem jungen Erzherzog Ferdinand, noch Meervelbt und den wenigen anderen besseren Generalen den gehörigen Spielraum lassen wird." Im Juli hatte Wintzingerode begehrt und Graf Cobenzl zugestanden, daß Erzherzog Carl den Oberbefehl in Deutschland führen solle; allgemein aber war damals angenommen, daß der entscheidende Krieg nicht in Deutschland, sondern in Italien, wo Mack commandiren sollte, geführt werden würde. Anfang September aber konnte darüber kein Zweifel sein, daß Napoleon den Hauptangriff auf die Armee in Deutschland richten werde, und nun suchten mächtige Einflüsse den Erzherzog von dem Befehl derselben zu entfernen. England hatte tiefes Mißtrauen gegen ihn und forderte an seiner Stelle Mack; Kaiser Franz hoffte, wie man behauptete, auf einen schnellen und nicht schweren Sieg, dessen Ruhm er dem Bruder nicht zuwenden wollte; Cobenzl, Colloredo und Collenbach fürchteten in dem Erzherzog, der sie haßte und verachtete, einen Feind, dem gegenüber sie, wenn er den Krieg siegreich beendigte, sich nicht auf ihrer Stelle würden behaupten können, und wünschten Mack, der von ihnen abhängig war. Mancher Widerstand war zwar zu überwinden; Erzherzog Johann achtete ihn gering; von der Abneigung des Erzherzogs Carl gegen ihn sprachen die Depeschen des englischen Gesandten wie von einer allbekannten Thatsache; auch Gentz äußerte große Bedenken. „Mack hat Wunderdinge gethan in seiner Sphäre", schrieb er; „eine Armee zu bilden, mit Ordnung und Methode zu einem Feldzuge Vorbereitungen zu machen, gute Pläne zu entwerfen, das versteht er wie vielleicht jetzt Keiner in Europa; aber ausführen kann und weiß er nicht." — Der Kaiser aber ernannte dennoch Mack in den ersten Tagen des September zum Generalquartiermeister des Heeres in Deutschland und verpflichtete den Erzherzog Ferdinand, welcher den Namen eines Oberbefehlshabers erhielt, zum unbedingten Gehorsam gegen die Befehle des Generalquartiermeisters.

Erzherzog Carl war in dem Kampfe mit dem Ministerium vollständig unterlegen, darüber konnte Niemand im Zweifel sein. Die Gegner des Grafen Cobenzl, welche den entschlossenen Frieden wollten, waren überwältigt; aber die Gegner, welche den entschlossenen Krieg begehrten, waren geblieben und waren ihm nicht weniger unbequem und gefährlich.

Während des Sommers 1805, in welchem Oesterreich wie ein Schiff ohne Steuermann dem Kriege, den es vermeiden wollte, unaufhaltsam zutrieb, hatte Gentz sich dem Ministerium nicht genähert;

er war über den Gang der Verhandlungen mit Rußland und England sehr unvollkommen unterrichtet worden und betrachtete die sich widersprechenden Schritte, welche die österreichische Regierung in Paris und Petersburg that, nur als Zeichen ihrer unfähigen Schwäche und als Versuch, mit Kaiser Napoleon den Frieden zu erhalten, ohne mit Kaiser Alexander zu zerfallen. „Alles, was seit dem Frühjahr hier geschieht", schrieb er Mitte Juni in einer ohne Zweifel für das englische Ministerium bestimmten Denkschrift, „deutet darauf hin, daß wir in zwei Monaten Krieg haben werden; aber Niemand, der die Zusammensetzung und Haltung des österreichischen Cabinets während der letzten vier Jahre beobachtet hat, wird seinen Unglauben aufgeben können, bevor entscheidende Thatsachen ihn nöthigen. — Die Minister wollen den Frieden, und wenn sie dennoch in Petersburg eine kriegerische Sprache führen, so hoffen sie entweder, falls es zum Kriege zwischen Rußland und Frankreich kommt, sich unter irgend einem Vorwande aus der Affaire ziehen zu können, oder sie stehen schon jetzt in geheimem Einverständnisse mit Napoleon und haben dem Feinde Europa's zugesagt, ihn nicht anzugreifen." Die erste Annahme werde, meinte er, glaublich durch die Kurzsichtigkeit des Kaisers, die Beschränktheit Colloredo's und den grenzenlosen Leichtsinn Cobenzl's; aber auch für die zweite schienen, so scandalös sie sei, Gründe zu sprechen, die er nicht zu beseitigen wisse. — „Die neuesten Attentate haben", schrieb er vierzehn Tage später, „stark auf den Kaiser gewirkt, das läßt sich nicht leugnen; nichtsdestoweniger versteht er sich gewiß nur dann zum Kriege, wenn er sieht, daß jeder Rückweg ihm abgeschnitten ist; meint doch selbst Mack, dessen politische Unwissenheit wirklich anstößig ist, es habe sich seit dem Lüneviller Frieden nicht viel Wesentliches geändert. Graf Cobenzl tritt allerdings seit einiger Zeit etwas anders auf, ja selbst der elende Collenbach spricht vom Widerstande; doch dieses beweist meines Erachtens gar nichts. Denn für's Erste weiß Niemand, ob nicht Alles Comödie ist, und dann muß man bedenken, daß gewisse Leute immer zum höchsten Augenmerk haben, ihre Stellen zu behalten. Sobald sie also glauben, das Ensemble der Umstände sei so angethan, daß man sich zum Kriege neigen müsse, so werden sie endlich selbst muthig aus Feigheit."

Als Gentz in den ersten Tagen des August den britischen Ministern und dem Könige von Schweden seinen Argwohn auf das Neue mitgetheilt hatte, fühlte er selbst, wie er an Johannes v. Müller schrieb, das Bedenkliche der Verantwortung, sein Gutachten über die kritische Lage der Dinge abzugeben; „aber ich wankte nicht", fügte er hinzu, „ich erklärte allenthalben: glaubt an keinen Krieg, le tout est une farce indigne. Dahin und dorthin schrieb ich: Seht Euch vor, mit wem Ihr Euch einlaßt, trauet nicht einem trügerischen Schein von Besserung, sie sind die Alten; mit diesen kann und wird kein großes Geschäft im Cabinete oder im Felde gedeihen; ihre Zurückweisung ist die conditio sine qua non der Rettung Europa's."

Gentz erfuhr nicht, daß Graf Stadion in Petersburg den Befehl erhalten hatte, Oesterreichs Beitritt zum Concertvertrage zu unterzeichnen; aber die fast gleichzeitige, nur Friede und Freundschaft athmende Declaration, welche der Wiener Hof an Talleyrand übergeben ließ, ward ihm sogleich bekannt. „Seit meinem letzten Briefe", schrieb er darauf am 12. August an v. Müller, „nahmen die Kriegsrüstungen hier von Tage zu Tage zu, und als mein Unglaube immer derselbe blieb, so fand ich mich zuletzt in einer Art von beständigem Kriege mit allen meinen Bekannten. Man setzte mir von Zeit zu Zeit dergestalt zu, mich zu ergeben, daß ich vielleicht wankend geworden sein würde, wenn ich je meinem ewigen Princip, immer weit mehr die Menschen als die Maßregeln im Auge zu behalten, untreu werden könnte. Gestern ward ich belohnt, auf eine höchst bittere Weise freilich, denn Gott weiß, wie gerne ich diesen großen Triumph meiner Eigenliebe entbehrt hätte. Der hiesige Hof hat soeben eine Declaration ergehen lassen, die so, wie sie lautet, selbst mir, und das ist Alles gesagt, unerwartet ist. Und dieses gottlose, dieses unerhörte Actenstück erscheint in einem Moment, wo wir 160000 Mann auf den Beinen haben, Napoleon kaum die Hälfte in Italien hat, unsere Armee vom besten Geiste beseelt ist, kurz solche Conjuncturen vorhanden sind, wie sie sich vielleicht nie wieder darbieten. Ein so verworfenes Ministerium hat die Sonne noch nie beschienen. Alles Gefühl von Pflicht und Scham ist in diesen thierischen Gemüthern erstickt; sie athmen nur für Niederträchtigkeit und schwitzen nichts als Schande aus. Jetzt ist natürlich für Herbst und Winter von Krieg nicht weiter die Rede. Mein einziger Trost bei diesen traurigen Verhältnissen ist der, daß die nun bald für alle Kinderköpfe klar zu machende Kraftlosigkeit und Abgeschmacktheit einer ausschließenden Unterhandlung mit Rußland den Weg zur Allianz mit Preußen, als den einzigen zu Heil und Rettung, etwas mehr ebnen wird. Diese Allianz wird im Lande immer mehr populär; aber das Ministerium wird sich ihr bis auf das Letzte widersetzen. Immerhin, so lange dies Ministerium nicht mit Stumpf und Stiel ausgerottet ist, kann doch nichts Gutes geschehen; ich aber hoffe, que l'hiver les emportera." — Noch am Tage vor Erscheinen der Verordnung, welche das ganze österreichische Heer auf den Kriegsfuß setzte, hielt Gentz seine Ansicht fest. „Seit meinem letzten Briefe haben sich", schrieb er am 27. August, „die Dinge um mich her noch mehr entwickelt; es ist allerdings nicht leicht zu sagen, was aus unseren ungeheueren Rüstungen eigentlich werden soll. Das Wahrscheinlichste ist mir immer, daß eine Art bewaffneter Mediation im Schilde geführt wird, irgend ein Scheingepränge von Congreß, wo Bonaparte über einige Nebensachen nachgeben und einige illusorische Vortheile bewilligen möchte. Alsdann wird es heißen: das und das haben unsere Rüstungen bewirkt; man wird dem Kaiser einreden, die Ausgaben seien reichlich vergütet, und das Publikum wird sich nur zu bereitwillig überreden lassen, daß viele Weisheit in dem ganzen Unternehmen gewaltet habe. Uebrigens wünsche ich von Herzen, mich in meinen Berechnungen nicht geirrt zu haben, denn von dem Kriege, den Rußland und Oesterreich jetzt führen könnten, verspreche ich mir nichts. Ohne Preußen kann nun einmal nichts Rechtschaffenes gegen Frankreich ausgeführt werden. Wie es aber in Wien steht, wissen Sie; unser Cabinet kennen Sie; was ein Colloredo, ein Cobenzl, ein Collenbach vermag, ist Ihnen bekannt. Ich leugne nicht, daß mich jetzt in mehr als einer unmuthigen Stunde der Wunsch, an dem ganzen Gaukelspiel keinen weiteren und unmittelbaren Antheil zu nehmen, und eine Art von Reue, daß ich die besten Jahre meines Lebens damit zubrachte, anwandelt." —

Erzherzog Johann hatte die für Oesterreich bedeutende Zeit von Mitte März bis Ende August in größter Zurückgezogenheit verlebt, aber er bereitete sich, umgeben von einigen guten Freunden, wie er selbst sie nannte, auf die Zukunft vor. „Ich will nicht", schrieb er, „mit in einander geschlagenen Armen zusehen müssen, wenn der Augenblick zum Handeln kommen sollte, sondern will im Stande sein, meinem Kaiser und dem Staate solche Dienste zu leisten, wie ich es schon lange gewünscht." — Im Frühjahr hatte er jede Hoffnung aufgegeben gehabt, diese Faulthiere, wie er die Minister einmal nannte, jemals in Bewegung gesetzt zu sehen; als aber dennoch die Anzeichen eines nahen Krieges sich mehrten, fühlte auch er die ganze Bedeutung eines Kampfes, welcher unter den gegebenen Verhältnissen begonnen werden sollte. „Es wird", schrieb er am 1. August, „nicht wegen Provinzen, sondern wegen der künftigen Existenz gekämpft werden; kämpfen werden wir gut, allein die Kräfte erschöpfen sich durch die Dauer und wer es am längsten aushält, der bleibt der Sieger. Für wen ist die Wahrscheinlichkeit? Für Oesterreich allein gegen Frankreich doch nicht. Fällt aber Oesterreich, so fällt der beste Gegner, und ich versichere Sie, dem Untergange des Vaterlandes zuzusehen, gehört eine große Portion Gleichgültigkeit; für mich bleibt nichts, als entweder dieser Staat behält seine Festigkeit, oder wenn er in Trümmern geht, so überlebe ich dieses nicht." — Achtung und Vertrauen konnte der Erzherzog so wenig wie Gentz zu dem Cabinete fassen, aber dem Getriebe der politischen Kreise Wiens, die sich wechselseitig so viel wie möglich zu schaden suchten, wollte er dennoch ferne bleiben. „Meinerseits können Sie versichert sein", äußerte er sich, „daß mich keine Partei, keine Intrigue je in das Spiel ziehen wird. Stets habe ich nur einen Zweck, auf diesen gründet sich mein gemachter Lebensplan, nämlich für den Staat und meinen Fürsten ganz zu sein, zu leben und zu sterben, und wie könnte ich dieses befolgen, wenn ich jemals mich zu einer Partei schlüge? Ich kenne keine andere als die des Fürsten, für die anderen bin ich taub; entstehen aber solche, so trachte ich zu beruhigen und auszugleichen." — Der Erzherzog stand in dem Wahne, durch seine Zurückgezogenheit und Vorsicht der öffentlichen Aufmerksamkeit entgehen zu können, aber wider Wissen und Willen wurde der muthige, strebende Kaisersohn ein Mittelpunkt für Alle, welche die Hoffnung noch nicht aufgegeben hatten. „Von brauchbaren und großer Dinge fähigen Prinzen kenne ich nur", schrieb Armfeldt, „den Prinzen Louis von Preußen, den Erzherzog Johann und den Herzog von Cambridge." — „Ein vortrefflicher Jüngling", rief Gentz aus, als er den Erzherzog in einem Briefe an Müller erwähnt, „ein vortrefflicher Jüngling, über dessen Entwickelung Sie erstaunen würden, denn er verändert sich von vier zu vier Wochen, so daß selbst seine Bewunderer immer auf das Neue erstaunen." — „Gott sei mit Johann", antwortete Müller; „nur Spielraum und treue Gehülfen! in seinem Geiste liegt viel, und er ist innerlich und äußerlich gesund; möge er Vertrauen fassen in sich und seine königliche Seele ergießen, ohne Rückhalt, auf das Heer." —

Aber nicht allein die Freunde, sondern auch die Gegner wurden aufmerksam auf den jungen Prinzen, der schwerlich in vertrauten Gesprächen verschwiegen haben wird, was er in vertrauten Briefen zu sagen sich nicht scheute. Zwar erklärte er, in die Geheimnisse der Politik nicht eingeweiht zu sein, und hielt sich, um ruhig und allein zu leben, fast immer im Tyroler Hause des Schönbrunner Gartens auf; aber er sagt doch auch), daß es ihm nicht an Gelegenheit fehle, zu Zeiten Menschen zu sehen und über Politik zu reden, und erzählt von seinen Anstrengungen, der eigenen Ansicht Geltung zu verschaffen. Auch der Eifer, mit welchem Gentz die bedeutenden Eigenschaften des Prinzen überall hervorhob, mußte die Aufmerksamkeit auf denselben lenken. „Ihn und seines Gleichen an die Macht zu bringen", schrieb Gentz selbst einmal, „das ist eigentlich für uns die wesentliche Aufgabe; durch meine unermüdeten Lobreden habe ich doch schon Viele gewonnen." — Graf Cobenzl konnte eine solche Stellung des Prinzen nicht ohne Argwohn ansehen und scheint auch ihm den Rücktritt aus seiner militärischen Stellung nahe gelegt zu haben. „Daß ich mich aus der Dienstleistung zurückziehe, geschieht nimmermehr", schrieb dieser darüber an Müller; „alle Unbilden, selbst Kränkungen können mir zugefügt werden; allein sie sind fruchtlos, denn wankend werden sie mich nie machen, ich denke, Alles was mir Unangenehmes geschieht, kommt von einzelnen Menschen, nicht vom Vaterlande; warum sollte ich aber, indem ich abtrete und dadurch meine Dienste entziehe, in diesem, welches nichts dafür kann, mich regressiren?" —

Auch Erzherzog Johann, Gentz und der sich ihnen anschließende Kreis konnten, als in den letzten Tagen des August die ganze österreichische Armee auf den Kriegsfuß gesetzt war, nicht länger in Zweifel über das, was unmittelbar bevorstand, sein. „Der hartnäckigste Unglaube muß endlich weichen", schrieb Gentz am 6. September, „der Krieg bricht an, ich schäme mich meiner bisherigen Zweifel nicht, die ich mit den Weisesten und Scharfsichtigsten des Landes theilte." Aber auch jetzt blickte Gentz nicht ohne bange Sorge in die nächste Zukunft. „Ob das gegenwärtige Verhältniß", schrieb er am 18. September, „zu unserem Heil oder zu unserem Verderben herbeigeführt ist, wird uns nächstens gelehrt werden. Die Aspecten gefallen mir nicht; es ist ein Traum, was seit zwei Monaten geschah; fürchterlich wäre es, wenn es nur ein Traum gewesen sein sollte." — Selbst im Angesichte des ausbrechenden großen Krieges trug er kein Bedenken, die englische Regierung immer wieder vor der Unfähigkeit und Unzuverlässigkeit des österreichischen Cabinets zu warnen, ohne dessen Umsturz jeder Versuch, die Fesseln Europa's zu zerschlagen, vergeblich sein würde. „Sie lassen", heißt es in einem an Pitt persönlich gerichteten Briefe, „den Continentalkrieg beginnen, ohne das österreichische Ministerium geändert und ohne Preußen gewonnen zu haben. Bald werden Sie diese beiden großen Fehler bereuen. Sie glauben, daß die Russen für

Alles entschädigen werden; noch vor dem Monat Februar werde ich mir die Freiheit nehmen, Ihre Rechnung zu berichtigen. Der Krieg kann nicht glücklich sein; das Gebäude ist in seinem Fundamente schlecht, es bricht zusammen, die ganze Macht Gottes könnte es nicht halten." —

Graf Cobenzl kannte seine Gegner; er fürchtete vor Allem die Anwesenheit der erzherzoglichen Brüder in Wien und setzte, um sie zu entfernen, wie Erzherzog Johann selbst später schrieb, die Absendung derselben zu den verschiedenen Heeren durch. Erzherzog Carl sollte in Italien den Befehl führen, Erzherzog Johann in Tyrol die Milizen kriegsfähig machen. „Erzherzog Johann ging von hier ab", schrieb Gentz, „voll großer und wahrhaft königlicher Vorsätze und Gesinnungen; so fest, so klar, so besonnen, so ganz auf der Höhe des gegenwärtigen Moments, daß ich ihn nicht genug habe bewundern können. Als er in Tyrol anlangte, wurde er ohne Vollmachten gelassen." — „Ungeachtet meiner dringenden Bitten, Briefe und Beschwerden", schreibt er selbst, „erhielt ich sie erst dann, als der Feind vor Ulm stand. Vorrathshäuser waren nicht angelegt; ich bat den nöthigen Unterhalt aus Baiern ziehen zu dürfen, aber ich bekam keine Antwort."

Anfang September stand die italienische Armee an der Etsch unter dem Erzherzog Carl; das zweite Heer rückte unter Erzherzog Ferdinand und Mack über den Inn in Baiern ein; in Tyrol befehligte Erzherzog Johann. Oesterreich ging in den Krieg, aber es ging, nach Niebuhr's Ausdruck, wie eine Braut, die gezwungen, mit Thränen in den Augen zum Altar tritt. Die Russen waren noch in weiter Ferne, und Napoleon rückte mit Blitzesschnelle heran.

II.

Die Zersetzung der politischen Kreise Wiens während des Krieges.

Die Regierung, unter welche Oesterreich sich Napoleon gegenüber gestellt sah, hatte weder den Frieden noch den Krieg wirklich gewollt; sie war mit dem Erzherzog Carl zerfallen, weil er einen entschlossenen Frieden, und mit Gentz, weil er einen entschlossenen Krieg verlangte. Während Oesterreich des höchsten kriegerischen Aufschwunges bedurfte, drückte der einzige Feldherr, den es besaß, durch seine Hoffnungslosigkeit die Stimmung des Heeres nieder; während Oesterreich des vollsten

Vertrauens Europa's bedurfte, suchte Gentz die befreundeten Höfe zu überzeugen, daß ein Cabinet wie das Wiener durch Unfähigkeit, Nullität und Infamie nothwendig den Untergang der gemeinschaftlichen Sache herbeiführen müsse. Oesterreich hatte dem Frieden zögernd entsagt, weil Rußland Napoleon bekriegen wollte, aber nicht Rußland, sondern Oesterreich eröffnete den Feldzug, und mehrere Monate vergingen, bevor die russischen Truppen die Grenzen Oesterreichs erreichten. Preußens Theilnahme am Kriege war als nothwendig vorausgesetzt, aber durch Drohungen widersinnigen Zwanges fast unmöglich gemacht; Napoleon führte das feindliche Heer, und der Wiener Hof stellte Mack ihm gegenüber. Nur das Zusammenwirken aller dieser Widersprüche machte es möglich, daß der Krieg von 1805 seinen unheilvollen Verlauf nahm. Die Armee in Deutschland ward im October unter Mack bei Ulm vernichtet, Erzherzog Johann mußte Tyrol, Erzherzog Carl Italien preisgeben; die russische Armee ward am 2. December bei Austerlitz völlig geschlagen und Oesterreich mußte sich einige Wochen nach eröffnetem Feldzuge Napoleon auf Gnade und Ungnade ergeben.

Das Außerordentliche des Unglücks rief weder im Volke, noch in der Regierung eine großartige Gegenwirkung hervor; nirgends zeigte sich eine entschlossene Erhebung, nirgends ein gewaltsames Zusammenraffen; nicht einmal Ausbrüche der Verzweiflung sind bekannt geworden. Allgemeine Betäubung folgte auf den entsetzlichen Schlag; wie ein unabwendbares, im Voraus bestimmtes Geschick wurden seine Folgen hingenommen. „Jetzt in dieser entscheidenden Krisis wird es recht klar", schrieb Gentz am 3. November aus Wien, „daß es diesem Staate an Männern fehlt. Von der Stimmung, die hier herrscht, können Sie sich einen Begriff machen, denn Sie wohnten ja ähnlichen Stürmen 1797 und 1800 bei. Aber dieses Mal ist es fürchterlicher, weil doch am Ende mehr Grund zum Verzagen existirt. Denn gegen das einfache Raisonnement, daß, wenn mit solchen Kräften und mit solchen Aussichten, wie wir dieses Mal zu dem Unternehmen brachten, nichts als Schmach und Verderben mehr zu holen war, nun auch gar keine Hoffnung mehr genährt werden darf, gegen dieses Raisonnement kann ich selbst nicht viel aufbringen." — „Der Pöbel hier", schrieb er um dieselbe Zeit, „ich meine dieses Mal den hohen Adel und die Minister, sieht nun bloß die nächste Zukunft; diese ist mir vollkommen gleichgültig; mag uns doch der Teufel holen, wenn wir nicht mehr verdienen zu leben. Das soeben Vergangene, das einzig Schreckliche, fühlen sie kaum, aber die Grenze! aber Wien! und die

Preußen kommen noch nicht! o miseras hominum mentes, o pectora coeca!"

Während Jeder Jedes von der Regierung erwartete, ohne in seiner Stellung und nach seinen Kräften sich zusammenzuraffen, sahen die Minister rath- und thatlos in das Unglück hinein; bald von den Russen, bald von den Preußen hofften sie die Rettung, nie aber von sich selbst; Oesterreich hatte auch nach den Tagen von Ulm und Austerlitz zwar Minister, aber keine Regierung. Das über die Monarchie hereingebrochene Unglück sprach indessen so laut gegen Graf Cobenzl, daß sein und seiner Anhänger und Werkzeuge Fall als nicht unwahrscheinlich erschien. An Anstrengungen, denselben möglichst bald und möglichst entschieden herbeizuführen, ließen es seine alten Gegner nicht fehlen.

Gentz hatte, seitdem ihm in der ersten Woche des September der Ausbruch des Krieges gewiß geworden war, in manchem vertrauten Gespräch mit Meerveldt und Faßbender die Gefahren erwogen, die aus dem Oberbefehl eines Mannes wie Mack entstehen konnten; Stunden waren gewesen, in welchen die Zukunft ihn mit schwerer Sorge erfüllte, aber Jahre hindurch hatte er alle Kräfte aufgeboten, um den Kampf gegen Napoleon herbeiführen zu helfen; nun war das Ziel erreicht, wenn auch unter den gefahrvollsten Bedingungen, und die Befriedigung, welche den Menschen so leicht betäubt, wenn er seine Ansicht, seinen Willen durchgesetzt hat, war stark genug, um den Blick auch eines Mannes wie Gentz zu verdunkeln und wenigstens für. Tage triumphirende Sicherheit zu dem herrschenden Gefühl in ihm zu machen. „Der Schleier fällt", schrieb er an Mackintosh, „der Krieg ist da; mir ist wie einem Menschen, der aus schwerem Traum erwacht; Gott sei gelobt, daß es nach der langen egyptischen Finsterniß zu tagen beginnt." — „Das Gestirn des Tyrannen erbleicht", rief er einmal aus. „Bonaparte", schrieb er ein anderes Mal, „das sehen wir jetzt und ich wußte es lange, raset nur in Worten und Thaten, so lange er weiß, daß er es mit Sicherheit thun kann. Krieg will er nicht. Es ist mir unbegreiflich, wie nicht Jedermann anfängt zu merken, daß durch das Kaiser- und Königspielen, durch das Hofleben, durch dieses Uebermaß der Eitelkeit und Pracht dieser Mann ein ganz Anderer geworden ist, als er war, da er aus Egypten zurückkam. Aus der mit ihm vorgegangenen großen Veränderung würde ich die glänzendsten Hoffnungen schöpfen, wenn die übrigen Regenten nicht alle so bodenlos schwach wären." — „Das tiefe Stillschweigen

Bonaparte's ist zwar", äußerte er sich noch am 6. October, „höchst wahrscheinlich das zusammengesetzte Product vieler und mannigfaltiger Bewegungen in ihm, aber Scham und Verlegenheit haben gewiß ihren guten Theil daran. Einen solchen Moment erlebte der Theatermonarch noch nie, und die Kammerherren und Ceremonienmeister, die er nach Straßburg kommen läßt, werden ihm nicht heraushelfen." — Binnen wenigen Tagen ward Gentz durch die Ereignisse von Ulm aus seiner Verblendung gerissen.

„Ja, mein Freund, die Blüthe unserer Hoffnungen ist dahin", schrieb Gentz am 23. October, als die ersten noch unbestimmten Nachrichten eingelaufen waren; „diese vortreffliche Armee von Mack ist zerstreut, denn ich mag nicht sagen vernichtet." — „Jetzt schreien wir nach Hülfe, nach Hülfe", schrieb er am folgenden Tage; „vor drei Monaten wollten die Stockfische von keinem Schritte, um Preußen zu gewinnen, etwas wissen; sie sehen schon, daß der Kopf verloren ist." — „Das Unglück, welches uns getroffen hat", heißt es einige Tage später, „ist wirklich von der Art, daß es die Seele vernichtet und das Denken aufhebt. Das Unbegreiflichste ist mir, daß ich hoffen konnte; Sie werden mir die Gerechtigkeit widerfahren lassen, daß ich mich spät, sehr spät zum Hoffen entschloß, aber endlich hoffte ich doch auch. Zwischen dem 8ten und 17ten verloren wir an Gefangenen wenigstens 50000 Mann, an Todten 8= bis 10000 Mann und wenigstens 8000 Cavalleriepferde, an 300 Kanonen, die ganze Fuhrwesen=Division; ein Verlust von wenigstens zwanzig Millionen. Und nun endlich die Ehre; sagen Sie mir zum Trost, ob die Geschichte etwas Aehnliches aufweist; mir scheint, die furcae Caudinae und Blenheim und Klosterseveren und alles Uebrige dieser Art ist nicht damit zu vergleichen." — „Ich schreibe mit anscheinender Ruhe", schloß er am 8. November einen Brief; „der Teufel verliert nichts dabei. Seit gestern — doch was soll ich es Ihnen schildern? Ich versichere Ihnen, daß die Thränen mich ersticken, wenn ich es nur versuche; es scheint mir so ganz der Welt Ende gekommen zu sein, daß ich wie ins Grab steige, indem ich meine Schwelle verlasse. Adieu, ich kann nicht mehr." —

In dieser Stimmung traf ihn die Nachricht der Schlacht von Austerlitz. „Am 2. December sank die letzte Hoffnung von Europa", schrieb er; „das Unglück ist jetzt ohne Grenzen, das Schauspiel geht zu Ende, und bald wird es heißen: et nunc spectatores plaudite; was jetzt erfolgt, sah ich längst voraus, aber da es nun zur Wirklichkeit kommt, so übermannt mich denn doch Wuth und Schmerz, und ich weiß kaum, wie ich nach diesem noch leben soll." — „Welcher Augenblick", rief er um dieselbe Zeit aus, „zu dem wir nun wirklich gelangt sind! Alle Hoffnungen in den Staub getreten, unser Elend zehnmal größer als zuvor, jede Aussicht in die Zukunft verloren, Deutschland von Franzosen tyrannisirt, von Russen verspottet und verflucht." —

Es war weniger die Schmach Oesterreichs als das Unterliegen Europa's, was Gentz bis in das innerste Mark erschütterte; weil der Friede nun unvermeidlich, der Untergang Europa's besiegelt, England verloren und die Universalmonarchie Napoleon's gegründet sei, ergreift ihn Entsetzen. „Verflucht schlecht geht es", äußerte er sich ingrimmig, „das ist wahr; ich habe aber das Meinige nun verwunden; das Fehl= schlagen meiner Hoffnungen ist so sehr das Größte aller Uebel für mich, daß Alles, was jetzt noch geschehen kann, mich nur mittelmäßig afficirt." —

So tief Gentz auch von dem Ausgange des Krieges ergriffen war, kam er dennoch nicht zu der Erkenntniß, daß ein unter den Verhält= nissen von 1805 begonnener Kampf kein siegreicher sein konnte, und wenn er nicht siegreich war, Oesterreich in unberechenbares Unglück stürzen mußte und deßhalb in dem gegebenen Zeitpunkte nicht begonnen werden durfte. Bitter ruft er aus, daß Oesterreich keinen bedeutenden Feldherrn habe, daß es diesem Staate an Männern fehle, daß Ruß= land ein unzuverlässiger gefährlicher Bundesgenosse und ohne Preußens Mitwirkung kein Erfolg zu hoffen gewesen sei; aber er übersah, daß jede dieser Klagen ein Grund, den Frieden zu erhalten, hätte sein müssen und ihn, der ungestüm zum Krieg gedrängt, rückwärts noch ver= urtheilte. Der Schmerz vielmehr über die Niederlage der europäischen Sache stachelte ihn nur zum Grimme auf gegen Mack, welcher den unglücklichen Ausgang herbeigeführt, und gegen die Minister, welche diesen Mann zum Feldherrn gewählt hatten. „Ich kannte Mack", schrieb Gentz, „und ich kannte Die, welche ihn verschrieben und gebraucht hatten. Ein schwacher, weinerlicher, fast niederträchtiger Charakter, eine Seele ohne wahre Energie, ein Kopf voll schiefer und halber Gedanken, durch alte revolutionäre Tendenzen vollends von allen Seiten verzerrt und verschraubt; das war der Mann; als Soldat durchaus nur für den zweiten Rang geboren; in diesem leicht der Erste unter den jetzt Lebenden." — „Seltsamer als Alles ist", heißt es in demselben Briefe, „daß Mack sogleich nach ausgespielter Tragödie seine Besonnenheit und seinen Verstand wieder bekam, denn am Abend eben dieses Tages — begreifen Sie, wie solche Tage einen Abend haben können? — hielt er vier Stunden lang eine Unterredung mit Bonaparte aus." — „Mack ſtellten ſie an", antwortete Johannes Müller, „den allzugelehrten kalten Taktifer, der den Kopf verliert, ſobald man ſeine Linien wirrt. Aber da liegt das Uebel; die ſeelenloſen Kerls wollten keinen Mann, der das Heer exaltirte. Ueberhaupt mit Rechtsum, Linksum iſt zu Marathon nicht geſiegt worden." — Gegen Mack ſprachen die Thatſachen zu laut: unmittelbar nach der Capitulation von Ulm ward er des Oberbefehls enthoben, vor ein Kriegsgericht geſtellt und militäriſch für immer beſeitigt.

Seinen ganzen Zorn wendete Gentz nun gegen die Miniſter, deren Werkzeug Mack nur geweſen war. „Was mich quält und nieder= ſchlägt", heißt es in ſeinen zwiſchen den Niederlagen von Ulm und von Auſterlitz geſchriebenen Briefen, „iſt die fortdauernde Er= bärmlichkeit der Menſchen und der Maßregeln, von denen dieſer Staat ſeine Rettung erwarten ſoll; das Cabinet iſt in völlige Er= ſtarrung verſunken; ihre einzige Maxime, ihr einziges Trachten ſcheint jetzt zu ſein, das Reſultat der vereinten politiſchen und militäriſchen Operationen der Ruſſen und Preußen zu erwarten, ſie ſelbſt unter= nehmen nichts mehr. Jetzt erſcheint die Unfähigkeit, die Nullität, die Infamie dieſes Miniſteriums in ihrem ganzen ſchreckensvollen Lichte." — Als nach der Schlacht von Auſterlitz Kaiſer Alexander erklärt hatte, auf die Verhandlungen Oeſterreichs mit Napoleon nicht hemmend einwirken zu wollen, ſchrieb Gentz: „Da das Wiener Cabinet nun frei, das heißt, ſeiner eigenthümlichen Infamie ohne Schranken über= laſſen iſt, ſo wird der ſogenannte Friede bald genug zu Stande kommen. Den Kothſeelen iſt Alles gleich; wenn er nur Wien herausgiebt! Ach, wenn dieſe nur untergingen, welche Wolluſt wäre der Sturz der Monarchie. Aber die Provinzen, die Ehre, Deutſchland, Europa verlieren und die Zichy, die Ugarte, die Cobenzl, die Collenbach, die Lamberti, die Dietrichſtein u. ſ. w. behalten müſſen, keine Genug= thuung, keine Rache, nicht Einer der Hunde gehängt oder gevierteilt, das iſt unmöglich zu verdauen."

Keine Anſtrengung hatte Gentz ſeit den Tagen von Ulm geſcheut, um den Sturz des Miniſteriums herbeizuführen, und kein Bedenken getragen, auch ruſſiſche und engliſche Hülfe in Anſpruch zu nehmen. Am 18. November war Kaiſer Alexander mit ſeinem ganzen Mini= ſterium in Olmütz zu einem längeren Aufenthalt eingetroffen. „Wenn Se. Majeſtät der Kaiſer von Rußland", ſchrieb er dem Fürſten Czartoriski, „den Kaiſer von Deutſchland beſtimmen kann, ſein ganzes

Ministerium umzustürzen und neu wiederherzustellen — aber es darf auch kein Stein auf dem andern bleiben —, so wird die Geschichte ihn für alle Zeit als den Retter und Erhalter Europa's bezeichnen. Wenn aber der gegenwärtige Aufenthalt Sr. Majestät diese heilsame Revolution nicht herbeiführt, dann, mein Fürst, verkündige ich Ihnen heute schon die Zukunft und bitte Sie, sich meiner zu erinnern, wenn meine traurige Weissagung in Erfüllung gegangen sein wird; Sie werden alle Combinationen der politischen und der militärischen Kunst erschöpfen, Sie werden Allianzen bilden, Sie werden Heere aus allen Theilen der Welt vereinen, Sie werden Schlachten gewinnen und sich mit jeder Art von Ruhm bedecken; aber Europa wird verloren sein." — Lange schon hatte Gentz den englischen Gesandten Sir Arthur Paget bestürmt, auf die Aenderung des Ministeriums zu dringen. „Alles war umsonst", schrieb er am 22. November; „ich blieb zuletzt allein mit meinen Cassandrischen Weissagungen; selbst Paget verließ mich; jetzt möchten sie Alle blutige Thränen weinen, daß sie sich betrügen lassen konnten. Und auch jetzt noch wäre Rettung! Ganz verzweifle ich sogar nicht. Colloredo ist doch wirklich fortgeschickt. Seit zwei Tagen scheinen auch die Uebrigen zu wanken. Aber es ist Alles so faul und verweset, daß, wenn nicht das Ganze weggeworfen wird, keine vernünftige Hoffnung mehr bleibt." — „Ich hoffte", schrieb er einige Tage später, „der Kaiser von Rußland würde mit einem gesegneten Donnerwetter in diesen Sumpf und Abgrund der verächtlichsten Untauglichkeit schlagen. Er hat unser Elend gesehen — wem sollte das entgangen sein? —, auch beherzigt, beseufzt und bejammert; aber er will sich in die Personalverhältnisse nicht mischen. Nachdem ich fünf Tage lang in Olmütz meine letzten Kräfte aufgeboten hatte, ging ich endlich vorgestern erschöpft und bis zum Ekel gesättigt von dort weg."

Das Ministerium überlebte noch die Schlacht bei Austerlitz, aber zugleich mit Abschluß des Preßburger Friedens mußte es der Macht der Ereignisse weichen; Graf Cobenzl ward entlassen und durch Graf Stadion ersetzt. Zugleich ward jetzt wieder, wie einst nach der Schlacht von Hohenlinden, der Name des Erzherzogs Carl von vielen Seiten mit Hoffnung und Zuversicht genannt.

Der Erzherzog hatte mit nicht geringerem Nachdruck als Gentz Jahre hindurch das Ministerium bekämpft; aber die politischen Kreise, deren Mittelpunkte beide Männer bildeten, waren weder durch diesen Kampf, noch durch das endliche Unterliegen des gemeinsamen Gegners einander näher gerückt. Verständlich genug deutet Erzherzog Johann seine Unzufriedenheit mit dem Bruder in den Mittheilungen an, die er Müller über den Gang des Krieges in Tyrol machte; gleich im Eingange derselben heißt es: „Mein Bruder ward nach Italien gesendet, wo er nichts zu unternehmen wagte, obgleich er dem Feinde sehr überlegen war." — Rücksichtsloser noch sprach Gentz sich aus. In den ersten Tagen des November, als nach dem Unglücke von Ulm Rettung nur durch einen Sieg in Italien möglich schien, hatte Gentz geschrieben: „Gott weiß, wie weit wir davon entfernt sind, uns eines großen Mannes an der Spitze der italienischen Armee zu erfreuen; selbst in diesem fürchterlichen Unglück sieht der Erzherzog Carl nichts als seine eigenen Beschwerden und Klageartikel; die Monarchie zerstört zu haben, vergiebt er Mack weit lieber, als Duca entfernt, Operationspläne ohne seine Zuziehung entworfen und durch seine Anstalten den Kaiser zum Kriege ausgerüstet zu haben, zu dem Kriege, den der Erzherzog verabschente, weil es nach seiner Meinung frevelhaft war, sich mit Bonaparte messen zu wollen." — Gentz trauete dem Erzherzog auch die verderblichsten Entschlüsse zu und fürchtete Alles von dessen Maßregeln, die er als träge und schwach bezeichnete; er sah in einem verstärkten Einflusse des alten Gegners den Anfang neuen Unheils für Oesterreich, aber er war nicht stark genug, den Lauf der Dinge aufzuhalten. Der Friede mit Napoleon mußte jetzt erhalten, das auseinandergeschlagene Heer mußte wiederhergestellt und die an Insubordination gewöhnten Generäle mußten unter einen Führer, dem Autorität angeboren war, gebeugt werden. Es gab nur einen Mann in Oesterreich, der den Anforderungen des tief niedergedrückten Reiches genügen konnte. Am 10. Februar 1806 ward Erzherzog Carl vom Kaiser zum Generalissimus ohne Verantwortlichkeit gegen den Hofkriegsrath ernannt.

Während der Einfluß des Erzherzogs Carl befestigter als je erschien, war Gentz' Stellung sehr zweifelhaft geworden. Der politische Kreis, welcher ihn bisher gehalten und getragen hatte, war auseinandergesprengt. Johannes v. Müller hatte schon im Sommer 1804 Wien verlassen, Graf Armfeldt kehrte im December 1805 nach Schweden zurück, die Gräfin Lanckoronska und die Fürstin Dolgorucki flüchteten aus Oesterreich, und der englische Gesandte Sir Arthur Paget ward im Sommer 1806 abberufen. Gentz selbst hatte im December 1805 Oesterreich verlassen müssen und sich zuerst nach Breslau, dann nach Dresden begeben. Ob Graf Stadion wagen würde, dem Mann, der als erbitterter Feind Napoleon's bekannt war, den Aufenthalt in Wien wieder zu gestatten, war mehr als zweifel=

haft, in keinem Falle aber konnte Gentz und der Kreis, dem er angehörte, für die nächste Zeit einen entscheidenden Einfluß auf den Gang der neuen Regierung üben.

Die schwierige Lage, in welcher Oesterreich sich vom Lüneviller bis zum Preßburger Frieden befand, hatte nicht vermocht, dem Kaiserreiche eine selbstständige und kraftvolle Regierung zu verschaffen. Das Hervortreten zweier sehr belebter und bewegter politischer Kreise war zwar ungeachtet der feindlich widerstrebenden Minister dadurch möglich geworden, daß sich der Bruder des Kaisers zu dem Mittelpunkte des einen, und der durch außerösterreichischen Rückhalt getragene Gentz zu dem Mittelpunkte des anderen machte; aber politische Parteien hatten sich aus diesen Kreisen nicht gebildet, denn das Ziel, welches Gentz verfolgte, lag nicht in Oesterreich, sondern in Europa, und der Erzherzog Carl, dessen Ausgangspunkt und Endpunkt Oesterreich war, hatte seinen Einfluß im Frühjahr 1805 verloren.

Der unglückliche Krieg und der ihn beendende Preßburger Friede hatten eine durchgreifende Aenderung der sich bekämpfenden politischen Gegensätze zur Folge. An die Stelle des schwankenden, ohnmächtigen Grafen Cobenzl trat in Graf Stadion ein entschlossener, thatkräftiger Mann; die Vereinigung bedeutender, Oesterreich nicht angehörender Männer, welche das Kaiserreich als Mittel zu europäischen Zwecken wollten, war zersprengt, Erzherzog Carl dagegen an die entscheidendste Stelle gebracht und dadurch seiner Richtung die Möglichkeit gegeben, sich zur politischen Partei zu verkörpern. Die künftige Gestaltung der politischen Gegensätze in Oesterreich hing davon ab, ob Graf Stadion und Erzherzog Carl ein gleiches Ziel verfolgen würden und ob Gentz vermochte, sich auf das Neue Einfluß zu gewinnen.

Drittes Capitel.
Stadion und seine Richtung.

Mit dem Preßburger Frieden waren Cobenzl, Colloredo und Collenbach gefallen, und Graf Philipp Stadion übernahm die Leitung der auswärtigen Angelegenheiten. Es war ein großer entscheidender Schritt, welchen Kaiser Franz wagte, als er diesen Mann in diesem

Augenblicke berief. In allen seinen bisherigen Stellungen hatte sich Stadion als unversöhnlicher Feind Frankreichs gezeigt; als Gesandter in Petersburg war er einer der bedeutendsten Urheber der dritten Coalition und des Krieges Europa's gegen Napoleon gewesen; kaum war der für Oesterreich unglückliche Krieg beendet, kaum der Friede mit den schwersten Opfern erkauft, so ward der unversöhnliche Feind Frankreichs zum Leiter der auswärtigen Angelegenheiten des schwer besiegten Oesterreichs ernannt. Wie der Kaiser zu diesem Schritte gelangte, läßt sich nicht sehen. Selbst Gentz war überrascht und konnte, als er bei seiner Ankunft in Dresden die Nachricht von Stadion's Berufung erhielt, nicht glauben, daß dieser Mann unter diesen Umständen sich halten werde. Napoleon selbst erkannte die Bedeutung sogleich, welche Stadion's Ernennung haben mußte; sie erfülle ihn, ließ er amtlich mittheilen, mit tiefem Mißtrauen für die Zukunft.

An den fremden Höfen so wenig wie in Oesterreich selbst war darüber ein Zweifel, daß Graf Stadion den Krieg gegen Napoleon in einer etwas näheren oder ferneren Zukunft für eine Nothwendigkeit und die Vorbereitung zu demselben für die eigentliche Aufgabe der österreichischen Regierung halte. Nicht unbedingt hatte Stadion, als er sein Amt antrat, die allgemeine Stimmung in Oesterreich für sich. Widerwille gegen die französischen Einflüsse und Anhänglichkeit an das eigene Fürstenhaus war zwar in allen Stufen der Bevölkerung verbreitet; man freute sich des Glückes, welches die Gegenwart bot, und hatte sich an die heimischen Bedrängnisse gewöhnt. In den verschiedensten Kreisen der Hauptstadt galt ein phäakisch-behaglicher Genuß als eigentliches Ziel und Wesen des Lebens; darin nicht gestört zu werden, erschien Vielen als die erste Aufgabe. Nach dem unglücklichen Preßburger Frieden herrschte Freude in diesen Kreisen: „weil wir nur Wien wieder haben, das ist das Herz der Monarchie; jetzt sind wir doch beisammen und arrondirt, das ist die Hauptsache; ein Glück, daß die Lumpenländer fort sind, die nichts ertrugen und nur in äußere Unruhen verwickelten".

Bei Vielen war das Mißtrauen gegen das Glück und das Geschick der Feldherren unüberwindlich; die Erfahrung von hundert Jahren habe nachgewiesen, hieß es, daß auf Oesterreichs Boden kein Feldherr mehr erwachsen könne. Die niederschlagenden Eindrücke, welche ein schwerer unglücklicher Krieg immer zurückläßt, die Bedrängniß des Ganzen, die Noth jedes Einzelnen führten in weiten Kreisen bis zu der Ueberzeugung, es bleibe nichts übrig wie dulden; jeder Versuch zum

Widerstand sei widersinnig, Napoleon auf dem Schlachtfelde unüberwindlich; trete man ihm nicht entgegen, so werde er sich selbst zu Grunde richten, und jeden Falles werde mit seinem Tode der Druck, welchen er über Oesterreich gebracht habe, vorüber sein, ohne daß Oesterreich durch einen neuen Krieg Alles auf das Spiel zu setzen brauche. Zu den vielen angesehenen und von den inneren und äußeren Verhältnissen Oesterreichs wohl unterrichteten Männern, welche den Frieden zu erhalten wünschten, gehörte ein nicht geringer Theil des großen Adels; der alte Fürst Ligne, eine Erscheinung zwar nur noch aus vergangener Zeit, aber seines Verstandes und seiner treffenden Ausdrucksweise wegen nicht ohne Ansehen, gehörte ihnen an. In manchen nicht unbedeutenden Männern zeigte sich sogar, wie Adair ausdrücklich bemerkt, die Meinung, daß Oesterreich, wie die Verhältnisse nun einmal sich gestaltet hätten, am besten durch ein dauerndes Bündniß mit Frankreich für seine Sicherheit sorgen werde. Baiern und Württemberg wären durch die Verbindung mit Napoleon größer geworden, wie sie jemals gewesen.

Die Macht der Trägheit, welche in dieser schlaffen Masse lag, die den Frieden nur deßhalb wollte, weil sie den Krieg fürchtete, mußte überwunden werden, und daß Graf Stadion sie überwand, wird ihn immer als großen Staatsmann erscheinen lassen und Adair rechtfertigen, wenn er sagt: „Außer in Wien hat man dem Grafen Stadion nur in Beziehung auf seine persönlichen Eigenschaften Gerechtigkeit widerfahren lassen, aber in der europäischen Geschichte wird man seiner als eines jener Staatsmänner gedenken, deren ruhige Fassung und Scharfblick Oesterreich seine Wiederherstellung, seine Unabhängigkeit und Festigkeit verdankt." —

Graf Stadion stand der trägen Friedensmasse gegenüber freilich nicht allein. Kaiser Franz selbst hatte gezeigt, daß er die Bereitschaft zum Kriege wolle; er hatte Collenbach, Colloredo und Cobenzl entlassen, hatte Stadion berufen; er hatte die Verurtheilung und Bestrafung des Baron Mack und des Grafen Auersperg zugegeben, und seine Feindschaft gegen Napoleon war durch die persönliche Demüthigung gesteigert, welche ihm nach der Schlacht von Austerlitz bei dem Zusammentreffen mit Napoleon in Nasiedlowitz widerfahren war. Erzherzogin Beatrix, Mutter der seit dem Januar 1808 vermählten dritten Gemahlin des Kaisers, haßte Napoleon mit dem Grimme eines leidenschaftlichen Weibes und stachelte zum Kriege auf; die Erzherzöge ohne Ausnahme betrachteten den Frieden nur als eine Frist zur Vorbereitung für den Krieg. Unter den österreichischen Gesandten an den auswärtigen Höfen drängten die bedeutendsten zu einem entschlossenen Auftreten hin. Graf Metternich, seit 1806 Gesandter in Paris, reizte, wie wenigstens der französische Hof annahm, ungeachtet seiner vorsichtig friedlichen Haltung in Paris, dennoch in den Berichten an seinen Hof zum Kriege, und sein vertraulicher Briefwechsel mit Graf Stadion glich, wie ein französisches Schreiben sich ausdrückt, den Glückwünschungen von Verschworenen unter einander, welche hoffen, daß ihre Verschwörung gelingt. Graf Starhemberg, Gesandter in London, schrieb im August 1806 an Adair nach Wien: „Ich bitte Sie dringend, in Wien Festigkeit und Muth zu predigen und den Unserigen anzurathen, ihre äußerste Kraft zum großen Tage der Rache bereit zu halten, der sicherlich früher oder später anbrechen wird." — Graf Meerveldt, Botschafter in Petersburg, gehörte von jeher zu der entschlossensten Kriegspartei. In Wien selbst fand sich in den Salons der russischen Diplomaten Rasumoffsky und Pozzo di Borgo ein sehr kriegerisch gesinnter Kreis des großen Adels zusammen, welchen Gentz und Friedrich Schlegel durch die Gaben ihres Geistes belebten. Der englische Gesandte machte nach seiner eigenen Mittheilung immer auf das Neue geltend, daß Oesterreich vor der ihm drohenden Gefahr nicht genug auf der Hut sein könne.

Napoleon selbst hatte durch die Stiftung des Rheinbundes, den Frieden von Tilsit, sein Auftreten in Portugal, sein Verlangen, daß Oesterreich den diplomatischen Verkehr mit England abbreche, sein Auftreten in Spanien, Italien, gegen den Papst, seine Haltung auf dem Congreß von Erfurt und alle die einzelnen Schritte, welche später das österreichische Kriegsmanifest von 1809 hervorhob, weiter und weiter die Ueberzeugung verbreitet, daß ein dauernder Friede mit ihm nicht möglich sei. „Keinem entgeht die endliche Unvermeidlichkeit eines Krieges", schrieb Carl v. Nostiz aus Wien. Die Ueberzeugung, daß Oesterreich seine Stellung nicht durch und mit Frankreich wieder gewinnen könne und etwas früher oder etwas später zu einem neuen gewaltigen Kriege gegen Napoleon gedrängt werden würde, ward von Monat zu Monat allgemeiner; die Einzelnen, welche den schlaffen Frieden mit Napoleon unter allen Umständen erhalten wissen wollten, verloren sich so sehr unter der Macht der Ereignisse, daß sie Einfluß zu üben nicht vermochten. Politische Parteien, welche sich je nach ihrer friedlichen oder feindlichen Stellung zu Frankreich zusammengeschlossen hatten, bestanden in den Jahren von 1805 bis 1809 in Oesterreich

nicht und konnten sich nicht bilden, denn die Unvermeidlichkeit des
Krieges in näherer oder fernerer Zukunft stand Allen fest. Auch dar=
über, daß der Krieg mehr ein österreichischer als ein Coalitionskrieg
sein müsse, herrschte in den Kreisen, welche politisch zählten, keine
Verschiedenheit der Ansichten, welche zu Parteibildungen hätte führen
können. Der Kreis, welcher vor 1805 sich in Wien zusammenge=
funden hatte und jeden Kampf gegen Napoleon zu einem Auftreten
Europa's gegen denselben machen wollte, hatte sich gelöst.

Das Vertrauen des österreichischen Cabinets selbst auf die Er=
folge eines Coalitionskrieges war tief erschüttert. Graf Stadion
verwahrte sich später auf das Entschiedenste dagegen, jemals eine Coa=
lition mit Rußland und Preußen in Rechnung gezogen zu haben; alle
seine damaligen Berichte, schrieb er an Graf Grünne, hätten eine
diametral entgegengesetzte Richtung aufgestellt.

Wie der Erzherzog Carl über die Stütze dachte, welche durch eine
Verbindung mit Rußland gewährt ward, hat er, gestützt auf seine Er=
fahrungen von 1799, selbst ausgesprochen.

Das Bündniß zwischen Oesterreich und Rußland löste sich auf,
wie die meisten Coalitionen, die von einer bloßen Berechnung gleich
wichtiger Cabinette ausgehen. Die Idee eines gemeinsamen Vor=
theils und augenblickliches Vertrauen auf gleiche Gesinnungen geben
ihnen ihr Dasein. Verschiedenheit der Meinung über die Mittel und
Wege, das vorgesteckte Ziel zu erreichen, veranlassen Spaltungen.
Diese nehmen in dem Maße zu, als die Ereignisse des Krieges die
Hauptgesichtspunkte verschieben, die Hoffnungen täuschen und die
Zwecke verändern; sie werden bedenklicher, je länger unabhängige Heere
gemeinschaftlich operiren müssen. Das natürliche Streben der Feld=
herren und der Völker nach Vorrang und größerem Ruhm regt im
Wechsel des Kriegsglückes alle feindseligen Leidenschaften auf. Stolz
und Eifersucht, Dünkel und Eigensinn erheben sich aus dem Kampfe
des Ehrgeizes und der Meinung. Sie werden in Verhältnisse seiner
Dauer durch Widerspruch und Reibung gespannter; und es ist ein
glücklicher Zufall, wenn eine solche Verbindung zerfällt, ohne die
Waffen gegen sich selbst zu kehren. Nur dann kann man aus dem
Zusammenwirken fremdartiger Körper auf große Erfolge zählen, wenn
die Noth, ein Allen zugleich unerträglicher Druck, Herrscher und
Völker zum gemeinschaftlichen Kampfe fortreißt und die Zeit der Ent=
scheidung desselben nicht über die Dauer des Feuereifers hinausreicht,
oder wenn ein Staat durch seinen überwiegenden Einfluß das Vorrecht

behauptet, die verschiedenen Meinungen der Uebrigen peremtorisch zu bestimmen und sie unter den eigenen Willen zu beugen. Den Coalitionen der ersten Art unterlagen zuletzt alle Weltstürmer; durch jene der zweiten Art wurden in der alten und neuen Zeit die Völker in Fesseln geschlagen.

Das allgemeine Mißtrauen gegen die Aussichten auf den Erfolg eines Coalitionskrieges überhaupt ward verschärft durch den Argwohn Oesterreichs gegen Preußen und Rußland. Jeder Versuch des britischen Hofes, Oesterreich und Preußen mit einander zu versöhnen, scheiterte; vergebens machte Sir Robert Abair geltend, daß die Ursachen aller Eifersucht zum größten Theil verschwunden seien und das gemeinsame Mißgeschick die gegenseitige Erbitterung besänftigen müsse. Es war umsonst; die gegenseitige Eifersucht lag zu tief in der wechselseitigen Stellung und in dem Gang der Geschichte begründet, die Erbitterung über die Haltung Preußens vor und nach der Schlacht von Austerlitz, der Argwohn gegen die Person des Grafen Haugwitz, die Furcht vor dem Mangel an Festigkeit und Beharrlichkeit bei dem Könige, die Bestürzung über den Gang des Krieges von 1806 und 1807 waren so groß, daß ein gemeinsames Handeln mit Preußen unmöglich ward.

Die Unzuverlässigkeit Rußlands kannte Graf Stadion aus eigener Anschauung. Gentz hatte schon im Sommer 1805 geschrieben: „in Rußland ist auch nicht ein einziger Mann von Talenten — Genie mag ich gar nicht einmal aussprechen — sichtbar. Das Cabinet besteht aus höchst mittelmäßigen Personen; die Freunde des Kaisers sind wohlmeinende Philanthropen, mit einigen Fragmenten wissenschaftlicher Bildung geschmückt, übrigens ohne Kraft, ohne Geist, ohne große Ansichten, ohne Muth und Beharrlichkeit; sie sind auch so wenig selbstständig, daß sie es nicht einmal wagen dürfen, etwas recht Gefährliches zu unternehmen; denn wenn es mißlingt, sind sie und vielleicht ihr Kaiser mit ihnen verloren; darauf warten nur die russischen Großen, die sie hassen und verachten, mehr als sich sagen läßt. Generale haben sie gar nicht; der einzige, sehr brauchbare wäre Pahlen, der aber nie wieder zur Gnade gelangt." Wiederholt hatte Gentz im Sommer 1805 dem englischen Cabinete geäußert, daß es ein verkehrtes und verderbliches Unternehmen sei, Rußland zum Hauptacteur zu erheben, anstatt es immer nur als eine furchtbare Hintermauer zu behandeln. — Als der unglückliche Ausgang des Krieges von 1805 diese Ansichten über Rußland bestätigt hatte, schrieb Gentz: „Der Kaiser von Rußland hat den schwachen und gebrechlichen Bau dieser nun abgeschiedenen Coalition allerdings aufgeführt; dieses zweideutige Verdienst bleibt ihm, aber dagegen muß man auch gestehen, daß er und ganz eigentlich er durch Fehler und Schwächen aller Art diesen Bau wieder eingerissen hat ganz mit eben dem Leichtsinne, mit eben dem Mangel an politischer Fähigkeit und an guten Gehülfen, welche die Entstehung desselben charakterisirten. Wenn noch irgend etwas zu retten wäre, so würde ich sagen, Gott bewahre Europa künftig vor solchen Rettern." — „Ihre Meinungen von dem russischen Hofe sind mir vollkommen unbegreiflich", schrieb er im April 1806 an Müller; „Sie haben ja die elenden Menschen alle gesehen, Sie haben ja, glaube ich, einige davon gesprochen; welcher Zauber umschwebt Sie denn noch, wo sind denn die Thaten dieser Menschen? Ist denn ihr ganzes Verfahren vom Regierungsantritt dieses Kaisers bis zum heutigen Tage etwas Anderes als eine ununterbrochene Reihe der allerabgeschmacktesten Maßregeln gewesen?" Stärker indessen als die Geringschätzung Rußlands trat die eifersüchtige Furcht vor dessen geheimen Plänen der Verbindung Oesterreichs mit demselben entgegen. Die Hauptschwierigkeit für jede Annäherung lag, wie Adair seinem Hofe berichtete, in der Eifersucht über die Absichten Rußlands auf die Türkei. — „Absichten", fügt Adair hinzu, „die sich in der russischen Einbildungskraft stets entwickeln, wenn Unruhen im westlichen Europa ausbrachen. Nach dem Preßburger Frieden gab der Petersburger Hof durch Besetzung Cattaro's, durch Verlangen nach Dalmatien und durch das Einrücken seiner Heere in die Moldau diesem Argwohn neue Nahrung. Das Waffenglück der Russen in der Schlacht von Eylau machte den österreichischen Hof noch bedenklicher, und nach dem Tilsiter Frieden und während des Erfurter Congresses schien der Zeitpunkt gekommen, in welchem Rußland und Frankreich sich vereinigten, um sich in die Herrschaft von Europa zu theilen. Nicht weniger stark wie gegen Frankreich sprach sich in Wien die Feindschaft gegen Rußland aus. „Ungeachtet des Schreckens, welchen Frankreich einflößt, herrscht hier", hatte Adair im Februar 1807 berichtet, „eine starke gegen Rußland feindlich gesinnte Partei."

Gegen England hegte Oesterreich nicht wie gegen Preußen und Rußland Argwohn und Mißtrauen und war sich bewußt, seiner Geldsubsidien im Falle eines Krieges nicht entbehren zu können. Zwischen dem neuen britischen Gesandten und Graf Stadion herrschte große Offenheit und Vertrauen. Noch viele Jahre später hat Adair öffentlich ausgesprochen: „Nie kann ich von jenem trefflichen Minister ohne die höchste Achtung vor seiner Ehrenhaftigkeit und Offenheit und ohne dauernde Dankbarkeit für seine Güte gegen mich reden." — Auch der österreichische Gesandte in London, Graf Starhemberg, hob wiederholt das gute Verhältniß zwischen beiden Höfen hervor; „wir haben", schrieb er im August 1806, „jeden Grund, mit dem Benehmen der jetzigen Minister zufrieden zu sein; die Gefühle, die Mäßigung, ja die Parteilichkeit derselben für Oesterreich übertrifft Alles, was Pitt und alle seine Amtsgefährten aus irgend einer Zeit gezeigt haben. Wenn irgend etwas noch im Stande ist, das Haus Oesterreich wieder zu seiner früheren Macht und seinem früheren Ruhme zurückzuführen, so muß man dieses in dem engsten Vertrauen und der größten Einigkeit mit Großbritannien suchen." — Graf Stadion verhehlte sich indessen nicht, daß England wohl durch Geld, aber nicht durch Truppen Hülfe in einem Continentalkriege gewähren könne; überdieß war das Vertrauen auf das Geschick nicht groß, mit welchem das britische Cabinet die auswärtigen Angelegenheiten behandelte. Selbst zu der Zeit, in welcher Pitt an der Spitze der Geschäfte stand, hatte Gentz im December 1805 geschrieben: „das im Inneren fast durchgehends große britische Ministerium ist in den ausländischen Angelegenheiten fast immer kindisch-unwissend und wirklich nicht zu belehren und nicht zu bessern." — Als Fox im Februar 1806 an Pitt's Stelle trat, trat der kriegerische Geist zurück und die Neigung zu einem ehrenvollen Frieden hervor; Fox selbst galt in Europa als ein Freund Frankreichs. Mit Canning's Eintritt, März 1807, gewann die Kriegführung Englands wieder einen kraftvolleren Charakter; aber das Wiener Ministerium hielt die Ansicht fest, daß England ungeachtet alles Drängens auf Vereinigung seinen eigenen Weg gehe und einen festen Rückhalt im Kriege gegen Napoleon nicht gewähre.

Erfüllt von tiefem Mißtrauen gegen Preußen und Rußland und dem geringen Vertrauen zu England, hatte Oesterreich die lebhaften Aufforderungen zur Theilnahme an dem Kriege von 1806 und 1807 entschieden abgelehnt und stand seit dem Tilsiter Frieden Rußland und Preußen fast feindlich gegenüber. Dem britischen Hofe ward es, je mehr derselbe auf engen Anschluß drängte, mehr und mehr entfremdet. Schon 1807 hatte Adair berichten zu müssen geglaubt: „die Gesinnungen des Wiener Hofes haben sich so oft geändert, daß sich keine Meinung darüber bilden läßt, von welcher Art sein letzter Entschluß sein werde". — Als seit dem Ende des Jahres 1807 Napoleon immer dringender verlangte, daß Oesterreich den diplomatischen Verkehr mit England, da dasselbe im Kriege gegen Frankreich sei, abbreche, gab Graf Stadion nach; Ende Februar 1808 verließ Adair mit der gesammten Gesandtschaft Wien, und eine Verbindung zwischen dem Wiener und Londoner Hofe ward nun auf außeramtlichem Wege durch Vermittelung von Rasumoffsky, Pozzo di Borgo, dem neapolitanischen Gesandten Ruffo und dem Hannoveraner Graf Hardenberg unterhalten.

Ein Unglück freilich war die Unmöglichkeit, die gesammten Streitkräfte Europa's gegen Napoleon zu vereinigen; aber für das politische Leben Oesterreichs lag darin ein großer Fortschritt, daß es in der Monarchie weder über die Nothwendigkeit des Krieges noch darüber Parteigegensätze und Kämpfe gab, daß Oesterreich die Aussicht auf Erfolg nicht in Verbindung mit fremden Mächten, sondern in dem entschlossenen Auftreten seiner eigenen Kräfte zu suchen habe. Auch über das nächste Ziel des Krieges fand ein eigentlicher Kampf nicht statt. Der Sturz Napoleon's und die Herstellung der alten Ordnung und der Bourbons in Frankreich war wohl bei Vielen ein lebhafter Wunsch; aber dieses Ziel durch den Krieg Oesterreichs erreichen zu können, die Anerkennung Napoleon's als Kaiser der Franzosen zurückzunehmen, kam Niemand in den Sinn. Ein Ritterzug gegen das revolutionäre Frankreich zur Herstellung und Belebung der deutschen Reichsverfassung mit Kaiser und Reichstag, mit Reichsgrafen und Reichsrittern, hätte schwerlich außerhalb der persönlichen Neigung Stadion's gelegen; er haßte in Napoleon den Revolutionär, den Unterdrücker der deutschen Freiheit im Sinne der alten Reichsverfassung und am meisten vielleicht den Emporkömmling; aber als Staatsmann Oesterreichs war er zu besonnen, um die Erreichung dieses Wunsches als Ziel des Kampfes sich zu setzen.

Kaiser Franz hatte den Rheinbund anerkannt und die römische Kaiserkrone niedergelegt. Durch den Krieg Oesterreichs das, was geschehen war, rückgängig zu machen, hoffte Niemand. Der nächste Krieg konnte, darüber fand sich in Wien kein Gegensatz, nur Oesterreichs Stellung zum Ziele haben; Oesterreich sollte seine Stellung als europäische, Frankreich gleichberechtigte Macht wieder gewinnen, es sollte ein Frieden, besser als der Preßburger, errungen werden, einzelne Uebel sollten beseitigt, einzelne Länder wieder erlangt werden. Selbst das Kriegsmanifest im Jahre 1809 sprach ausdrücklich aus, daß eine Aenderung in den inneren Zuständen Frankreichs außerhalb des Kriegszweckes liege. „Der Kaiser wird sich", heißt es, „niemals befugt glauben, in die inneren Verhältnisse fremder Staaten einzugreifen oder sich über ihr Regierungssystem, über ihre Gesetzgebung, über ihre Verwaltungsmaßregeln zum Richter aufzuwerfen; aber er verlangt eine gerechte Reciprocität." — Das Manifest beklagt die Stiftung des Rheinbundes, die Niederlegung der Kaiserkrone, deutet aber die Herstellung des alten Zustandes mit keinem Worte an, sondern erklärt: „Der unmittelbare Zweck Sr. Majestät ist, dem Zustande gewaltsamer Spannung, worin die österreichische Monarchie seit drei Jahren ununterbrochen geschwebt hat, ein Ende gemacht und den Staat in eine Lage versetzt zu sehen, die ihm die Wohlthat eines wirklichen Friedens und einer ehrenvollen Ruhe verbürge." —

Sofern überhaupt in Oesterreich die Anfänge politischer Parteien hervorgetreten waren, hatten sie sich zur Zeit der ersten Coalition um die Frage nach Erhaltung und Herstellung der Bourbons in Frankreich, um die Zeit der zweiten und dritten Coalition um die Frage nach der Nothwendigkeit des Krieges und nach dem Gewichte, welches auf die Gemeinschaft mit den fremden Mächten, namentlich mit Rußland, zu legen sei, gebildet. In den Jahren von 1805 bis 1809 waren diese Fragen nicht streitig und konnten deßhalb zu Parteibildungen nicht führen. Die Frage, welche jetzt die politisch zählenden Männer in Parteien einander gegenüberstellte, war anderer Art. Allen war gewiß, daß Oesterreich für sich allein einen Krieg gegen Napoleon nur dann mit Aussicht auf Erfolg führen könne, wenn es alle in ihm liegenden finanziellen und militärischen Kräfte zusammennehme und verwendete. Allen, die nach der Beseitigung von Cobenzl, Collenbach und Colloredo Einfluß auf die Leitung der Geschäfte hatten, den Erzherzögen wie dem Grafen Stadion war es gewiß, daß zu einem Kriege wie dem, welchen man führen wollte, die Anstrengungen nicht ausreichten, welche sich durch Die, welche zu befehlen haben, erzwingen ließen; einem Volke wie den Franzosen, einem Feldherrn wie Napoleon gegenüber galt es auch in Oesterreich, die Kräfte zu wecken und in Bewegung zu bringen, welche in dem freien Entgegenkommen, in der freudigen willigen Hingabe Derer, die zu gehorchen haben, verborgen lagen. Oesterreich hatte den Krieg nicht allein mit Gulden und Soldaten, sondern auch mit dem Herzen zu führen. Dem wilden Feuer der napoleonischen Armee gegenüber galt es gleichfalls ein Feuer anzuzünden, aber ein Feuer edlerer Art, welches aus dem warmen lebendigen Gefühle, Eins zu sein mit dem Kaiserhause und mit dem Lande, für welches das Schwert gezogen ward, durch dasselbe bedingt zu sein, mit ihm zu stehen und zu fallen, entbrannte und dahin führte, jede Anstrengung, jedes Opfer, welches befohlen ward, aus eigenem freudigen Willen entgegenzubringen in einer Größe und in einer inneren Kraft, wie kein Befehl sie erzwingen kann. Nur in einem Lande, dessen Glieder selbst zu denken, eigenthümlich zu fühlen und selbstständig zu handeln nicht allein für sich, sondern auch für die Gemeinschaft, der sie angehören, Raum und Licht hatten, kann solche Kraft zur freien, hingebenden aufopfernden That sich entwickeln. In Oesterreich aber hatte die scheue Angst vor dem Wiederaufleben protestantischer Bewegung und vor der Macht der verschiedenartigen, in Oesterreich zusammengebundenen Nationalitäten seit Jahrhunderten dahin geführt, jedes eigene Gefühl und jede eigene That zurückzudrängen, vom selbstständigen und vom geistigen Leben überhaupt abzuwenden und kein Thun zuzulassen, sofern und soweit es nicht befohlen war. Der Wille, sich entschlossen zusammenzuraffen, Hab und Gut, Leib und Leben daran zu setzen, um mit dem Reich zugleich sich selbst ein großes lebendiges Leben zu gewinnen, hatte auf solchem Boden nicht erwachsen können. „Wenn's der gnädigste Kaiser befiehlt", hörte Rühle v. Lilienstern noch 1809 in Böhmen sagen, „marschiren wir Alle; aber wenn's auf uns ankommt, bleiben wir Alle zu Haus."

Im Angesichte eines neuen, um Sein oder Nichtsein Oesterreichs zu führenden Krieges erkannten die Erzherzöge Carl und Johann nicht weniger wie Graf Stadion das Bedürfniß nach der auf Zustimmung, gutem Willen und lebendiger Hingabe ruhenden Mitwirkung Derer, welche bisher nur auf Befehl hatten sich bewegen dürfen, und sie verbargen sich nicht, daß, wenn man für den Krieg des Lebens in Oesterreich nicht entbehren konnte, Licht zum Leben überhaupt gewährt werden müsse.

Hatte doch der Kaiser selbst in den Wochen der Verzweiflung zwischen der Schmach von Ulm und der Niederlage von Austerlitz sich schon an die tief im Volksleben schlummernden Kräfte gewendet.

Einige im letzten Augenblicke der Entscheidung erlassene Bekanntmachungen hatten freilich das Geschick, welches über Oesterreich einbrach, nicht ändern oder auch nur aufhalten können; aber in der Seele des Kaisers war doch die tiefe Abneigung gegen jedes Thun in Oesterreich, welches nicht von ihm befohlen war, wenigstens augenblicklich überwunden worden, und es schien für die Männer, welche nach dem Preßburger Frieden zur Leitung des Reiches berufen waren, möglich, an die in den Stunden der äußersten Noth laut gewordene Stimmung des Kaisers anzuknüpfen und den Versuch zu machen, die geistigen Kräfte und den freien Willen der Oesterreicher zu entfesseln, um an ihnen einen starken Verbündeten für den neuen Krieg gegen Napoleon zu gewinnen. Diesen Versuch zu machen, waren die leitenden Männer entschlossen. In dieser Beziehung stimmten die drei Männer, welche in den Jahren von 1806 bis 1809 den größten Einfluß übten, Graf Stadion, Erzherzog Carl und Erzherzog Johann, völlig überein, aber über die Art und den Umfang des Versuches fanden sich nicht unwesentliche Gegensätze zwischen ihnen, welche in politische Parteien sich verkörpern wenigstens konnten.

Johann Philipp Graf zu Stadion war 1763 geboren und war, als er nach dem Preßburger Frieden im kräftigsten Mannesalter die Leitung der auswärtigen Angelegenheiten übernahm, lange schon Oesterreich nahe verbunden. Bereits in den achtziger Jahren des vorigen Jahrhunderts hatte er kaiserliche Dienste gesucht und erhalten, aber zu einem Oesterreicher hatte ihn der österreichische Dienst nicht gemacht; aus einem sehr alten historischen Geschlechte war er entsprossen, welches zur Hohenstaufen-Zeit aus den Bündner Alpen nach Schwaben gezogen war und seitdem mehreren reichsunmittelbaren Stiften Bischöfe und vielen Capiteln Domherren gegeben hatte; an manchen heißen Tagen hatten Stadions ruhmvoll gestritten, im deutschen Orden, im Dienste des Kurerzcanzlers des Reiches war ihr Name vielfach genannt. 1688 hatten die alten Reichsritter den Freiherrntitel erhalten und wurden, als sie vom Grafen Sinzendorf die Herrschaft Thannhausen erworben, 1705 als Reichsgrafen in das schwäbische Grafencollegium eingeführt. Graf Philipp war wie sein um einige Jahre älterer Bruder Friedrich, welcher ihm das Recht der Erstgeburt abgetreten und den geistlichen Stand erwählt hatte, stolz auf die reichsunmittelbare Stellung seines Geschlechts, er fühlte sich gehoben als ebenbürtigen Genossen der mächtigen deutschen Landesherren und liebte und ehrte die Verfassung des alten Reiches, welche seinem Geschlechte Reichsunmittelbarkeit, Landeshoheit und Reichsstandschaft gab; für die Verknöcherung derselben hatten beide Brüder ein offenes Auge, aber weil sie ihre Belebung und Erneuerung hofften und erstrebten, betrachteten sie deren Erschütterung als Unglück und als Schmach. Beide Brüder waren deutsche Reichsritter und Reichsgrafen durch und durch, unauflöslich verwachsen mit dem heiligen römischen Reiche deutscher Nation. Als Graf Philipp in Oesterreichs Dienste trat, war es nicht das lothringische Fürstenhaus, sondern der römische Kaiser und deutsche König, dem er sich hingab. Nicht allein deutsche Reichsgesinnung brachte er mit in den österreichischen Dienst, sondern auch gründliche deutsche Bildung. Zugleich mit seinem Bruder Friedrich war er am 12. October 1778 in Göttingen immatriculirt, fünf Jahre später als Stein, Rehberg und Brandes, sechs Jahre später als Haugwitz und die beiden Stolberg. Pütter vor Allem zog durch seine Vorlesung über deutsches Staatsrecht und deutsche Staatsgeschichte sie an, aber auch die Nachwehen jenes für Vaterland und Freiheit, für Natur und Religion schwärmerisch begeisterten poetischen Jugendkreises, der unter dem Namen Hainbund bekannt ist, ergriffen beide Brüder, wenn auch Graf Friedrich stärker als Graf Philipp. Vielseitig gebildet, begeistert für die deutsche Vorzeit und die Reichsverfassung verehrend, traten dann die beiden schönen, ritterlichen Jünglinge am Hofe ihres Kaisers auf. Mit vornehmem Mitleid sahen die greisenhaften Hofkreise des damaligen Wien auf das jugendlich warme Brüderpaar herab, der greise Kaunitz aber nahm sich ihrer an; Graf Philipp ward Gesandter in Stockholm, dann 1790 in London. Thugut's starrer, gewaltsamer Herrschaft wollte er sich nicht fügen und lebte, so lange sie dauerte, 1794 bis 1801, fern von Wien. Mit Thugut's Rücktritt ward er 1801 Gesandter in Berlin und 1803 in Petersburg, wo er bis zum Kriege des Jahres 1805 blieb, um dann unmittelbar nach dem Preßburger Frieden die Leitung der auswärtigen Angelegenheiten zu übernehmen.

Graf Stadion war eine Persönlichkeit durch und durch; „er war", sagt ein in Beziehung auf ihn unverdächtiger Zeuge, „zu rein zur Zweideutigkeit, zu stolz zur Lüge, zu zartfühlend für die Luftansteckung seiner Zeit, bei großer sinnlicher Reizbarkeit einer nachhaltigen Begeisterung fähig; selbstverleugnend bis zur Rauheit forderte er, wenn es noth that, gleiche Selbstverleugnung auch von Anderen." Er hatte das Bewußtsein, auf sich selbst zu ruhen, auch ohne des Kaisers Gunst und ohne Oesterreichs Dienst etwas zu sein und zu gelten. Männlich-stolz achtete und wollte er Unabhängigkeit und Selbstständigkeit des Charakters auch an Anderen. Abgerichtete Menschen, die in scheuer Angst vor Verantwortung nichts konnten wie die Befehle ihrer Vorgesetzten vollziehen, flößten ihm Verachtung ein. Seiner männlichen Natur widerstrebte ein Zustand, in welchem Jeder nur ist, was der Fürst will, nur thut, was der Fürst befiehlt, nur lernt und denkt und ausspricht, was der Fürst gestattet; seinem offenen, stolzen Wesen war das weibische Intriguiren, war das Buhlen um Gold und Gunst und Amt ein Ekel. Sollte er als Leiter Oesterreichs wirken, so mußte er das Unlebendige beleben und eigene Bewegung in die nur mechanisch bewegte Masse bringen.

Den Versuch in den Kriegen gegen Napoleon sich auch an das Gemüth Derer, die dieselben führen sollten, zu wenden, hatte die österreichische Regierung schon 1805 gemacht. In einer Proclamation vom 28. October sprach der Kaiser folgende Worte, als das Unglück von Ulm hereingebrochen war: „Mag Trunkenheit des Glücks oder unseliger und ungerechter Geist der Rache den Feind beherrschen; ruhig und fest stehe ich im Kreise von fünfundzwanzig Millionen Menschen, die meinem Herzen und meinem Hause theuer sind; ich habe Rechte auf ihre Liebe, denn ich will ihr Glück; ich habe Rechte auf ihre Mithülfe, denn was sie für den Thron wagen, wagen sie für sich selbst, für ihre Familien, für ihre Nachkommen, für ihr Glück und ihre Ruhe. Noch lebt in den Herzen der guten und biederen Menschen, für deren Glück und Ruhe ich kämpfe, der alte vaterländische Geist, der bereit ist zu jeder That und jedem Opfer, um zu retten, was gerettet werden muß: Thron und Unabhängigkeit, Nationalehre und Nationalglück." — An demselben Tage rief Graf Saurau als landesfürstlicher Hofcommissar die Jünglinge Wiens vom Adel und von der Bürgerschaft bei ihrer gemeinschaftlichen Pflicht auf, zur Erhaltung der Ordnung und Sicherheit in der Residenzstadt sich der Bürgermiliz einzuverleiben und Garnisondienste zu thun. Die Ungarn hatte der Kaiser, als er am 7. November den Landtag schloß, mit den Worten angeredet: „Theure Ungarn, ich erblicke schon auf dem Kampfplatze Eure Heldenthaten, zu welchen Euch Eure Liebe und Treue auffordert; Ihr würdigen Söhne Eurer in der Geschichte mit Heldenmuth prangenden Voreltern, Ihr großmüthigen Ungarn, Euch ist es wieder vorbehalten, die Geschichte meines Hauses und Eures Vaterlandes mit glänzenden Thaten zu bereichern u. s. w." Diese neue ungewohnte Sprache hatte aber ihr Ende mit der Bekanntmachung vom 11. November erreicht, in welcher der Kaiser die Bewohner Wiens zur Ruhe, Ordnung und einem bescheidenen Betragen auffordern ließ, wenn die französischen Truppen in Wien einrücken würden.

Graf Stadion hatte, als er sein Amt antrat, zunächst keine Veranlassung, durch Proclamationen unmittelbar zum Kampfe zu entflammen, aber daß der künftige Krieg nur dann Aussicht auf Erfolg habe, wenn die Oesterreicher aus ihrer stumpfen Gleichgültigkeit geweckt würden, war seine Ueberzeugung; er wollte Leben und Bewegung in die Geister bringen.

Große Erwartungen wurden von ihm gehegt, als er sein neues Amt antrat; etwas Außerordentliches ward erwartet, obschon Niemand zu sagen wußte, worin es bestehen werde; die Einen dachten vorzugsweise an die Finanzen, die Andern sprachen von Milderung oder, als Graf Colloredo, „der größte Gegner der Preßfreiheit", gestorben war, von Aufhebung der Censur, noch andere erwarteten ganz allgemein ungewöhnliche Maßregeln zur Förderung der Geistescultur, zur Belebung und Verbreitung der mit vernunftmäßiger Religion so eng verschwisterten philosophischen und historischen Kenntniß. Die Regierung steigerte die allgemeine Spannung, indem sie sich in ihren Bekanntmachungen einer in Oesterreich lange nicht gehörten aufregenden Sprache bediente. „Ich kenne kein größeres Glück als das Glück meiner Völker", erklärte der Kaiser in einer Proclamation vom 1. Februar, „keinen größeren Ruhm, als Vater dieser Völker zu sein, die an Brudersinn, fester unerschütterlicher Ruhe, an reiner Liebe zu ihrem Monarchen und Vaterland keiner Nation Europa's nachstehen. Die Staatsverwaltung hat mehr als jemals große, schwere Pflichten zu erfüllen, und sie wird sie erfüllen, aber sie hat auch mehr als jemals die höchsten Rechte auf die Mitwirkung aller Volksclassen zu dem wohlthätigen Zwecke, die inneren Staatskräfte durch Verbreitung der Geistescultur, durch Belebung der Nationalindustrie in allen ihren Zweigen, durch Wiederherstellung des öffentlichen Credits zu erhöhen und dadurch die Monarchie auf jener Stufe zu erhalten, welche sie bisher unter den Staaten Europa's behauptete. Jeder Augenblick meines Lebens sei der Erhöhung der Wohlfahrt der edlen guten Völker geweiht, welche mir theuer sind, wie Kinder meines Herzens." —

„Die Bravheit unserer Vorfahren gründete unsere Freiheit", heißt es in der überall in den österreichischen Ländern wiederhallenden Rede des Erzherzog-Palatinus 1807 bei Eröffnung des ungarischen Landtages; „diese Freiheit schrieb uns unsere Verfassung vor, diese Verfassung beglückte uns, und mit Hülfe alles dessen hat unsere Seelengröße, Tapferkeit, Freigiebigkeit und Standhaftigkeit immer gesiegt. Das waren die Mittel, durch welche unser glückliches Vaterland den Geist einer freien Nation, die Gewalt der eigenen Gesetzgebung und den Ruhm bewährte, sein allgemeines Beste selbst zu schaffen." — „Es ist", heißt es in einer ohne Zweifel officiellen Mittheilung im Jahre 1807, „fester Entschluß unseres Monarchen, die aus einer beinahe zwanzigjährigen Anstrengung nach Außen hin nothwendig im Inneren entstandenen Uebel und Gebrechen von Grund aus zu heben und nicht bloß durch Palliativmittel für den Augenblick Erleichterung zu verschaffen. Die herrlichen Geistesanlagen, welche den verschiedenen Nationen des österreichischen Kaiserthums eigen sind, sollen künftig durch eine bessere Erziehung, durch zweckmäßigere Unterrichtsanstalten, durch größere Preßfreiheit, durch ungehinderte Benutzung der Culturschätze des Auslandes freier entwickelt, ausgebildet und mit Kenntnissen aller Art bereichert werden; das schlummernde oder unterdrückte Talent soll aufgemuntert, das schüchterne Verdienst hervorgezogen werden, wodurch sich gewiß bald die Anzahl der großen Männer vermehren muß, deren der Monarch bedarf. Die Betriebsamkeit aller Unterthanen der Monarchie soll, auf gleiche Weise belebt, immer neue Zweige der Beschäftigung und des Erwerbs finden; den öffentlichen Credit werden wohlgeordnete Finanz= einrichtungen, die sich auf rege Nationalindustrie, activen Handel, weise Benutzung des Nationalreichthums und pünktliche Erfüllung über= nommener Verbindlichkeiten gründen, in kurzer Zeit herstellen." — So unbeholfen diese und mehr noch die Bekanntmachungen der Landes= stellen sich auch in der ungewohnten Sprache bewegen, bekunden sie doch, daß die neue Regierung Oesterreichs von einem neuen Geiste belebt war. Zu Thugut's, zu Cobenzl's Zeit wären sie unmöglich gewesen, und Graf Stadion ließ es, um das Unlebendige zu beleben, nicht bei Bekanntmachungen.

Die Bildungsanstalten Oesterreichs hatten bisher unter Aufsicht der böhmisch=österreichischen Hofcanzlei gestanden; im Frühjahr 1808 ward der bisherige Referent in Studiensachen, Hofrath von Giuliani, in Ruhestand versetzt und unter Vorsitz des Grafen Ugarte eine be= sondere Studien=Hofcommission eingesetzt, in welcher die Provinzial= Bildungsanstalten eigene Vertreter hatten. Schon im März 1806 war eine sehr ausführliche Verordnung erschienen, durch welche der Buchhandel, „weil er auf die Nationalbildung, auf Künste und Wissen= schaften einen so mächtigen Einfluß habe", geordnet und gefördert werden sollte. Forstinstitute und landwirthschaftliche Lehrstellen wurden gegründet, die jährlichen Einnahmen der Wiener Bibliothek ansehnlich vergrößert, für Ungarn die militärische Bildungsanstalt zu Waitzen errichtet; zur Erleichterung des Verkehrs wurden neue Straßenbauten vorgenommen, die Wasserwege geordnet und Handelsconventionen mit den benachbarten Staaten geschlossen; der Kaiser selbst munterte durch Besuch der Fabriken innerhalb und außerhalb Wiens den Unter= nehmungsgeist auf.

Die Folgen dieser veränderten Haltung der Regierung traten un=

geachtet der politischen Ungewißheit aller europäischen Verhältnisse schnell ein, in der ganzen Monarchie zeigte sich erhöhte gewerbliche Thätigkeit. Die Fortschritte der Fabriken in Wien, in Linz, überhaupt in Oesterreich ob und unter der Enns, namentlich der Wollen-, Bronze- und Glaswaaren erregten die Aufmerksamkeit selbst des Auslandes; von Ungarn aus erhielt der Handel mit der Türkei einen ganz neuen Aufschwung, in Galizien versuchten die großen Grundherren den früher wenig bekannten Hanf-, Flachs- und Kleebau, eiferten der mährischen Schafzucht nach, zogen Weber aus den benachbarten Ländern herbei und verarbeiteten die Wolle. In Böhmen trat die hydrotechnische Gesellschaft zusammen, um die Schiffbarmachung der böhmischen Flüsse zu fördern; selbst in Croatien wurde die Anlage von Glashütten gewagt. Auch auf geistigem Gebiete zeigte sich die neue Bewegung: in Böhmen und Mähren bildeten sich Gesellschaften zur Förderung österreichischer Geschichtskunde und legten Provinzialmuseen an; der ungarische Landtag gründete unter lautem Jubel die militärische Academie zu Waitzen; eine Anzahl neuer vaterländischer Zeitschriften erschienen; Hormair begann die Herausgabe des österreichischen Plutarch; in Wien erhielt Wissenschaft und Literatur eine Art gesellschaftlicher Geltung; Friedrich Schlegel ward aufgenommen, im Winter von 1807 zu 1808 erschien Frau v. Stael, mit ihr August Wilhelm Schlegel und hielt mit ausdrücklich und eigenhändig ertheilter Erlaubniß des Kaisers die Vorlesungen über dramatische Kunst und Litteratur; beinahe dreihundert Männer, welche die bedeutendsten Stellen am Hofe, im Staate, in der Armee bekleideten, Gelehrte und Künstler, Frauen von der gewähltesten geselligen Bildung wohnten denselben bei. „Eine allgemeine Rührung ließ sich", schreibt Schlegel selbst, „in der letzten Stunde spüren, erregt durch so Vieles, was ich nicht sagen konnte, aber worüber sich die Herzen verstanden. Auf dem, der weltlichen Macht unzugänglichen, geistigen Gebiet des Denkens und Dichtens fühlen die vielfach getrennten Deutschen ihre Einheit, und in diesem Gefühl, dessen Sprecher die Schriftsteller und Redner sein sollen, darf uns, mitten unter verworrenen Aussichten, eine erhebende Ahnung anwandeln von dem großen unsterblichen Berufe unseres seit uralter Zeit in seinen Wohnsitzen unvermischt gebliebenen Volkes."

Die geistigen Kräfte Oesterreichs waren auf dem Wege, eine Macht zu werden, und die Regierung bemühte sich eifrig, diese Macht für sich zu gewinnen. Der Kaiser selbst ließ das Gewinnende seiner Persönlichkeit nicht ungenützt; die öffentlichen Audienzen, zu denen nicht selten mehr als dreihundert Personen sich drängten, die Reisen mit seiner jungen Gemahlin, öffentliche Feierlichkeiten aller Art wurden ihm ein Mittel, die Gemüther zu fesseln; dem Begräbniß der zweiten Gemahlin des Kaisers, der Vermählung mit der dritten, dem Jahrestag der Rückkehr des Kaisers nach Wien aus dem Kriege von 1801 wurde eine möglichst allgemeine Bedeutung gegeben. Durch die Zeitungen ward die Nachricht verbreitet, daß sich der Kaiser alle Schriften über die innere Verwaltung von der obersten Censurstelle zur eigenen Prüfung vorlegen lasse; die Erzherzöge machten sich in den einzelnen Landestheilen zu Mittelpunkten der hervorragenden Kreise: in Ungarn war Erzherzog Joseph Palatinus, Erzherzog Carl Ferdinand Erzbischof von Gran und Primas; in den warasdiner, slavonischen und bannatischen Militärgrenzen war Erzherzog Ludwig Obergeneral aller Grenzregimenter; Erzherzog Carl war Generalcapitän von Böhmen.

Ueberall ward den Beamten eine neue Stellung dem Volke gegenüber eingeschärft. „Ein gottesfürchtiges und tugendhaftes Betragen der Vorgesetzten und Beamten", heißt es in dem Cabinetsschreiben des Kaisers vom 25. Juli 1808 an die Hofcanzlei, „macht bei den Untergebenen, überall bei dem gemeinen Manne und auf dem Lande, den besten und tiefsten Eindruck. Gerade ihr gutes Beispiel wirkt in Absicht auf die genaue und gewissenhafte Erfüllung der Unterthanspflichten des Volkes wohl mehr, als die sonst oft unvermeidliche Strenge." — Die Regierung bediente sich bei ihren Anordnungen der freundlichsten Form und war freigebig mit Anreden, wie „achtungswürdige, biederherzige Bürger, edle großgesinnte Bewohner"; der Leopoldsorden ward 1808 gestiftet und sollte das Verdienst ohne Unterschied der Geburt, des Standes und der Religion ehren. Vor Allem wurde nichts versäumt, um die Stimmung der Ungarn zu gewinnen; der Kaiser eröffnete und schloß die Landtage in Person; die Erzherzöge erschienen in ungarischer Uniform; die junge Kaiserin ward als Königin von Ungarn gekrönt und rief durch ihr anmuthiges Auftreten und freundliche Anreden die rauschendste Begeisterung des Landtages hervor. Auch die fernen Grenzer wurden nicht vergessen; als der Kaiser neue Anordnungen ihrer Verhältnisse erließ, dankte er für ihren Muth, die Standhaftigkeit und Bereitwilligkeit, mit welcher sie sich jeder Zeit dem kaiserlichen Waffendienst gewidmet hätten, und schloß mit den Worten: „damit haben wir die erste Grundlage des staatsbürgerlichen

Zustandes unserer getreuen und tapferen Grenzer vollendet". Selbst den Protestanten gegenüber nahm die Regierung eine versöhnliche Haltung an; die Consistorien derselben zu Wien wurden vom Kaiser und von der Kaiserin zur Audienz zugelassen und in denselben die erbländischen Protestanten freundlich belobt; die protestantischen Geistlichen erhielten das dem katholischen Clerus zustehende Privilegium, den abligen Landrechten untergeordnet zu sein; die Schulen der Protestanten wurden der Aufsicht der katholischen geistlichen Behörden, unter denen sie bisher gestanden hatten, entzogen und den Kreisämtern untergeordnet.

„Es war in der That", wie Niebuhr später schrieb, „eine höchst merkwürdige Metamorphose in Oesterreich vorgegangen; die Kräfte des Gemüthes herrschten vor; aber diese Metamorphose bezog sich doch zunächst nur auf die im Volke herrschende Stimmung und auf die Haltung, welche die Regierung ihr gegenüber einnahm. Der Staat und die politischen Einrichtungen waren noch nicht von derselben berührt. Eine Stimmung, wie die vor 1809 in Oesterreich herrschende, würde unter anderen Umständen die Regierung zu großen Umgestaltungen in den politischen Einrichtungen gedrängt oder in die schwierigsten Verwickelungen gebracht haben. Damals aber war alle Bewegung der Geister nur auf den Kampf gegen Napoleon gerichtet, und es hing von der Regierung ab, ob sie auch in den politischen Einrichtungen eine Umwandelung, welche der aufgeregten Stimmung des Volkes entsprach, eintreten lassen wollte oder nicht."

Große Schwierigkeiten waren zu überwinden, um in dem damaligen Augenblicke eine durchgreifende Umbildung der politischen Einrichtungen eintreten zu lassen.

Die Regierungsüberlieferungen von mehr als einem Jahrhundert standen entgegen; Alles hatte sich in einen Zustand eingelebt, in welchem jedes, was geschah, auf der Voraussetzung ruhte, daß in den größten wie in den kleinsten Verhältnissen Niemand selbst eine Verantwortung zu übernehmen habe; der Kaiser hatte, widerwillig zwar, kund gethan, daß er sich zum Zweck des Krieges ein politisches Wollen, ein selbstständiges Mitwirken seiner Unterthanen gefallen lassen könne, aber nie ließ er von der Ansicht ab, daß nur Furcht die Unterthanen abhalten könne, die Selbstständigkeit nicht auch ohne oder wider des Kaisers Willen zu gebrauchen; am Hofe wie in den Ministerien schien es Allen eine Unmöglichkeit, daß selbst der Mann von wirklichem Talent sich und seine Ansicht geltend machen könne, wenn er nicht zum Intriguiren und Schmeicheln, zum Eingehen auf die Wünsche der Einflußreichen, zur Benutzung auch niedriger Leidenschaften und gegenseitiger Eifersucht, zur Ausbeutung wechselseitigen Mißtrauens und Uneinigkeit seine Zuflucht nehme. Die Beamten in den verschiedenen Landestheilen konnten nicht dadurch zum selbstständigen Handeln geführt werden, daß ihnen gesagt ward: „Handelt selbstständig", und im Volke selbst war die Fähigkeit, sich ohne Befehl zurechtzufinden, so sehr verloren gegangen, daß sie den Gedanken der Regierung, sich selbstständig und frei zu bewegen, aufzunehmen schwerlich im Stande waren.

Das durch Jahrhunderte groß gezogene Leben des Staates in eine neue Bahn werfen zu wollen, ohne irgend eine Aussicht, ob der gewaltige Feind auch nur Monate gewähren werde, um das neue Leben zu gestalten, die alten Kräfte zu zerrütten, ohne Gewißheit, die neuen Kräfte ausbilden zu können, Einrichtungen zu ändern, ohne die Personen ändern zu können, eine freie, selbstständige Bewegung schaffen zu wollen, ohne freie, selbstständige Männer schaffen zu können, war ein Unternehmen, welches jeden nicht zu einem milden Wege geneigten Staatsmann wie den Grafen Stadion aus Gründen, die in seiner Persönlichkeit lagen, in erhöhtem Grade mit ernsten Bedenken erfüllen mußte.

Graf Stadion gehörte nicht allein seiner Geburt, sondern auch seiner gesammten Anschauungweise und Denkungsart nach den historischen Familien an. Was bestand, war ihm schon, weil es bestand und geworden war, ein Gegenstand der Achtung und Zuneigung; das Bestehende beleben, von Entartungen und Niedrigkeiten befreien, wachsen und sich aus seinem Kerne heraus entwickeln lassen, war Stadion's politischer Natur angemessen; aber das historisch Gewordene zu beseitigen und durch ein Anderes, Neues zu ersetzen, lag seiner Gesinnung fern. Eigentlich zu Hause war er mit seinem inneren und äußeren Leben nur in den Geschlechtern, welche eine Geschichte hinter sich hatten. In echt aristokratischen Gewohnheiten und Anschauungen bewegte sich sein Leben; den Adel, der Alles, was er war, nur durch die Gunst eines Fürsten geworden war, schätzte er gering; den Adel, der nach Hofgunst, nach Geld und Stellen jagte, in Intriguen sich einließ und von der Willkür einflußreicher Menschen sich abhängig machte, verachtete er; aber die Geschlechter, die in der Geschichte wurzelten, mit dem Reiche oder einzelnen Theilen desselben verwachsen waren, erschienen ihm als der eigentliche Nerv, Halt, Schutz und Rettung des Staates; ihnen nur traute er Männlichkeit, Ehre, Aufopferung, Selbstständigkeit und Kraft als von den Vätern überkommenes Stammgut zu; „daß ein Reichsgraf, Commenthur des deutschen Ordens oder ein Ritter=hauptmann demselben genus wie ein Bürger von Ulm oder ein trientischer Bauer angehöre, ist", bemerkt einer seiner Beurtheiler, „dem Grafen Stadion wahrscheinlich niemals recht deutlich geworden". Eine Um=gestaltung Oesterreichs, welche neben die historischen Geschlechter andere Glieder der Nation als in den großen Verhältnissen auch politisch be=rechtigt und befähigt hätte stellen können, mußte für Stadion außer=halb aller Möglichkeit liegen. Auch war er vorwiegend Diplomat, hatte an fremden Höfen und nie dauernd in Oesterreich gelebt; wohl hatte er aus seinem Aufenthalt in London einen großen und weiten Blick auch für die Bedeutung des Handels, der freien Bewegung mit=gebracht, aber er kannte die inneren Verhältnisse nicht aus eigener An=schauung und hatte in der inneren Verwaltung keine eigene Erfahrung. Nach der Ansicht, dem Urtheil und der Erfahrung Anderer auszu=führen, würde ihm bei der ihm innewohnenden Selbstständigkeit aber auch dann nicht möglich gewesen sein, wenn er überhaupt eine schöpferische Natur gewesen wäre; in keinem Abschnitte seines Lebens aber möchte sich ein Beweis dafür finden lassen, daß wirkliche poli=tische Schöpferkraft ihm innegewohnt hätte.

Die Männer, welche dem Grafen Stadion in jenen entscheidenden Jahren politisch zur Seite standen, waren nicht geeignet, Stadion wider seine eigene Natur zu großen und gewagten Umgestaltungen zu treiben. Am meisten wäre vielleicht sein ihm das ganze Leben hin=durch persönlich sehr nahe stehender Bruder Friedrich Lothar dazu ge=neigt und geeignet gewesen. Graf Friedrich Stadion war zwei Jahre älter als sein Bruder Philipp; er hatte diesem die Rechte des Erst=geborenen abgetreten und war in den geistlichen Stand getreten. Ihre ganze Jugend hatten beide Brüder gemeinsam verlebt und blieben während ihres ganzen Lebens auf das Innigste verbunden. Als Philipp in österreichische Dienste trat, wendete Friedrich sich dem chur=mainzischen und würzburgischen Dienste zu, ward Domherr, Mitglied und Präsident der Regierung; als 1806 sein Bruder die Leitung der auswärtigen Angelegenheiten übernahm, begab er sich in dessen Nähe. Er hatte mit seinem Bruder die edle Reinheit und Männlichkeit der Gesinnung und das stolze Bewußtsein, ein Stadion zu sein, gemein=sam; geachtet und geehrt war er in jedem Verhältnisse gewesen, in welchem er sich bewegt hatte. „Graf Fritz Stadion ist hier Domi=cellar", hatte schon 1788 Georg Forster aus Mainz geschrieben; „er wird allgemein für einen vortrefflichen Mann gehalten und scheint diesen Ruf vollkommen zu verdienen." Einen Mann von kluger, freier Einsicht, von edlem Wesen, nannte ihn zwanzig Jahre später Bettina Brentano, die ihn in München als österreichischen Gesandten sah; als Mann voll Geist, Herz und Sinn bezeichnet ihn Niebuhr. — Wie sein Bruder liebte und ehrte er die alte Reichsverfassung und haßte Napoleon; wie Jener hatte auch er von früher Jugend an die erstarrten und verhärteten Zustände, von denen er sich umgeben sah, beleben und erfrischen wollen; aber Alles, was er angriff, erfaßte er mit höherem Schwunge der Phantasie und größerer Wärme des Herzens als Graf Philipp. Niebuhr nennt ihn reicher an Gemüth und geistiger, und dieses Urtheil Niebuhr's theilen wohl Alle, die beide Brüder kannten. Auch die Verschiedenheit ihres Lebensganges hatte zwischen Beiden eine Verschiedenheit der politischen Anschauung hervorgerufen. Graf Philipp hatte nur auf Gesandtschaftsposten gelebt, nur in der großen Welt verkehrt, nur in den großen Verhältnissen der europäischen Mächte unter einander gehandelt; er kannte nur die Höfe und den großen Adel, nicht die Nation, und konnte, was er nicht kannte, auch nicht würdigen; Graf Friedrich war als Geistlicher Glied einer großen Genossenschaft, die sich aus allen Bestandtheilen der Nation zusammensetzt und in welcher, ungeachtet Bischöfe und Domherren fast ausschließlich der deutschen Aristokratie angehörten, seit dem Ende des vorigen Jahrhunderts ein Geist sich hindurchzog, den man vielleicht als politisch-demokratisch bezeichnen darf. Dalberg, welcher die Jugenderziehung beider Brüder berathen hatte, und seine kirchliche und politische Aufklärung im Sinne des vorigen Jahrhunderts scheint nicht ganz ohne Nachwirkung auf Graf Friedrich geblieben zu sein. Als Verwaltungsbeamter hatte er in Würzburg und Mainz die verschiedenen Stufen des Dienstes durchlaufen und war durch sein Amt in den vielfachsten Verkehr mit Menschen aller Stände gekommen und hatte in die Verhältnisse der verschiedensten Lebenskreise hineingesehen. Daß hinter dem Berge auch noch Leute wohnen, war ihm nicht verborgen geblieben, und das Gewicht, welches mit schnell steigender Bedeutung die nicht den Nachkommen der alten Grafen und Ritter angehörenden Kräfte der Nation gewannen, hatte sich ihm in seinem Amtsleben unwiderstehlich aufgedrängt. Graf Friedrich's deutsche Gesinnung, sein Haß gegen Napoleon, die Wärme seines Herzens und der Flug seiner Phantasie, sein offenes Auge für das Dasein mächtig wirkender Kräfte außerhalb der Grafenbänke und der Reichsritterschaft und seine Empfänglichkeit für die Gedanken, welche die Zeit beherrschten, hatten in ihm die seinem Bruder innewohnende Scheu vor durchgreifenden Neugestaltungen und vor Entfesselung der in allen Theilen der Nation liegenden Kräfte zurückgedrängt; das innige brüderliche Verhältniß zu Graf Philipp sicherte seinem Andringen auf entschlossenes Neugestalten Einfluß. Graf Philipp berief, sobald er die Leitung Oesterreichs übernommen hatte, seinen Bruder und wollte zunächst dessen Hülfe für die Ordnung der Finanzen in Anspruch nehmen; aber die Anwesenheit des warmen, dringenden Mannes in Wien scheint für zu bedenklich gehalten zu sein, er ward entfernt und als österreichischer Gesandter nach München geschickt. Er starb im December 1810, ohne die Befreiung Deutschlands erlebt zu haben.

So belebend daher Graf Stadion und der Kreis, welcher sich ihm anschloß, auf die Stimmung im Volke wirkte und wirken wollte, so entschlossen er die lange mit ängstlicher Anstrengung niedergehaltenen geistigen Kräfte in Bewegung zu setzen versuchte, so entschieden wollte er doch auch, daß das neue Leben und die neue Bewegung sich nur innerhalb der bestehenden politischen Formen und Einrichtungen zeigen solle. Nicht einmal den Versuch zur Umgestaltung der hergebrachten Regierungsform machte er. Es blieb die Zusammenhangslosigkeit und enge Umgrenzung der höchsten Hofstellen; es blieb die Unselbstständigkeit und der Mechanismus der Landesstellen. Die Landtage blieben Postulat=Landtage nach wie vor, die städtischen Gemeinden erhielten keinen Raum, ihre eigenen Angelegenheiten selbst zu versorgen; für die bäuerlichen Verhältnisse wurde weder in Beziehung auf die bäuerlichen Lasten noch in Beziehung auf die Stellung der Herrschaft der Grundherren irgend eine Aenderung auch nur vorbereitet; die Veranstaltungen zur ängstlichen Ueberwachung des Unterrichts und der Presse blieben bestehen. In Beziehung auf die Finanzen wollte Graf Stadion allerdings tief eingreifende Umgestaltung; umfassender Verkauf von Staatsgütern, Erhöhung der alten Anordnung neuer Steuern ward beschlossen, Thugut ward wieder herangezogen, der Däne Eggers berufen, einen Rath zu geben. Die wunderlichsten Vorschläge, durch welche innerhalb eines Jahres die gesammte Papiernoth beseitigt werden sollte, wurden geduldig angehört, geprüft und verworfen; aber auch nachdem 1808 O'Donnel an der Stelle des Grafen Zichy die Leitung der Finanzen übernommen hatte, gelang eine Ordnung derselben so wenig, daß Graf Stadion rücksichtslos erklärte, ohne englische Subsidien sei jeder Krieg unmöglich.

Es war mit dem Auftreten des Grafen Stadion der Anfangs=
punkt einer neuen Richtung für Oesterreich gegeben, aber einer Rich=
tung, die entweder wieder verlassen werden oder über sich selbst hinaus
zu einem Anderen bringen mußte. Innerhalb der gegebenen Formen
konnte das neue Leben sich nicht bewegen; wollte oder konnte die Re=
gierung eine Umgestaltung der politischen Form nicht wagen, so mußte
sie das hervorbringende Leben wieder niederdrücken, oder fürchten, daß
es gewaltsam und eigenmächtig die alte Form zersprengen werde. Der
Ausgang des nächsten Krieges gegen Frankreich mußte darüber ent=
scheiden, welchen Gang die Regierung nehmen werde.

Viertes Capitel.
Der Erzherzog Carl und seine Richtung.

Wie dem Grafen Stadion stand auch dem Erzherzog die Gewiß=
heit eines neuen Krieges gegen Napoleon und die Nothwendigkeit, den=
selben gestützt auf die eigene Kraft Oesterreichs zu führen, fest. Wie
Stadion wollte der Erzherzog zu diesem Zwecke die Kräfte, welche
Oesterreich besaß, von dem sie niederhaltenden Drucke befreien, wollte
sie beleben und die Macht des Geistes in ihnen zur möglichst großen
Wirkung bringen. Der Erzherzog aber war der Feldherr Oesterreichs;
das nächste und eigentliche Ziel seines Strebens war das Heer und
die Führung des Krieges. Vor seiner Seele standen die schweren Er=
fahrungen, welche Oesterreich in den beiden letzten Kriegen gemacht
hatte; „die Truppen waren überzählig", sagte er, „mit Allem aus=
gerüstet, und ein guter Geist herrschte unter ihnen". Den letzten Grund
der schweren Mißgeschicke fand er in dem Zwiespalt der Kriegführung,
herbeigeführt durch die Abhängigkeit der commandirenden Generale
vom Hofkriegsrath und durch die Unabhängigkeit, in welcher die Be=
fehlshaber der verschiedenen vor dem Feinde stehenden Heerestheile sich
von einander und von einem obersten Führer bewegten. Ueber die
unausbleiblichen Folgen beider Uebelstände hat Erzherzog Carl selbst
sich, freilich wie seine Stellung es verlangte, nur in Andeutungen,
aber doch verständlich genug, in der Geschichte des Feldzuges von

21*

1799 ausgesprochen, und die Ansichten, welche er 1819 veröffentlichte, bestimmten schon von 1805 bis 1809 seine Haltung.

„Der Hofkriegsrath hatte 1799", äußerte er sich, „Alles geleistet, was in seinem Wirkungskreise lag, aber von der Anordnung bis zur Erfüllung ist ein weiter Raum, der am Schreibepult selten berechnet wird und den Feldherrn in große Verlegenheit setzt. Man soll zur Ausführung schreiten, ehe die Mittel bereit sind; dadurch entstehen Mißgriffe oder Mißverständnisse, die für das Ganze verderblich, kränkend für den Feldherrn und niederschlagend für die Armeen ausfallen. Sie sind nicht selten in der Kriegsgeschichte Oesterreichs und werden sich überall erneuern, wo die Administration unabhängig von dem Feldherrn und unbekannt mit dem Gange und dem Zwecke der Kriegsereignisse die Voranstalten einleitet und für die Ausführung derselben nicht verantwortlich bleibt." —

Schärfer noch sprach der Erzherzog das bittere Gefühl aus, mit welchem er die Einmischungen des Hofes und des Hofkriegsrathes während des Krieges selbst empfunden hatte. „Es bestätigte sich wieder", sagt er einmal, „wie gefährlich es sei, wenn die entfernten Cabinette während des Laufes eines Feldzuges bestimmte Befehle über den Gang der Operationen ertheilen, statt ihrem Feldherrn nur im Allgemeinen den Zweck und die Ansichten bekannt zu machen, nach welchem sie vorgehen sollen." — „Der Feldherr hat Alles zu thun", äußert er sich ein anderes Mal, „um die Fehler seiner Regierung durch Vorstellungen aufzudecken und deren unselige Folgen zu verhüten. Mehr liegt nicht in dem Wirkungskreise derjenigen, welche von den Regierungen als Werkzeuge ihres Willens betrachtet werden und denen nur selten die Wahl der Mittel, die Art und die Zeit der Ausführung überlassen bleibt. Wie oft sind nicht Feldherren in dem Falle, die Tugend heroischer Hingebung in größerem Maße zu üben als ihre Untergebenen, wenn diese aufgeopfert werden, um das Ganze zu retten." — Lebhaft bezeichnet er den Zustand seiner inneren Unsicherheit, wenn er zwischen Ungehorsam gegen die Befehle der Regierung und dem Verderben des von ihm befehligten Heeres zu wählen hatte. „Der Grund der politischen Rücksichten", heißt es einmal, „welche den Erzherzog aus der Schweiz entfernen sollten, war ihm nicht so klar, daß er sich ganz darüber hinwegsetzen konnte; wenigstens mußten sie Zweifel in ihm erwecken, und wann hat ein zweifelnder, in Ungewißheit schwebender Feldherr entschlossen gehandelt?" — „Der Wunsch des Erzherzogs", heißt es ein anderes Mal, „stand im Widerspruche mit den Verhaltungsbefehlen des Hofes, deren Befolgung ihm sein Gefühl als Pflicht auferlegte; das brachte ein ungewöhnliches Schwanken in seinen Entschlüssen hervor." — "Das Opfer des Feldherrn", ruft er in bitterem Unwillen aus, "der unzweckmäßigen Weisungen, die durch ihm unbekannte Beweggründe veranlaßt sind, folgt und seine bessere Ueberzeugung mit dem Gefühle aufgiebt, auch seinen Ruhm auf das Spiel zu setzen, ist eines der größten unter den vielen, welche der Feldherr dem öffentlichen Wohl zu bringen verbunden ist." —

Die Abhängigkeit des Feldherrn vor dem Feinde von dem Hof= kriegsrathe in Wien erschien dem Erzherzog als die eine Ursache der Niederlagen Oesterreichs; die zweite gleich starke fand er darin, daß dem französischen Heere gegenüber Oesterreich den Krieg mit mehreren Armeen führte, welche nicht unter einer gemeinsamen Führung, son= dern von mehreren gleichberechtigten Generalen standen. "Oesterreich vermißte 1799", schrieb er, "den Vortheil der Einheit im Commando, dem es im Feldzug von 1796 das Glück seiner Waffen verdankte. Bellegarde war in Tyrol und Erzherzog Carl in Schwaben, Beide mit sehr überlegenen Kräften ohnmächtig. In Beiden kämpfte die Ueberzeugung von der Nothwendigkeit, von der Möglichkeit zu wirken mit den Hindernissen, die sie umgaben, und ihr empörter Sinn gegen unwillkürliche Unthätigkeit suchte selbst in der Vergrößerung dieser Umstände ein Mittel, sich dem eigenen Geständnisse zu entziehen, daß sie dort stehen blieben, wo gehandelt werden sollte und konnte. Keiner wollte eine offensive Operation beginnen, ohne von der thätigen Mit= wirkung des Anderen überzeugt zu sein, und doch war ein Jeder stark genug, um sie selbstständig zu unternehmen; hätte nur Einer das Eis gebrochen, der Andere würde nicht zurückgeblieben sein; allein es ent= stand zwischen ihnen eine weitläuftige Correspondenz, Verhandlungen, die, so lange Krieg geführt ward, kein bestimmtes Resultat hervor= gebracht haben und bei der großen Entfernung der Hauptquartiere es auch nicht konnten." — "Wenn zwei Feldherren", sagt der Erzherzog an einer anderen Stelle, "von einander unabhängig sind, so betrachtet Jeder den ihm angewiesenen Posten wo nicht als den wichtigsten, doch als jenen, an den seine Ehre geknüpft ist; sie werden sich daher nicht leicht zu dem nämlichen Zweck vereinigen, und sollten sie es auch, so wird ihn Jeder auf eine verschiedene Weise erreichen wollen." —

Bei dem scharf eindringenden Blick in die Ursachen des Ausganges der beiden letzten Kriege mußte der Erzherzog es als Voraussetzung irgend einer Aussicht auf künftigen Erfolg betrachten, daß der Feld=

herr, welcher künftig gegen Napoleon commandiren sollte, auch die Vorbereitungen zum Kriege treffe, und daß derselbe nicht dem Hofkriegsrathe, sondern der Hofkriegsrath ihm untergeordnet sei, und im Kriege selbst keine Generale neben sich, sondern nur unter sich habe. Die Lage Oesterreichs war nach der Schlacht von Austerlitz der Art, daß der Kaiser, um dem sicheren Untergange zu entgehen, auch zu dem ihm schwersten Schritt gedrängt ward, und die Gründe, welche der Erzherzog geltend machte, waren so unwiderleglich, daß selbst der Kaiser sich deren Gewicht nicht entziehen konnte. Schon im Januar 1806 stand die Ernennung eines Oberfeldherrn und eine Machtstellung desselben, wie der Erzherzog sie als nothwendig ausgesprochen, fest; aber die Frage, wer Oberfeldherr sein werde, war dadurch noch nicht entschieden, und doch war die Bestimmung der Person nicht weniger wichtig als die Bestimmung der Stellung, denn der Kaiser konnte nur das Recht zur militärischen Leitung Oesterreichs verleihen; die Thatsache der Leitung aber, das Geltendmachen des verliehenen Rechts mußte der Ernannte sich aus sich selbst gewinnen; die Schwierigkeiten, welche er zu überwinden hatte, waren nicht gering; die ganze Macht einer tiefeingewurzelten Gewohnheit stemmte dem Feldherrn sich entgegen, der aus einer kräftigen Persönlichkeit heraus frei und auf eigene Verantwortlichkeit in den militärischen Verhältnissen schaffen, gestalten und handeln wollte. Alle Einrichtungen des Heeres, die Stellung der höheren und niederen Befehlshaber, die Formen des Geschäftsganges, die Handlungs- und Anschauungsweise der Officiere hatten den Hofkriegsrath zur Voraussetzung und mußten für diesen ein Verbündeter werden im Kampfe gegen das selbstständige Auftreten eines Oberfeldherrn. Die Eifersucht der Generale, die Eifersucht der Erzherzöge, des Cabinets, ja des Kaisers selbst mußte der neuen Erscheinung eines Oberfeldherrn auf jedem Schritt und Tritt ein Hinderniß sein. Es gab wohl nur eine Persönlichkeit in Oesterreich, welche allen diesen Schwierigkeiten mit Aussicht auf Erfolg entgegentreten konnte.

Der Erzherzog hatte eine lange und bedeutende militärische Laufbahn als Feldherr hinter sich. Bei Jemappes hatte er 1792 unter seinem Adoptivvater, dem Herzog Albert von Sachsen-Teschen, die erste Schlacht gesehen, dann bei Tournay 1794, zweiundzwanzig Jahre alt, die Oesterreicher zum Siege geführt. Sein ruhmvolles Commando gegen Jourdan und Moreau in den Jahren 1796 und 1797 war unvergessen, ehrenvoll hatte er 1797 Bonaparte selbst gegenüber gestanden. Im Feldzuge von 1799 war er Sieger über Jourdan und

Massena gewesen, und seine Thatlosigkeit in der zweiten Hälfte des Jahres fiel nicht ihm, sondern den Befehlen aus Wien zur Last. An den Unglückstagen des Feldzuges von 1805 war er in Italien fern vom Commando gewesen und ungekränkt an Ruhm und Ehre geblieben. Als einer der ersten Feldherren hatte sich der Erzherzog bewährt und war der Einzige unter den Oesterreichern, welchen die Franzosen mit Furcht und Achtung nannten.

Zunächst freilich bedurfte Oesterreich nicht des Feldherrn vor dem Feinde, sondern des Mannes, der ein durch einen nicht ehrenvollen Feldzug gedemüthigtes und der Auflösung nahe gebrachtes Heer wieder kriegsbereit zu machen vermochte; es mußte Vieles mit schöpferischer Kraft umgestaltet und erneuert werden, und der Mann, der an diese Aufgabe sich wagte, konnte als Voraussetzung für die Möglichkeit des Gelingens die Kenntniß und die Erfahrung, welche von einem Kriegs=minister gefordert wird, nicht entbehren. Dem Erzherzog war auch diese Seite des militärischen Lebens nicht fremd. Von 1801 bis zum Frühjahr 1805 hatte ihn der Vorsitz im Hofkriegsrath mit dem ganzen, das Kleinste wie das Größte, das Mechanische wie das Geistige umfassenden Getriebe einer so zusammengesetzten, dem Laien in ihrer Schwierigkeit und Größe nie faßbaren Verwaltung eines be=deutenden Heeres vertraut gemacht.

Im Frieden wie im Kriege war ihm das Befehlen zur Gewohn=heit und Natur geworden; als ältester unter den in Oesterreich wei=lenden Brüdern des Kaisers stand er hoch über allen Generalen und auch über den anderen Erzherzögen; seiner angeborenen Stellung gegen=über ward Eifersucht und Mißgunst am wenigsten rege. Mit großer Hoffnung sah die Armee und nicht allein die Armee auf ihn; seine Persönlichkeit wie seine Thaten hatten ihm die Herzen und das Ver=trauen Vieler gewonnen.

Varnhagen, welcher sich zwischen den Schlachten von Aspern und von Wagram bei der österreichischen Armee befand, giebt den Eindruck, welchen das persönliche Erscheinen des Erzherzogs machte, mit folgenden Worten wieder: „Schon am ersten Morgen konnte ich vor seinen Fenstern ihm zuhören, wie er eine Stunde der Muße damit zubrachte, auf dem Fortepiano zu phantasiren, worin er meisterhafte Geschick=lichkeit hatte. Nicht lange darauf trat er hervor, stieg zu Pferde und ritt in das Lager hinaus, kehrte zurück und machte dann einen Gang zu Fuß. Sein Anblick war vortheilhaft und erfreuend. Er sah aus wie ein tapferer, biederer und menschenfreundlicher Mann, der sogleich Vertrauen erweckte, aber auch Scheu und Ehrfurcht gebot, denn aus dem Feldherrnblick leuchtete die Macht und Gewohnheit des Befehlens hervor, wie aus den freundlichen Mienen Ernst und Hoheit. Seine kleine schmächtige Gestalt erschien kräftig und gewandt genug; der Krieg mit seinen Anstrengungen und Rauhigkeiten hatte eine sanfte Anmuth aus diesen Gliedern nicht verdrängen können. Was den Erzherzog besonders auszeichnete, war die völlige Einfachheit und Natürlichkeit seines Wesens, die gänzliche Abwesenheit alles Gemachten und Gespannten; aus der Lässigkeit mancher seiner Bewegungen würde man zuweilen fast auf einen Mangel an Kraft geschlossen haben, hätte nicht das Feuer seines heldischen Auges jeden solchen Gedanken niedergeblitzt. Sein unerschrockener Muth, der stets das Beispiel persönlicher Aufopferung und Verleugnung gegeben, seine menschenfreundliche Sorgfalt, sein gerechter und standhafter Sinn, sowie das Andenken seiner früheren Thaten und Siege hatten ihm die höchste Liebe des Heeres erworben; die Officiere hingen ihm eifrig an, die Gemeinen waren ihm unbedingt ergeben; wo er sich zeigte, schallte ihm jauchzender Zeberuf entgegen." —

Nur einige Monate über vierunddreißig Jahre war der Erzherzog alt, als der Preßburger Frieden geschlossen ward; mit dem Ruhme und der Erfahrung eines ergrauten Feldherrn verband er die Aussicht, welche nur die Jugend verleiht, noch in ferner Zukunft wirken zu können; weil er hoffen durfte, selbst noch zu ernten, wo er gesäet hatte, brauchte er im Frieden den Beginn weitaussehender Umgestaltungen nicht zu scheuen, weil er hoffen durfte, ein mißlungenes Wagniß durch spätere Siege wieder auszugleichen, brauchte er im Kriege die Furcht des alten Generals nicht zu theilen, durch eine verlorene Schlacht den alten Ruhm für immer einzubüßen. Wäre indessen der Erzherzog auch viel weniger gewesen als er war, so wäre er doch, da kein Anderer sich fand, der Mann geblieben, welcher allein die Kriegsleitung Oesterreichs übernehmen konnte; England, dessen Einfluß seit Rußlands Entfernung von Oesterreich, allein unter allen europäischen Mächten eine Bedeutung hatte, erkannte das; während der Londoner Hof durch sein Andrängen den Erzherzog im Kriege von 1805 fern vom Commando gehalten hatte, sprach er in der Zeit von 1805 bis 1809 immer entschiedener aus, daß ohne den Erzherzog kein Krieg geführt werden könne. Dem Kaiser selbst konnte es nicht leicht werden, dem Erzherzog die militärische Machtstellung einzuräumen, aber ihm blieb keine Wahl; am 10. Februar 1806

erließ er das entscheidende Handschreiben an seinen Bruder. „Nach
den letzten unglücklichen Ereignissen und dem mit so großen Auf=
opferungen errungenen Frieden ist es von der höchsten Nothwendigkeit,
die Kriegsmacht der Monarchie in eine solche Verfassung zu bringen,
daß sie der Volksmenge und der Lage der Finanzen angemessen, durch
Ordnung und Bildung ausgezeichnet und eine zuverlässige Schutzwehr
meiner Erblande sei. Den ersten Schritt zur Erreichung dieses Zweckes
thue ich dadurch, daß ich Ew. Liebden in der Eigenschaft als Gene=
ralissimus an die Spitze meiner sämmtlichen Armeen setze. Das Be=
wußtsein der Truppen, daß, wenn mir einst wieder ein Krieg abge=
nöthigt werden sollte, sie unter Ihrem Oberbefehl stehen werden, wird
die schon gedienten Männer an die Lorbeeren erinnern, die sie sich
unter Ihrer Anführung auf dem Schlachtfelde so oft gesammelt haben,
und wird den Uebrigen jenes frohe Vertrauen auf die Talente,
Tapferkeit und Sorgfalt ihres Feldherrn einflößen, das am sichersten
zum Siege führt. Mit der Würde eines Generalissimus übertrage
ich Ew. Liebden zugleich die Oberleitung meiner ganzen Kriegsmacht
in Friedenszeiten dergestalt, daß Sie dem Hofkriegsrathe und allen
übrigen Militärbranchen vorstehen sollen. Nebstbei ich aber von
Ihrem umfassenden Geiste und Ihrer rastlosen Thätigkeit den Ent=
wurf größerer Einrichtungs = und Verbesserungspläne und die wirk=
samste Vorsorge für die pünktliche Ausführung derselben erwarte."

Die Machtstellung, welche der Kaiser ihm als Recht zugewiesen
hatte, suchte der Erzherzog sogleich auch thatsächlich zu begründen und
zu sichern. Der Hofkriegsrath war die Behörde, von welcher die ge=
sammte militärische Verwaltung ausging; er behielt im Ganzen die
äußere Gestaltung und den Geschäftsgang, welcher 1803 festgestellt
war, aber die eigentliche Militärverwaltung desselben stand nun aus=
schließend unter dem Generalissimus, welcher noch im Februar eine
Anzahl höherer Officiere, welche ihm untauglich oder widerstrebend
erschienen, aus demselben entfernte und durch Männer ersetzte, von
denen er voraussetzte, daß sie in seinem Sinne handeln würden. Ob
es des Generalissimus Einfluß war, welcher den Erzherzog Johann
an die Spitze der General = Geniedirection setzte, mag zweifelhaft sein;
aber Graf Grünne, welchem er die Leitung der General = Militär=
direction anvertraute, war ein ihm unbedingt ergebener Mann, mit
dem er schon in den Jahren 1801 bis 1805 in engster Gemeinschaft
gehandelt hatte.

Die Aussicht auf eine gewaltige Rolle in der Geschichte war dem

Erzherzog durch seine neue Stellung eröffnet; dem Manne, der sich zum Gebieter Europa's fast schon gemacht hatte, ward er als Gegner gegenübergestellt; in dem etwas früher oder später unzweifelhaft ausbrechenden neuen Kriege, von dessen Ausgang die Zukunft Europa's abhing, sollte er die Führung haben und sollte zu demselben alle großartigen Kräfte, alle Hülfsmittel des Kaiserreiches sammeln, beleben und bereiten. Die Größe der Aufgabe mußte die Brust des vierunddreißigjährigen Erzherzogs schwellen und jeden Nerv in ihm zur höchsten Kraft und Anstrengung spannen.

In der Belebung des echt militärischen Geistes, welche der Erzherzog erstrebte, sprach sich in Beziehung auf die Armee dieselbe Richtung aus, welche Graf Stadion für ganz Oesterreich verfolgte; aber anders wie Stadion wollte der Erzherzog nicht allein das Vorhandene beleben, sondern auch das Abgestorbene entschlossen beseitigen und für den neuen Geist auch neue Formen, in denen er sich frei bewegen konnte, schaffen. Ihm standen nicht geringere Schwierigkeiten wie dem Grafen Stadion entgegen. Die Gefahr einer Umgestaltung im Angesichte eines neuen großen Krieges war für die Armee größer wie für jedes andere Verhältniß. Die Zähigkeit des Festhaltens an dem Gewohnten, die Macht eingewurzelter Vorurtheile und vorgefaßter Meinungen, der verdrießliche Widerwille gegen das Unbequeme jedes Neuen pflegt den Officieren nicht weniger eigen zu sein als den Beamten; die Scheu vor dem Handeln auf eigene Verantwortung, die eingewurzelte Sucht, die eigene Unfähigkeit hinter das Schreiberei- und Canzleiwesen zu verstecken, war auch hier zu Hause; die Eifersucht der Erzherzöge, des Kaisers selbst trat auch hier hemmend entgegen, und die Zwiste zwischen Civil und Militär, zwischen älteren und jüngeren Officieren bildeten noch ein besonderes Hinderniß. Treffend werden die Schwierigkeiten, welche sich der Umgestaltung entgegenstellten, durch die Worte des Erzherzogs selbst, welche er bei einer anderen Gelegenheit äußerte, bezeichnet. „Moden beherrschen", sagt er, „die Menschen selbst in ihren wissenschaftlichen Begriffen; Adepte geben den Ton an, proclamiren Gemeinplätze und wohl gar Irrthümer als tief erforschte, unumstößliche Wahrheiten und finden Glauben und Anhänger unter der Menge, die nachbetet, nicht denkt und nicht prüft. Selbst die Klügeren verleugnen ihre besseren Ansichten theils aus Schwäche, theils aus übertriebener Achtung für das Urtheil der Mehrzahl. Nur der Mann, der durch Ansehen und Thaten berechtigt ist, seine Stimme mit Festigkeit zu erheben, und dem bei innerer Kraft und sicherem Blick auch die Gewalt zu Theil ward, seine Ueberzeugung als Gesetz geltend zu machen, wagt es, dem Vorurtheile die Stirne zu bieten und seine Meinung mit Zuversicht zu behaupten. Aber wie wenig giebt es solche Männer, und wie selten finden sie dort Gehör, wo die Kriege entschieden und vorbereitet werden. Durchgreifende Maßregeln erhalten fast nie den Beifall der Politiker, deren eigentlicher Beruf gewöhnlich ist, den Schwierigkeiten auszuweichen, nicht aber, sie zu überwinden, und die selbst dann, wenn sie den gordischen Knoten zerhauen wollen, sich so schwer von Nebenrücksichten losreißen, um ausschließlich den großen Zweck zu verfolgen." —

Weit größere Aussicht auf Erfolg eröffnete sich jetzt dem Erzherzog als bei seinen Versuchen nach dem Lüneviller Frieden; die schweren Erfahrungen des Feldzuges von 1805 hatten in Oesterreich einen Fortschritt in der Entschlossenheit hervorgerufen. Den Grafen Stadion als leitenden Minister neben sich zu haben, gab eine andere Zuversicht, wie die Cobenzl, Colloredo, Collenbach erregt hatten.

So wenig der Erzherzog sich die großen Schwierigkeiten verhehlen durfte, welche sich ihm bei jedem Versuche zu einer wahrhaften Erneuerung der Armee entgegenstellten, konnte er doch nicht leugnen, daß seine Aufgabe eine leichtere sei als die des Grafen Stadion. Die Neugestaltung der Armee war schon deshalb eine leichtere als die jedes anderen Verhältnisses, weil jedem Widerstande, selbst dem des Kaisers, die Hinweisung auf die unmittelbaren Folgen entgegengesetzt werden konnten, welche das Verharren bei dem Alten Napoleon gegenüber unausbleiblich nach sich ziehen mußte.

Auch war die persönliche Stellung des Erzherzogs zu den Neugestaltungen eine andere wie die des Grafen Stadion. Der Generalissimus war nicht deutscher Reichsritter und Reichsgraf, sondern Erzherzog von Oesterreich. Mit königlichem Auge blickte er hin auf die Lage des Reiches, dessen Geschichte zu leiten die Aufgabe seines Hauses war. Die Aufgabe, Oesterreich inmitten der Zustände Europa's, wie sie wirklich in der Gegenwart bestanden, als mitführende Großmacht zu erhalten und fester zu begründen, erfüllte seine ganze Seele. Von keinem Schritte, welcher zur Lösung dieser Aufgabe führen konnte, hielt ihn die Neigung zu Einrichtungen zurück, die nur deshalb noch bestanden, weil sie einstmals geworden waren, oder die Furcht, durch lebendige Neugestaltungen in Oesterreich die Unvereinbarkeit der Forterhaltung des heiligen römischen Reiches und seiner Reichsgrafen und Bisthümer mit der drängenden Gegenwart noch deutlicher vor Aller Augen zu bringen, oder die Besorgniß, daß bei Umgestaltungen im Interesse des Ganzen der österreichische Adel so wenig wie der Reichsadel der politisch allein befähigte und berechtigte Stand bleiben könne. Wo Oesterreichs Bestand als europäische Macht Neugestaltungen verlangte, trat ihm jede andere Rücksicht zurück. Während Stadion, groß geworden als Diplomat, in den inneren Verhältnissen ein Fremdling war und, was er nicht kannte, zu berühren sich scheute, war der Erzherzog groß geworden in der Armee und war heimisch in den Verhältnissen, in denen er wirken sollte; während Stadion durch seine nächsten Umgebungen von schöpferischem Eingreifen abgehalten ward, drängten des Erzherzogs vertrauteste Rathgeber, drängten Graf Grünne, Faßbender, Meyer und auch wohl Fürst Carl Schwarzenberg zu entschlossenem Vorgehen.

Das Heer, welches durch ihn bereit gemacht werden sollte, dem furchtbaren Gegner entgegengeführt werden zu können, machte jetzt wie schon seit Jahrhunderten ein wunderbar gemischtes Ganze aus; die drei großen nationalen Gegensätze, auf denen die Geschichte Europa's wesentlich ruht, germanische, romanische, slavische Elemente, waren in ihm vereint und mit großer Bedeutung trat das magyarische hinzu; ein buntes Gemenge der Sprachen, der Sitten, der Bildungsstufen, der Lebensanschauungen und Bedürfnisse war durch die glorreiche Kriegsgeschichte von mehr als einem Jahrhundert fest zu einer Armee verwachsen; was nach Nationalität und Bildungsstufe scharf gesondert, ja feindlich einander gegenüberstand, war durch den militärischen Geist fest geeint. In höherem Grade noch als in Armeen, die von gleichem nationalen und politischen Bewußtsein getragen werden, mußte in Oesterreich der militärische Geist, das stolze Gefühl, ein großes glorreiches, kriegerisches Ganzes zu bilden, gestärkt und gehoben werden; aber gerade der militärische Geist und der militärische Stolz waren durch den Ausgang der letzten Feldzüge und vor Allem durch die Tage von Ulm tief gedemüthigt, waren unsicher und schwankend geworden. Für die Schmach von Ulm, für die Zaghaftigkeit und Kopflosigkeit so mancher seiner Führer mußte dem Heere neue große Genugthuung zu Theil werden, und sie blieb nicht aus. Ein Unerhörtes trat ein, der oberste Feldherr im Kriege von 1805, Generalquartiermeister Mack, ward vor ein Kriegsgericht gestellt und ward verurtheilt, wie auch Fürst Auersperg und mehrere Andere. Ende

Januar erhielten überdieß dreizehn Feldmarschall-Lieutenants und dreißig Generalmajors auf einmal ihren Abschied.

Nachdem dieser Act der Gerechtigkeit vorgenommen war, wendete der Erzherzog seine ganze Aufmerksamkeit den Gefahren zu, welche in dem todten Mechanismus lagen, der auf dem militärischen Leben Oesterreichs lastete. „Die Unfähigkeit der Anführer brachte", sagte er einmal, „bei den Franzosen und den Deutschen eine ganz verschiedene Wirkung hervor; bei Jenen erzeugte sie Tollkühnheit, bei Diesen Wankelmuth. Die Franzosen, von dem Geiste der Revolution gestimmt, alle Schranken zu durchbrechen und nur von Wagnissen Resultate zu erwarten, folgten diesem Impulse, wenn sie keinen anderen Ausweg fanden. Die Deutschen, in der Abhängigkeit des Willens erzogen, an Regeln gewöhnt und durch Verantwortlichkeit gebunden, blieben unthätig aus Verlegenheit." — Bei dieser ohne Zweifel wahren Auffassung der französischen und der deutschen militärischen Eigenthümlichkeit machte den Erzherzog der Zustand des österreichischen Heeres nur um so besorgter. „Kein geistiges Princip hielt", äußerte er sich, „dem todten Mechanismus einer in lauter Geometrie eingezwängten Dienst- und Fechtordnung das Gleichgewicht." — Den nächsten Vertrauten des Erzherzogs, den Grafen Grünne, drängte der Zustand der Dinge, als er die Unausführbarkeit eines Vorschlages besprach, bis zu folgenden bitteren Worten: „Aber was würde dann aus dem methodischen Gange unserer Militäradministration werden, aus unserer Schulknaben-Verantwortlichkeit, aus den Oekonomiecommissionen, die uns zu Grunde richten, den Verpflegsdepartements, die uns aushungern, aus unserer Buchhaltung, die sich immer irrt, aus unseren Controlen, wer am wenigsten stiehlt, aus unserem Kriegsrath, der nie einen Rath giebt, aus unserer Büreauherrschaft, die uns zu Boden drückt?"

Die Erneuerung der höheren Officiere erschien als Vorbedingung zu jeder Belebung der todten Verhältnisse; auch hier waren schwere alteingewurzelte Mißbräuche zu überwinden. „Man hatte", nach Niebuhr's Ausdruck, „keinen Begriff davon, daß bei Uebertragung eines Commando's andere Rücksichten zu nehmen seien als bei Ertheilung der Kammerherrnstellen; wer aus einer großen Familie war, erhielt, mochte er sein wie er wollte, einen Oberbefehl; noch gibt man Heere an Knaben, weil sie Fürstenkinder sind, Divisionen an Generale, die Gefangenschaft überlebt haben, und wer innig fühlt, daß er rathen und anführen konnte, bleibt zurück, nicht bloß weil tausend unglückliche

Rücksichten halten, sondern weil noch die Auflösung nicht da ist, in der er vordringen könnte." — Der Erzherzog griff entschlossen ein; eine ordentliche große Zahl von Generalen und Obersten wurden in den Jahren 1806 bis 1809 verabschiedet und neu ernannt; ob die Wahl auf die rechten Männer fiel, ist schwer zu entscheiden. Um den oberen Befehlshabern Anregung und Leitung zu geben, sich in ihren Aufgaben heimisch zu machen, legte der Erzherzog selbst im Herbste 1806 seine eigenen Ansichten in eine besondere Schrift nieder, die er vertheilen ließ: „Grundsätze der höheren Kriegskunst und Beispiele ihrer zweckmäßigen Anwendung für die Generale der österreichischen Armee."

Scharf hatte der Erzherzog die Stellung der Subalternofficiere ins Auge gefaßt. „Wie schwer büßt man nicht oft", äußerte er sich selbst, „im Kriege die geringe Bildung der Officiere in Friedenszeiten. Der Feldherr, mit den Ansichten und Anstalten im Großen beschäftigt, kann und darf sich nicht mit der Zergliederung untergeordneter Dienst= verrichtung befassen; eben so wenig erlaubt ihm der schnelle Gang der Ereignisse, seine Untergebenen in der Stunde ihrer Verwendung zu bilden oder den Mangel ihrer Kenntnisse auf irgend eine Art zu er= setzen. Er kann nicht ernten, wo nicht gesäet ist, und er muß sich mit den Werkzeugen begnügen, die ihm zu Gebote stehen. Sind diese schlecht, so wird er entweder aus zu großer Zuversicht auf ihre Mit= wirkung sich in Unternehmungen einlassen, die sein Vermögen über= steigen und verunglücken, oder er wird, mit ihrer Untauglichkeit bekannt, schüchtern und langsam bei weitem das nicht erfüllen, was der Staat von ihm fordert." — Die Ausbildung der Subalternofficiere war der Gegenstand unabläßiger Sorge; vier neue Anstalten, deren jede 124 Zöglinge aufnehmen sollte, wurden 1808 zur Heranbildung von Officieren errichtet; mit umfassenden Aufnahmen in den verschiedenen Landestheilen wurden die Officiere des Generalstabes geübt; unter den Officieren aller Waffen und Grade wurden militärische Zeitschriften vertheilt und brachten nach dem Zeugniß des General v. Stutterheim besonders bei der Infanterie großen Nutzen.

Auch den Gemeinen wendete der Erzherzog seine Aufmerksamkeit zu. „Jede Mißhandlung, jede Gewaltthätigkeit wird", heißt es in dem von ihm erlassenen Abrichtungsreglement, „auf das Schärfste untersagt. Brutalität ist gewöhnlich ein Beweis einer Unwissenheit und ver= nichtet das Ehrgefühl, das die Seele eines Soldaten sein soll. Träg= heit, böser Wille, Widerspenstigkeit verdienen Strafe; diese bessert, aber Mißhandlung empört. Der Soldat muß vertraut werden mit den

Beschwerlichkeiten seines Standes; er muß die Nothwendigkeit seiner Bildung, die unvermeidliche Strenge seiner Disciplin einsehen und ehren lernen, er muß Soldatengeist haben und vor seinem Vorgesetzten nie als Sträfling, sondern mit entschlossenem, militärischem Anstande erscheinen; dann wird er stolz werden auf seinen Beruf und seinen Stand nicht als ein unerträgliches Joch abzuschütteln suchen. Daher muß ihm durch unabläſſige Sorgfalt für seine Erhaltung Liebe zu seinem Monarchen und zu seinem Stande und durch eigenes Beispiel unbedingter Gehorsam gegen seine Vorgesetzten eingeflößt werden. Die erste Bildung eines jungen Soldaten besteht darin, daß man ihm eine andere moralische Erziehung und einen wahren Begriff von dem Ehrenstande beibringe, zu dem er sich begeben hat. Dann wird ihm ein vernünftiger gedienter Soldat zur Aufsicht zugetheilt, der ihm mit Wohlgefallen und Freundlichkeit Unterricht gibt, damit der angehende Soldat nebst der Geschicklichkeit in dem Gebrauche seiner Waffen auch jene Wohlanständigkeit erlangt, die gleich weit von der Unge=schliffenheit und Wildheit als von der Ungeschicklichkeit und Schüchternheit ist." — Wie eine himmlische Botschaft mußten diese Worte den armen Recruten in die Ohren tönen.

Wenige Monate schon nachdem der Erzherzog die gesammte Leitung der militärischen Angelegenheiten Oesterreichs erhalten hatte, wurden die Anfänge zu der großen Umgestaltung der Armee bemerkbar. Der Erzherzog wollte eine Armee, befähigt und bereitet, den großen Feind zu schlagen; das war das Ziel, zu diesem Zwecke sollte sie ausgebildet werden; jede Einrichtung, jede Uebung, welche diesen Zweck nicht förderte, also erschwerte, wollte er beseitigt haben. Durch einen Armeebefehl vom Juli 1806 machte der Erzherzog die Einführung eines neuen Abrichtungsreglements für die Infanterie bekannt. „Die Bildung des Soldaten soll", heißt es in demselben, „die Entwickelung seiner natür=lichen Kräfte, die Erleichterung seiner Bewegungen und die Geschick=lichkeit, die Waffen zu führen, zum Ziele haben; dieses Ziel darf man nie aus den Augen verlieren, und Alles, was solches weiter hinaus=rückt oder schwieriger macht, ist verwerflich." — Den Officieren, denen fühlbar werden müsse, wie viel Mühe man sich gegeben habe, Alles, was überflüssig und unnütz sei, auszumerzen, ward eingeschärft, die Truppen durch keine Nebenmanöver, die eben so unnütz als untauglich seien, von dem wahren Unterricht abzuwenden. Im Geiste dieses Armeebefehls ward für die Infanterie und für die Cavallerie ein vom Grafen Grünne abgefaßtes Abrichtungsreglement und etwas später ein neues Exercier- und ein neues Dienstreglement erlassen. Alle Truppengattungen, vor Allem aber die Infanterie, sollten durch diese neuen Vorschriften leichter und beweglicher werden, durch fortgesetzte Uebungen mit dem Werthe ihrer Waffen vertrauter gemacht und ihnen gelehrt werden, sich derselben mit Zutrauen zu bedienen.

Die Bedeutung dieser Seite der vorbereitenden Thätigkeit des Erzherzogs wurde auch später in vollstem Maße auch von Beurtheilern, die nicht parteiisch für den Erzherzog waren, anerkannt; „ihm hauptsächlich", äußerte sich Stutterheim, „hatte die Infanterie, die sich im letzten Kriege durch bewundernswürdige Kaltblütigkeit, Muth und Ausdauer auszeichnete, den vortrefflichen Geist zu danken, der sie beseelte."

Ohne eine große, tief eingreifende Wirkung konnten alle diese über Behandlung und Ausbildung der Officiere und Soldaten erlassenen Anordnungen nicht bleiben; die Strenge der Disciplin ward mehr geschärft als gelockert, aber sie begehrte den Gehorsam des kühnen Kriegers, nicht den des zitternden Knechtes; das militärische Muß ward nicht beeinträchtigt, — aber ein freies Entgegenkommen der Truppen, der Wille, ein Mehreres und Größeres zu leisten, als die Gewalt erzwingen kann, eine Freudigkeit des Kampfes, wie sie Europa an der französischen Armee wieder kennen gelernt hatte, sollte auch die Oesterreicher erfüllen; ein Heer hoffte der Erzherzog zu schaffen, welches schlagen und siegen nicht allein sollte, sondern auch mit allen Kräften der Seele wollte. Die Anordnungen, welche der Erzherzog zu diesem Ziele hin über Behandlung und Ausbildung der Officiere und Soldaten erließ, mußten allein schon das Heer zu einem anderen machen, wie es bis dahin gewesen war; aber noch einen zweiten Schritt that er, dessen umwandelnde Wirkung nicht minder groß war.

Das Bedürfniß, die Armee vor dem Feinde vollzählig zu halten, hatte den Erzherzog auf den Gedanken geführt, in den Conscriptionsbezirken des inneren Landes Recrutendepots für die Infanterie und Pferdedepots für die Cavallerie anzuordnen, aus denen das Heer mit geübter Mannschaft und abgerichteten Pferden ergänzt und vollzählig erhalten werden könne. Diese Reservetruppen sollten die Garnisonen im Innern des Landes bilden und bei dem Vordringen des Feindes zur Vertheidigung der Grenzen mitwirken. Bald aber ward der Erzherzog weit über diesen Plan hinausgeführt, indem ihn unablässig der Gedanke eines neuen umfassenden Vertheidigungssystems Oesterreichs beschäftigte. Im Frühjahr 1807 ward zuerst, wie es sehr wahrscheinlich ist, vom Erzherzog Johann der Gedanke der Landmehr ausgesprochen und geltend gemacht. Seit dem Ende des Jahres 1807 arbeitete Erzherzog Carl an dem Plan zur Errichtung einer bald hernach Landwehr genannten Miliz für Oesterreich. General Graf Grünne und General Mayer v. Heldenfeld waren seine vertrauten Gehülfen, Fürst Carl Schwarzenberg in vollem Einverständniß und Wilhelm von Meyern, jener merkwürdige Mann, der ohne ein Amt zu bekleiden der Vertraute Schwarzenberg's war und wiederholt einen bedeutenden Einfluß auf die großen Geschäfte übte, half das Landwehrsystem in allen Theilen ausarbeiten. Im März 1808 ließ der Erzherzog durch Graf Grünne den vollendeten Entwurf dem Kaiser überreichen. Große Schwierigkeiten scheinen sich der Genehmigung desselben entgegengestellt zu haben. Die Urheber des Entwurfes fürchteten namentlich Abänderungen, durch welche eine Trennung zwischen Soldat und Landwehrmann und Eifersucht zwischen Beiden hervorgerufen werde. Mit ihnen einverstanden, erklärte sich Fürst Schwarzenberg für die unbedingte Gleichstellung der Landwehr mit dem stehenden Heere und schrieb noch etwas später an den Erzherzog Maximilian: „Ich wünsche, daß ‚Groß im Kleinen und Klein im Großen sein' nicht die herrschende Krankheit des Zeitalters werde, welche allen hohen kräftigen Schwung hemmt, die erhabenen Gesichtspunkte verrückt und so tändelnd den Körper der Auflösung näher bringt." — In manchen Einzelheiten sah sich Erzherzog Carl zum Nachgeben genöthigt; in der Ausführung sei der Plan entstellt, klagte Graf Grünne; aber im Ganzen drang er durch. Am 12. Mai 1808 wurde das Patent über Errichtung der Reserven erlassen, am 29. Mai traten noch einmal die Gouverneurs der Provinzen und die Militärabgeordneten zu einer letzten Berathung in Wien unter Vorsitz des Erzherzogs Johann zusammen, dann ward am 9. Juni das Patent erlassen, welches die Errichtung der Landwehr bekannt machte.

Die Landwehr ward gebildet aus den nicht zum Dienste im stehenden Heer verpflichteten Männern vom neunzehnten bis fünfundvierzigsten Jahre; Gewerbsbesitzer und ansässige Hausväter sind frei, Stellvertreter zulässig; die Mannschaft tritt nach Pfarrgemeinden jeden Sonntag und Feiertag zu Uebungen unter einem Unterofficier, jeden Monat einmal in größeren Abtheilungen zu Uebungen zusammen und ist in Compagnien und Bataillone getheilt; die Bataillonscommandeure werden vom Kaiser, die übrigen Officiere von den Bevollmächtigten des Kaisers und die Unterofficiere von den Dominien ernannt. So lange Friede ist, bleibt die Mannschaft ausschließlich der Jurisdiction ihrer Ortsobrigkeit untergeben; auch für den Kriegsfall rückt sie nicht in den Dienststand der Linienregimenter ein, aber sie schwört dann zur Fahne, wird unter den Befehl der commandirenden Generale gestellt und wirkt mit Beibehaltung ihrer Stabs = und Unterofficiere, aber vereint mit den Reservetruppen des Depots unter dem Namen Reservearmee zur Vertheidigung des vaterländischen Bodens mit. Alle weder zum Linien= noch zum Land= wehrdienst verpflichteten Männer sollen in Kriegszeiten zu Bürgercorps vereinigt werden und zur Erhaltung der inneren Ordnung dienen und dadurch das Militär im Innern entbehrlich machen.

Die Größe der Reservearmee, welche zur Vertheidigung der Grenzen aufgestellt werden sollte, wird auf 154 Bataillone Landwehr, 162 Compagnien Linientruppen und 34 Escadrons Cavallerie be= rechnet.

In nahem Zusammenhange mit der Errichtung der Landwehr standen die militärischen Maßregeln, welche in Ungarn genommen wurden. Der Landtag bewilligte im September und October 1808 neben den 20000 Recruten für die National=Linienregimenter ein Aufgebot unter dem in Ungarn gebräuchlichen Namen „Insurrection", die aus 20000 Mann Infanterie und 15000 Pferden bestand und einen der Landwehr verwandten Charakter trug.

Gestützt auf diese außerordentlichen Maßregeln hoffte Erzherzog Carl dem Feinde eine Linienarmee von 300000 und eine Reserve= armee von 240000 Mann entgegenstellen zu können.

Der Laie, der heute die Landwehrverordnungen jener Zeit über= blickt, wird das unsichere, unerfahrene Umhertappen, um die erste Bahn auf einem damals noch ganz unbekannten Gebiete zu brechen, bemerken und sich sagen, daß der Mann vom Fache schwere Bedenken in Be= ziehung auf Disciplin und Ausbildung der Landwehrtruppen haben und den großen Zahlen nicht trauen werde; damals aber ließ, wie es scheint, die unberechenbare politische Bedeutung des Schrittes keine militärischen Bedenken aufkommen. Die österreichische Armee hatte mit Ausnahme vielleicht der ungarischen Regimenter bisher keine Beziehung zu den Nationalitäten des Kaiserreiches gehabt; während die einzelnen Länder sich vor Allem als tyrolisch oder croatisch, als polnisch, ungarisch oder romanisch fühlten, war die Armee nichts ge= wesen als kaiserlich, sie hatte mehr neben als in Oesterreich ge= standen; nun aber erhob sich in der Landwehr eine Heeresmacht, welche recht eigentlich aus den Nationalitäten erwuchs, nach Nationa=

litäten eingetheilt und mit den Namen der Nationalitäten bezeichnet war. Der Oesterreicher ferner hatte bisher, wie die Pflege und Versorgung aller seiner Angelegenheiten, auch seinen militärischen Schutz ausschließlich von der Regierung erwartet und erhalten; daß auch er für seine Sache selbst mitwirken dürfe und könne, war ihm ein fremder Gedanke gewesen. Die Errichtung der Landwehr aber verlangte nicht nur von ihm, daß er sich selbst unter Leitung der Regierung zu helfen lernen solle, sondern sprach auch aus, daß die Regierung zu ihrer eigenen Sicherheit seiner Mithülfe bedürftig sei. Heer und Volk, die bisher einander fremd, oft feindlich gegenübergestanden hatten, erschienen nun als Linie und Landwehr zu einer gemeinsamen Aufgabe berufen und zu einem einzigen Ganzen verwachsen. Adel, Bürger und Bauer endlich, welche bisher auch in militärischer Beziehung durch die schärfsten Scheidelinien getrennt von einander gestanden hatten, sahen sich nun durch die Landwehr eng auf einander angewiesen und zum gemeinsamen Handeln in den größten Verhältnissen verbunden.

Das Alles waren Verhältnisse, dem alten Oesterreich fremd, aber dem neuen Europa bekannt und werth. Je geistig erregender nun Stadion's Auftreten gewirkt und je weniger es für die nicht militärischen Verhältnisse Oesterreichs eine Aenderung in den bestehenden Zuständen herbeigeführt hatte, um so ungestümer mußte die freudige Bewegung sein, mit welcher das Einbrechen der Gedanken, die Europa bewegten, in der Errichtung der Landwehr aufgenommen wurde.

Die Regierung versäumte im Angesichte eines großen Krieges nichts, um die Begeisterung noch zu erhöhen. Die Prinzen des kaiserlichen Hauses selbst wurden beauftragt, die Landwehr in den einzelnen Provinzen ins Leben zu führen; das Patent vom 9. Juni 1808 ernannte für Böhmen, Mähren und Schlesien den Erzherzog Ferdinand, für Oesterreich ob und unter der Enns den Erzherzog Maximilian, für die Alpenlande von Steyermark, Kärnthen, Krain, Triest und Salzburg den Erzherzog Johann; in Galizien wurden Graf Bellegarde und Graf Wurmser an die Spitze gestellt. Der Generalissimus selbst besichtigte hier und dort die Landwehrbataillone und regte mit warmen Worten deren Eifer und Begeisterung an. Von ihrem ersten Hervortreten an war die Landwehr das Lieblingskind von ganz Oesterreich; mit unheimlichem Gefühl sah man in Frankreich auf die neue Erscheinung hin, welche an die Dinge in Spanien erinnerte.

Der Erzherzog hatte nicht allein wie Stadion das Bestehende belebt, sondern auch, freilich nur in einem einzelnen, aber großen Verhältnisse, gezeigt, daß Neugestaltung möglich sei, ohne Umsturz zu werden. Er hatte eine Armee aufgestellt, so groß und stark wie Oesterreich sie nur je gehabt, aber diese Armee war in ihren tiefsten Grundlagen verschieden von jeder früheren und sollte diese Verschiedenheit mehr und mehr auch in allen einzelnen Einrichtungen zeigen. Sie hatte die durch ihre Geschichte und das Kaiserhaus vermittelte Einheit bewahrt, aber in der Gliederung und Gestaltung der Landwehr die Berechtigung der Nationalitäten anerkannt. Sie ließ die geschichtlich ausgebildete Verschiedenheit der Rechtsstellung des Adels, der Bürger und Bauern unangetastet; aber im Heere und namentlich in der Landwehr sind sie Glieder eines Ganzen geworden, der Adel steht nicht über, sondern in der Nation. Das Gewicht der Massen für die Wirkung des Ganzen ist in vollem Umfange anerkannt, aber die geistige Ausbildung der Einzelnen soll das Lebensprincip des Massenhaften sein. Der Mechanismus des Dienstes erscheint in noch ausgebildeterer Gestalt, aber er zählt nicht mehr seiner selbst wegen, sondern nur als Mittel, die natürlichen Kräfte zu entwickeln und die Freiheit der Bewegungen zu erleichtern. Die militärische Disciplin ist noch geschärft, aber auf allen Stufen der Heeresgliederung wird der Mannesmuth vorausgesetzt, auf eigene Verantwortlichkeit zu handeln. Ein Heer erstrebte mit einem Worte der Erzherzog, dessen Kraft nicht allein auf dem Willen der Befehlenden, sondern auch auf dem Wollen der Gehorchenden ruhte.

Nur der Anlage nach war freilich in den wenigen Jahren 1806 bis 1809 ein so neugestaltetes Heer zu schaffen; aber wenn dieses Heer auch nur einen einzigen glücklichen, glorreichen Feldzug gegen Napoleon führte, so war eine Rückkehr zu dem früheren Zustande schwer möglich und die neuen Kräfte, die in dasselbe hineingelegt waren, wurden zum Eigenthum desselben, und Oesterreichs Heer stand als ein innerlich anderes da. Ein Rückschlag des militärischen Lebens auf das gesammte politische Leben konnte nicht ausbleiben. Wenn im Heere die Stellung der Nationalitäten und der Stände eine andere ward, wenn geistige Ausbildung, selbstständige Mitwirkung der Gehorchenden und ein Handeln derselben auf eigene Verantwortlichkeit als ein Kräftigungsmittel des Ganzen vorausgesetzt ward, so konnte in dem Gesammtorganismus des Kaiserreiches nicht die alte Centralisation, das alte Nebeneinanderstehen der Stände, der alte Mechanis=

mus erhalten werden, und die bequeme Regierbarkeit mußte aufhören, als einzige politische Tugend zu gelten.

Das Auftreten des Erzherzogs Carl hatte daher, so ausschließlich militärisch es auch erschien, dennoch eine allgemeine politische Bedeutung für Oesterreich und konnte möglicher Weise der Ausgangspunkt für das Entstehen einer politischen Partei von großartigem Parteicharakter werden.

Fünftes Capitel.
Gentz und Erzherzog Johann.

Neben dem Grafen Friedrich Stadion übte ohne Zweifel Gentz auf den Minister des Auswärtigen Einfluß aus. Die große Verschiedenheit des Charakters beider Männer, und neben dieser Verschiedenheit auch die Verschiedenheit der Geburt und des Standes machte ein persönlich nahes und inniges Verhältniß zwischen Beiden unmöglich; Freunde konnten sie nicht sein, aber politisch waren sie einander unentbehrlich. Gentz mußte in Stadion den einzigen Mann auf dem Continente erkennen, welcher durch Ueberzeugung, Begabung und äußere Stellung die Hoffnung zu erhalten vermochte, daß der Kampf gegen Napoleon wieder aufgenommen werden würde, und für Stadion war die politische Integrität, die wunderbare Schärfe und Klarheit des Blickes, die Besonnenheit des Grimmes gegen Napoleon und die Kenntniß und Erfahrung in den europäischen Verhältnissen, welche Gentz innewohnte, durch keinen Dritten zu ersetzen. Wörtlich hätte Stadion an Gentz schreiben können, was Stein diesem am 20. April 1809 schrieb: „Seien Sie überzeugt, daß ich Sie wegen Ihrer richtigen Ansichten des europäischen Staatsverhältnisses, des Muthes, der Beharrlichkeit und des Geistes, womit Sie die Sache erst der gesellschaftlichen Ordnung, dann der aus dem Gleichgewicht der Kräfte entstehenden Freiheit der Nationen vertheidigt haben, ehre und unendlich schätze." — Wie nahe der politische Verkehr Stadion's mit Gentz in den Jahren 1806 bis 1809 war, läßt sich aus den bis jetzt bekannt gewordenen Quellen noch nicht erkennen, aber nahe war er gewiß. Stadion war es gewesen, der Gentz zuerst nach Oesterreich gezogen und ihm über die dortigen Verhältnisse Aufschluß gegeben hatte; als Gentz dann im Januar 1806 zu Dresden die Ernennung Stadion's zum Minister hörte, war er sicher, durch ihn, sobald es möglich sei, nach Wien zurückgerufen zu werden. Während der gewaltigen Wochen vor Ausbruch des Krieges von 1806 war Gentz, wie er selbst schreibt, „der einzige Canal, durch welchen die Lage der Dinge auf preußischer Seite denen, die es wissen müssen, in Wien dargestellt wird"; „auf mich rechnen sie dort", fügte er hinzu, „als auf den, der das Beste darüber weiß; so haben sie mir förmlich gesagt. Eine wirklich bedeutende, fast furchtbare Responsabilität ist auf meine Schultern gelegt." — In ununterbrochenem schriftlichen Verkehr stand Stadion mit Gentz, aber ihn zu sich nach Wien zu ziehen, durfte er des Verbotes Napoleon's wegen nur vorübergehend wagen; das Jahr 1806 hatte Gentz bis nach der Schlacht von Jena in Dresden verlebt, dann ging er nach Prag; als Stadion ihn von hier nach Wien gerufen hatte, begehrte Napoleon dessen Entfernung, und im Frühjahr 1808 kehrte er nach Prag zurück; sobald aber Oesterreichs Stellung zu Frankreich einen entschiedenen Charakter gewann, rief Stadion ihn im Februar 1809 in seine nächste Nähe. Seinem politischen Einflusse sich zu entziehen, wäre ihm, auch wenn er gewollt hätte, nicht möglich gewesen. Er selbst bezeichnete sich damals als Einen der Wenigen, deren Muth in Zeiten, in welchen ein unseliges Verhängniß die herrlichsten Hoffnungen der Welt gleich in ihrer ersten Blüthe zerschlug und die Zerrüttung zu einem solchen Grade von Bösartigkeit steigerte, daß alles bisher Gelittene wie ein Schatten vor der Wirklichkeit zurücktrat, selbst auf der Stufe der Ohnmacht an der Möglichkeit der Rettung nicht verzweifele.

Gentz hatte nach der Schlacht von Austerlitz und dem Frieden von Preßburg seinen ganzen alten Haß gegen Napoleon bewahrt und machte denselben mit rücksichtslosem Muthe geltend. Am Tage der Schlacht hatte er in Troppau die Vorrede zu dem Werke über das Verhältniß zwischen England und Spanien beendet und gab inmitten der Vorbereitungen zur Flucht den Auftrag zum Drucke der Schrift, die von der ersten bis zur letzten Seite eine Verurtheilung Napoleon's ist; in den ersten Tagen des April 1806 schloß er die vernichtende Schrift: „Fragment aus der Geschichte des politischen Gleichgewichtes" und deren berühmte Vorrede ab, in welcher er ein an Kraft und Klarheit in unserer Sprache bisher nicht erreichtes und vielleicht auch unerreichbares Vorbild politischer Darstellung gab. Der Mann, der in guten Tagen das Genießen zum Gegenstand einer widrigen Sorge machte, dachte, als seine ganze Zukunft, seine Freiheit und sein Leben durch Oesterreichs Niederlagen in Frage gestellt war, nicht an sich und sein persönliches Schicksal. „Ich fürchte nichts", schrieb er, „denn physisch untergehen oder bürgerlich, davor ist mir nie bange, und der innere Tod trifft nur den, der nicht Willen genug hat zu leben. Ob sie mich bis in die Tartarei verjagen oder in den Tempel sperren oder füsiliren lassen, ist mir Alles Eins; aber Buonaparte nicht geschlagen, die Kurfürsten nicht mit neu zu erfindender Schmach gestraft zu haben, nicht zu siegen — in einem Momente, wo aller Werth des Lebens am Siege hing, nicht zu siegen — die Triumphsberichte der Höllenrotte in ihren verdammten Zeitungen zu lesen, das Frohlocken ihrer Anhänger in Deutschland, das absorbirt das Gemüth und läßt für keine anderen Schmerzen Raum." — „Der Himmel weiß, was aus mir werden soll", heißt es in einem anderen Briefe; „mich beunruhigt es keinen Augenblick. Ich habe viele Jahre mit Glück und Glanz gelebt, ohne jemals um die Mittel dazu besorgt zu sein; sie fielen mir zu und ich war kaum Jemand Dank dafür schuldig. Geht es ferner so, wohlan! geht es nicht, bin ich auch) gefaßt. Ich kenne zum Glück mehr als eine Gattung von Zufriedenheit und Genuß; aber die Sache aufgeben zu müssen, dies wäre das Entsetzliche." — Indessen war er seiner eigenen Bedeutung zu gewiß, um an ein Aufgeben der Sache denken zu können. „Mir scheint", schrieb er, „daß, wenn ich auch auf Lebenslang zum Stillschweigen verdammt wäre, meine bloße Existenz an diesem oder jenem abgelegenen Orte, und die Ueberzeugung meiner Zeitgenossen, daß dort Einer wohne, der niemals Frieden mit der Ungerechtigkeit schließe, noch immer ein Gewinn für das wahre Interesse der Menschheit sein würde." —

Auch als die gewaltsamen Eindrücke des entsetzlichen Unglücks nachgelassen hatten, blieb sein Muth derselbe. „Oesterreich, Rußland und Preußen sind", schrieb er im Mai 1806, „so wie sie jetzt regiert werden, zu allem Guten vollkommen unfähig und ungefähr in gleichem Grade unfähig. Das ist meine innigste Ueberzeugung. Was folgt daraus? Daß wir Alles aufgeben und verzweifeln müßten? mit Nichten! Wir, das heißt Sie, ich und die Wenigen, die mit uns sind, müssen fortdauernd so handeln, als ob die großen Mächte von einem Augenblicke zum anderen zur Besinnung kommen würden. Uns über ihre Schlechtigkeit, über ihre moralische Nichtigkeit verblenden, wäre äußerst gefahrvoll; sie theilen, wäre nichtswürdig. Mit der

klaren Einsicht in die unendlichen Schwierigkeiten unserer Lage fortdauernd den Muth und den thätigen Willen zu verbinden, der die erste Bedingung aller Rettung ist, das ist das Problem, was wir zu lösen haben, und das ist es, was ich mir zur unabänderlichen Richtschnur bestimmte. Anders spreche ich, wenn ich die Welt, das gemischte Publikum vor mir und gewissermaßen den Feind selbst zum Zuhörer habe; anders mit meinen vertrauten Freunden und mit Cabinetten, denen ich die volle Wahrheit sagen zu müssen glaube. Noch mehr, anders spreche ich mit mir selbst, wenn ich berechne, beobachte, combinire, anders, wenn ich selbstständig handele. Sobald ich meinen Freunden oder mir selbst die Lage der Dinge schildere, wie sie ist, verberge ich das Niederschlagendste nicht und hüte mich vor jeder falschen Hoffnung wie vor der Pest. Sobald ich vor der Welt rede, werfe ich wie die Töchter des Patriarchen ein anständiges Gewand über die traurige Blöße unserer Väter, unserer Fürsten, und sobald ich handeln soll, oder eigentlich so oft es darauf ankommt, das Princip alles Handelns und Wirkens in mir thätig und lebendig zu erhalten, abstrahire ich von dem mich umringenden Elend, denke mir die Welt, wie sie sein sollte, wenn noch irgend etwas Gutes und Großes zu Stande kommen wollte, und schreibe fort, gleich als ob ich auf jedem meiner Schritte verständigen Ohren, gefühlvollen Herzen und tapferen Armeen begegnen müßte. Dies, theuerster Freund, scheint mir die einzige würdige Art, durch Zeiten, wie die gegenwärtigen, zu bringen, das einzige wahrhaft weise Mittel, entweder zum Erfolg oder wenigstens zur Selbstbefriedigung zu gelangen. Die Augen verschließen ist vergeblich; sich die Menschen, in deren Hände wir gefallen sind, auch nur etwas weniger schlecht, als sie wirklich sind, zu denken, ist der Weg zu falschen Combinationen, mithin auch zu falschen Beschlüssen; aber nach hinlänglicher Beobachtung und Prüfung ihre ganze Verwerflichkeit anerkennen und dennoch nicht nachlassen im Guten, das allein halte ich für ein echtes, männliches und weises Verfahren." —
„So ganz an Allem verzweifelnd, Alles aufgebend und resignirt sprachen Sie noch nie zu mir", schrieb er einige Monate später. „Es ist wahr, die Zeiten sind entsetzlich und werden täglich entsetzlicher; aber ist es denn viel schlimmer, als wir voraussahen, und kann es denn je so schlimm werden, daß wir von retraite und coin du monde und otium literarium und dergleichen zu sprechen das Recht erhielten. Dürfen wir das, liebster Müller, steht die Welt auf einem unseligen Punkte still, treibt ihr ewiger Umschwung nicht mit jedem

Tage neue Combinationen und neue Hoffnungen hervor? Ich beschwöre Sie, verlassen Sie die Sache nicht, auch nicht für große literarische Arbeiten und Denkmale immerwährenden Ruhmes, deren Sie ohnehin genug aufgebaut haben. Je größer die Noth Deutschlands, desto dringender unser Zuspruch und unsere Hülfe. Legen Sie Ihre Rüstung nicht ab; denn wenn wir nicht einmal mehr kämpfen wollen, so müssen wir ja nothwendig im Schlamme, der uns umgiebt, ersticken. — Die Starken, Reinen und Guten, wie gering auch ihre Zahl sein mag, müssen fest und unzertrennlich zusammenhalten, müssen wechselweise einander belehren und zusprechen und tragen und heben und begeistern. Ihr Bund ist die einzige Macht, die einzige unüberwundene Coalition, die heute noch der Waffengewalt trotzen, die Völker befreien und die Welt beruhigen kann. Auch er, dieser heilige Bund, mag in einzelnen Gefechten unterliegen, aber Alles, was er zu verlieren hat, ist das Schlachtfeld; ein glorreicher Rückzug ist ihm offen. Wenn rund umher Alles zerfällt, verschanzt er sich auf einer unbezwinglichen Höhe, schließt die herrlichsten Schätze der Menschheit, dem Sieger unerreichbar, mit sich ein und bewahrt sie für ein glücklicheres Geschlecht." — Im Februar 1807, als Johannes v. Müller die deutsche Sache verlassen und sich Napoleon hingegeben hatte, schloß Gentz den furchtbaren Absagebrief, welchen er ihm schrieb, mit den Worten: „Wenn Gott unsere Wünsche erfüllt und meine und anderer Gleichgesinnten Bemühung krönt, so wartet Ihrer nur eine einzige Strafe, aber diese ist von allmächtigem Gewicht. Die Ordnung und die Gesetze werden zurückkehren; die Räuber und der Usurpator werden fallen; Deutschland wird wieder frei und glücklich und geehrt unter weisen Regenten emporblühen." —

Napoleon hatte lange schon den furchtbaren Feind erkannt und auch in dessen Verfolgung gezeigt, ein wie kleiner Mensch der große Feldherr war. Am Tage seines Einzuges in Berlin nach der Schlacht bei Jena hatte er kein Gefühl für die niedrige Kleinheit, im neunzehnten Bülletin der großen Armee von dem „elenden Scribenten, Gentz genannt, Einem der Menschen ohne Ehre, die sich für Geld verkaufen", zu reden, und vor Ausbruch des Krieges von 1809, als Stadion Gentz zu sich berufen hatte, meldete der Westphälische Moniteur, daß der „berüchtigte Ränkemacher Gentz" in Wien angekommen sei.

Unwandelbar in seinem Hasse gegen Napoleon und in den Anstrengungen, den Kampf gegen ihn zu entzünden, war Gentz ungeachtet des unglücklichen Ausganges des Krieges von 1805 geblieben; aber eine zweifache Umwandelung in seiner politischen Anschauungsweise, welche nachhaltig auf seine ganze spätere Stellung gewirkt hat, hatte er unter den Eindrücken der schweren Jahre erfahren.

Während Graf Stadion durchaus Deutscher und deutscher Reichs= graf war, trug Gentz' innere politische Stellung einen europäischen Charakter; nicht den Deutschen sah er in sich, sondern einen Vor= kämpfer Europa's gegen die Revolution und Napoleon; selbst in den gewaltigen Worten, welche er in der Vorrede zum Fragment aus der neuesten Geschichte des europäischen Gleichgewichts an die Deutschen richtet, erscheinen diese doch nur als Kämpfer gegen die Revolution! So wenig wie Stadion hatte ihn der österreichische Dienst vor dem Kriege von 1805 zu einem Oesterreicher gemacht; aber was das Dienstverhältniß nicht vermocht hatte, that das Stück Geschichte, welches er ge= meinsam mit Oesterreich durchlebte. Jahre lang hatte er mit allen Kräften seines Geistes gearbeitet, hatte bei Tag und Nacht beobachtet und berechnet, gesonnen und gedrängt, um Oesterreich zum Kriege zu bestimmen. Unglück und Schmach war dann über Oesterreich her= eingebrochen und Gentz mußte, mochte er wollen oder nicht, Oester= reichs Unglück und Schmach als ein auch persönliches Unglück und eine auch persönliche Schmach fühlen und tragen. Das Hoffen und Fürchten für Oesterreich, das Leiden und Dulden mit Oesterreich hatte ihn, zunächst ohne daß er selbst es wußte, mit dem Staate verwachsen lassen, dem er anfänglich nur äußerlich durch das Amt, welches er in demselben bekleidete, angehört hatte. In den Briefen an Johannes v. Müller macht sich dieses österreichische Gefühl dem Uebermuthe der Russen gegenüber mit Ungestüm Luft.

„Ich verachte die Oesterreicher", schrieb er im December 1805 aus Breslau, „ich entrüste mich gegen sie, aber ich bemitleide sie doch auch, und wenn ich sie von jenen [russischen] Barbaren mit Füßen getreten sehe, so kehren sich meine deutschen Eingeweide um, und ich fühle, daß sie meine Brüder sind. Ich habe heute bei dem Erzbischof von Salzburg gespeist und mit ihm, Graf Dietrichstein und zwei anderen Oesterreichern recht herzlich über das gemeinschaftliche Unglück geweint. Gestern Abend war ein Ball bei dem Grafen Hoym; und wie sich da der scheußliche Großfürst Constantin gegen die Oesterreicher benommen, übersteigt allen Glauben. Ich blieb nur eine Stunde, weil ich schon vor Gram und Ekel nicht mehr konnte; aber bei dem heutigen Diner hörte ich mit Jammer das Uebrige." — „Hören Sie und fühlen Sie mit mir", schrieb er um dieselbe Zeit; „gestern Abend war ich bei der Fürstin Dolgorucki. Bei dieser waren der General v. Bennigsen und zwei andere Generale der Armee, dann der Fürst Peter Dolgorucki, einer der geistreichsten und gebildetsten Russen, nebst vier oder fünf jungen Officieren versammelt; Armfeldt und ich die einzigen Nichtrussen. Peter Dolgorucki erzählte hier mit Geist und Leben die ganze Geschichte der Tage. Daß er die Oesterreicher nicht schonte, war natürlich; und da Niemand ihre Infamie stärker empfinden kann als Armfeldt und ich, so gingen wir eine ganze Strecke Weges mit ihm fort; nach und nach aber ward es mir, zuletzt selbst Armfeldt, unerträglich. Denn nicht genug, daß die grenzenlose Wuth, mit welcher diese ganze, für die größten Angelegenheiten der Welt nur allzuwichtige Gesellschaft von ihrer Begierde, die Oesterreicher zu strafen, zu schlagen, zu vernichten, sprach, uns einen Blick in die Zukunft thun ließ, der uns mit Schauder erfüllte, so empörte uns zuletzt doch auch und mich nun besonders, mehr als sich beschreiben läßt, dieser blinde, dumme und unverschämte Nationalstolz, mit welchem sie überhaupt auf Deutschland als einen verächtlichen Theil der Erde, wo nichts als Verräther und Memmen zu finden wären, herfielen." — Gentz hatte, darüber kann wohl kein Zweifel sein, in den Bewegungen des Jahres 1801 angefangen, Oesterreicher zu werden, und ward es von Jahr zu Jahr mehr; schon 1811 schrieb er an Rühle: „Bei allen unseren zahllosen Fehlern und Gebrechen sind wir doch der einzige Punkt in Europa außer England, auf welchen ein rechtlicher und wahrhaft einsichtsvoller Mann mit einigem Interesse sein Auge fixiren kann. Alles Uebrige ist Schutt und Graus." —

Während Gentz' mehr und mehr hervortretender österreichischer Sinn weniger bedeutend für seine Stellung in den Jahren 1805 bis 1809 als in einer späteren Zeit ward, mußte eine zweite Umwandelung seiner politischen Anschauung, die früher schon vorbereitet sich jetzt vollendete, schon damals unmittelbar in den Gang des österreichischen Staatslebens eingreifen. Bereits im Jahre 1804 hatte Gentz an Johannes v. Müller geschrieben: „Seit ungefähr sechs Jahren hat mich ein beständiges Nachdenken über die Ursachen und den Gang der großen Zerrüttungen unserer Tage und mein tiefer Jammer über Deutschlands politischen Verfall, verbunden mit einem gewissen unversöhnlichen Hasse gegen das Treiben der falschen Aufklärer und der seichten Humanitätspolitiker zu mancherlei mir selbst unerwarteten Resultaten geführt." — Als zwei der wichtigsten dieser Resultate bezeichnet Gentz die Ueberzeugung, daß die Reformation nicht bloß vorübergehende, sondern definitive Schädlichkeit für die wahre Aufklärung, Bildung und Vervollkommnung des menschlichen Geschlechts gehabt und daß es ein Unglück für Deutschland sei, daß das Haus Habsburg nicht über Deutschland als eine große und geschlossene Monarchie die Herrschaft erlangt habe. Er kämpfte nicht mehr allein gegen die Revolution, sondern für die Erhaltung alles Bestehenden, bloß weil es bestand. In nahem Zusammenhange mit diesen beiden Ansichten hatte sich um dieselbe Zeit in ihm eine entschlossene Abneigung gegen Aenderungen in den gegebenen politischen Zuständen und in dem Leben, dem socialen wie dem geistigen überhaupt, gebildet; und das ängstliche Festhalten an allem Bestehenden, nur deßhalb, weil es bestand, das später, als das gewaltige Ankämpfen gegen Napoleon, welches ihn über sich selbst hinausgehoben hatte, sein Ende erreicht hatte, bis zur krankhaften Angst sich entwickelte, trat schon damals hervor. „Ich bin nicht bezahlt", schrieb er in einem erregten Augenblicke nach der Schlacht bei Austerlitz, „es mit der Cultur zu halten; ich habe fast nur gelebt, um zu sehen, was sie Schreckliches hat. Mögen Andere ihre Pflicht auf ihrem Wege thun, der meinige liegt auf der andern Seite; ich gehe schlafen, sobald er geschlossen ist." — Eine Anzahl Stellen in anderen seiner Briefe erläutern den Sinn dieser Worte. „Zwei Principien constituiren die moralische und intelligibele Welt", heißt es in einem derselben. „Das eine ist das des immerwährenden Fortschrittes, das andere das der nothwendigen Beschränkung dieses Fortschrittes. Regierte jenes allein, so wäre nichts mehr fest und bleibend auf Erden und die ganze gesellschaftliche Existenz ein Spiel der Winde und Wellen; regierte dieses allein oder gewänne es auch nur ein schädliches Uebergewicht, so würde alles versteinern oder verfaulen. Die besten Zeiten der Welt sind immer die, wo diese beiden entgegengesetzten Principien im glücklichsten Gleichgewichte stehen. In solchen Zeiten muß dann auch jeder gebildete Mensch beide gemeinschaftlich in sein Inneres und in seine Thätigkeit aufnehmen und mit einer Hand entwickeln, was er kann, mit der anderen hemmen und aufhalten, was er soll. In wilden und stürmischen Zeiten aber, wo jenes Gleichgewicht wider das Erhaltungsprincip, sowie in finsteren und barbarischen, wo es wider das Fortschreitungsprincip gestört ist, muß, wie mich dünkt, auch der einzelne Mensch eine Partei ergreifen und gewissermaßen einseitig werden, nur um der Unordnung, die außer ihm ist, eine Art von Gegengewicht zu halten. Wenn Wahrheitsscheu, Verfolgung, Stupidität den menschlichen Geist unterdrücken, so müssen

die Besten ihrer Zeit für die Cultur bis zum Märtyrerthum arbeiten."
(„Wer den Tyrannen angreift, wird ein Wohlthäter der Fürsten." Vor=
rede zu Burke X.) „Wenn hingegen, wie in unserem Jahrhundert,
Zerstörung alles Alten die herrschende, die überwiegende Tendenz wird,
so müssen die ausgezeichneten Menschen bis zur Halsstarrigkeit alt=
gläubig werden. Auch jetzt, auch in diesen Zeiten der Auflösung müssen
sehr Viele, das versteht sich von selbst, an der Cultur des Menschen=
geschlechts arbeiten; aber Einige müssen sich schlechterdings ganz dem
schwereren, dem undankbareren, dem gefahrvolleren Geschäft widmen,
das Uebermaß dieser Cultur zu bekämpfen. Für einen der hierzu
Bestimmten halte ich mich. Ich habe das Erhaltungsprincip zu
meinem unmittelbaren Leitstern gewählt, vergesse aber nie, daß man
treiben kann und muß, indem man hemmt." — „Sie wollen", schrieb
er in einem andern Briefe an v. Müller, „das Neue immerfort in
das Alte hineinweben; ich möchte nicht blind, aber doch ausschließend
an der Aufrechthaltung der alten Weltordnung arbeiten." — Schon
zwölf Jahre früher hatte er in der Vorrede zu „Burke's Betrachtungen
über die Revolution" verlangt, daß den Anhängern der Revolution
gegenüber, welche ein künftiges Gut erstrebten, um gegenwärtiges Uebel
zu beseitigen, das gegenwärtige Gut beschützt werde, um zukünftiges
Uebel zu vermeiden. Als die eigentliche Aufgabe jener Zeit bezeichnet
er unumwunden, den erhabenen Funken einer ewigen Opposition gegen
die Wuth und das Verderben der weltverwüstenden Neuerungen, sei
es auch im letzten Winkel der Welt, zu bewahren.

Mit männlicher Kraft hatte Gentz sich in dem schweren Unglücke
von 1805 aufrecht gehalten, und mit dem ganzen Zorne, dessen männ=
liche Kraft nur fähig ist, wirkte er für die Fortsetzung des Kampfes
gegen Napoleon; aber in der Stellung zu der wild bewegten Zeit,
welche er als die seinige bezeichnete, lag doch schon damals etwas
Greisenhaftes; aber er war nur deßhalb greisenhaft, weil er es sein
wollte. Er hielt es der Revolution gegenüber für Pflicht, abzuschließen
mit seiner Ueberzeugung, auf den Erfahrungen der Vergangenheit zu
ruhen und neuen Erfahrungen sich unzugänglich zu machen. Die an=
drängende Gegenwart war ihm mit allen ihren Forderungen nicht nur
verhaßt, sondern auch unbequem; daß auch sie ihr Recht habe und
Andere es geltend zu machen befugt seien, erkannte er nicht; aber für
sich nahm er die Aufgabe in Anspruch, die Vergangenheit auch in der
Gegenwart zu erhalten und Alles zu bewahren, was bestand, um
Neuem keinen Raum zu geben.

Von diesem Standpunkt aus, welcher die von Oesterreich später ein Menschenalter hindurch festgehaltene Politik genau bezeichnet, konnte Gentz eine Umbildung der bestehenden Zustände und Einrichtungen Oesterreichs nicht wollen. In keinem seiner Briefe, in keiner seiner bekannt gewordenen Denkschriften findet sich auch nur eine einzige Andeutung, welche darauf schließen ließe, daß Gentz die Aenderung auch nur einer einzigen bestehenden Einrichtung für nothwendig oder zulässig gehalten hätte. Die Stärke seiner Ueberzeugung und die Schärfe des Verstandes, die Macht seiner geschriebenen und der Zauber seiner gesprochenen Worte, mit welcher er dieselbe geltend machte, mußte auf Graf Stadion einen um so größeren Einfluß üben, als in diesem, obschon aus einer durchaus verschiedenen Wurzel erwachsen, eine gleiche Neigung zu dem Bestehenden und eine gleiche Scheu, in dasselbe einzugreifen, lag.

Wie Gentz war Erzherzog Johann von dem Ausgang des Krieges auf das Heftigste erregt worden. „Die Ereignisse", äußerte er sich im Sommer 1806, „welche nicht nur unserer Monarchie, sondern ganz Europa einen so harten Schlag gegeben haben, sind wohl geeignet, den Muth völlig zu nehmen; es ist, wie wenn das Schicksal Alles aus unserer Erinnerung auslöschen wollte, was uns an den Muth und an die Festigkeit unserer Vorfahren in den Augenblicken allgemeinen Unglücks erinnern könnte; mir gehen die Uebel, welche unsere Langsamkeit und Gleichgültigkeit unseren braven Völkern zuziehen können, an das Herz; aber mag kommen, was will, nie werde ich mich von meinem Vaterlande abwenden, und meine Hoffnung bleibt, daß wir, belehrt durch die gewaltigen Ereignisse, das, was uns noch übrig geblieben ist, auf einen festen und furchtbaren Fuß bringen, daß wir die gutdenkenden Männer sammeln und hören werden." —

Wie Gentz begehrte Erzherzog Johann die Wiederaufnahme des Kampfes; aber ihm war der Kampf ein Kampf gegen den Besieger Oesterreichs, den Unterdrücker der Selbstständigkeit der europäischen Staaten, gegen den Eroberer, der von Länderhabgier wie besessen war; Gentz wollte alles dieses auch bekämpfen, aber noch mehr als dieses: er wollte nicht in Napoleon allein die Revolution bekämpfen, sondern der Kampf sollte zugleich ein Kampf für die Erhaltung der alten Weltordnung sein, für Alles, was vor Ausbruch der Revolution bestanden hatte, ein Kampf gegen jede Aenderung und Umbildung dessen, was überliefert war. Diese Ansicht eines abgelebten politischen Lebens, das ohne Wachsen, ohne Schaffen sich nur anklammert an das früher Gewachsene und Geschaffene, war den jugendlich frischen drängenden

Kräften des Erzherzogs Johann völlig fremd und entgegengesetzt. Gentz lebte in der politischen Vergangenheit, Erzherzog Johann in der Zukunft.

In den Jahren vor dem Kriege von 1805, in denen es sich für den Erzherzog nur darum handelte, Oesterreich zum neuen Kampfe gegen Napoleon zu kräftigen und zu drängen, hatte sich der Erzherzog dem gereiften, überlegenen, berechnenden und erfahrenen Staatsmanne angeschlossen und, unter dessen politischen Einfluß gestellt, untergeordnet.

Nach dem Preßburger Frieden aber waren durch Stadion's und Erzherzog Carl's Auftreten die inneren Fragen angeregt, und in Beziehung auf diese nahm Erzherzog Johann eine Stellung ein, durchaus unabhängig von Gentz, zu ihm entgegengesetzt. Keine Spur weist darauf hin, daß nach dem Preßburger Frieden zwischen Beiden noch eine nahe politische Verbindung bestand; Gentz erwähnt des Erzherzogs nicht mehr in seinen Briefen, und die wenigen Aufsätze und Briefe, welche in den Jahren bis 1809 bekannt geworden sind, weisen nach, daß er sich in einem scharfen Gegensatze zu Gentz in Beziehung auf alle inneren Fragen befand.

Ungeduldig drängte der Erzherzog zum Handeln; schon im Januar 1806, als er sich in Odenburg aufhielt, wohin er die Truppen aus Tyrol zurückgeführt hatte, schrieb er in kurzen Zügen seine Vorschläge zu den Reformen im Militär und im Civil nieder und überreichte den Aufsatz dem Erzherzog Carl mit der Bitte, ihn dem Kaiser vorzulegen. Nirgends aber war weiter die Rede von demselben. Ende Januar 1806 war er nach Wien zurückgekehrt und nahm seit Ostern seinen Aufenthalt in Schönbrunn. „Hier gehe ich spazieren", schrieb er ungeduldig, „lese Alles, was erscheint, und lerne, um die Langeweile zu vertreiben, Sprachen, unter Anderem Ungarisch. Mehr als ein halbes Jahr ist nun verflossen, und wir sind noch immer in statu quo; Sie verstehen, was das heißt, und ich brauche nichts hinzuzusetzen." — Er freute sich über die belebenden Anregungen des Grafen Stadion, aber er glaubte nicht, wie Stadion, daß ein neues Leben in den alten Formen gedeihen könne. Schon im Januar 1806 hatte er Vorschläge zu neuen Einrichtungen im Civil und Militär gemacht, und im Juli schrieb er: „Selbst wenn das Gerippe Oesterreichs in sich zusammenbrechen sollte, würde ich nicht verzweifeln; denn in diesem Unglücke würde die Rettung für die Zukunft liegen. Es gilt die Grundlage zu einem neuen Gebäude zu legen; erleben wir auch die

Vollendung nicht, so werden doch unsere Nachkommen die Früchte ernten." — Als Erzherzog Carl nicht nur den militärischen Geist zu bilden suchte, sondern auch entschlossen die Neubildung der militärischen Einrichtungen und Formen wagte, war das ganz in seinem Sinne, aber er wollte die Neubildung nicht auf das stehende Heer beschränkt wissen. Nicht wie Stadion vom Adel und nicht wie Erzherzog Carl vom stehenden Heere erwartete er die Rettung und Wiedererholung Oesterreichs, sondern von den Völkern. „Meine Hoffnung gründet sich", schrieb er im Juli 1806, „auf das Eintreten des großen entscheidenden Augenblickes, in welchem die jetzt unter dem Stolze und der Willkür Frankreichs tief gebeugte deutsche Nation einen Aufschwung nehmen und das entehrende Joch abschütteln wird." Dieser im Sommer 1806 nur von Wenigen gehegte Gedanke war bei dem Erzherzog weder ein knabenhafter Einfall, noch eine knabenhafte Phantasie; er war damals zwar nicht älter als dreiundzwanzig Jahre, aber das Leben hatte ihn in eine harte Schule genommen; in Jahren hatte er Erfahrungen gemacht, wie Andere in Jahrzehnten. Aus der Traumwelt des Knaben war er geweckt, er hatte den Boden, auf dem er stand, und die Menschen, ohne welche nicht gehandelt werden konnte, kennen gelernt und war belehrt über die Mittel, die verwendet werden konnten; aber zum Manne hatten die Erfahrungen des Lebens den Knaben plötzlich nicht machen können; auch damals zog sich durch ihn ein Gemüthsleben und Phantasieleben des Kindes hindurch, zugleich aber war er muthig zum Wagen und dringend zum Handeln wie ein Jüngling, und berechnend, schlau, eifersüchtig und durch die Lage und die Umgebung, in welcher er sich befand, mißtrauisch wie ein Greis. Die kraftvolle Ruhe des Mannes, die sichere Ueberzeugung, den festen Charakter, das ruhige Gleichgewicht, das ebenmäßige Handeln des Mannes hatte er sich damals und hat er sich wohl auch später nicht gewonnen.

Von einem erhebenden Aufschwunge der Völker hoffte er die Rettung; ihn herbeizuführen drängte und trieb er; aber er wußte, daß es für die Zeit des Aufschwunges an Führern nicht fehlen dürfe. „Dann werden", schrieb er, „alle wohldenkenden Männer sich aussprechen und an die Spitze der Völker stellen müssen, um das erduldete Unrecht zu rächen." — Er selbst wollte diese Männer der Zukunft suchen. „Ich rechne darauf", schrieb er, „die Monarchie zu durchreisen, um sie bis in das Kleinste kennen zu lernen und Verbindungen anzuknüpfen mit allen Männern von Kopf und Herz. Mein Kaiser hat es mir erlaubt, und mein Bruder Carl hat den Plan, den ich ihm vorlegte, gebilligt."

Für die Erhebung der Völker, auf die er hoffte, suchte er im Voraus die militärische Form zu schaffen, und seine alte Neigung trieb ihn vorzugsweise die Alpenländer ins Auge zu fassen. Die Zeit war freilich vorüber, in welcher der Knabe sich der Alpendecorationen auf dem Theater gefreut hatte; aber die Alpen und deren Bewohner blieben ihm an das Herz gewachsen. „Oesterreich hat Tyrol verloren", schrieb er nach dem Preßburger Frieden, „das treueste seiner Länder und eines der ältesten Andenken des Hauses Habsburg; ich kann nicht ohne die tiefste Bewegung daran denken; ich habe das Meiste verloren, nie werde ich dieses Land vergessen."

Zunächst freilich war es nicht möglich, das unter bairische Gewalt gekommene Tyrol zum Kampfe gegen Napoleon vorzubereiten, aber den österreichisch gebliebenen Alpenländern wendete der Erzherzog seine ganze Aufmerksamkeit zu. In einer sehr ausführlichen Denkschrift legte Erzherzog Johann im Jahre 1807 seine Ansichten dar über die Benutzung der Oesterreich erhaltenen Gebirge zur Vertheidigung der Südwestgrenze. Bis in die kleinsten Einzelheiten stellt die Denkschrift Berge, Gewässer, Straßen in den südlichen Theilen der Länder ob und unter der Enns, Salzburgs, Innerösterreichs und Croatiens dar, um die Operationslinien und militärischen Stellungen in diesen bis dahin, wie die Denkschrift sagt, so gut wie unbekannten Ländern ausfindig zu machen und nachzuweisen, daß Oesterreich in ihnen für den Verlust Tyrols einigen Ersatz zur Vertheidigung seiner Grenzen finden könne. Wichtiger aber als das Land waren ihm dessen Bewohner und deren kriegerische Kraft. Er hatte 1805 mit eigenen Augen die Bereitwilligkeit der Tyroler, sich selbst mit den Waffen in der Hand zu helfen, gesehen; „es ist unmöglich", äußerte er sich, „die Auftritte zu beschreiben, welche eintraten, als ich Insbruck mit meinen Truppen verlassen mußte, Auftritte, die sich an jedem Orte wiederholten, die ich auf dem Rückmarsche durch Tyrol berührte. Ein Wink von mir und das ganze Land erhob sich in Masse." — „Alle unsere deutschen Länder", schrieb er in demselben Briefe, „haben sich bewundernswürdig gehalten; man wird in jeder Beziehung auf sie rechnen können, wenn man ihrer bedarf." —

Im Jahre 1807 zuerst tauchte in Wien der Gedanke zur Errichtung der Landwehr auf; wer ihn zuerst gehabt, wer ihn den großen Schwierigkeiten gegenüber geltend gemacht hat, läßt sich aus äußeren

Gründen nicht entscheiden; die Angaben widersprechen sich, indem sie bald auf den Erzherzog Carl, bald auf Graf Grünne oder Schwarzenberg oder Mayer hindeuten; alle inneren Gründe aber sprechen dafür, daß Erzherzog Johann den Gedanken zuerst gehabt, immer auf das Neue angeregt und immer neue Anhänger dafür gewonnen hat. In dem Werke „Das Heer von Inneröſterreich", an deſſen Abfaſſung Erzherzog Johann gewiß nicht ohne Antheil iſt, wird ausdrücklich geſagt, daß dieſem die Priorität gehöre und er im Laufe des Jahres 1807 nach vielfältigen Commiſſionen das Syſtem der Landwehr ausgearbeitet habe. Sein Antheil an der weitern Berathung und schließlichen Feſtſtellung iſt außer Zweifel.

Das Band, welches vor 1805 den Erzherzog Johann und Gentz zuſammengehalten hatte, war vor 1809 gelöst. Nicht durch Verſchiedenheit der Ansichten über dieſen oder jenen einzelnen Punkt wurden Beide getrennt, sondern der Gegensatz der gesammten politiſchen Stimmung und Anſchauung bildete eine tiefe Kluft zwischen Beiden. Die geistige Belebung, die Neubildung der Institutionen, von welcher Erzherzog Johann Errettung und eine große Zukunft hoffte, betrachtete Gentz als den Weg zur geistigen Anarchie und politiſchen Auflöſung. Kälte ſtand der Wärme, Mißtrauen dem Vertrauen, Verzweiflung der Hoffnung gegenüber.

Beide Männer hatten eine Stellung; beide Rechte und Mittel, um ihre Richtung in Oeſterreich zu vertreten und geltend zu machen.

Gentz und der von ihm vertretenen Richtung gegenüber erschienen Erzherzog Johann, Erzherzog Carl und Graf Stadion verbunden; aber auch abgesehen von den inneren Gegensätzen ſtanden die beiden erzherzoglichen Brüder ſich perſönlich einander nicht nahe. Die schon früher beſtandene Entfremdung war während des Feldzuges von 1805 gewachsen; Erzherzog Johann glaubte sich durch die Befehle ſeines Bruders, unter deſſen Befehl er geſtellt war, ohne Grund zu der Preisgebung Tyrols genöthigt; manche heftige Auftritte scheinen vorgekommen zu sein.

Sechstes Capitel.
Die Kämpfe und die Beseitigung der in Oesterreich hervorgetretenen politischen Richtungen.

Erzherzog Carl hoffte keinen Sieg von der Armee, mit welcher der Feldzug von 1799 und 1805 geführt worden war, und mußte deßhalb den Ausbruch des neuen Krieges hinausschieben wollen, bis die Erneuerung des Heeres vollendet war. In den Jahren 1806 und 1807 wollte er den Frieden, weil seine Pläne zur Umgestaltung noch nicht einmal die Billigung des Kaisers erhalten hatten.

Das Bewußtsein von der Nothwendigkeit, die Erneuerung der Armee vor Beginn des Krieges vollendet zu haben, ließ dem Erzherzog die möglichst lange Erhaltung des Friedens als politische Forderung erscheinen, und in seinem Charakter fand sich ein Zug, der auch abgesehen davon ihn trieb, die Stunde großer Entscheidung weiter und weiter hinauszuschieben. Persönlichen Muth, soldatische Entschlossenheit besaß der Erzherzog in außergewöhnlichem Grade. „Mit Vehemenz eilte der Erzherzog", berichtet Rühle v. Lilienstern, „dorthin, wo die Gefahr am größten geschienen, gab sich oft zu großer Gefahr bloß und griff unmittelbar in die Ausführung des Einzelnen ein." — „Auf dem Schlachtfelde sah man ihm an", schreibt ein Anderer, „daß er Gefahr und Tod nicht achtete; sein ganzes Wesen erhielt ein nachdrücklicheres Ansehn; mit Stolz und Zutrauen blickten die Soldaten auf ihn." — „Mit des Erzherzogs Handlungsweise erst bekannt", erzählt General Valentini als befähigter und unverdächtiger Zeuge, „weiß man im Getümmel der Schlacht jeder Zeit ihn zu finden, denn man sucht ihn da, wo die Gefahr am größten ist; er ertheilt seine Befehle mit einer Kaltblütigkeit und Zuversicht, die auch dem Muthlosen Muth einflößen können. Es herrscht in der österreichischen Armee der Gebrauch die Meldungen selbst auf dem Schlachtfelde größtentheils schriftlich zu machen. Sind diese Meldungen nicht von ganz besonderer Wichtigkeit, so pflegt der Erzherzog sie laut lesend seinen Umgebungen mitzutheilen. Behält er die Meldung für sich und fertigt den Ueberbringer mit einem kurzen Bescheid oder mit einem: ‚es ist gut', ab, so kann man schließen, daß die Sache bedenklich steht, doch aber noch irgend ein Erfolg oder Ereigniß abzuwarten ist. Ruft er aber bei erhaltener Meldung: ‚mein Pferd' (er pflegt bei langem Stillestehen auf einem

Platze gemeiniglich abzusitzen), so kann man mit Gewißheit annehmen, daß die Sache gefährlich steht, und man könnte sagen, er fliegt dann dahin, wo Kraft und Gewalt erfordert wird, das Gleichgewicht wieder herzustellen und das Glück zu zwingen. Der Grundsatz, daß ein Oberfeldherr das Schlachtgewühl vermeiden und wenigstens dem kleinen Gewehrfeuer sich nicht aussetzen soll, ist nicht der seinige. Eine Fahne ergreifen und den wankenden Schaaren den Weg zum Ruhme zeigen oder einzelne Flüchtlinge, wenn ihr Beispiel pestartig auf das Ganze zu wirken droht, mit dem Degen gewaltsam zu ihrer Pflicht treiben, sind Thathandlungen, die bei solcher Gelegenheit von ihm ausgeübt ihre Wirkung nicht leicht verfehlen. Seine Gegenwart hat stets einen sichtbaren Einfluß auf den Muth der Truppen, deren Zutrauen er in hohem Grade besitzt." —

Nicht nothwendig ist mit dem persönlichen Muthe und mit dem entschlossenen Handeln in der Stunde des Gefechts die Geisteskraft verbunden, welche den Feldherrn, wenn es sich um die Entscheidung zwischen verschiedenen großen Operationen oder um die Annahme oder Vermeidung der Schlacht handelt, die Entscheidung schnell und sicher treffen und den einmal gefaßten Entschluß mit aller Kraft des Geistes, mit allem Feuer des Willens durchführen läßt, mag es kosten, was es will. Auch den tapferen Mann, der, wenn Trompeten tönen und der Donner der Geschütze rollt, in jedem Augenblicke ohne Wanken weiß, was er zu thun und zu lassen hat, kann wohl das Gefühl der ungeheuren Verantwortlichkeit, der Gedanke, daß nicht nur das Leben vieler Tausende auf dem Spiele stehe, sondern auch das Geschick des Staates, für den er kämpft, überwältigen, ihn zum Schwanken und Zagen bringen und verleiten, den entscheidenden Entschluß aufzuschieben von Tag zu Tag und endlich selbst über die entscheidende Stunde hinaus.

Die Lust am Schlachtengewühl und am soldatischen Wagen wird dem Feldherrn auch den größten Entschluß erleichtern; aber diese Lust war dem Erzherzog fremd; „er hat nicht", urtheilt Clausewitz, „den frischen Muth und die eilige Lust des Soldaten, er nimmt nie das Schwert in beide Hände, um damit auf den Feind loszuschlagen, und macht sich aus dem Angriffe kein Fest; es fehlt ihm an Unternehmungsgeist und Siegesdurst." — „Eigentliche Freude am Kriege kennt er nicht", äußert sich Niebuhr; „er betreibt ihn wie ein Schachspiel und hat Freude an den Dispositionen; am Tage der Schlacht fehlt ihm die rechte Lust, obgleich er Muth genug hat. Der große Feldherr muß zur Schlacht gehen wie zum Tanze; da müssen sich alle seine Seelen=

kräfte vervielfältigen aus Lust am Kampfe; Erzherzog Carl aber bleibt ruhig und mag lieber mit manövriren etwas ausrichten als mit schlagen; sein Bestreben ist die Schlacht zu gewinnen, wie man ein schweres Problem löst; ist dieses gelöst, so macht er sich ein anderes; seiner Natur ist es zuwider, einen Sieg aus allen Kräften zu verfolgen." — „Einen geographischen Feldherrn" nennt Clausewitz den Erzherzog; „er nimmt strategisch das Mittel für den Zweck, den Zweck für das Mittel. Die Vernichtung der feindlichen Streitkräfte, für die im Kriege Alles geschehen soll, existirt in seiner Vorstellung als eigenthümlicher Gegenstand gar nicht; er achtet sie nur, soweit sie auch Mittel ist, den Feind von diesem oder jenem Punkte zu vertreiben; er sieht den Erfolg nur in der Gewinnung gewisser Linien und Gegenden, die doch nie etwas Anderes sein kann als ein Mittel zum Siege, d. h. zur Vernichtung der feindlichen physischen und moralischen Kraft."

Unzweifelhaft gehört der Erzherzog in die Reihe der Feldherren, welche unmittelbar auf die Ersten der Geschichte folgen; um aber unter den Ersten selbst zu zählen, war doch schon seine Feldherrnentschlossenheit — darüber sind die Männer vom Fache wohl ohne Ausnahme einig — nicht groß genug. Als Feldherrn nennt ihn Clausewitz nicht allein vorsichtig, sondern auch zaghaft; er spricht von der etwas unentschlossenen Seele des Erzherzogs und sagt, daß er kein an die günstige Gelegenheit geknüpftes Wagen kenne und oft die Rolle eines Unentschlossenen darstelle. Ein Mann, dem es wie dem Erzherzog schwer wird, als Feldherr zu einem großen entscheidenden Entschlusse zu kommen, wird auch als Politiker zum Zögern und Hinausschieben sich neigen; die Entscheidung zum Kriege kann ihm nicht leichter werden als die zur Schlacht. Bezeichnend ist es, daß der erste Krieger Oesterreichs in dem ersten Paragraphen seiner Grundsätze der höheren Kriegskunst den Krieg für das größte Uebel erklärt, was einem Staate, was einer Nation widerfahren könne. Der Krieg aber, der ihm an sich schon als größtes Uebel erscheint, hatte damals für Oesterreich noch eine besondere Bedeutung. „Man muß erwägen", schrieb um diese Zeit der englische Gesandte, Sir Robert Adair, „daß dieses der letzte Krieg sein würde, in den Oesterreich sich jemals wieder einlassen könnte, und daß ein unglücklicher Ausgang desselben den gänzlichen Sturz seines Hauses zur Folge haben dürfte."

Der Erzherzog machte aus seinem Streben, den Ausbruch des Krieges so lange wie möglich hinauszuschieben, kein Hehl, und die

Stellung, welche er einnahm, war in den beiden ersten Jahren nach dem Preßburger Frieden der Art, daß er, was er wollte, auch erlangen zu können schien. „Auf alle Staatsberathungen übt der Erzherzog", berichtete im April 1807 der englische Gesandte, „den entscheidenden Einfluß; er hat überdieß die ganze Verwaltung des Heeres und die Leitung aller kriegerischen Unternehmungen; kein Krieg könnte ohne seine freie und entschiedene Zustimmung auch nur mit einiger Aussicht auf Erfolg geführt werden."

Auch sonst findet sich oftmals in den Berichten des englischen Gesandten erwähnt, daß es der Erzherzog sei, welcher jedes Bemühen, Oesterreich zu einem entschiedenen Auftreten zu bewegen, scheitern mache. Der Erzherzog aber stand mit seiner Ansicht keineswegs allein.

Die Gründe dieser Stimmung unter den Großen waren sehr verschiedener Art. Bei Manchen wurzelte sie in einer Hinneigung zu Frankreich. „Es zeigte sich in Wien", berichtet Sir Robert Adair, „ein lange schon bestandenes Gefühl von Unmuth über alle die Opfer und Widerwärtigkeiten, welche das Land seit 1792 durch den Krieg erduldet hatte. Es glaubten nicht wenige und keineswegs unbedeutende Leute, daß das beste Mittel, den Frieden, wie er nun einmal erlangt sei, zu erhalten, in einem dauernden Bündniß mit Frankreich bestehe. Furcht vor Rußland, Mißtrauen gegen die Zuverlässigkeit Preußens war ein Grund, dieses Bündniß noch lebhafter zu erstreben." — Andere hielten verzweifelnd den Frieden fest, weil einem Kriege ja doch jede Aussicht auf Erfolg fehle. Oesterreich habe südwestlich keine Grenze mehr, mit Tyrol seien die Quellen des Hauptgewässers, der Hauptgebirgsstock abgerissen und damit jede Möglichkeit verloren, die feindlichen Operationen, welche aus Italien und vom Rhein nach dem Herzen der Monarchie zielten, auseinanderzuhalten. „Im Jahre 1806 wünschten", bemerkt Adair, „der Kaiser, seine Minister und alle seine Unterthanen so sehnlich den Frieden zu erhalten, daß der Versuch, sie zum Kriege zu bringen, lächerlich gewesen wäre, und im Frühjahr 1807 war der Widerwille gegen den Krieg so groß, daß es kein Mittel gab, ihn zu überwinden."

In scharfem Gegensatze zu dem Erzherzog Carl und dessen Stellung zu der Kriegs- und Friedensfrage befanden sich Graf Stadion und seine Anhänger. Sein Haß gegen Napoleon war weit grimmiger als der des Erzherzogs. Dieser stand Napoleon auch als Soldat dem Soldat gegenüber und konnte dem großen Feldherrn Achtung, ja

Bewunderung nicht versagen. Stadion dagegen sah in dem französischen Kaiser wenig Anderes wie die Fleisch gewordene Revolution, wie den Räuber so vieler Kronen, den Zertrümmerer des deutschen Reiches, den Verächter alles Rechtes bis auf das der Reichsritter hin, den übermüthigen Besieger Oesterreichs. Diesem Feinde Europa's so bald wie irgend möglich mit den Waffen entgegenzutreten, war ihm ein leidenschaftlicher Wunsch. Er hatte nicht wie der Erzherzog Einrichtungen, Umwandelungen, Neugestaltungen begonnen, welche vor Ausbruch des Krieges wenigstens bis zu einem gewissen Punkte durchgeführt sein mußten. Seine Hoffnung, die bestehenden Zustände und Verhältnisse Oesterreichs zu beleben, wurde durch den Ausbruch eines großen Krieges eher gefördert als gestört. „Es kann nicht befremden", bemerkt Rühle v. Lilienstern, „daß Männer, welche aus Erfahrung den Krieg als das gefährlichste Glücksspiel erkannt haben und, ohne besonderes Zutrauen in ihr persönliches Glück setzen zu können, auf das Genaueste mit allen Erfordernissen und allen vorhandenen Mitteln, sowie mit der dem Feinde zu Gebote stehenden Widerstandskraft vertraut sind, weniger rasch und unbedenklich den Schild erheben als solche, die ohne militärische Einsicht nur politischen Berechnungen oder auch nur dem Rufe der Leidenschaft Folge leisten." — Stadion sah nur von Oben herab den Unmuth, die innere Empörung, mit welcher in Wien, in Ungarn und in manchen andern Theilen des Kaiserreiches der Uebermuth Frankreichs ertragen ward; er trat nur mit dem Theile des jüngeren Adels in Verkehr, welcher gewiß war, in dem ausbrechenden Kriege zugleich den fast sicheren Weg zum Glanze und zur Auszeichnung zu finden. In Wien selbst bewegte er sich in den von tödtlichem Hasse gegen Napoleon beseelten Kreisen, die sich in verschiedenen Zeitpunkten um Rasumoffsky und Pozzo di Borgo sammelten; von Außen wirkte das englische Ministerium, wirkten Stein und Graf Münster auf ihn ein. Der englische Gesandte Sir Robert Adair fand immer neue Gründe, ihn zum Kriege zu bestimmen, und Gentz stürmte mündlich wie schriftlich mit der ganzen Macht seines Geistes und seiner Sprache auf ihn ein. Hatte doch dieser im Sommer 1806 geschrieben: „Ich werde jetzt den Plan zur Stiftung einer neuen österreichischen Monarchie ausarbeiten; Wien muß aufhören, Residenz zu sein, die deutschen Staaten müssen als Nebenländer, Grenzprovinzen betrachtet, der Sitz der Regierung tief in Ungarn aufgeschlagen werden; mit Ungarn, Böhmen, Gallizien und was von Deutschland blieb, behauptet man sich noch gegen die Welt, wenn man nur will; es gilt die Grenzen durch Natur und einige Kunst so zu befestigen, daß der Teufel und seine Legionen nicht eindringen können. Wenn dieses befolgt wird, so sollen Preußen und Deutschland zeitig genug bei dieser neuen Monarchie um Hülfe flehen; aber freilich, wenn man sich vom Graben, vom Prater, von Lachsenburg nicht trennen will, so ist Alles verloren." —

Graf Stadion war ein zu bedeutender Staatsmann und zu lange geschult in dem großen europäischen Verkehr, um sich allein durch Haß gegen den Unterdrücker und durch den Wunsch, die Gewalt desselben zu beschränken, zu dem Kriegsentschluß hinreißen zu lassen; aber er war warmer Mensch und leidenschaftlicher Feind genug, um, sobald die europäischen Verhältnisse einem Kriege Oesterreichs gegen Napoleon Aussicht auf Erfolg zu geben schienen, sich über die Bedenken des Erzherzogs Carl hinwegzusetzen; die Rücksicht auf das Unfertige des österreichischen Heeres war nicht stark genug, um ihn von dem Versuche abzuhalten, mit allen ihm zu Gebote stehenden Mitteln den Widerstand des Erzherzogs gegen den Kriegsentschluß zu überwinden.

Im Jahre 1806, als der Kaiser von Oesterreich der deutschen Königs- und der römischen Kaiserkrone durch Errichtung des Rheinbundes beraubt war, als die Friedensverhandlungen Englands und Rußlands mit Frankreich abgebrochen waren, und Preußen sich zum Kriege entschlossen hatte, hielten Oesterreich Erbitterung und Argwohn gegen Rußland zurück, welches selbst in einem Zeitpunkte wie dem damaligen sich nicht abhalten ließ, durch Besetzung von Cattaro, 4. März, und Dalmatien und durch das Einrücken seiner Truppen in die Moldau am 28. November die Pläne auf die Türkei zu verfolgen, welche nach Adair's Ausdruck die Einbildungskraft einer großen und mächtigen Classe russischer Staatsmänner immer beschäftigen, wenn Unruhen im westlichen Europa ausbrechen. Preußens Auftreten flößte dem Grafen Stadion kein Vertrauen ein, der Zweifel an der Festigkeit und Beharrlichkeit des Königs war zu groß; "so lange ein Mann wie Graf Haugwitz", berichtet Adair, "die Leitung des Krieges in Händen hat und das Vertrauen seines Herrn besitzt, ist in der That eine furchtbare Verantwortung mit dem Rathe, den Krieg zu erklären, für den Minister verbunden." Stadion's Vorsatz blieb, an dem Frieden von Preßburg festzuhalten; am 6. October 1806 hat er den fremden Mächten die Neutralität Oesterreichs mitgetheilt. Das Drängen des englischen Gesandten, die Ankunft des außerordentlichen russischen Be-

vollmächtigten Pozzo di Borgo (Mitte December 1806), die A er=
bietungen des im Geheimen, am 17. Februar 1807, eingetroffenen
preußischen Grafen von Götzen und der weitere Verlauf des Krieges trieben
Oesterreich nicht weiter als bis zu dem Gedanken, eine Vermittelung zu
versuchen, welche am 3. April 1807 in amtlicher Form den kriegführenden
Mächten angeboten ward. Auch als dieser Versuch erfolglos blieb,
hielt sich Oesterreich vom Kriege fern; am 7. Juli 1807 ward der
Friede von Tilsit geschlossen. Oesterreich befand sich nach Außen in
einem Zustand vollkommener Lähmung und sah sich durch Napoleon
genöthigt, am 20. Februar 1808 jeden diplomatischen Verkehr mit
England abzubrechen.

Auch während dieses Abschnittes von Thatlosigkeit nach Außen in=
mitten gewaltiger europäischer Bewegungen vom Preßburger Frieden
bis zum Februar 1808 machten sich im Innern Oesterreichs die Gegen=
sätze unter den leitenden Männern geltend. Stadion's Haltung wurde
von Gentz als schwach und halb betrachtet.

Graf Stadion wollte den Frieden von Preßburg treu festhalten und er=
füllen; aber die Gefahr, neue entehrende Verpflichtungen durch Napoleon
übernehmen zu müssen, der Gang, den die europäischen Verwickelungen
nahmen, und der eigene Ingrimm gegen den Feind führten ihn mehrere
Male bis auf den Punkt, den Krieg zu beginnen; die inneren Ver=
hältnisse jedoch, die entscheidende Stellung, welche der Erzherzog Carl
annahm, nöthigten ihn jedes Mal von dem Entschlusse zurückzutreten.
„In Oesterreich steht es schlecht, und ich fürchte supra-schlecht",
schrieb im April 1806 Gentz, der auch damals eine kriegerische
Haltung begehrte; „in Wien sieht es schwach und armselig aus",
äußerte er einige Wochen später. — „Sonderbar ist", bemerkte er um
dieselbe Zeit, „daß diejenigen, die durch das politische Unglück am
meisten zu verlieren bedroht werden, gerade am meisten darüber zer=
streut sind und sich in keinem Lebensgenusse stören lassen." — Im
August, als Napoleon das deutsche Reich auflöste, den Rheinbund er=
richtete und drohende Truppenmärsche anordnete, berichtet Adair, daß
der Wiener Hof sich scheue, auch nur den Anschein von Vertheidigungs=
maßregeln blicken zu lassen, und sich nicht im Stande fühle, den
Durchmarsch französischer Truppen durch sein Gebiet zu verhindern.
Im September dagegen fand Adair das Benehmen und die Sprache
des Wiener Hofes wesentlich verändert; „die Partei", bemerkt er,
„welche immer zu einem entschlossenen Auftreten geneigt war, hat durch
die Hinrichtung Palm's und einiger friedlichen österreichischen Unter=

thauen, durch die steigenden Forderungen Napoleon's und die be=
leidigende Unverschämtheit, mit welcher er sie durchsetzt, an Einfluß
gewonnen; der Wunsch wird laut, sich vereint mit Preußen und Ruß=
land in Verbindung mit England zu setzen." — Auch Gentz schrieb
in denselben Tagen: „Ich habe gute Gründe, zu glauben, daß, um
Hand anzulegen, für Oesterreich nur zwei Dinge: Luft und Vertrauen,
nöthig sind; Luft wird ihm werden, sobald Bonaparte seine Truppen
in Norddeutschland zusammenzieht; das Vertrauen hängt von Um=
ständen ab, über welche die nächste Zeit entscheiden muß." —

Nach der Schlacht bei Jena aber erschien die Bestürzung und
Unentschlossenheit des Wiener Hofes dem englischen Gesandten so groß,
daß er erklärte, kein Interesse ausfindig machen zu können, an dessen
Erhaltung Oesterreich sein Dasein wagen würde. Aus einer Thei=
lung Preußens würde es sich keinen Gewinn aufdrängen lassen, selbst
Schlesien nicht für Galizien nehmen; aber zu einem offenen Wider=
stand werde es nicht früher als in dem Augenblicke schreiten, in
welchem jeder Widerstand vergeblich sei. „Gerade aus der Größe der
Gefahren", bemerkt Adair, „von denen Oesterreich umringt ist, stammt
seine Unschlüssigkeit." — Unumwunden erklärte Ende December Graf
Stadion dem englischen Gesandten, die Geldmittel Oesterreichs seien
so erschöpft, die Rüstungen so unvollständig, daß es unmöglich für
Oesterreich sei, thätig aufzutreten.

Verzweifelnd schrieb in denselben Tagen der preußische Graf
Finkenstein an Graf Götzen: „Auf Hülfe von Oesterreich rechnen Sie
nicht; man kennt hier den ganzen Umfang der Gefahr, möchte handeln,
kann aber vor lauter Furcht zu keinem Entschlusse kommen, und man
wird ihn dann erst fassen, wenn es zu spät sein wird." — Als bald
darauf die Sendung des Grafen Götzen nach Wien abgelehnt war,
weil so indiscret darüber gesprochen, schrieb Gentz: „ein nichtsbe=
deutender Vorwand, um schmähliche Poltronerie zu bemänteln; ich
weiß, daß sie schwächer und unentschlossener sind als je, und es ist
nicht abzusehen, wie das Alles enden wird."

Wenige Wochen später, Ende Januar 1807, hatte die Kriegs=
neigung Stadion's wiederum das Uebergewicht; Erzherzog Carl selbst,
welcher sich bisher allen kriegerischen Maßregeln widersetzt hatte, ward
bei dem Vordringen der französischen Truppen in Polen stutzig; nun
ward plötzlich die Stärke des Heeres auf 220000 Mann ange=
geben und versichert, daß in sechs Wochen Alles bereit sein werde; der
Graf Götzen ward im Februar als geheimer Unterhändler Preußens

in Wien zugelassen. Der Erfolg aber der Russen bei Eylau am 7. Februar erregte auf das Neue den Argwohn der starken russenfeindlichen Partei. „Es sind", bemerkte Marquis von Douglas aus Petersburg, „wohl eben so sehr persönliche als öffentliche Gründe, welche die Abneigung der Höfe von Wien und Petersburg so stark machen." Die Friedensneigung des Erzherzogs erhielt in Wien wieder das Uebergewicht. „Der Erzherzog ist", äußerte sich Graf Stadion gegen Adair, „nur dann zum Handeln zu bewegen, wenn Frankreich sich weigert, über einen allgemeinen Frieden zu unterhandeln." Adair aber war der Meinung, daß selbst dann noch andere Beweggründe hinzutreten müßten, um ihn zu bestimmen; unmuthig berichtet er im März seinem Hofe: „Oesterreichs Ansichten über die Mitwirkung im Kriege haben so oft gewechselt, daß keine Hoffnungen auf dasselbe zu bauen sind; es hieße von der Beharrlichkeit des Wiener Hofes mehr als zulässig erwarten, wenn ich Ew. Herrlichkeit dieselbe Hoffnung machen wollte, welche Graf Stadion noch zu unterhalten scheint." — Dann, als es ihm wahrscheinlich ward, daß Napoleon Oesterreichs Vermittelungsvorschlag zurückweisen werde, stieg seine Hoffnung auf das Neue. „Das Schwanken des hiesigen Hofes", berichtet er am 1. April, „nähert sich jetzt fast seinem Ende; die Schwierigkeit lag immer in dem Erzherzog Carl, aber selbst er hat angefangen, die Nothwendigkeit eines kräftigen Verfahrens einzusehen. Der Kaiser ist entschieden für den Krieg, wenn die Vermittelung zurückgewiesen werden sollte, und Graf Stadion unterstützt diese Ansicht auf das Kräftigste; er hat die Zusammenziehung eines Heeres von 80000 Mann bei Krakau vorgeschlagen; der Erzherzog ist über diesen Vorschlag fast beunruhigt, aber ich habe Grund zu glauben, daß er auf denselben eingehen werde, wenn Bonaparte's Antwort nicht außerordentlich friedlich ist. Ich bin daher der Meinung, daß Oesterreich sich uns doch noch anschließen werde." — Unmittelbar nach Abgang dieses Berichtes langte in Wien die Nachricht an, daß Napoleon den Vermittelungsvorschlag Oesterreichs nicht abgewiesen habe; zugleich ward bekannt, daß die englische Flotte Constantinopel verlassen habe, ohne die Türkei zur Nachgiebigkeit gegen Rußland zu vermögen, durch welche dem Petersburger Hofe der Vorwand genommen werden sollte, seine Vergrößerungspläne gegen die Türkei zu verfolgen. Der Argwohn gegen Rußland ward wiederum in Wien wach. „Die Nachrichten aus Constantinopel haben", berichtete Adair, „Alles wieder in den früheren Stand der Ungewißheit zurückgeworfen und jenen Rathgebern wieder die Oberhand verschafft, deren System es ist, Oesterreich von seinen treuesten Freunden zu trennen und dessen Verbindung mit Großbritannien zu hintertreiben."

Noch einmal gewann Abair die Hoffnung, daß Oesterreich sich zum Kriege entschließen werde, wenn sein Vermittelungsvorschlag verworfen werde; wiederum gab er sie auf, und als die Nachricht von der Schlacht bei Friedland in Wien angekommen war, schrieb er am 27. Juni: „Die Bestürzung der österreichischen Regierung ist ungeheuer; wohin das führen wird, kann ich nicht bestimmen, höchstwahrscheinlich zu einer noch größeren Erstarrung und Unthätigkeit und zu einem vollkommenen Ergeben in die Ereignisse; jede Hoffnung, die man einst auf die Mitwirkung Oesterreichs haben konnte, scheint jetzt ganz zu Ende." —

Während einer Reihe von Monaten zeigte jetzt auch Graf Stadion sich entschlossen, den Frieden selbst mit schweren Opfern zu erhalten. Ende September war Abair der Ueberzeugung, daß Oesterreich sich der Forderung Frankreichs, die Seeküste des adriatischen Meeres abzutreten, nicht sehr kräftig widersetzen werde; Ende October glaubte er, daß Oesterreich auf dem Punkte sei, Frankreich nicht nur Landgebiet aufzuopfern, sondern auch Anordnungen sich gefallen lassen werde, durch welche es in der That seine Unabhängigkeit verliere; Ende November sah er bereits mit Sicherheit voraus, daß Oesterreich dem Andrängen Napoleon's, die diplomatische Verbindung mit England abzubrechen, nicht lange widerstehen werde. Im Februar sah sich Stadion genöthigt, dem englischen Gesandten seine Pässe zu senden.

Während Oesterreich durch den Abbruch der diplomatischen Verbindungen mit England jeden Gedanken, den Krieg gegen Frankreich zu beginnen, aufgegeben zu haben schien, war Abair der festen Ueberzeugung, daß Graf Stadion lieber Freundschaft mit Rußland und vollständige Versöhnung mit England als Eingehen auf das französische System wolle. Er sprach die Zuversicht aus, daß Oesterreich unter Stadion's Leitung noch einen Kampf bestehen werde, wenn derselbe nicht anders als mit dem Opfer seiner Ehre zu vermeiden sei, und daß es, wenn es zu fallen verurtheilt sei, nicht ohne tapferen Widerstand fallen werde. Abair hatte sich in dem Grafen Stadion nicht geirrt. Nach Abbruch der amtlichen Verbindung zwischen den Höfen von London und Wien ward für einen geheimen Verkehr durch Vermittlung der Russen Rasumoffsky und Pozzo di Borgo, des neapolitanischen Gesandten Ruffo und des früheren hannoverschen Gesandten

Herrn v. Hardenberg gesorgt; im Innern arbeitete Graf Stadion unabläſſig daran, den Widerſtand derer, welche ſich dem bewaffneten Auftreten Oeſterreichs gegen Frankreich entgegenſtellten, zu überwinden. Ein wechſelndes Uebergewicht in dieſem inneren Kampfe gab ihm der Gang, den die auswärtigen Verhältniſſe nahmen.

Die Haltung, welche Napoleon ſeit dem Preßburger Frieden gegen Oeſterreich angenommen hatte, mußte Jedem deutlich machen, daß er Oeſterreich bereits wie einen halb abhängigen Staat betrachtete. Die Anſprüche, welche der Wiener Hof auf Grund unzweifelhafter Beſtimmungen des Friedens erhob, behandelte er wie Gegenſtände, die keine ernſthafte Erörterungen verdienten; zum Unterhalte der franzöſiſchen Truppen hatte er neue drückende Leiſtungen verlangt und das Eigenthum des Hofes in den abgetretenen Provinzen dem Friedensvertrage entgegen ohne Entſchädigung dem Hofe entzogen; ſeine Truppen ließ er, um die Verbindung zwiſchen Venedig und den Küſten auf der andern Seite des adriatiſchen Meeres zu erhalten, durch das öſterreichiſche Gebiet ziehen, wie wenn es ſein eigenes wäre; er erzwang die Sperrung der öſterreichiſchen Häfen gegen ruſſiſche, engliſche und nordamerikaniſche Schiffe, behielt die Feſtung Braunau beſetzt, nöthigte Oeſterreich, Reſte ſeiner italieniſchen Beſitzungen herzugeben und andere dafür anzunehmen, und deutete bereits darauf hin, daß Oeſterreich Galizien werde geben und Schleſien werde nehmen müſſen, nöthigte Oeſterreich, jeden diplomatiſchen Verkehr mit England abzubrechen, und erklärte durch eine Note vom 30. Juli 1808: Der Krieg ſei unvermeidlich, wenn die in der öſterreichiſchen Monarchie veranſtalteten militäriſchen Bewegungen nicht durch Maßregeln von entgegengeſetzter Art rückgängig gemacht würden. Wenn Oeſterreich ſich Durchmarſch fremder Truppen, Lieferungen, die Sperrung ſeiner Häfen, Ländertauſch, Fortſchickung der Geſandten ſeiner Alliirten, Entwaffnung der eigenen Kriegsmacht befehlen ließ, ſo mußte jeder Monat Oeſterreich einer Lage näher bringen, in welcher es, wie ſchon ſo manches früher ſelbſtſtändige Reich, zu einem zinspflichtigen Nebenlande Frankreichs werden, mit ſeinen Truppen fremde Kriege führen und nach dem Willen Fremder die eigenen Verhältniſſe ordnen mußte. Mit ergreifenden Worten hatte Adair, als er Wien verlaſſen mußte, dem Grafen Stadion in einem vertraulichen Schreiben vom 22. Februar 1808 zugerufen: „Bald kann die Dringlichkeit Ihrer Lage Sie zu einer Verbindung mit Frankreich nöthigen; wenn Bonaparte das großartige Feſtlandsbündniß zur Bezwingung Englands zu Stande gebracht hat, wenn das Manifest gegen England von den französischen, spanischen, russischen, preußischen und österreichischen Bevollmächtigten und von den Vertretern der abhängigen Könige Deutschlands, Hollands und Italiens unterzeichnet ist, alsdann wird man Sie auffordern, auch Ihren Antheil an Hülfsgeldern und Ihren Truppenbeitrag zum großen Festlandsheer zu stellen, welches mit Feuer und Schwert unsere fluchwürdigen Küsten überziehen soll. Französische Beamte werden mit höhnischem Spott die Mannschaften und das Geld, welches Sie zu geben haben, feststellen. Ihnen schaudert davor. Sagen Sie mir, wie Sie dann es werden vermeiden können."

Nicht weniger, als die von Monat zu Monat wachsende Gefährdung der Selbstständigkeit Oesterreichs drängte das unerwartete Verhältniß, in welches Kaiser Alexander und Napoleon seit dem Tilsiter Frieden zu einander getreten waren, zu einem schnellen Kriegsentschluß. Bereits 1804 hatte Gentz in einem Memoire vom 6. September auf die Möglichkeit einer Vereinigung zwischen Frankreich und Rußland als der gefahrvollsten und drohendsten aller politischen Combinationen hingewiesen. „Wir haben erfahren", schrieb er damals, „wie theuer diese Combination selbst in der rohen und unvollkommenen Gestalt, in welcher sie zwei bis drei Jahre lang über unseren Häuptern geschwebt hat, Europa zu stehen gekommen ist. Von allen Wunden, die dem alten politischen System und namentlich der Selbstständigkeit Deutschlands in den letzten zehn Jahren geschlagen wurden, sind die, welche Frankreichs vorübergehendes Einverständniß mit Rußland uns beibrachte, ich weiß nicht, ob die schmerzlichsten, aber zuverlässig die tiefsten und unheilbarsten gewesen. Eine Gefahr so furchtbarer Art scheint gegenwärtig weit von uns entfernt, aber weh' uns, wenn wir dem Zufall allein unsere künftige Sicherheit verdanken wollen; weh' uns, wenn wir blos von dem blinden und eigensinnigen Glück die Garantie gegen ihre Rückkehr erbetteln! Erhebt sich dieser Komet zum zweiten Mal über unsern Horizont, so geht die Welt in Flammen auf. Was soll, wenn nicht das vereinte Gewicht und die vereinte Masse von Deutschland sich zwischen ihre Umarmungen wirft, der gemeinschaftlichen Macht dieser beiden Colosse widerstehen? Der westliche hat längst alle seine alten Schranken durchbrochen; und was sollte zur Schutzwehr gegen den östlichen dienen? Es ist klar, daß es nur der Vorsehung gefallen dürfte, einen ehrgeizigen, eroberungssüchtigen Fürsten auf den russischen Thron zu erheben, um schon unter den jetzigen Umständen die Unterjochung von Deutschland, die Auf-

lösung aller noch bestehenden Reiche und eine doppelte Universal=
monarchie zu vollbringen, und dies wird, wenn das jetzige System oder
vielmehr die jetzige trostlose Erschlaffung noch einige Jahre fortdauern
sollte, über kurz oder lang Europa's unvermeidliches Schicksal
sein." —

Schneller als Gentz 1804 erwarten konnte, hatten die Mittags=
stunden des 25. Juni 1807 diese Befürchtung verwirklicht, als
Alexander und Napoleon auf der Memel zur persönlichen Besprechung
zusammenkamen. Was dort vertraulich besprochen, setzte der Friede
von Tilsit am 7. Juli und der gleichzeitige geheime Bundesvertrag
zwischen Rußland und Frankreich traktatmäßig fest. Die Theilung
der Herrschaft über Europa zwischen Bonaparte und Rußland war
das Ziel, welches Beide mit gemeinsamen Anstrengungen erstreben
sollten. Vorläufig ward Neapel, Holland, das Königreich Westphalen,
der Rheinbund dem Kaiser der Franzosen zuerkannt, Alexander mit
Verheißungen im Norden und im Süden Europa's und mit Bialystock,
welches man seinem bisherigen Bundesgenossen, dem Könige Friedrich
Wilhelm, mit welchem er hatte stehen und fallen wollen, entriß, abge=
funden. „So lange der unselige zu Tilsit geschlossene Verein zwischen
Rußland und Frankreich besteht", äußerte Adair am 22. Februar 1808
gegen Stadion, „ist kein benachbarter Staat auch nur einer Stunde
Ruhe sicher. Einem Mann wie Sie den Umfang und die Mannigfaltig=
keit der Uebel, welche in der Fortdauer dieses Bündnisses liegen, näher
zu bezeichnen, ist überflüssig; es giebt keine durch dasselbe auszuführende
Maßregel, die nicht zum Verderben Oesterreichs gereichen müßte." —
Bald genug nach Schließung des Tilsiter Bündnisses wurde die Aus=
breitung der doppelten Universalmonarchie weiter und weiter verfolgt.
Napoleon ließ im Februar 1808 Rom besetzen und den Papst im
eigenen Lande als Staatsgefangenen behandeln; Alexander nahm im
März 1808 Finnland dessen Könige fort und erklärte es als russische
Provinz; Napoleon machte im Juni 1808 Spanien und Indien zu
einem französischen Nebenstaat, indem er seinen Bruder Joseph als
König einsetzte; Alexander begehrte dagegen als Aequivalent die in
Europa den Osmanen unterworfenen Gebiete, wo möglich Constanti=
nopel selbst nicht ausgenommen. In dem auf dem Congreß zu Erfurt
(September und October 1808) geschlossenen Tractat bewilligte ihm
Napoleon wenigstens die Moldau und Wallachei und stellte die weitere
Theilung der Türkei in Aussicht.

Die Gefahren, von denen Oesterreich auf allen Seiten bedroht war, wuchsen von Monat zu Monat, und als der seit dem Juni 1808 ausgebrochene Aufstand Spaniens gegen seinen Dränger zu einem furchtbaren Kriege heranwuchs und Napoleon's ganze Aufmerksamkeit und Heeresmacht in Anspruch nahm, und die Nachrichten aus Paris über die Unzufriedenheit in der nächsten Umgebung Napoleon's immer bestimmter wurden, glaubte Graf Stadion den Augenblick gekommen, in welchem die Scheu vor dem Ausbruch des Krieges auch in dem Erzherzog Carl durch das Drängen der Ereignisse überwunden werden könne.

Seit dem Mai und Juni 1808 begannen die großen Kriegsrüstungen Oesterreichs mit Errichtung der Reserve und der Landwehr; Verbindungen mit den Bewegungen in Preußen und dem nördlichen Deutschland wurden angeknüpft; im October theilte Graf Stadion den Kriegsentschluß durch Vermittelung des Herrn v. Hardenberg in England mit und nahm dessen Geldhülfe in Anspruch; im November ging Major Saint Ambrois nach Palermo und Cagliari, um in Neapel, Genua und Piemont Erhebungen vorzubereiten. In Spanien wurden Verbindungen angeknüpft; im Veltlin und in der Schweiz wie unter den Albanesen und Dalmatinern ward kräftig gearbeitet, und im Januar 1809 wurde Fürst Carl Schwarzenberg nach Petersburg gesandt, um Kaiser Alexander zu gewinnen. Graf Stadion gab sich indessen keineswegs der Hoffnung hin, daß eine russische oder preußische Streitmacht, daß eine kräftige und zusammenhängende patriotische Erhebung in den von Napoleon unterjochten Ländern den österreichischen Heeren bei Ausbruch des Krieges zur Seite stehen werde. So konnte ihm nicht verborgen sein, daß Oesterreich, um nach den Feldzügen von 1799 und 1805 das Vertrauen der Höfe und der Völker wieder zu gewinnen, vor allem Anderen durch ein mächtiges, muthiges Auftreten, durch den Glanz eines großen Sieges nachweisen müsse, daß ihm dieses Mal Kraft des Willens, Schwung des Entschlusses und Einheit der Ausführung innewohne. In seiner ganzen Macht mußte Oesterreich sich erheben und alle seine Kräfte auf Einen Punkt zusammendrängen. Dieses Ziel konnte Graf Stadion nicht erreichen, wenn er nicht die volle, freie Mitwirkung des Erzherzogs Carl zuvor gewonnen hatte.

Im Sommer des Jahres 1808 hatte der Erzherzog zwar die Zustimmung des Kaisers zur Errichtung der Reserve und Landwehr und einer Reihe bedeutender Umbildungen der Armee erlangt, aber von Kriegslust blieb er noch in den ersten Monaten 1809 weit entfernt. Die genehmigten Pläne bedurften noch der Durchführung, und eine in der Umbildung begriffene Armee erschien ihm am wenigsten geeignet, Napoleon entgegengeführt zu werden. Nicht einmal der Kopfzahl und äußeren Ausrüstung nach war das Heer kriegsfähig; noch im Frühjahr 1809 fehlte der Infanterie viel an ihrer vollen, von den Kriegscanzleien auf 279000 Mann berechneten Stärke; die dritten Bataillone befanden sich überdieß in weiter Ferne von ihren Regimentern in ihren Werbebezirken, um dort sich zu verstärken; eine große Zahl der Truppen war beurlaubt und noch nicht zu ihren Fahnen zurückgekehrt; die Cavallerie, welche überhaupt nur aus 36000 Pferden bestand, war durch eine große Zahl untauglicher Pferde gemindert und die Remonten noch nicht zugeritten. Die Ausbildung der erst im Spätsommer 1808 ins Leben tretenden Landwehr war noch weit zurück; viele ihrer Abtheilungen waren nach Stutterheim's Zeugniß nur wie bewaffnete Massen zu betrachten, die plötzlich ohne Vorbereitung, ohne Kriegserfahrung und ohne vollständig geübt zu sein, mitten in den Sturm des Krieges geschleudert wurden; nur die ober- und niederösterreichischen Bataillone machten davon eine Ausnahme; in Krain war wenig geschehen, in Steyermark und Kärnthen war sie zwar gekleidet, bewaffnet und geordnet, aber doch nur für untergeordnete Dienste brauchbar.

Noch weniger als die äußere Ausrüstung hatte der Erzherzog die innere Erneuerung des Heeres, die Ausbildung des militärischen Geistes unter den Führern und den Soldaten in der kurzen Zeit bis zu einem gewissen Abschluß bringen können; auch in dieser Beziehung war Alles noch im Werden, nichts fertig. „Sie kennen", schrieb aus der nächsten Umgebung des Erzherzogs Graf Grünne, „die Zusammensetzung unserer militärischen Hierarchie, die Mängel, die ihr ankleben, die Vorrechte, den Eigendünkel, die Insubordination jener, die zu Generalen geboren sind, ohne Soldaten zu sein." — „Strenge Mannszucht wird man", äußerte sich der Erzherzog selbst einmal, „nur von jenen Kriegsvölkern erhalten, die durch längere Zeit unter den Fahnen vereinigt den Banden der Disciplin so unterworfen sind, daß ein Wort ihrer Vorgesetzten jede innerliche Regung bezähmt. Wenn aber bei einem ausbrechenden Kriege die Zahl der Neulinge jene der Veteranen übersteigt, dann ist eine solche Hingebung nicht zu erwarten. Der rohe Mensch kann und wird seinen Trieben in dem Augenblicke ihres heftigsten Dranges nur dann widerstehen, wenn ihm eine lange Gewohnheit unbedingten Gehorsam zur zweiten Natur gemacht hat."

Nicht einmal seiner eigenen Stellung zur Armee war der Erzherzog sicher; viel Eifersucht, viel Argwohn, Schläfrigkeit war noch zu überwinden, viele Zwiste, Mißgunst unter den Generalen und höheren Officieren auszugleichen; noch in den ersten Monaten 1809 sah der Erzherzog seine Pläne von Gegnern durchkreuzt; er bedurfte Zeit, um fester in seiner Stellung zu wurzeln, um sicher zu werden, daß er bei Eröffnung des Feldzuges freie Hand behalte.

Mit dem Erzherzoge waren auch jetzt noch seine vertrautesten Rathgeber, Graf Grünne und Feldmarschall-Lieutenant Mayer, einverstanden; die junge Kaiserin wollte den Frieden erhalten wissen; der alte Fürst Ligne, noch jetzt von Einfluß durch seinen treffenden Witz und seinen schneidenden kalten Verstand, fürchtete den Krieg. „Eine große Menge gescheidter und angesehener Personen", schrieb Rühle v. Lilienstern, der 1809 vielfach Gelegenheit fand, sich über die dem Kriege vorangehende Stimmung zu unterrichten, „die Masse des hohen Adels, der begüterten und von den äußeren und inneren Verhältnissen Oesterreichs unterrichteten Personen, mit Ausnahme der Stadion'schen Partei, hatte wenig Glauben an glücklichen Erfolg und hätte gerne den Frieden erhalten." — Nicht selten thaten auch in Wien die russischen Ansichten sich kund: Napoleon's Stärke sei der Krieg; in Schlachten könne er nicht überwunden werden; im Frieden aber werde er sich selbst zu Grunde richten, man solle ihn sich selbst überlassen; der Krieg in Spanien werde ihm täglich verderblicher; Frankreich werde in Folge der schnell auf einander folgenden Conscriptionen bald von waffenfähigen Männern entblößt sein; in den Departements, in Paris, am Hofe selbst wachse die Unzufriedenheit; jeden Falles stehe die ganze Macht Frankreichs auf zwei Augen; Napoleon könne nicht ewig leben, man möge also ruhig seinen Tod erwarten, dann sei alle Noth von selbst vorbei.

Auch in der Masse der Bevölkerung waren viele Wünsche auf Erhaltung des Friedens gerichtet; des heldenmüthigen Zusammenraffens, des geistigen Aufschwungs waren sie seit langer Zeit entwöhnt, sie waren dem Kaiser, aber auch einem bequemen, friedlichen Leben zugethan; „wenn es der gnädige Kaiser befiehlt", hörte man wohl sagen, „marschiren wir Alle; aber wenn's auf uns ankommt, bleiben wir lieber zu Haus". Selbst in den Landwehrbataillonen machte sich hier und da, namentlich auf dem platten Lande, die Abneigung, den Pflug mit dem Schwerte zu vertauschen, sehr verständlich kund; in der Linie vermißten Norddeutsche noch nach der Schlacht bei Aspern

Begeisterung und Poesie; man sah in dem Kriegshandwerk ein erwähltes Fach, dessen Vortheile man geltend machte; man rechnete die zu hoffenden Beförderungen aus, man rühmte das Garnisonleben dieser oder jener Stadt.

Wenn der Erzherzog Carl nicht ohne große Besorgniß auf des Grafen Stadion Drängen zum Kriege hinsah, stand er daher keineswegs allein. Napoleon hatte am 15. August 1808 dem österreichischen Gesandten, Fürsten Metternich, in Gegenwart des gesammten diplomatischen Corps erklärt, daß nur die Anhänger der Engländer und einige Mitglieder der ehemaligen Reichsritterschaft durch ihre Intriguen den Kaiser zu den kriegerischen Maßregeln gedrängt hätten; die unter französischem Einflusse stehenden Zeitungen mußten in mancherlei Wendungen wiederholen, daß Graf Stadion nur deßhalb seinen Kaiser zum Kriege verleite, weil er die Souveränetät der unmittelbaren Ritterschaft wiederherstellen wolle, mit deren Rechten zugleich der Glanz und das Ansehn der österreichischen Monarchie vernichtet sei. Diese vom Feinde in Umlauf gebrachten Ansichten konnten freilich auf den Erzherzog keinen Eindruck machen; aber Mißtrauen gegen den, wie man es nannte, leichten Sinn des Grafen Stadion war doch ihm und seinem Kreise nicht fremd. Stadion seinerseits war sich der Besorgniß bewußt, mit welcher er in dessen Kreise betrachtet ward, und fühlte sich durch die Unentschlossenheit des Erzherzogs gehemmt. Als er sich in diesem Sinne gegen Graf Grünne geäußert hatte, entgegnete ihm dieser in einem Briefe vom October: „Können Sie darüber erstaunt sein, daß nach der Erfahrung so vieler Feldzüge, welche die Monarchie an den Rand ihres Verderbens führten, nachdem man das Unglück, welches im Gefolge dieser verderblichen Krisen war, in der Nähe gesehen, den Abfall aller unserer Allirten erlebt, von den glänzenden Zeitpunkten nie Nutzen, sondern immer daraus falsche Berechnungen gezogen und falsche Maßregeln ergriffen hat, nach der fruchtlosen Erschöpfung der unzeitigen Hülfsmittel unserer Bevölkerung — kann man dann wohl erstaunen, wenn ein Prinz, der nach solchen Erfahrungen aufgefordert wird, die große Frage zu behandeln, wovon die Fortdauer seiner Dynastie und das Schicksal des Staates abhängt, vielleicht zu wenig Begierde nach unfruchtbaren Lorbeeren zeigt, die ein einziger unglücklicher Tag ihm unwiederbringlich entreißen kann. Aber beweisen Sie ihm, daß das Vaterland in Gefahr und der Augenblick gekommen ist, wo eine letzte Anstrengung uns auf immer von dem drohenden Joche erretten kann, und Sie werden sehen, welcher Kraft seine Seele fähig ist." — „Unsere physischen Hülfsmittel sind", schrieb Graf Grünne um dieselbe Zeit, „mit jenen Frankreichs in keinen Vergleich zu stellen; sie stehen so tief unter der Ausdehnung seiner Macht, der Stärke seiner Regierung, der Einheit seines Willens, der Ergiebigkeit seiner Bevölkerung, daß wir früher oder später damit enden werden, uns selbst im Schooße des Sieges zu erschöpfen, wenn wir anders nicht der Masse unserer Widersacher erliegen. Auf einen moralischen Impuls, auf die Unzufriedenheit der von Frankreich eroberten oder ihm zinsbaren Provinzen, auf den allgemeinen Wunsch, auf vernichtete Vorurtheile und auf das Erwachen der unterdrückten Völker sollen wir also unsere Hoffnungen gründen? Aber diese Beihülfen sind von der Unstetheit des Augenblickes zu abhängig, als daß sie bei militärischen Berechnungen zu Grunde gelegt werden dürften, und wir können sie nur als glückliche Zufälligkeiten betrachten, nicht aber als wirkliche Grundlagen." —

Die abwehrende Stellung, welche der Erzherzog dem Drängen Stadion's gegenüber einnahm, brachte in die Anstrengungen desselben für die Rüstungen keine Störung. Stadion selbst sprach in einem Briefe an seinen Bruder Graf Friedrich in München sich anerkennend über die kräftige Förderung der militärischen Anstalten, namentlich der Reserve und der Landwehr aus; „für den Augenblick thut", fügte er hinzu, „das Kriegsministerium seine Pflicht. Durch General Stutterheim, der nach Adair's Angabe schon im Sommer 1807 für entschlossenes Auftreten und nicht ohne Einfluß auf den Erzherzog gewesen war, suchte Stadion diesen von der Nothwendigkeit des Krieges zu überzeugen; wenigstens zweifelhaft scheint der Erzherzog über die längere Erhaltung des Friedens bereits im October gewesen zu sein; der Erzherzog sei, berichtete am 14. Oktober der in Wien anwesende preußische Hauptmann Tiedemann, durch die Mittheilungen aus Preußen erwärmt und habe ausgesprochen, daß die Gemeinsamkeit der österreichischen und preußischen Interessen im ganzen Ministerium anerkannt sei; der Hof habe, schrieb Gentz am 19. October, seit sechs Monaten stille aber sehr beträchtliche Fortschritte zu einem kraftvollen System gemacht.

Ueber den Gang, welchen der innere Kampf zwischen Graf Stadion und dem Erzherzog während der Monate November und December 1808 genommen hat, fehlt es bis jetzt an jeder Andeutung; aber gewiß ist es, daß mit dem Ende des Jahres 1808 auch für den Erzherzog der Ausbruch des Krieges feststand und nur zweifelhaft blieb, ob der

Feldzug einige Wochen früher oder später eröffnet werden solle. Von diesem Zeitpunkte an treten die Gegensätze zwischen dem Grafen Stadion, dem Erzherzog Carl und dem Erzherzog Johann für einige Monate in den Hintergrund. Gemeinsam suchten diese Führer der drei auf verschiedenen Wegen die Neubelebung Oesterreichs erstrebenden Richtungen alle im Kaiserreich vorhandenen geistigen und physischen Kräfte aufzuregen, zu sammeln und nach einem Ziele hin zu verwenden. Oesterreich bot das großartige Bild eines Landes dar, welches entschlossen ist, Alles in Allem zu wagen und den Kampf auf Leben und Tod zu bestehen.

Angabe benutzter Druckschriften.

Allgemeine Literatur.

Dr. Constant v. Wurzbach, Biographisches Lexicon des Kaiserthums Oesterreich, enthaltend die Lebensskizzen der denkwürdigen Personen, welche 1750—1850 im Kaiserstaat und seinen Kronländern gelebt haben. Wien 1856 ff. Bis 1866 waren 14 Theile erschienen. Es enthält Angabe der Quellen, Porträts, Medaillen u. s. w. Urtheil und sachliches Eingehen ist schwach; Angabe der Zahlen, Daten u. s. w. scheint ziemlich genau. Mit Vorsicht zu gebrauchen.

History of the house of Austria by William Coxe. London 1803. Coxe ist für den Zeitraum des 18. Jahrhunderts nicht allein Geschichtschreiber, sondern auch Geschichtsquelle, und auch als solche fast ausschließlich benutzt worden, bis Ranke 1832 v. Fürst's Aufzeichnungen in der „Historischen politischen Zeitschrift" bekannt machte und Podewil's Berichte in seinen zweiundzwanzig Büchern preußischer Geschichte benutzen konnte. Seitdem sind Podewil's Berichte (Sitzungsberichte der Academie der Wissenschaften V) von Wolf veröffentlicht und durch Arneth, Beidtel, Wolf theils aus den Archiven und Registraturen, theils aus den Venetianischen Relazionen neue Quellen benutzt und zugänglich gemacht. Für die inneren Zustände sind besonders Beidtel's Arbeiten belehrend.

Erstes Buch.
Die alleinige Geltung überlieferter Zustände.

Erstes Capitel.
Die Zustände in den einzelnen Erbländern.

Büsching, Neue Erdbeschreibung. 3. Theil.

J. Ch. Lünig, Collectio nova, worin der mittelbaren Ritterschaft in Teutschland sonderbare Prärogative und Gerechtsame angegeben sind. Frankfurt 1720. Fol. (Für Oesterreich giebt die Collectio die Privilegien der Ritter in Böhmen, Mähren, Schlesien, Oesterreich, Steyermark, Kärnthen, Krain, Tyrol, Thurgau an. Sie enthält noch Extracte aus den Landesordnungen.)

J. Ch. Lünig, Corpus iuris feudalis germanici. Frankfurt 1777. 3 Bde. Fol. (Im 2. Theil, S. 1—519, befinden sich für die Habsburgischen Erblande eine große Zahl Lehnbriefe, Privilegien-Auszüge aus den Landesordnungen, Schadlosverschreibungen, Bekenntnissen u. s. w.)

Buchholtz, Geschichte Ferdinand's I. 8. Theil.

Schirach, Biographie Carl's VI. Halle 1776.

v. Arneth, Prinz Eugen von Savoyen. Wien 1858.

v. Arneth, Maria Theresia's erste Regierungsjahre. Wien 1863. Bd. I, S. 57.

Ad. Wolf, Oesterreich unter Maria Theresia.

Beidtel, Zur Geschichte der Feudalverfassung unter Maria Theresia.

Beidtel, Ueber österreichische Zustände.

Zweites Capitel.
Der Zusammenhang der Erblande unter einander.

v. Arneth und Wolf w. o.

A. Springer, Geschichte Oesterreichs seit dem Wiener Frieden.

Nicolai's Reisen III, S. 308 und Beilagen, S. 108. (Edicte, welche die Bank betreffen, sollen sich abgedruckt finden in Zedler's Universallexicon, Bd. XVI, S. 301 [angeführt in Nicolai's Reisen III, S. 309], und in Marperger's Tractat von den Banken, S. 203 u. 241 [angeführt bei J. G. Busch' Abhandlung

von den Banken, § 60]. Weder Zedler's noch Marberger's Schrift waren mir zugänglich.)
Bidermann, Die Wiener Stadtbank in Archiv für österreichische Geschichtsquellen. Bd. XX. S. 341.
Schwab v. Waisenfreund, Versuch einer Geschichte des österreichischen Staatscredits. Wien 1860—1866. Zwei Hefte.

Zweites Buch.
Das Machtbedürfniß Oesterreichs im Kampfe mit den überlieferten Zuständen. 1741—1765.

Erstes Capitel.
Maria Theresia's persönliches Uebergewicht innerhalb der überlieferten Zustände.

v. Arneth und Wolf w. o.
Ranke, Preußische Geschichte. 2. Bd.
Mailath, Oesterreichische Geschichte. 5. Bd.
Raumer, Beiträge II (Robinson's Bericht).
v. Karajan, Maria Theresia und Graf Sylva Tarouca. Wien 1859.

Zweites Capitel.
Maria Theresia's Versuche zur Neugestaltung der überlieferten Zustände.

Fürst bei Ranke. Historisch-politische Zeitschrift II. S. 683—709.
Lebensbilder aus den Befreiungskriegen I, S. 291. 308.
Kaiser Franz und Metternich. Ein Fragment. S. 22.
Theresianisches Gesetzbuch.
Beidtel, Oesterreichische Zustände.
Martini, Positiones iuris naturae 1767. Der deutschen Uebersetzung: Lehrbegriff des Naturrechtes (1797), ist ein Leben Martini's vorgedruckt.
Sonnenfels, Grundsätze der Polizei, Handlung und Finanzen. 5. Aufl. 1787.

Lichtenstern, Statistik, S. 459.
Schubert, Allgemeine Staatskunde Oesterreichs.
Löbell, Historische Briefe über die seit Ende des 16. Jahrhunderts fortgehenden Verluste und Gefahren des Protestantismus. 1861.
Moser, Deutsches Staatsarchiv. Bd. I, S. 923.
Heppe, Geschichte des deutschen Volksschulwesens.
Felbiger, Kleine Schulschriften. Bamberg 1772.
Koch, Wien und die Wiener.
Nicolai's Reisen. 4. Bd.

Drittes Buch.
Die Aufklärung in Oesterreich im Kampfe mit den überlieferten Zuständen.

Erstes Capitel.
Die Aufklärung in Oesterreich und ihre Vertretung durch Joseph II.

v. Arneth, Maria Theresia und Joseph II. Ihre Correspondenz, sammt Briefen Joseph's an seinen Bruder Leopold. 3 Bde. 1867.
v. Karajan, Maria Theresia und Joseph II. während der Mitregentschaft. 1865.
A. Wolf, Marie Christine, Erzherzogin von Oesterreich. 2 Bde.
Raumer, Beiträge. Bd. IV, S. 424.
Gelzer, Protestantische Monatsblätter 1856. Bd. II, S. 11.
Groß-Hoffinger, Joseph II. Bd. I, S. 37.
Forster, Briefe an seine Braut 1784 (in Forster's Briefwechsel, herausgegeben von Th. H.; Bd. I, S. 42), und Forster's Brief an Sömmering (Forster's Schriften, herausgegeben von Gervinus; Bd. VII, S. 268).

Zweites Capitel.
Versuche Joseph's II., unbedingt zu herrschen.

Mehnert, Joseph II.
Beidtel, Zur Geschichte der Feudalverfassung in den deutschen

Provinzen der österreichischen Monarchie unter der Regierung Joseph's II.

Barth v. Barthenheim, Das Ganze der österreichischen politischen Administration. Wien 1838.

Czörnig, Ethnographie. Bd. I, S. 163.

Historische Actenstücke über das Ständewesen in Oesterreich. Leipzig 1848.

Handbuch aller unter Joseph II. erlassenen Verordnungen.

Schlözer's Briefwechsel. Bd. X, Heft 59.

Drittes Capitel.
Joseph's kirchliches Wirken.

Codex iuris ecclesiastici Josephini, oder: Sammlung aller geistlichen Verordnungen unter der Regierung Joseph's II. Preßburg 1789. 2 Bde.

Schwerdling, Praktische Anwendung aller k. k. Verordnungen in geistlichen Sachen vom Antritt der Regierung weiland Maria Theresia's bis 1. Mai 1788. Wien 1788. 2 Bde. (Aus Schwerdling sind alle oder doch die meisten Darstellungen der Religionsverhältnisse unter Joseph II. unmittelbar oder mittelbar geschöpft. Dreizehn Erzbischöfe und Bischöfe äußerten dem Verfasser, der Domherr in Königgrätz und Pfarrer zu Wienerisch-Neustadt war, ihre Zufriedenheit mit dem Buche.)

A. Theiner, Geschichte des Pontificats Clemens' XIV. Leipzig 1853.

P. Ph. Wolf, Geschichte der römisch-katholischen Kirche unter der Regierung Papst Pius' VI. Zürich 1793. 7 Bde.

Mémoires historiques et philosophiques sur Pie VI. Paris 1802. (Der ungenannte Verfasser ist Bourgoing, ein Mann von mannigfachen Kenntnissen, der als französischer Gesandter am sächsischen Hofe 1811 in Carlsbad starb. Deutsch [nach der ersten Auflage] unter dem Titel: Pius VI. und sein Pontificat. Hamburg bei Bohn 1800.)

Josephinische Silhouetten in den Historisch-politischen Blättern. München 1866. 58. Bd., 9. Heft. (Sie schildern die Behandlung der Bischöfe, angeblich aus archivalischen, bisher unedirten Quellen; doch ist Vieles davon bereits früher gedruckt.)

Gelzer, Protestantische Monatsblätter 1861, Bd. II, S. 1, und 1866, Bd. II, S. 303.
Jarcke, Vermischte Schriften. Bd. IV, S. 102.
Häusser, Deutsche Geschichte. Bd. I, S. 151.
Menzel, Neuere Geschichte der Deutschen. Bd. XII, S. 185 ff.
Rautenstrauch, Warum kommt Pius VI. nach Wien. Eine patriotische Betrachtung. Wien 1782.
Vorstellung an Se. päpstliche Heiligkeit Pius VI. Aus dem französischen Manuskript des ohnlängst verstorbenen Herrn Delaurier, übersetzt von Rautenstrauch. Wien 1782.
Schlözer, Staatsanzeigen. Bd. I.
Walter, Kirchenrecht. § 181—186.
Eichhorn, Kirchenrecht. 2. Theil, S. 67—187.
Richter, Kirchenrecht. § 191.

Viertes Capitel.
Joseph's II. Schulreform.

Handbuch aller unter Joseph II. ergangenen Verordnungen. (Das Studienwesen steht in der dritten Abtheilung der verschiedenen Bände.)
Meynert, Kaiser Joseph II.
Schwerdling, Bd. I, S. 308; Bd. II, S. 109.
Schlözer, Staatsanzeigen. Heft III, S. 310; Heft XI, S. 319.
Beidtel, Oesterreichische Zustände. S. 11—23.
Nicolai, Reisen. Bd. IV, S. 645.
Felbiger, Kleine Schulschriften.

Fünftes Capitel.
Resultate der Regierung Joseph's II.

Dohm, Denkwürdigkeiten. Bd. II, S. 269.
Brandes, Zeitgeist in Deutschland.
Stahl, Der Protestantismus als politisches Princip.
Häusser, Deutsche Geschichte. Bd. I, S. 153.
Menzel, Geschichte der Deutschen. Bd. XII, S. 348.

Die Schilderungen und Erörterungen, welche im **Vierten** und **Fünften Buche** enthalten sind, haben zur Grundlage Gentz' Schriften und Briefwechsel (die neuesten Publikationen über Gentz konnten vom Verfasser nicht mehr benutzt werden), den Briefwechsel J. v. Müller's, die Schriften des Erzherzogs Carl und Hormahr.

www.ingramcontent.com/pod-product-compliance
Lightning Source LLC
Chambersburg PA
CBHW032023220426
43664CB00006B/344